南宋初期政治史研究

日本学者古代中国研究丛刊
复旦大学历史学系 编
徐冲 主编

寺地遵 著
刘静贞 李今芸 译

复旦大學出版社

简体字中文版序

往事茫茫，本书原于1988年承日本文部省研究成果刊行补助金资助刊行，1995年得刘静贞、李今芸两位译为中文，由台湾的稻禾出版社发行繁体字中文版。如今，又承刘静贞教授费心而得出版简体字中文版。

宋代史对日本人而言是外国史，日本人的中国史、宋代史研究成果能够在中文世界再次被接受，对于著者而言，实在是没有比这更令人高兴的事了。我衷心希望本书的刊行，能够成为中国大陆与台湾地区及日本青年研究者之间交流的桥梁。

著者投入南宋史研究，主要是追随刘子健教授（1919—1993）所提出的南宋史研究课题。这点在1995年的中文版序文中已经说明，此处不再重复。

近年，著者应浙江大学何忠礼教授之邀，于《国际社会科学杂志·中文版》第26卷第3期发表了《贾似道的对蒙防卫构想》（2009年9月，中国社会科学院，NUESCO出版）。著者对于政治史的研究，是从秦桧到贾似道，也就是南宋从建国至亡国的经纬，于其中大略可见。当然，其间未尽与欠缺之处尚多。诚挚所望者，今日年轻的研究者们能够摆脱专注人性善恶的人物论，从历史学的角度，分析、考察南宋时期政治过程的总体面貌。且祈愿能以此告慰生于20世纪动荡时代，开拓南宋史研究的刘子健教授。

原爆被灾七十周年三月某日

寺地遵 识

繁体字中译本序

此次拙著《南宋初期政治史研究》(1988年)承刘静贞教授、李今芸硕士译为中文出版,实为作者莫大的欣喜。

我对南宋时代史所作的研究,在中国人的眼中,不过是一本外国人所作的中国史研究著作。历史研究本是欲理解一国家内在最便捷的途径,但是在语言和其他固有思考模式所形成的障碍下,要形成彼此间的共识,并不容易。我在进行南宋史研究时,主要是与任教学校的研究所、大学部学生们一起讨论,并与日本的中国史研究诸贤共同切磋。这当然也反映了现代日本知性结构的大致状况。这次因着拙著中文本的刊行,我的研究成果能够被介绍给更多的读者,心中着实既喜且惧。

同时,由于拙著乃是被翻译成研究对象的母国文字,这意味着拙著的价值已在某种程度上为所研究国家即中国世界所认可。对于一个身为外国人的中国史研究者而言,这的确是莫大的鼓励,故也更令人兴奋。

我深切地盼望,拙著中文本的刊行,能促使中文世界的青年学者们重新思考并检讨南宋史的研究意义。到目前为止,能够指出南宋史自身特有价值的议论似乎尚不多见。黄宽重教授的大作《南宋史研究集》(1985年),是其中少数优秀的专著之一。该书书前载有已故刘子健教授所写《代序——略论南宋的重要性》一文,就南宋史研究的意义作了整理提示,对我们后学者颇具启发之效。此外,我自己也有一点看法,欲附为刘子健教授见解之骥尾,以为参考:

中国自春秋公羊学形成以来,即以标榜天下大一统主义的历史哲学为当然。可是历史哲学与历史现实是有所分别的,与天下大一统理想背道而驰的现实事态,在历史上层出不穷。南宋时代正是天下世界二分化的时代。这种天下二分时代的矛盾结构与动态——南北间相互对立又相互依存的历史过程,的确是中国史上值得研究的重要场景之一。又,刘子健教授的南宋史观也见于他所著的《背海立国与半壁山河的长期稳定》《包容政治的特点》[1],读者可一并参阅。

拙著中译本之得以刊行,承台湾大学历史系吴密察教授、东吴大学历史系刘静贞教授、汉学研究中心李今芸小姐费心,烦劳之处,特此致谢。并为绪言。

1994年11月

广岛亚洲大会会后　寺地遵

---

1. 收入刘子健:《两宋史研究汇编》,台北:联经出版事业公司,1987年。

目录

序　章　宋代政治史研究的轨迹与问题意识 …………1
　一、宋代政治史研究现况与研究角度 …………2
　　（一）政治史的对象 …………2
　　（二）宋代政治史研究现况 …………3
　　（三）宋代政治史研究的角度与问题意识 …………6
　　　1. 关于唐宋变革论 …………6
　　　2. 关于南北民族抗争论 …………8
　二、南宋政治史研究现况及本书的立场 …………13
　　（一）南宋政治史研究的贫乏性 …………13
　　（二）"南宋政权移转"的研究角度与问题意识 …………14
　　（三）本书的记述对象及其意义 …………16

第一部　南宋政权的确立
——绍兴十二年体制的前奏

第一章　南宋政权确立时期的政治课题与政治主体 …………21
　一、南宋政权确立时期的政治课题 …………22
　　（一）南宋政权面对的政治课题 …………22
　　（二）南宋政权的确立与对金关系 …………24
　　（三）南宋政权的确立与收兵权 …………27
　　（四）南宋政权的确立与其他政治课题 …………31
　二、北宋的政治势力及其变动 …………34

（一）南宋初期政治史与政治主体 ………………………… 34
　　（二）北宋时期的政治主体 ……………………………………… 36
　　　　1. 在地土豪 …………………………………………………… 36
　　　　2. 地主出身的官僚阶层 …………………………………… 39
　　　　3. 北宋末年的权门 …………………………………………… 43

第二章　与宋政权重建构想有关的政治斗争 …………………… 47
　一、建炎初年的政治状况 ………………………………………… 48
　二、李纲之见用 …………………………………………………… 49
　三、拥立高宗集团 ………………………………………………… 52
　四、李纲的藩镇政策 ……………………………………………… 54
　五、拥立高宗集团（黄潜善、汪伯彦）的政治方针 ………… 58
　六、皇帝驻跸地之争执与李纲的失势 ………………………… 62

第三章　江南政权——南宋之中兴 ……………………………… 67
　一、禁军叛乱事件与吕颐浩之得势 …………………………… 68
　二、"防淮论"与"吴越之行"——皇帝驻跸地问题 ………… 71
　三、范宗尹的藩镇策 ……………………………………………… 75
　四、吕颐浩路线的特色 …………………………………………… 81
　五、吕颐浩、秦桧的权力斗争 ………………………………… 84
　六、吕颐浩路线的界限 …………………………………………… 87
　七、江南系士人之参政与元祐系士人之复权 ………………… 90

第四章　赵鼎集团的形成与张浚路线的失败 …………………… 93
　一、绍兴四年至七年的政治状况 ……………………………… 94
　二、赵鼎上台 ……………………………………………………… 96
　三、赵鼎集团的特质 ……………………………………………… 100
　四、张浚与对金强硬论 …………………………………………… 103
　五、淮西兵变——张浚强硬路线的破绽 ……………………… 109
　六、赵鼎之起复与新赵鼎路线 ………………………………… 111

第五章　第一次宋金和议之进行 115
一、淮西兵变后遗症——收兵权之尝试 116
二、徽宗死讯与宋金和议之始 122
三、高宗主导下之和议与赵鼎集团的崩溃 127
四、绍兴八年第一次宋金和议 134
五、绍兴八年和议的正当性与反对论 139

第六章　南宋政权与江南地主阶层
　　　　——李光之出任参知政事 147
一、李光的基本立场 148
二、江南民力涵养论 158
三、李光任参知政事 162
四、李光罢参知政事 166

第七章　绍兴十年至十二年之政治发展（上）
　　　　——金之重占河南与南宋之收兵权 173
一、金之政变与第一次宋金和议 174
二、宋的对应之道 176
三、宋之对金宣战与战争指导原则 181
四、收兵权之过程 187
　　（一）绍兴四年至六年家军联合体制的形成 188
　　（二）绍兴十一年禁军的编制 192

第八章　绍兴十年至十二年之政治发展（下）
　　　　——第二次宋金和议与江南民力涵养论之放弃 201
一、绍兴十一年和议缔结经纬 202
二、绍兴十一年宋金和约与绍兴十二年秋韦太后还朝的意义 208
三、第二次宋金和议时之政治势力动向与岳飞之死 213
四、历来对收兵权暨绍兴十一年和议的看法 218
五、战时财政与江南民力涵养论的放弃 222

第九章　南宋政权的基本特质⋯⋯⋯⋯⋯⋯⋯⋯⋯⋯⋯⋯⋯⋯229

第二部　秦桧专制体制的建立与变迁
——维持绍兴十二年体制的政治结构

第十章　秦桧研究的各有关问题⋯⋯⋯⋯⋯⋯⋯⋯⋯⋯⋯⋯239
　一、研究秦桧的困难所在⋯⋯⋯⋯⋯⋯⋯⋯⋯⋯⋯⋯⋯240
　二、王船山笔下的秦桧⋯⋯⋯⋯⋯⋯⋯⋯⋯⋯⋯⋯⋯⋯241
　三、秦桧与秦桧集团研究回顾⋯⋯⋯⋯⋯⋯⋯⋯⋯⋯⋯244
　四、秦桧专制期的设定与分析角度⋯⋯⋯⋯⋯⋯⋯⋯⋯247

第十一章　秦桧专制的实行过程⋯⋯⋯⋯⋯⋯⋯⋯⋯⋯⋯⋯251
　一、绍兴十二年、十三年的政治取向与秦桧专制的开始⋯⋯252
　二、秦桧专制的形态——就吕中所论而言⋯⋯⋯⋯⋯⋯255
　三、秦桧专制的各阶段⋯⋯⋯⋯⋯⋯⋯⋯⋯⋯⋯⋯⋯⋯257
　　（一）绍兴十四年时期——宰执制的空洞化⋯⋯⋯⋯⋯258
　　（二）绍兴十八年时期——掌握皇帝周边人士⋯⋯⋯⋯261
　　（三）绍兴二十年时期——江南枢要地区的统治⋯⋯⋯263

第十二章　秦桧专制体制的构造⋯⋯⋯⋯⋯⋯⋯⋯⋯⋯⋯⋯267
　一、宰执（大臣）⋯⋯⋯⋯⋯⋯⋯⋯⋯⋯⋯⋯⋯⋯⋯⋯268
　二、侍从（实务官僚）⋯⋯⋯⋯⋯⋯⋯⋯⋯⋯⋯⋯⋯⋯274
　　（一）秦桧专制下的侍从角色⋯⋯⋯⋯⋯⋯⋯⋯⋯⋯274
　　（二）六部尚书、侍郎⋯⋯⋯⋯⋯⋯⋯⋯⋯⋯⋯⋯⋯277
　　（三）吏部尚书、侍郎⋯⋯⋯⋯⋯⋯⋯⋯⋯⋯⋯⋯⋯283
　　（四）户部尚书、侍郎⋯⋯⋯⋯⋯⋯⋯⋯⋯⋯⋯⋯⋯284
　　（五）刑部尚书、侍郎⋯⋯⋯⋯⋯⋯⋯⋯⋯⋯⋯⋯⋯288
　三、秦桧的社会、政治立场及其对皇帝周边的掌握⋯⋯⋯290
　　（一）秦桧对郑亿年问题的态度⋯⋯⋯⋯⋯⋯⋯⋯⋯290
　　（二）与王继先等富商层之勾连⋯⋯⋯⋯⋯⋯⋯⋯⋯294

目 录　　　　　　　　　　　　　　　　　　　　　　　　5

　　四、秦桧亲友在江南统治上的角色……………………297

第十三章　秦桧专制体制的界限………………………307
　　一、秦桧集团的特质……………………………………308
　　二、秦桧专制体制的界限………………………………311
　　三、秦桧专制时期江南知县的动向……………………319

第十四章　秦桧专制体制与国家的一般政策——经界法……329
　　一、经界法在秦桧专制中的位置………………………330
　　二、经界法实施前的各种情况…………………………335
　　三、李椿年的经界法……………………………………338
　　四、王鈇、李朝正的经界法……………………………347
　　五、李椿年的复职与罢职………………………………351
　　六、经界法的终结与秦桧专制体制的变质……………356

终　　章　绍兴十二年体制之结束与乾道、淳熙体制之形成……359
　　一、秦桧死后的政治发展——沈该、汤思退政权及其特质……360
　　二、反秦桧势力的复权与得势…………………………364
　　三、第三次宋金战争与高宗退位………………………374
　　四、符离之败与汤思退之复起…………………………380
　　五、隆兴和议引发之政治斗争…………………………385
　　六、后秦桧政治过程的历史意义………………………396

跋………………………………………………………………405

编者后记………………………………………………………409

序章

宋代政治史研究的轨迹与问题意识

一、宋代政治史研究现况与研究角度

(一) 政治史的对象

历史学研究的主要目的之一,在追求人类历史世界发展的法则,同时准确地把握某一时代的历史个性。此种历史个性的发现与记述,多有赖于政治史的研究;在表现时代个性这方面,政治史研究实居于独特的枢要位置。盖政治现象不唯与人类诸般活动密切相关,亦可谓人类诸活动之总和。

中国自古以来,就有所谓历史即政治史的看法。断代史与纪传体的基调,正是借着帝王、将相的行止,以及其德之有无,来论说王朝的兴亡,所谓正史的编纂事业即由此而生。但是,这里所说的政治史,当然不是指历史与政治史未分化时的正史,或是《十八史略》的世界。而是在人类各项活动中,专门将焦点集中在政治本有现象、政治权力运动过程上,亦即就所谓狭义的政治现象加以记述者。举凡政治权力,尤其是国家权力之取得、支配与维持,国家权力之行使等政治势力间的政治斗争,国家意志或基本国策之决定过程,以及存在于其背后的影响等利害状况之检讨,皆为其中心内容。由于在人类各种团体中,没有比国家更强大的权力体,也没有比建立国家更重要的行为,所以,在把握某一时代的历史个性问题时,政治史占有独特的枢要位置,也是当然之事了。

石母田正曾将政治史研究区分为以下四项[1]。第一,国家统治机构及其形态之研究,是政治史最重要的课题。第二,就各政治阶段之国家政策历史进行研究。第三,具有重要历史意义的各政治事件。第四,政治上居指导地位的政治家。

其中第二项,不应只限定于政策,也当包括广义的国家意志之形成与决定过程;第四项所说的政治家,亦不当局限于特定个人,而是

---

1. 石母田正:《政治史的对象》,《戦後歴史学の思想》,法政大学出版局,1977年,第118—119页。

序章　宋代政治史研究的轨迹与问题意识

意味着推动政治的政治主体，也就是可以将研究对象扩大到政治势力与社会背景。这样一来，政治史的研究对象就可整理为（1）国家统治机构、制度，（2）国家意志、政策，（3）重要政治事件，（4）政治主体、政治势力等四者。

（二）宋代政治史研究现况

根据前述整理，检视日本有关960年至1279年约三百年间的宋代政治史研究现状，大致有何成果可观呢？要了解这个问题，下列文献书目可供参考：

　　宋代史研究委员会编：《宋代史研究文献目录》，东洋文库，1957年；《宋代史研究文献目录补篇》，1959年；《宋代史研究文献目录Ⅲ篇》，1970年。
　　东一夫、吉田寅编：《中国政治思想与社会政策研究文献目录Ⅰ五代·宋》，汲古书院，1971年。
　　柳田节子：《宋元时代研究史》，收入山根幸夫编：《中国史研究入门（上）》，山川出版社，1983年。
　　宋晞编：《宋史研究论文与书籍目录》，台湾：中国文化大学出版部，1966年；增订版，1983年。

其中柳田氏所作，是就1982年以前日本、中国、欧美研究状况，分为政治过程、政治制度、财政、经济、文化等项分别整理，以下所论主要是根据于此。

首先就（1）之统治形态、机构、制度来看，有关中央、首都之各官衙机构，中级或中间的地方机构（路、州），地方最末端的县、镇机构，以及各机构之运作，还有其相关人员，即自宰相以至胥吏的统治集团之职务、角色的研究，都倾向于将宋代视为中国史上集权官僚统治体制的确立时期。由于有《宋会要辑稿》等丰富的史料为后盾，到目前为止，这个领域的研究可以说最有可读性。至于皇帝直属各机构之研究——这与宋代皇帝之所以成为独裁君主有关，以及让全国地主阶级得以成为君主直属官僚的媒介制度——科举等有关研究，也可附属于此一系列中。如果根据柳田氏的整理，并将第一项"仕宦之道"（科举制研究）、第二项"政治制度"（中央、地方机构、社会救济、法制、裁判、军制）的全部，与第三项"财政、经济"中之财政、税制、役法、专卖制等与国家统治机构密切相关的项目合计，则论文、书籍总数可多达二百零八种（如果排除第三项，则为九十种），可以说是宋代政治史研究的重心。

至于（2）之国家意志、政策形成过程及与政策有关之各项研究；（3）之重要政治事件、政治过程的研究则相当贫乏。从柳田氏所列举的篇数来看，（2）不过四十六篇，（3）只有四十三篇。同时在（2）之中，主题为北宋中期王安石改革与新法问题者，占了三十四篇，大家的关心压倒性地集中在王安石的新法上；其次则是一般称为开国规模的北宋政权形成时期，还有南宋政权确立时期的外交、军事政策议题，显示研究状况相当地偏颇。

在（3）的方面，研究主题亦有所偏重，四十三篇中有二十篇是农民战争研究，其他则散布于北宋庆历党议、王安石拜相、新旧党争、南宋中期的宋金战争（开禧用兵）、南宋末期的对外关系与战争等问题上。总之，这显示近年来农民战争研究的重要性日增[1]。再者，这个部分的研究，又特别集中在所谓宋代三大农民战争：北宋初期的四川王小波、李顺之乱，北宋末期浙江方腊起义，与南宋初年荆湖之钟相、杨幺起义。可是，正如明朝刘定之所说："汉唐有篡弑之臣，而宋无之。有贼民崛起，几危社稷如张角、黄巢者，宋无之。"（《宋论》，理宗）农民叛乱在宋代政治中的分量有其一定的限度。如何安排农民战争、抗租斗争在宋代政治史中的位置，当是今后研究上的重要课题。

最后来看有关（4）之政治家、政治势力及其背景问题，这与（1）的研究多有相关，合计有八十一篇。研究多集中在北宋的赵匡胤（太

---

1. 中国方面有关宋代政治史研究最重要的部分即在于此，在柳田的整理中，"政治过程"项下，中文部分共一百二十三篇，其中七十一篇是农民战争的研究。又据关履权之统计，两宋三百二十年间，农民起义共四百余回。关履权：《宋史的历史地位》，《两宋史论》，中州书画社，1983年，第9页。又可参照同书所收之《论两宋农民战争》。

祖)、范仲淹、王安石、司马光、苏轼,还有南宋的秦桧、岳飞、韩侂胄、贾似道、文天祥等人,就某种意味而言,也表现出宋代政治史研究所关心的问题。换言之,在北宋方面,是王朝的创建与变法,在南宋方面,则是与异民族抗争、对决并妥协之诸过程。

除开特定个人的研究,关于宋代固有政治主体——士大夫层、政治势力崛起、运动的研究也颇盛行,柳田氏在"政治过程"项下,就分设了新官僚层之诞生、仕宦之道——科举及其他、士大夫像、庆历士人等诸目,共列举书籍、论文五十八种。附带值得一提的是,唐末五代以来的地方地主层,在宋代经由科举制度成为新兴官僚,其发迹并组成各种党派、政治势力的过程,还有其或没落、或门阀化的轨迹,近年来也有相当可观的研究成绩。

可是综合上述四项研究成果来看,宋代政治史的研究其实非常不均衡。首先,在时代上,北宋的优势,正凸显南宋的贫弱;而在范围的分布上,制度、机构研究的卓越性,也反映出政治事件、政策决定、政治过程研究的不完全;总之我们可以说,把宋政权视为一个不可分的过程,加以探讨的观点与努力都颇为不足。这种不均衡性,使得一部足以涵盖全体的宋代史,以及一部能贯彻首尾的宋代政治史无法顺利诞生。例如,作为一般讲座中之一册而写的概论书,自内藤湖南的《中国近世史》以来,不知凡几,其中被评为"至今最详细者"[1],是周藤吉之、中嶋敏所著《中国的历史 五 五代·宋》[2],其内容以宋代政治为主流,即:

>宋政权的成立与官僚体制
>王安石的新法
>新旧党争与北宋之亡
>南宋的政治状况与对金关系
>南宋的灭亡

---

1. 山根幸夫:《中国史研究入门 上》,山川出版社,1983年,第425页。
2. 周藤吉之、中嶋敏:《中国の歴史 第5卷》(五代·宋),讲谈社,1974年。

宋代政治史研究的不均衡性由此可见。尤其不能忽视的是，北宋政治史与南宋政治史的记述之间缺乏连贯性。因此我们必须注意到：有关宋代权力内部固有矛盾的进行与动态，以往就政权形成以至衰亡之全部过程加以记录、描述的政治史角度与方法，已有所不足。

再者，自昭和十年（1935）吉田清治所著《北宋全盛期历史》刊行以来，从赵宋政权诞生到王安石暨新旧党争的政治史，即不再有人全面性、一般性地写作了。这也可以说是如实反映了宋代政治史研究的现况，亦即有关政治过程研究的不足。

（三）宋代政治史研究的角度与问题意识

1. 关于唐宋变革论

前面已然指出宋代政治史研究的偏颇与不均衡，还有对政治权力运动过程全面性的不关心，然而是什么原因造成这种现象呢？

回顾宋代史的研究状况，可以发现，宋代史的研究深受所谓唐宋变革论假说的影响，基本上即是根据这种看法进行研究。内藤虎次郎（湖南）于大正十一年（1922）发表《概括的唐宋时代观》，将唐宋之间视为中国史上的一大分期，并将宋代以下定为近世[1]。1948年，前田直典批判性地继承了湖南的唐宋变革期之说，发表《古代东亚的结束》[2]一文，将宋以后定为中世。之后，有关宋代究竟是近世，抑或是中世的歧见虽大，但是基本上都把唐宋之际视为中国史上的一大分期。前者以宫崎市定为主，后者则有仁井田升、周藤吉之、石母田正等人，宋代史研究也因此成为中国史研究的焦点，受到相当大的关注。

宫崎市定认为，宋王朝的历史可以作为中国史上近世国家（宋、元、明、

---

1. 内藤湖南之宋代近世说，在其所著《中国近世史》[弘文堂，昭和二十二年（1947）]第一章《近世史の意義》中最具体系性。湖南所最先提出的宋代近世论，对中国现在的宋史研究也有影响。参见关履权：《宋史的历史地位》，《两宋史论》，中州书画社，1983年，第6页。
中国方面的权威历史学者侯外庐，将唐宋之间的变化定为封建前期到后期的转变。关于这个问题，中国方面的看法可参看瞿林东：《中国封建社会内部分期的几种观点》，《建国以来史学理论问题讨论举要》，齐鲁书社，1983年。
2. 现收入铃木俊、西嶋定生编：《中国史の時代区分》，东京大学出版会，1957年；前田直典：《元朝史の研究》，东京大学出版会，1973年。

清）的基本标准，宋以后相连的元、明、清三朝，只是宋历史的反复重演[1]。这样一来，基于"近世国家原型"的观点，将宋王朝之最根本意义定义为君主独裁政治，或是集权官僚制，专力于其统治机构编制、支配体制形态的研究，也就理所当然了。直接承继内藤—宫崎之说的佐伯富，在其有关宋政权的文章中，将宋政权自诞生以至灭亡的过程安排为：

集权官僚制的成立
独裁政治的出现　独裁制下的官制　选用官吏的制度
官僚的性格
党争
胥吏制度的成立

这完全是机构、制度的讨论，藉以与唐朝贵族体制进行比较[2]。这的确可说是目前集内藤、宫崎学说之大成的一篇文章。

而在另一方面，因为前田直典将唐末以后视为中世—农奴制社会—封建社会，继承其观点的研究，对于宋朝国家统治机构、集权官僚制就不怎么关心，专门着眼于农村社会内部的生产关系、支配关系。结果，即使是讨论到政治权力，也多半是倾向于检讨社会结构，即以国家在乡村中的收夺体制——租役与户等编成体制为课题，讨论以此为基础条件，反映社会结构政治权力的国家编制、组织、国家支配等问题[3]。于是，在这个体系下的宋代政治史研究，既不讨论统治机构、官僚制，更不关心具体的政治过程。周藤吉之、青山定雄考察科举官僚

---

1. 宫崎市定：《中国史 下》(近世史)，岩波书店，1980年，第413—414页。
2. 佐富伯：《宋朝集权官僚制的成立》，《岩波讲座世界历史 第9》(中世 3 东亚世界的展开)，岩波书店，1970年。
3. 例如柳田節子：《宋代中央集権官僚支配の成立をめぐって》，《歴史学研究》286号，1964年；小山正明：《宋代以後の国家の農民支配》，《歴史学研究（別冊特集）》1975-11，青木书店，1975年；小山正明：《アジアの封建制——中国封建制の問題》，《現代歴史学の成果と課題 二》，青木书店，1973年。有关这方面的研究状况整理，可参考堂前敏昭：《宋朝権力と農民問題に関する学説史の検討》，《史叢》22号，1978年。

出身状况、家系、地域背景的作品[1]，所隐含着的问题意识，就是希望借着寻找宋代统治集团的社会特性，以求解明唐宋统治阶层的差异性，故也是受到唐宋变革论影响的产物。可是，无视于政治过程论的国家论，是无法得出有机的综合性结论的，这个问题就这么一直拖到现在。

总之，对于宋史的看法，内藤派与前田派虽然截然有别，但都是从政权的组成与类型着眼，并且也都无视于其运动、过程。这项共通性是缘于彼等皆起自唐宋变革说，因为若要比较唐宋，必须使用类型化的方法，才能发现宋代的历史特性。这种已转化为比较类型论的唐宋变革论，应该是造成宋代政治史研究不均衡、政治史记述不连贯、无全面性的最大原因吧！

今天要突破这种闭塞状况的方法之一，就是要把宋政权的产生—发展—衰退—灭亡，看做是一个不可分的运动过程，确立所谓内在的历史的观点[2]。把宋政权的历史看做是宫崎所说的"近世国家的原型"，或所谓"彻底的中央集权的政权"[3]，那种形态、结构论必须有所突破，也就是必须转而从事有关运动的、过程的研究。

2.关于南北民族抗争论

如前所述，唐宋变革论的问题，一是集中于近世国家、集权国家之统治机构与君主独裁制的形成，另一体系则由社会结构体论展开集权的专制统治结构论。基于此种看法而建立的北宋政治史，到了南宋政治史时，却又一转而为汉、女真、蒙古三民族的对抗、兴亡史，造成今天宋代政治史记述的不连贯性。

前面已经提过，周藤吉之、中嶋敏是从民族兴亡史的角度来掌握南宋政治史。而在另一方面，一向与他们持不同看法的宫崎市定，竟在南宋政治史的问题上采取了同一阵线，在标题上带有南宋政治史字

---

1. 周藤吉之：《宋代官僚制と大土地所有》，《社会構成史大系 八》，日本评论社，1950年；青山定雄：《五代、宋における江西の新興官僚》，《和田博士還曆記念東洋史論叢》，讲谈社，1951年。以下尚有十二篇论文。
2. 笔者亦曾讨论960—1127年北宋政权的政治过程，见今堀诚二编：《中国へのアプローチ——その歴史の展開》，劲草书房，1983年，第五章《五代北宋政治史概说》。
3. 翦伯赞、邵循正、胡华编：《中国历史概要》，知识出版社，1980年，第31页。

样的《南宋政治史概说》[1]，其内容如下：

(一) 宋的南渡
  辽金之交迭
  宋金海上之盟
  靖康之变
  南宋中兴
(二) 金与南宋的竞逐
  金、齐、南宋的三角关系
  金与南宋议和余波
  金海陵王之南征
  南宋孝宗及韩侂胄
(三) 南宋末路
  金与蒙古之交迭
  南宋与蒙古的关系
  南宋之亡

  其实，不只是南宋政治史，全盘的宋代政治史都可以用汉、契丹、党项、女真、蒙古各民族间的斗争、兴亡史加以构想，并且记述，在中国，宋代史的研究就常从这个角度出发。元朝人编纂前代正史时，已经对此问题议论纷纷，是应该把唐亡之后以迄元朝统一天下之前的中国史，视为南北分裂时代，分设南史（宋史）、北史（辽史、金史）呢，还是应该根据正统论，以宋史为正史，其他王朝立为载记或别史呢？[2]这固然是为了要替蒙古族所建的元王朝，在中国王朝史的系谱——德运说中寻求定位，却也关系着在这样的前提之下，如何理解先前中国（天

---

1. 原收入支那地理历史大系刊行会编：《支那政治史 下》，白扬社，1941年。现收入宫崎市定：《アジア史研究 第2》，东洋史研究会，1959年。
2. 藤枝晃：《辽金元史の课题》、《金史のなりたち》、《征服王朝》，秋田屋，1948年；爱宕松男：《辽金宋三史の编纂と北族王朝の立场》、《文化》15-4，1951年；邱树森：《脱脱和辽金宋三史》、《元史及北方民族史研究集刊》第7期，1983年。

下世界）的组成及发展，故将唐—元间的天下世界认知为汉、契丹、女真诸民族的抗争史，自无不当。

这样的看法，在民族危机发生时，又会担负起所谓警钟的角色，几经转折变化而再次面世[1]。例如明末清初的王夫之（船山）在《宋论》《黄书》中，就将宋史说成一部民族兴亡史；到了近代，周谷城讲述960年至1840年的中国史，也把1939年刊行的《中国通史》第四篇，题为"封建势力持续时代 种族战争愈演愈烈"。至于这类历史叙述的代表，当推金毓黻的《宋辽金史》。这本大学用教科书，把唐—元间的中国史概分为外患、制度、学术三项加以整理。这本书既是于1946年在重庆刊行，当然就是一部在抗日战争期间，受民族意识强烈影响，也强烈展现民族意识，作为民族兴亡史的宋代史论作品。

今天的中国，已自我定位为统一的多民族国家，一切正统论思想、大汉族主义的民族偏见都遭到指斥，早先金毓黻从民族偏见出发的作品，也就无可避免地会被点名批判[2]。可是，要根据现在多民族国家的规定，根据所谓国家的要求，并立等观地记述宋、辽、金、元各王朝，重绘历史图像；或要在一朝一夕之间，即与长久以来传统民族兴亡史观之间的歧异完成统合，实在是非常困难。尤其是像岳飞这类"民族英雄"的再评价问题，就一直在摸索并形成论战，我们很难确认，一部取代民族兴亡史，建立多民族国家史像的宋辽金元史已经完成[3]。

在这样的状况下，范文澜于1969年去世后，接续他所写的《中国通史简编》，蔡美彪、朱瑞熙、李湖、卞孝萱、王会安等人编纂了《中国通史》第五册，于1978年刊行。本书的特色是，将宋、辽金、元的

---

1. 如"岳飞虽死，他英雄的战斗精神，攻击敌人时所展露的智慧，所表现的崇高民族气节，不断地鼓舞着中国人民，培养中国人民的民族斗志。尤其是鸦片战争以后，当外患长期持续之时，人民始终纪念尊崇自己的民族英雄岳飞，用他的事迹作为教育自己及后代的教材"（尚钺：《中国历史纲要》，人民出版社，1955年第一版，1980年第二版，第246页）。
2. 关履权：《宋史的历史地位》，《两宋史论》，中州书画社，1983年，第3页。
3. 有关目前的问题状况，可参考陈克进：《略述中国古代民族关系的讨论》、宋德金：《爱国主义与民族英雄讨论综述》，收入《历史研究》编辑部编：《建国以来史学理论问题讨论举要》，齐鲁书社，1983。邓广铭、张希清：《略论爱国主义和民族英雄》、白寿彝：《关于中国民族关系史的几个问题》，收入红旗杂志社哲学历史编辑室编：《历史研究的理论与方法》，红旗出版社，1983年。

历史分为第五、六、七册来撰写，这种编排方式保留了相当程度的民族个别兴亡史的成分。同时在编辑方针上，蔡美彪等人也并未承袭范文澜之前分政治、经济、思想三方面叙述的通史取向，而是"基本上依照历史发展的顺序，对经济领域和政治、思想领域的发展和斗争的状况，结合起来叙述，以便于说明事件的内在联系和相互影响"[1]。这种重视发展、斗争，不固定领域区划的方针，使得宋代历史的全部发展过程，特别是政治权力自诞生以迄衰亡的政治过程，得到统一性的记述，造成独特的宋代史叙述。这与日本宋代政治史在唐宋变革论影响下，专就集权国家、专制支配的形态、结构性作静态研究，几乎是截然相反的。

本书最大的特色，是在政治斗争方面，也就是：(1)将宋代史分为"统治的腐败"（北宋中期）、"腐朽统治"（北宋末期）、"黑暗统治"（南宋初期）、"统治集团的衰朽"（南宋末期）等几个时期，藉以对应各时期的人民武装反抗斗争，阐明作为阶级斗争史的宋代政治史架构；(2)将统治集团内部的政治斗争、权力斗争，设定为"对异民族抗战派＝反投降派集团"与"妥协派＝投降派集团"间的对立抗争，并且把儒学—道学思想斗争与民族斗争相结合。这样一来，着重于宋代政治史内在矛盾进行的动态斗争史观遂得以贯彻，也把政治史带至政治史固有的力学中。

不过，《中国通史》第五册虽有上述优点——对比于日本结构论式静态的宋专制权力论，或是北宋、南宋观察角度与记述的不连贯性，唯就宋代政治史的写作而言，仍然有其不足之处。

第一，有关阶级矛盾、斗争与民族矛盾、斗争的处理问题。如若前引明刘定之《宋论》所言为是，则将阶级斗争视为宋代政治史上最重要的问题，是否妥当？此外，在本书中，既未讨论阶级斗争与民族斗争的有机性关联，也未在具体的政治过程中作综合性的分析，只是个别地分开记述。从这点看来，其所记述的仅只是斗争过程，而非政治过程。

第二，由于不重视赵宋政权与全盘宋代政治史的推移与发展，记

---

1. 蔡美彪等著：《中国通史》第5册，人民出版社，2008年，第1页，"第五册编写说明"。

述就变得过于简单,甚至有些超历史化。例如,书中反复地谈论权力集团的腐败、腐朽,却没有说明,宋的统治集团是一直这样腐败,还是其腐败尚各有时期的特质。金毓黻曾说:"宋代为士大夫之政治,其兴盛由于士大夫,其衰亡亦由于士大夫。""吾敢断言,宋室之亡亦士大夫之所为。"[1]宋政权统治能力及士大夫阶层凝聚力之变动,原是宋代政治史上的要项。13世纪初,南宋灭亡前半个世纪,就已经是"于是中原分割,而不悟其由,请和仇雠,而不激其忿,皆言今世之病,而自以为无疗病之方,甘心自处于不可振救,以坐视其败"(《水心别集》卷十二,法度总论二)。换言之,士大夫阶层与国家之间的分裂、断绝早已开始,宋政权的统合能力也已极为低落。空言阶级斗争、民族斗争,而无视于与统治力真正攸关的统治集团编制方式之变化,以及组合成员之变动,自然只能从腐败,还有蒙古族掀起的"一阵狂风暴雨"[2],来解释宋政权崩溃的原因,并且充分暴露出今日中国宋代政治史研究的缺陷所在。

综上而言,(一)今天宋代政治史研究的问题,首先在于政治史的研究对象与所用方法均相当偏颇,也没有涵盖宋代政治过程全面且一贯性的记述,就这层意义而言,宋代政治史的研究还相当地贫乏。

(二)造成这种贫乏性的原因,即是近年来,包括政治史研究的宋史研究,普遍受到所谓唐宋变革论此一基本观念深刻的影响;不过,内藤湖南与前田直典两位当初提出唐宋变革论时的积极性,已然不再,只是把宋代史当做可以比较的类型加以理解。这种比较·类型论对于政治史而言,极具制约的作用。政治史的记述中心内容,在于诸政治势力的政治权力斗争,或者是国家意志、决策进行之脉络,存在于政治权力根部的矛盾发展过程,正是其必须掌握的观察角度。

(三)中国的宋代政治史研究取向,与日本的统治机构·专制支配论大异其趣,他们将唐王朝崩溃至元成立的三百多年视为是天下世界(中国)南北分裂与抗争的时代,也就是一部民族兴亡史,其中汉民族

---

1. 金毓黻:《宋辽金史》,台湾商务印书馆股份有限公司,1982年,第113页,第九章《金与宋之灭亡》。
2. 翦伯赞、邵循正、胡华编:《中国历史概要》,知识出版社,1980年,第35页。

史,亦即宋史·宋代政治史,就被勾画成"主战论=抗战派"对"主和论=妥协投降派"的图像。这个看法和对思想斗争关联性的关心相结合,其记述遂以动态的斗争过程为重心,符合了以权力斗争为主要记述对象的政治史原则。可是,这之中也有大缺陷。他们所能掌握的宋朝政权的历史特性相当薄弱,宋政权的全部发展过程被简化为抗战派、妥协投降派的分析角度,根本是超历史的。无视于各个政治势力的社会、经济背景,各式各样的政治姿态,以及其所由生的各项条件,即是其所以会将掌控国家权力或决定国家意志的政治斗争过程,单纯化为所谓善恶相克,并且记述平淡的原因所在。

二、南宋政治史研究现况及本书的立场

(一)南宋政治史研究的贫乏性

目前无论是在一般性的宋史研究中,还是在宋代政治史的研究范围内,南宋政治史的研究,在质与量上都是相当贫乏的。昭和十六年(1941)宫崎市定写《南宋政治史概说》,只记述了南宋、金、元——汉民族、女真族、蒙古族的角逐关系。三十年后的昭和四十九年(1974),周藤吉之与中嶋敏作南宋政治史,仍不出宫崎的范围,正说明了研究成果的贫乏。

再者,根据前引柳田节子的整理,在"南宋政权移转"项下,除笔者系列性拙稿外,关于南宋初期武将统合问题、岳飞—秦桧、韩侂胄、朱熹、贾似道、文天祥的论文、著作一共只有十九种,在量的方面,明显地较其他范围薄弱。更何况,其研究内容既限定于此处所列举的人物及其有关之政治事件,则其研究方向、问题角度大概也无所谓体系性、连贯性可言,在质的方面,自是乏善可陈了[1]。

---

1. 这种贫弱性在南宋政治史的各项研究上成为一种阻碍。例如守本顺一郎的朱子研究,虽以亚洲式封建制度与朱子学思维构造、思维形式展开其理论,有关宋代社会的理解仍以仁井田陞、周藤吉之、柳田节子等人的社会构成体论、集权国家论、江南生产力发达论为依据;至于南宋政权的矛盾与运动方面则全未触及,要理解身为历史具体存在的朱子便有困难。参见守本顺一郎:《東洋政治思想史研究》,未来社,1967年,第二章《朱子学の歴史的構造》,第三章《朱子の生産力論》。

这种贫弱性会引发许多研究者持续的关心，正意味着南宋政治史还不成气候，至少南宋政治史研究一直都不是宋代研究史的重点。这主要是因为其在时间上距唐宋变革期较远，无法被列为唐宋变革论具体的一环来讨论；再者，规范宋代研究的唐宋变革论，其影响力也无法及于南宋时期的民族抗争、民族兴亡史论。结果，南宋政治史乃被限定在民族兴亡史及其有关议题上。如果宋政权是宫崎所说的"近世国家"的原型，属于"彻底的中央集权的政权"（翦伯赞），则彼种国家的发展过程应该如其形成过程一样地被关心，被观察，但我们找不到这样的研究。所谓统治集团的腐败，所谓如"一阵狂风暴雨"般的蒙古族冲击，正缘于对南宋政治史问题的不关心，才会以这样的架构来理解南宋政治史。

（二）"南宋政权移转"的研究角度与问题意识

然而，就在这样的研究环境中，山内正博于1970年以《南宋政权之移转》为题，写了一篇亦可以名之为南宋政治史要略的文章[1]。这篇论文的目次为：

前言
一、传统的复权
二、矛盾
三、灭亡

从目次上，我们已经可以大概察知，这与历来大同小异、写成民族抗争史的南宋政治史，在本质上即有所不同。其观点在于：（1）他把南宋政权自成立至灭亡视为一个连续的政治过程，（2）这不是民族兴亡史，而是要以存在于南宋权力内部的矛盾发展过程来建构南宋政治史。当中国、日本都不断重复着南北民族抗争史观之际，山内从完全异质的观点出发，撰写南宋政治史的尝试，应该给予高度评价。

---

1. 收入《岩波講座世界歴史 第9》（中世3内陸アジア世界の展開），岩波书店，1970年。

不过，我们应该继承山内的，应只限于这两点，至于其他的分析或分析架构，仍有值得批判处。这或许是因为受限于论文发表的形式——刊载于讲座上，以至于不能畅所欲言地开陈自己的见解，但问题的确不少。例如山内认为南宋政权的形成乃是"传统的复权"，但却未能完整地说明其具体意义之所在。我们固然可以揣测，这是指其具有北宋政权的性格，或是在基本性质上有所继承，然而仅仅是理解南宋政权的共通性与相异性，却没有内容的话，问题仍然存在。这也就是说，定义一旦无内容，即使其间有"矛盾"之处，仍然可以说得通。于是，在把南宋政权发展作为问题以记述之时，本论文原本试图定义南宋政权特质、全面展现南宋权力的目的，会因为这种暧昧性而无法完成。

其次，山内认为，南宋政治史乃是"以军力为后盾，自北方移入的皇帝一族以及加入他们的新地主层，和自北宋以来，受传统支持，原居于南方的地主层之间的对立、妥协、抗争"[1]。他试着从流寓—北方—新地主与土著—南方—旧地主的对立关系，来掌握南宋政治史。可是，尽管这篇论文的骨架如此，仍然有问题存在。其缺点是，因为在区分流寓—北方—新地主与土著—江南—旧地主之时，轻视或根本无视于地主层内部本来的矛盾与对立，也就是基于地主经营形态、再生产形态而有的对抗关系，结果使得北宋末期地主层内部的对抗关系，或是权力斗争，与南宋初期的问题脱节，不能接续。事实上，南宋政治史与北宋末期政治状况之间，是具有连带关系的，如果将两者当作是断绝的，那么，要将依山内看法描述的南宋政治史作为历史记述，恐怕会有问题。

此外，将新旧地主论视为南宋政治史一贯的架构，也不妥当。即使承认山内的地主二分说法，那也应该尽可能地限定在第二、三代流寓地主阶层定居江南之前的时期；若要将其定为南宋政治史的基本架构，视为南宋百数十年的全部政治过程，并不恰当。例如，可谓是流寓地主—士大夫代表的赵鼎，虽因秦桧而罢去相位，却在绍兴买置族

1.《岩波講座世界歷史 第9》(中世3内陸アジア世界の展開)，岩波书店，1970年，第235页。

田，至其孙赵监已成昆山地方有力士族，娶苏州名门范仲淹五世孙范之柔女；而在北方人秦桧之下任参知政事（副宰相）的王次翁定居明州，其子王伯庠出任御史，被视为是明州"衣冠盛事"（《宝庆四明志》卷十），从这些事看来，山内的看法大有可检讨之处[1]。

再者，对于在南宋初期政治史上极具影响力的秦桧，山内只据其出身地将他定位为"南方地主层的代办"[2]，亦欠妥当。这点将于本书第二部第十一、十二章再加讨论。

总之，山内从政权内部矛盾运动来理解南宋政治史的观点，的确应为今后所继承、发展。但其具体的分析架构——地主二分说，则很有问题，尤其是与北宋政治史之间的断离、不连贯，还有以之贯穿南宋政治史全部的看法，都有不当之处。

（三）本书的记述对象及其意义

本书记述的时间，起自北宋政权崩溃瓦解、南宋政权诞生的建炎元年（1127），终于第三次宋金和约缔结[3]，南宋政权安定、繁荣期开始的乾道元年（1165），大概是南宋第一位皇帝——高宗的时代。而本书的内容，则为此期间的政治过程，也就是诸政治势力为掌握、维持国家权力所进行的权力斗争，还有影响国家意志、基本政策选定的利害状况，或是诸政治势力的社会背景等综合性、总括性的考察与记述。

本书基本上是将这段南宋初期的政治过程分为两部分来处理。因为高宗时代就是由两段政治过程所构成。其一是自南宋政权诞生至稳固，即所谓南宋政权的确立过程，也就是自建炎元年（1127）至绍兴十二年（1142）的政治过程。其二是由绍兴十三年（1143）到孝宗乾道元年（1165）的政治过程，以维持并保全绍兴十二年体制——秦桧

---

1. Hartwell, Robert M, Demographic, Political, and Social Transformations of China, 750–1550, *Harvard Journal of Asian Studies*, Vol.42, No.2, 1982, p.381。又参照本书第七章第二节，王次翁项。
2. 《岩波講座世界歴史 第9》（中世3内陆アジア世界の展開），岩波书店，1970年，第241页。
3. 此仅限于南宋政权下所订之宋金和约，第一次宋金和约为绍兴八年（1138年），第二次为绍兴十一年（1141年）。

序章　宋代政治史研究的轨迹与问题意识

专制体制——为其最大政治目的,既然秦桧在此一时期拥有压倒性的政治力量,故亦可定为是秦桧的时代。这个时期结束于宋金战争再起,宋金两国各自易主之际,最后即是绍兴十二年(1142)体制的解体,同时为孝宗的盛世——乾道、淳熙时代[1]做准备。此后自乾道、淳熙以至开禧期间(约四十年)乃是南宋政治史的中期,或南宋最盛期,也是应该另作处理的时代。

　　本书所欲处理的南宋初期政治史研究,是除了秦桧与岳飞对抗关系[2]以外,至今尚无太多人关心的政治过程,而除了观察其本身的意义,尚含括下述问题。首先,这是以建炎元年至乾道元年为南宋政权诞生并确立的时期,而期间的政治过程,已然奠定了以后一百五十多年南宋王朝的基调。因此,考察、检讨此间的政治过程,当可对南宋政权的历史个性提供相当程度的认识。这不是根据社会结构体逻辑演绎结果所绘制的南宋政权像,而是鉴于前述南宋政治史研究的贫乏性,尤其是研究观察角度的不足,故循着政治过程,以期在历史上找出南宋政权的特质。

　　其次,此一时期既是南宋政权的创始期,也是北宋政权的重整期。从统治领域而言,北宋拥有一千二百六十五个县,南宋继承政权确立的绍兴十二年(1142)则缩减为七百零三个县。这就是其历史过程。北宋政权的缩小重整期即南宋政权的建立期,考虑到此一时期的特殊性,山内正博视南宋政治史乃与北宋断绝的观察角度,自然不能成立。事实上,要考察此时期的政治过程,就不能不将北宋政权与南宋政权之间的共通性、相异性以及连续性、断裂性皆考虑在内。所以这是与宋政权基本性格考察相联结的研究,即使在宋代政治史中,了解此一时期的政治过程,也是相当重要的。

---

1. 孝宗治下的乾道、淳熙年间为南宋最盛的黄金时代。如日野開三郎《東洋中世史 三》(平凡社,1934年)第三章《南宋》第79页提到:"孝宗亦南宋第一英主,其治世约三十年(1163—1189年),为南宋极盛时期。"南宋末人吴泳也谈到"乾淳全盛之时"(《鹤林集》卷一八,论恢复和议事宜札子)。故这本是宋代原有的看法。
2. 外山軍治:《岳飛と秦檜——主戦論と主和論》,富山房,1939年;邓广铭:《岳飞传(增订本)》,人民出版社,1983年;龚延明:《岳飞》,浙江人民出版社,1980年;曾琼碧:《千古罪人秦桧》,河南人民出版社,1984年。

最后要指出的是，本书的分析并不是着眼于政治权力的形态、结构，而是摆放在其运动、冲突、动态的方面。正如叙述宋代政治史研究概况时所指出的，这与以往政治史研究多用力于形态、结构、静态方面的做法大不相同。例如，以往所谓君主独裁体制、皇帝绝对专制体制，都是在国家制度上检讨描绘皇帝面相。可是透过政治过程观察皇帝，才能具体地描绘出现实中的皇帝面相，而我们也才可以藉此测定国家体制与现实间的落差。虽然时段间有所区划，唯对比于藉制度或原则所理解的形式性宋政权，这样才能设定实际的政治权力样貌；同时经过了这样的努力，综合性的宋政权、南宋政权才能开始被理解。

本书的首要目标虽然在于重组并记述南宋初期政治史，然基于此一时期及其研究角度的特质，前述研究意义自然也包括在内。希望在这一点上，本书可以对贫乏的南宋政治史研究有所贡献。

第一部 南宋政权的确立
——绍兴十二年体制的前奏

第一章

南宋政权确立时期的政治课题与政治主体

一、南宋政权确立时期的政治课题

（一）南宋政权面对的政治课题

本书主要记述南宋第一位皇帝高宗时代的政治过程，基本上，这由两个部分构成。其一是自南宋政权从诞生到稳固，即所谓南宋政权确立的过程，其二是已确立之南宋政权如何维持、运作暨变动的情况，亦即如何继承绍兴十二年体制的过程。划分前后两个过程的关键时间即绍兴十二年（1142）冬。这意味着，自建炎元年（1127）五月南宋政权诞生以来，其所遇到的最大政治课题在此时得到解决。

不过，关于南宋政权本身的确立，尚可整理为以下五项主要政治课题：

（1）结束与金之间的战争状态，并建立安定的相互关系。
（2）原有军事力量全由皇帝统制，军事权全归皇帝掌控。
（3）诸政治势力向继承政权靠拢，并予以支持。
（4）江南地域及南宋政权内部各种反乱的收拾、镇压。
（5）重整乱上加乱的统治机构，尤其是国家与乡村纽带关系的恢复。

首先，就（1）来看，面对着已取代契丹辽王朝、更具压迫性，且以其军事力量粉碎北宋政权的新兴女真族金，应该以何种关系与之相处,的确是关系着南宋政权建国理念的重大问题。就当时全面的情况看，控制华北中原的金，与在江南、四川成功建立防御线的南宋，已到了互相对峙，只能进行持久战的阶段；任何一方都不可能在军事上击败对方，只能借着政治谈判形成安定的关系。

其次，就（2）的课题而论，当是如何才能恢复北宋那种只有皇帝才能支配所有军事力量的局面。如果我们记得，北宋政权建立之际，乃是继承了五代后周最强的军队，并在此军力支持下统一中国，建立集

第一章　南宋政权确立时期的政治课题与政治主体　　　　　　　　　　　　　　23

权统治体制，同时彻底地控制住这支军队，则此一课题的重要性自然可知。南宋政权能否将自身建设为北宋的继承政权，当然与收兵权——同时收回各军事力量（家军）所掌控的财政权——密切相关。

　　至于（3）之政治课题，则是尚处于摇篮期不够稳定的继承政权，在地主、官僚层政治势力深陷于对立、纠葛关系的情况下，当如何确保其支持与合作。事实上，至少自北宋王安石变法形成党争之后，士大夫阶层间就因为地域利害不同而争执不断。弃北方故地南来的官僚地主们，更与江南土著地主群相倾轧，并因其他诸多事故而相纠葛、对立。此外，金也再次在华北中原建立傀儡政权，极力招抚北宋政权中的有力士人们。当江南叛乱频起之时，身为地方领导阶层的士人向背，亦直接关系着继承政权的前途。

　　再从（4）的叛乱来看，建炎三年（1129）三月，亲卫军将军苗傅、刘正彦因对恩赏不满而叛乱，逼高宗退位，另立三岁皇太子，改元明受，是为"明受之变"。又据山内正博缜密的调查，自建炎元年至绍兴五年这九年间，史书所载全国盗匪多达一百九十六起[1]。其间起义规模最大者，应属建炎四年江西王念经，建炎四年至绍兴五年之湖南钟相、杨么，建炎四年至绍兴二年福建范汝为。总之，方始建立的南宋政权不但要面对金的外来压力，也要应付政权内部、统治领域内部的叛乱分子，如何镇压、收拾这个局面，是其无可逃避的政治课题。

　　（5）是要恢复因外敌、内乱而乱上加乱的乡村与国家间的关系、纽带。南宋朝廷既想要继承并恢复中央集权体制，就必须让国家重新全面且一元地掌握领域内所有的乡村，并且将乡村置于路、州、县的体制之下直接掌控。特别是之前时局混乱之时所曾试行的种种间接支配方式——如藩镇制，纵然只实施了一部分，唯为了重新确立集权体制，南宋政权亦必须扭转这种情势。

　　以上所述虽偏于官方立场，总之，这是赵构（高宗）为建立继承政权，并确立自身为统治领域内唯一公权力即国家权力所做的努力，亦是其最主要的政治课题。值得注意的是，这些课题固然全都与南宋政权的

---

1. 山内正博：《南宋镇抚使考》，《史渊》64，1955年。

前途重大相关，却非完全处在同一层次或等值的地位。在这些课题中，以（1）与（2）最为重要，由于两者皆是绍兴十一、十二年所要解决的焦点问题，故亦是绍兴十二年南宋政权得以确立的重要条件。换言之，建炎元年以迄绍兴十二年间的南宋政权确立过程，乃是关于南宋对金关系与收兵权两大政治课题如何定计决策的政治斗争过程。为什么这两项课题要比其他课题来得重要呢？以下即就相关历史情势进行考察。

（二）南宋政权的确立与对金关系

北宋末之宣和七年（1125）十月，金军发动对宋战争，次年之靖康元年（1126）正月，完颜宗望军已包围了首都开封。在这场战争中，宋发生徽宗退位、钦宗即位的政变。宋以犒军为名，赠给金军黄金五百万两、银五千万两、缎百万匹、马一万匹，割让中山、河间、太原三镇（府）二十州，宋、金两帝约为伯侄关系，并以亲王、宰相各一人为人质，金军才解除长达三十二日的开封之围。可是，宋并无意履行这项盟约，并明白表示拒绝割让三镇（靖康元年三月）。

于是金军以宋之背约为名，于靖康元年八月再次南进。十一月，自燕京南下的宗望军，与自大同出发，攻陷山西要地太原的完颜宗翰军会合，再次包围了首都开封。在十一月二十七日通津门攻防战之前，宋已于同月十三日向金提出"割三镇地界"的建议（《三朝北盟会编》卷六三，靖康元年十一月十三日条，以下简称《会编》），十七日，金遣使拒绝早先的提议，转而要求以"黄河为界"，亦即要求割让黄河以北之地——河东、河北（同前，靖康元年十一月十七日条）。从这件事来看，我们大概可以察出金的战争目的，及其领土扩张的上限。

经过大约一个月的攻防战后，开封于闰十一月廿五日陷落。廿六日，右仆射（宰相）何㮚出使金营，据说金将粘罕曾表示："古有南即有北，不可无也。今之所期，在割地而已。"（《会编》卷七十，靖康元年闰十一月廿六日条）这种想法在十二月二日钦宗亲奉降表至开封城外与金将粘罕、斡离不（宗望）会面时，曾再次表明。粘罕称："天生华夷，自有分域，中国岂吾所据，况天人之心未厌赵氏，使他豪杰四起，中原亦非我有，但欲以大河为界，仍许宋朝用大金正朔。"（《会编》卷七一，靖康元年十二月二日条）应该注意的是，金军取得军事胜利后，即要求宋割让领土并服属于金，完全没有想到宋朝竟会拒绝或破坏协议。宋方面其实也已接受了金的要求，决定割让河东、河北。可是当地守臣却不主张开城，计划坚守。靖康二年正月四日，有一份令"某州守臣某"开城的诏敕，称："则汝忠勤反为社稷之祸。岂如早毁楼橹，开门出降抚定。"

可是金的对宋政策忽然有了变化。二月六日夜，粘罕传金皇帝太宗之命曰："宋土旧封，颇亦广袤，既为我有，理宜混一。然念师行，止为吊伐，本非贪土，宜别择贤人，立为藩屏，以王兹土。"（《会编》卷七八，靖康二年二月六日条引《伪楚录》）这是对宋政策的一大变易。也就是要以金的军事实力为后盾，断然施行易姓革命——废赵宋王朝，立异姓，以之为金的保护国、从属国[1]，完全否定了宋朝。

有关赵氏存续的方针，为什么突然转为否定，无法确知。只有《建炎以来系年要录》（以下简称《要录》）卷二据傅雱《（建炎）通问录》称："初，左副元帅宗维（粘罕）与诸军帅议，欲留萧庆（辽之降臣，宗维幕下将）居汴京，以守河南地，庆不敢当。众又推汉军都统制刘彦宗（燕人，宗望幕僚），彦宗亦不敢当。右副元帅宗杰（宗望）语于众曰：他日赵氏必复兴，今吾务广地而兵力不能周，是自贻患也，不若以河为界。宗维是之，遂有就城中别择贤人之议。"（《要录》卷二，建炎元年二月丙寅是日条）由此虽可了解，金军自知其兵力有限，而于河南——开封设置代理政权的缘故；但何以非要推翻赵氏政权，行易姓革命的因由，则仍未能明白。

无论如何，基于这项方针，逮捕宋宗室全体成员[2]，以及立异姓的工作，是在平行进行着。关于前者的总数，有两种说法，一说是"宋二主及其宗族四百七十余人"（《金史》卷七四《宗翰传》），一则谓"二

---

1. 《皇宋十朝纲要》卷十九钦宗靖康二年二月庚午（十日）条记载金方面"督举异姓，催取皇族"，且"粘罕大怒云：明日二事不了，便举兵屠城"。
2. 《挥麈录·后录》卷三："粘罕二太子者谓，搜寻宗室，有所未尽。（莫）俦陈计于二贼，乞下宗正寺，取玉牒，其中有名者，尽行根刷，无能逃矣。"能逃脱这次逮捕行动的，只有已入道教寺观为尼的哲宗废后孟氏，以及当时不在京城的钦宗之弟赵构（后之高宗），可见其搜捕之彻底。

帝及太妃、太子、宗戚三千人"（《宋史纪事本末》卷五七，二帝北狩）。从行文看来，前面的说法或许仅指赵氏——即皇室的男子而言。至于拥立异姓的工作，则于三月七日完成，宰相张邦昌被立为皇帝，国号楚。此即世所谓"靖康之变"，故北宋政权灭亡的正确时间应为靖康二年（1127）三月七日。

这之后，金的对宋战争即以追捕赵构（高宗）为其一贯目的。"（张）邦昌死，太宗闻之大怒，诏元帅府伐宋，宋主（高宗）走扬州。"（《金史》卷七七《张邦昌传》）"上曰：康王构当穷其所往而追之。俟平宋，当立藩辅如张邦昌者。"（《金史》卷七四《宗翰传》）从这两段话来看，金帝是要彻底歼灭赵氏，并建立傀儡政权。

总之，在军事上居压倒性优势的金，自靖康二年二月以后，一直循着打倒赵氏政权，藉傀儡政权统治中国的基本方针行事[1]。北宋政权既不是被王莽式的权臣篡夺而亡，也不是因为黄巾、黄巢等民众叛乱而灭；而是因为异民族占领了首都，逮捕了所有皇室成员，押送北方，也就是在国家中枢破灭并傀儡政权建立的情况下，造成现存王朝的灭亡。继承北宋的南宋朝在确立政权的同时，当然明白自己所面对的最大政治课题为何。既然无法指望继承政权的军事组织力量能够克敌制胜，那么，在什么情况下，可以让金人改变甚至放弃追捕、歼灭赵构——赵氏唯一幸存者，还有立异姓的基本方针，自是与南宋政权确立具有同等意义的重要问题。

一旦考虑到北宋政权的灭亡，以及之后金对宋的基本政策，就可以了解绍兴十一年（1142）底订立宋金和议一事，对两国所具有的划时代意义。这项条约使得南宋版图较北宋约缩小三分之一，又向金称臣，这种屈辱的做法，无论在当时或今天都评价极低。可是就金而言，正式承认身为淮水一线以南一元统治者的南宋政权，乃是意味其已放弃前此的否定路线，并转而采取均衡的共存路线。至于南宋方面，则因为政权已获得其最大敌人之承认，而意味着政权由此确立。

从上述历史经过来看，当能明白对金关系在南宋政权政治课题中

---

1. 金于天会八年（宋建炎四年，1130年）九月立宋降臣刘豫，建傀儡政权齐，也是基于此一方针。

所占的分量。而将建炎元年至绍兴十二年作为南宋政权的确立过程，并把对金关系的安定与否摆放在政治课题的最高顺位，亦是基于前述缘由。

（三）南宋政权的确立与收兵权

北宋政权的瓦解，既以金军占领首都、宋军溃灭为基本状况，军事力量的重建自是南宋政权的重要政治课题；面对金这样的终结者，南宋能够对抗到何种程度，也与其重整军事力量的有效程度有关。这点除适用于一般性的讨论外，在南宋初年，尚有两项特殊条件存在：（1）性质不同的各种军事势力纷纷出现，（2）身为重组国家军事力量——收兵权——主体的皇帝未能掌握军事力量。在解决此一课题时，这两点影响很大。

首先就（1）而言，根据王曾瑜的整理[1]，神宗时约九十五万的禁军，到了北宋末期已是"十无二三"，方腊起义的镇压工作，以及宣和四年（1122）五月至十月的征辽失败，已经损失相当多的人马。接下来，又因为宣和七年（1125）、靖康元年（1126）两度与南进金军作战而损失大半。开封包围战之后，宋禁军完全崩溃，溃兵余卒成了"兵匪"，流浪到江淮之间。《续资治通鉴》（清毕沅撰，以下简称《续鉴》）卷九八建炎元年五月丁酉条谈到："初制，殿前、侍卫马、步司三衙禁旅，合十余万人。高俅得用，军政懈弛。靖康末，卫士仅三万人。及城破，所存无几。"

除了禁军的溃兵败卒，还有庞大的勤王军散兵余勇。北宋将亡之际，曾广召各路组织勤王军（义勇兵）参加开封保卫战，而随着北宋的灭亡，这批数目庞大的勤王军也无所归属，流散各地[2]。史载："自宣和末，群

---

1. 王曾瑜：《宋朝兵制初探》，中华书局，1983年，第94—95页。本书是有关宋代军制史与军事史的最佳概说书，并且补订了《宋史·兵志》详北宋而略南宋之失。
2. 陆游《老学庵笔记》卷一记载东都（开封）陷落后累月，即至靖康二年二月，浙西路才组织起六千七百多勤王军——所谓无意义的军事力量——的编制和派遣。又湖南钟相、杨么之乱的发生也与勤王军的编制有关，参照《杨么事迹》，引自严龙戈：《钟相杨幺起义资料选注》，中华书局，1976年。

盗蜂起，其后，勤王之兵往往溃而为盗。"（《续鉴》卷九九，建炎元年秋七月己丑朔条）此外，各地之前就有的民兵，也相继由地方土豪编组成民间自卫团，一时之间，各种性质互异的军事势力纷纷出笼，军事上一片混乱[1]。

可是这种无统制关系、不断扩张又散漫的军事势力，也在各种状况中陆续地被淘汰、整理，并渐次集结在有力的领导者（将军）之下，所谓家军体制由是而生[2]。甚而演变成"今日之兵，隶张俊者则曰张家军。隶岳飞者则曰岳家军。隶韩世忠者则曰韩家军。相视如仇雠，相防如盗贼"（《要录》卷一三七，绍兴十年七月乙卯条）。各家军之间不但没有连动性，反而形成孤立的相克关系，就连与皇帝的关系亦复如此。"今诸将之骄，枢密院已不能制。"（《要录》卷四二，绍兴元年二月癸巳，汪藻言）"今天下之权，不在庙堂，而在诸将。诸将拥重兵，据要地，偃蹇自肆。"（《要录》卷一一九，绍兴八年五月辛亥条）在这种情况下，南宋政权确立过程中，编组、收兵权等所谓统一国军的课题，也就是如何把孤立的家军集结在皇帝之下，由皇帝一人统御。

其次是有关（2）的问题，南宋皇帝军队当如何重建、统制，是开创南宋朝的康王赵构即高宗所面对的特殊状况。高宗在重建皇帝军队、对抗金人、镇压反乱诸事上，毫无军事基础，本身也不具备军事领导的将军性格。康王于靖康元年十一月奉钦宗之命出使请和，在赴金途中，适遇靖康之变。宋之宗室全被收捕，而他之所以得脱此难，完全是偶然的因素。他既不是将军，也没有股肱之臣相援。而他也只不过因为是赵氏直系唯一留存者，就开大元帅府，率"帅府官军及群盗来归者"

---

1. 赵俪生：《靖康建炎间各种民间武装势力性质的分析》，《山东大学文史哲》1956年11期。并收入赵俪生：《寄陇居论文集》，齐鲁书社，1981年。
2. 关于这种状况的发展情形，山内正博的研究极其详尽。如其与日野開三郎合著的《南宋軍閥の成立》，《歷史教育》2-7，1954年；《南宋鎮撫使考》，《史淵》64，1955年；《南宋建国期の武将勢力に就いての一考察——特に張、韓、劉、岳の四武将を中心として》，《東洋学報》38-3，1955年。
 山内的研究完全从兵制与国家财政着眼，并未触及本节所提有关（2）之问题。亦即当皇帝军事力量不足时，不得不依赖政治力量，仰仗全体士大夫支持，也就是从所谓政治工作、政治过程的方式来处理整编军队的问题。

(《宋史》卷二四《高宗纪》),随即获得拥立,成为南宋第一位皇帝。

这种即位方式在日后也曾带来问题,如建炎三年(1129)三月,杭州禁军因恩赏问题而发生叛乱(明受之变),被迫退位的高宗简直无计可施,禁军中全无忠心护卫之人,幸赖吕颐浩、张浚、韩世忠、刘光世等人组织勤王军,才打开局面。

在军事势力不断扩张、无法统制的情况下,皇帝只是被拥立者,旗下并无一兵一卒可用,既见逼于异民族的强大压力,又要面对不断发生的叛乱事件,陷入紧急的军事状态,这正是高宗所面对课题的特殊之处。如果我们想起,北宋创建者赵匡胤(太祖)乃是以最高军事将领的身份,得到最大军事力量支持而得位的事实,就不难了解南宋第一位皇帝高宗的为难了。

绍兴十一年(1141)四月,这种特殊状况得到解决,诸家军皆统合为皇帝的军队,同年年底赐死岳飞,收回兵权,高宗成了南宋军事力量的唯一支配者。事情的经过留待后述,值得注意的是:(1)收兵权时,得到全体士大夫、官僚层的强力支持;(2)高宗并不是以将军即军事领导者的身份出现,而是完全从如何组织军事力量着手,也就是凭着政治的力量统制诸家军。

先就(1)来看,赵鼎、张浚、秦桧等不同官僚集团——政治势力的领导者们,在收兵权一事上都同样地尽力。尽管他们在对金政策上激烈对立,却都一致认为,军事力量应归皇帝一人统辖。于是,政治势力虽有所交替,收兵权的政策却始终一贯。这也暗示了在南宋政权确立过程中,什么才是最重要的政治课题。

至于(2),高宗并未自行编组皇帝直辖军队,亦未将各家军并合、联合,以收兵权,恢复军事统制力。皇帝只是经常在家军之外,借着对金战争等时机,将军团与军团加以编组,以确立自己的权威,将家军国军化,这样的过程的确值得注意。总之,高宗收兵权的方法可以说完全是政治性的[1]。

---

1. 日本方面关于收兵权之研究,一直都着重在国家财政与兵士赏给的层面。可是从政治史的立场来看,这些不过是在此特殊事件中所采取的手段。从财政与兵士赏给方面来说明(转下页)

无论过程如何，收兵权在绍兴十二年完成了。高宗因此对秦桧发出豪语说："唐藩镇跋扈，盖由制之不早，遂至养成。今兵权归朝廷，朕要易将帅，承命奉行，与差文臣无异也。"(《要录》卷一四七，绍兴十二年十二月己卯条）高宗之所以能确认自己乃是北宋集权国家体制的继承人，是一位超越性的独裁君主，是因为他已成为全部军事力量的唯一统御者。绍兴十一年十月，"上谓大臣曰：人主之权，在乎独断"(《要录》卷一四二，绍兴十一年十月丙寅）。又"曰：礼可以立国，君臣上下，如天地定位，不可少乱"(《要录》卷一四三，绍兴十一年十二月壬申条）。高宗的这些言论，正是为了要确认他自己是一位超越者即专制君主所作的宣言。如今，姑且不论版图的大小，南宋政权能确认自己为北宋集权体制的继承政权，其实正是在绍兴十一、十二年的时点上，而其根底即在于同时期收兵权的成就。根据这个观点，我们当可了解，自建炎元年至绍兴十二年的政治过程，就是南宋政权确立的过程，而其间最重要的政治课题，即是全部军事力量之归于皇帝一人统辖。

最后要指出的是，收兵权、统一国军编制在对外问题上阻却了金的江南侵略行动，进而改变了金人消灭赵氏的原定政策，使得南、北（宋、金）均衡共存的形态得以出现。《要录》卷一五五绍兴十六年九月己丑条是以"上曰"宣布："自合兵以来，诸将出入，若身之使臂，臂之使指，无不如意，兹可为喜。"附注引用《中兴圣政》史臣之言谓："乌珠（金军之将宗弼）求和，畏我（宋）之强也，故兵可以合，兵合而朝廷之势重，将帅之权轻。"这段话真是对绍兴十二年（1142）体制历史背景所作的最佳说明。宋军之统一，皇帝统制力的恢复，使金提出和议——改变了金的对宋基本方针。所以，收兵权在对金关系上也有相当大的影响力。在这层意义上，比起其他政治课题，收兵权在南宋政权确立的过程中，也就因着前述对金关系的逐步趋于安定而具有特别的意义。

（接上页）收兵权过程的根本问题所在，恐怕并不妥当。可参照：山内正博：《秦桧罷兵の財政的意義》，《史学雑誌》70-12(大会報告)，1961年；又《南宋初期の兵の給与と秦檜の武将政策》，《史学雑誌》72-12(大会報告)，1963年。小岩井弘光：《南宋初期軍制についての一考察》，《集刊東洋学》28，1987年；又《南宋大軍兵士の給与銭米について》，《東洋史研究》35-4，1977年。安蘓幹夫：《南宋初期四大武将の財政に関する研究》，《広島経済大学経済研究論集》2-4，1980年。

（四）南宋政权的确立与其他政治课题

在建炎元年（1127）至绍兴十二年（1142）南宋政权确立的过程中，继承政权所面对的政治课题，已经一一整理为前述的五项。而其关键则首在于（1）之对金关系，与（2）之收兵权两项课题，它们是南宋政权确立过程中的焦点问题。这两项课题解决后，南宋政权已可确立。下面再就其他三项无法成为政治过程焦点的理由加以申说。

在（3）之全体政治势力向继承政权集结、（4）之收拾并镇压反乱、（5）之恢复国家、乡村纽带关系之中，这里先从第五项看起。宋人对这项课题的努力，表现在绍兴十二年至二十年间秦桧专制之下所实施的经界法上。抽象而言，这是南宋政权为了掌握所支配领域中的乡村，意图藉它们的支持，与金相对抗，以巩固自身政权的做法。可是，与此课题相对应者，既是高宗、秦桧建立起从属于金的绍兴十二年体制，划定宋、金国界与统治疆界之后，始用以确定域内耕地而选择的经界法；那么从北宋灭亡、都城陷落的现实情况来考虑，这恐怕不能列为宋政权再兴的第一课题。

其次是第四项有关各反乱事件的镇压与收拾，对于尚飘摇不定的南宋政权而言，这无疑是相当紧要的课题。

据山内正博的统计指出，建炎元年到绍兴二年的六年间，以建炎三年的五十七起叛乱数为最高，各路合计则共有一百七十八股盗匪，即平均每年有二十九股，但是到了绍兴三年就锐减为十起，绍兴四年、五年更降为各有四起。至于招安群盗的数目也与此成正比，其中以绍兴二年的招安数三十九为最高，自建炎三年至绍兴二年合计有一百三十九股盗匪被招安，绍兴三年、四年，则急降至各有六回，绍兴五年十二回[1]。也就是说，绍兴二年乃是叛乱情势逆转的分界点。再者，山内也认为，四大家军——张俊、韩世忠、刘光世、岳飞的军队——于绍兴二年底成立[2]，或许也与这种趋势密切相关。

---

1. 山内正博：《南宋鎮撫使考》，《史淵》64，1955年，表D"诸路群盗蜂起表"（第73页），表G"诸路群盗招定表"（第81页）。
2. 山内正博：《南宋建国期の武将勢力に就いての一考察——特に張、韓、劉、岳の四武将を中心として》，《東洋学報》38-3，1955年，第39页。

此一现象的发生，当系黄潜善、吕颐浩的招安政策收效。这其实也可说是以官位、厚禄收买叛乱分子，故史书称："上曰：近来盗贼踵起。盖黄潜善等专务招安，而无弭盗之术，高官厚禄，以待渠魁，是赏盗也。"（《要录》卷六六，绍兴三年六月甲午条）"绍兴之后，巨盗多命官招安，率以宣赞舍人（从七品）宠之。"（《鸡肋编》卷下）

总之，南宋初年相继而起的各种叛乱势力，固然性质各异，却终为各家军所吸收，随着国家招安政策的执行，在绍兴二年（1132）时快速地安定下来，自然也不成为绍兴十二年南宋政权确立过程的中心政治课题。

南宋初年的各项乱事得以平定，不成为此一时期政治过程的中心问题，其主要原因，在于在地地主对宋政权的政治信赖感并未丧失，在地地主的动向，关系着叛乱情势之扩大与否，或能否平定，这正是前述政治课题中的第三项，以下续就此项问题加以讨论。

由于自王王安石改革以来，政权中枢、统治集团内部的党争与权力斗争一直十分酷烈，要求纠弹继承政权所自出的北宋末期误国奸臣的声浪又极为激越，再加上因地区差异和经营形态不同所造成的对立，使得南宋初年官僚、地主间的对立、纠葛既深刻又复杂。不过，明末清初的王夫之（船山）认为，这些都还不足以动摇"人心之向背"（《宋论》卷十《高宗五》）。对继承政权深厚的信赖，实在是摇篮期南宋政权最大的政治基础。南宋朝廷几度面临危急存亡的紧要关头，士大夫皆不曾背离宋朝，转投效女真麾下。王船山将此与南宋末年的情况相比，论道："于天下虽无片土之安，而将帅、牧守相持以不为女直用。"（前引书）

的确，高宗自建炎元年五月即位以后，至建炎四年十二月的这段时间，在金军的追迫之下，前后共更换了二十五个驻跸之所，南宋政权也几次濒临土崩瓦解，可是却没有士大夫协助金军。这表示，在北宋政权的统合原理下，尤其是特权分配方式或统治者集团组成方式下，其所营建成的政治资产，在赵宋政权最危险的时刻，仍然保持了其有效性。这里无法就北宋政权的政治资产作全面性的检讨。不过，当时人对科举制度所提出的看法，恰好提供了关键性的解释。《要录》卷

第一章 南宋政权确立时期的政治课题与政治主体

一四八引何俌《(中兴)龟鉴》（绍兴十三年二月己卯条）：

> 或者乃曰：敌势如焚，国势如线。弥文褥典，何暇搜举，得无蹈宣（和）、靖（康）之覆辙乎。愚应之曰：不然。科举固所以沮天下豪杰之气，亦所以收天下豪杰之心。苟无科举以取之，学校以养之，则士之不知爱重者，不入于敌，则入于盗矣。

关于宋代科举制、学校制的政治意义与角色，再没有比这篇说法更明快的文章了。只要科举制还存在，在混乱、动荡中几无统治能力的南宋朝廷与士大夫地主们，就还能维持其一体感，士人对继承政权的忠心，也就能继续保持。

据《文献通考》卷三二《选举五》所见之"宋登科记总目"，建炎二年，进士四百五十一人，绍兴二年（1132），进士二百五十九人，四川进士百二十人，之后，绍兴五年、八年、十二年、十五年、十八年、二十一年、二十四年、二十七年、三十年亦各有二百数十人至四百数十人不等的进士登科。即使是在建炎元年至绍兴十二年外敌内乱最严重、环境最恶劣的时期中，科举考试仍然规则地定期举行。这个现象的确值得注意。"吴郡乡举题名碑"（收入《江苏金石志》）上，刻有南宋时期绍兴十年至宝祐六年（1258）乡试合格者的名单。苏州乡试合格配额十二名，再加上后来分配的流寓籍额一名，共计十三名，就是在这期间，由几乎两千多名的应考人选中考举出来[1]。总之，即便在政权飘摇不定之际，基层地方的科举考试仍是定期且规则地照常举行。单从这点来看，南宋统治集团内外虽存在着种种对立关系，士大夫地主对南宋政权的支持态势始终不曾动摇。

---

[1] 上记碑文末尾，录清钱大昕《潜研堂金石文跋尾》之语称："龚明之《中吴纪闻》云，姑苏自（大中）祥符间定制，科举以四人为额。（中略）范贯之作《送钱正叔赴举序》，已言四人之额，视他藩为最寡。（中略）三舍（法）既行，罢去科举法，岁贡四人。舍法罢了，乃合三年之数为十二人。绍兴丙子，又增流寓一名。今终场者，几二千人，其额又不胜其窄矣。今据题名，绍兴庚申、甲子二科皆十二名，丙子以后每科十三名，正与龚所记合。"

如上所述，士大夫地主既对继承政权维持一定的政治信赖，叛乱问题就不会因为地主们参加而扩大进行。单由地主们的动向来看，就知道叛乱问题被局限在某一程度之下，迟早都会平定的。

再者，科举制既全无动摇，也就意味着构筑北宋政权的官僚组织、统治机构不曾变动。统治机构既无变动，地主对继承政权的政治信赖也就不会动摇。这正是南宋政权得以确立的最大政治资产与政治基础。

由以上情势看来，原来设想的政治课题第三项（所有政治势力的支持）、第四项（诸叛乱之收拾与镇压），在南宋政权确立过程中亦非最重要的政治课题。故本书认为，比起第一项（安定的对金关系）、第二项（收兵权），第三项以下之原因应视为次要问题，比较符合历史的发展。

二、北宋的政治势力及其变动

（一）南宋初期政治史与政治主体

所谓政治史，与传统纪传体历史或所谓人物史不同。由于在决定国家意志、政策或权力斗争的过程中，往往受到当事者个性的影响，故其无可否认地有着人物史的色彩。可是，其基本立场绝非特定的人物论。政治过程是由扮演政治主体的政治势力所构成，结成集团的政治势力之运动总和即为政治过程。这样一来，政治过程的分析、记述对象或单位，就是政治势力。所以政治势力就是历史的存在，不能抽除历史的成分。

金毓黻曾说："宋代是士大夫之政治。其兴盛由于士大夫，其衰亡亦由于士大夫。"[1] 也就是认定宋代的政治主体纯粹由士大夫所构成。可是这个看法如果妥当，那么当士大夫是地主出身的官僚时，其存在形态又会产生什么样的政治态度，形成怎么样的政治势力，构成何种政治过程，关于这方面的研究成果并不多。

日本史学界很少动态地把握宋代政治史，当然不会关心这样的问

---

1. 金毓黻：《宋辽金史》，台湾商务印书馆股份有限公司，1982年，第113页。

题，即使是中国也很难说在这点上有什么成绩。吕振羽认为，大地主与中小地主——此据其土地所有量之多寡而定——的阶级意识不同[1]。侯外庐则将地主区分为品级地主（特权地主）、庶族地主（非特权地主），以质的差异作为最重要的根据，藉此讨论地主阶级内部政治意识的歧异、政治态度的不同，以及统治集团内部的对立与纠葛[2]。这两项基本的分析角度在20世纪50年代末被提出以后，有关地主层与政治过程关联的理论分析，就不再有进一步的研究成就可见。就新中国诞生后之中国史作全面性分析展望时，这两项观点都必须被提及，但是如就北宋末、南宋初之特定时期的政治过程进行分析，则未必适当。

那么，在南宋初年政权确立的过程、绍兴十二年体制继承过程的建构中，动作的政治主体即政治势力具体而言究竟是什么？又带有怎么样的历史性格？这些乃是记述南宋初期政治史时必须考虑解决的前提。要想逐一地分析北宋末、南宋初所有政治主体、政治势力的个性，当然是不可能的事。可是，如果注意观察南宋初年个别政治势力的源流，则此一时期的政治势力仍可以大致分为三种性质不同的系统——彼系历经五代、北宋而生成，故由历史性来看，共有三层；而南宋初的政治过程，也就是以皇帝为中心，此三种系统政治势力运作纠葛的过程。以下所要考察的问题，也就是这三种系统——三层政治势力究竟是什么，它们又是在怎样的历史过程中出现。

王曾瑜所写的《宋朝阶级结构概述》[3]虽然很短，却是与日本宋代史研究想法不尽相同、相当独特的文章。这篇论文，对以往讨论热烈的户口数、户等制、户口统计之类的问题全然不顾，专就北宋中叶（1060—1080年代）统治阶级与被统治阶级的构成及其概数进行推定。根据他

---

1. 吕振羽：《中国政治思想史》，人民出版社，1955年，第三编《地主阶级经济复兴时代的各派的政治思想》、第九编《封建主义衰落期的各派政治思想》等。又氏著《中国历史讲稿》，人民出版社，1984年，第十一讲《专制主义封建制矛盾扩大的五代两宋辽金期》。此为1959年中共中央高级党校讲义。
2. 侯外庐：《中国思想通史》第四卷，人民出版社，1959年，《第二、三、四卷序论补》，第一章《中国封建社会的发展及其由前期向后期转变的特征》。序论补之日文翻译见依田憙家：《封建的生產關係の一般の原理》（一）、（二），《歷史評論》，1966年10月、12月。
3. 王曾瑜：《宋朝阶级结构概述》，《社会科学战线》1979年第4期。

的结论,(以下括号内数字单位皆为户)官户(2万)、形势户(40万—50万)、乡村上户(100万—300万)、都市坊郭上户构成统治阶级。至于被统治阶级则为乡村下户(750万—900万)、客户(500万)、坊郭下户。当然在个别的具体数字问题上,如以拥有百亩土地为标准,以及把被认为是自耕农的主户视为乡村上户,计入统治阶级,都颇有问题。但值得注意的是,他把11世纪后半的中国社会以横断面加以剖视,无论统治阶级或被统治阶级都是复数的组成;尤其是统治阶级方面,乃是由土地之多寡、特权之有无、生产形态、经营形态等性质各异的不同阶层同时并列,编组成支配阶级。这一点深具启发性。

王曾瑜的方法其实是机械地就土地所有与特权之有无——这与被国家收夺之多寡同义,来考虑其性质之不同。可是,就笔者管见,所谓异质而同时并存的状况,其实也就是各个具有历史性差异群体的重层并存状况。例如讨论到官户层(衣冠形势户)时,我们就必须想到,这是随宋代科举制度而起,经由人为、政治性培育所组成的群体。亦即官户的出现,始自唐末、五代的在地土豪们(形势户)参加宋朝实施的科举选拔考试,被承认具有任官资格——统治集团的成员,并被赋予特权。只要从历史的过程着眼,就可知道,是先有唐末、五代的在地土豪(形势户),再由其中产生官户(衣冠形势户);形势户乃是官户的母体,是原阶层,官户则是新兴阶层。

基于上述观点,北宋末、南宋初的政治主体即可根据其历史性整理为:

(1)五代以来的在地土豪即形势户。
(2)宋代以形势户阶层为母体,以科举制度为媒介而成长出头的官户即衣冠形势户,或地主出身官僚。
(3)王安石改革以后,由官户中突出成长的权门层。

(二)北宋时期的政治主体

1.在地土豪

首先来看在地土豪,这里所称的土豪是以五代的基本形态来显示。

第一章　南宋政权确立时期的政治课题与政治主体

五代是讲军事权力的时代，国家权力依藩镇势力编组、运转，政治主体是武将，是藩镇。不过，位于藩镇支配体制末端的镇，其支配者镇将则可再区别为藩镇心腹将校（武人）与地方土豪两大系统[1]。因此，藩镇体制其实带有军事集团与土豪势力联合权力的性格。

至于五代土豪（或称为豪民、豪族、豪户、豪姓、豪右、强族等）的具体形态究竟如何呢？概观中村治兵卫、青山定雄、松井秀一、爱宕元等人的研究成果[2]，大致可以列出其基本特点如下：

首先，是有一由数十人构成的家族，而其周边尚有不少同族存在，即结合其周边同族，形成数十人甚至百人的血缘社会，维持并经营基于血缘的生活圈。

其次，土豪势力的根源在于大土地所有，即拥有数百亩以至百顷的田地，通常是以概称为子弟的家族劳动力或隶属农民直接亲自经营。此外，也经营高利贷、金融业，开设邸店，进行买场务（或扑买税场）等商业活动，还独占河川、湖沼的渔业权、用水权，追求利润。故所谓的土豪，自然也一定是"富者"。

---

1. 日野開三郎：《五代鎮将考》，《東洋学報》25-2，1938年。后收入日野開三郎：《東洋史學論集　第二卷　五代史の基調》，三一書房，1980年，第502—504页。
2. 中村治兵衛：《王安石の登場——宋朝政権の性格》，《歴史学研究》157号，1952年；松井秀一：《北宋初期官僚の一典型——石介とその系譜を中心に》，《東洋学報》51-1，1968年；愛宕元：《五代宋初の新興官僚——臨淄の麻氏を中心として》，《史林》574，1974年。青山定雄：（1）《五代宋に於ける江西の新興官僚》，《東洋史論叢：和田博士還暦記念》，大日本雄辯会講談社，1951年；（2）《宋代における四川官僚の系譜についての一考察》，《東洋史論叢：和田博士古稀記念》，講談社，1961年；（3）《五代宋における福建の新興官僚について》，《中央大学文学部紀要》24，1962年；（4）《宋代における華北官僚の系譜について》，《聖心女子大学論叢》21，1963年；（5）《宋代における華北官僚の系譜について　その二》，《聖心女子大学論叢》25，1965年；（6）《宋代における華北官僚の系譜について　その三》，《中央大学文学部紀要》史学科12，1967年；（7）《宋代における華北官僚の婚姻関係》，《中央大学八十周年記念論文集》，中央大学，1965年；（8）《宋代における江西出身の高官の婚姻関係》，《聖心女子大学論叢》29，1967年；（9）《宋代における華南官僚の系譜について——特に揚子江下流域を中心として》，《中央大学文学部紀要》史学科19，1974年；（10）《宋代における華南官僚の系譜について　その二》，《宇野先生白寿記念東洋学論叢》，1974年；（11）《宋代における華南官僚の系譜について　その三》，《江上教授古稀記念論集・歴史篇》，1977年；（12）《北宋を中心とする士大夫の起家と生活倫理》，《東洋学報》57-1、2，1976年。

再次，土豪又被称为"长者"[1]，是乡党（地域社会）中有德的领导者。他们行善事，帮助一族或近邻中的贫者，赈灾救难，修桥筑路，又招聘师资，教育子弟，还为民众调解纠纷。总之，都是一些能令乡村社会——由族人及周边隶属民组成——对土豪产生信赖与仰望的具体行为，同时也是潜在支配关系的日常表现。

最后，五代在地土豪共有的"勇者"性格。所谓"且当五代兵寇之时，中原用武，诸祖又皆敏于材力，习战尚勇，骑射格斗，豪于乡里"[2]。五代为战乱之世，亦是宗族、乡村不时遭异民族与贼盗横行侵犯之世。因此，常有率族民、隶属民编成自卫组织，防范各种军事集团侵寇的场面发生[3]。这种为对抗外来压力，因自卫而有的自律性暴力编制，一旦在土豪的指导下形成暴力组织，则也相对地具有支配隶属农民、周边农民的武力机能。也就意味着在地土豪是一种权力的存在。

从以上所述土豪的各种性格来看，土豪既是乡村社会的实质掌握者，也是地方社会的支配者。

于是虽有个别家族起起落落，大体而言，这种阶层历经北宋、南宋一直绵延了下来。进入宋代以后，土豪群被登录于形势版籍，属于形势门内户，与一般民户有所区别。可是在制度上是否作特别处理则不清楚，而类此的存在尚不断地重生。牧野巽根据明王圻撰《续文献通考》卷八二义居（累世同居之大家族）中，自后汉迄明三百零九人，宋占七十二人的记载为证，认为宋代"可称得上是中国历史上大家族实例最多的时代"[4]。这种大家族主义的盛行，从另一个角度展现了五代土豪不断延续重生的事实。青山定雄一系列有关士大夫官僚起家的研

---

1. 松井秀一：《北宋初期官僚の一典型——石介とその系譜を中心に》，《東洋学報》51-1，1968年，第61页。青山定雄：《北宋を中心とする士大夫の起家と生活倫理》，《東洋学報》57-1、2，1976年，第46页。
2. 松井秀一：《北宋初期官僚の一典型——石介とその系譜を中心に》，《東洋学報》51-1，1968年，第58页引"石氏墓志"。
3. 日野開三郎：《自衛義軍團の普及》，《唐末五代初自衛義軍考 上卷》，秀巧社，1984年，第19—64页。
4. 牧野巽：《司馬氏書儀の大家族主義と文公家禮の宗法主義》，《牧野巽著作集 第3卷》（近世中国宗族研究），御茶水书房，1980年，第14页。

究,也显示科举官僚的社会基础或其母体,乃是普遍存在的"地方地主或有力地主"(青山论文第十二篇[1])。宋代科举官僚固然少有三代通仕者,参加科举考试的人,却一直都是地方地主、土豪阶层。与这种现象连带有关者,即是与地主阶层地域利害、经营形态有关之各项利害要求,还有对国家运作的期待与愿望等事,皆是经由以彼等为母体的官僚士大夫们所构成的政治势力代为办理。换句话说,五代以来的土豪、在地有力地主们,虽是宋代政治主体的构成分子,却与国家的政治过程不直接相关。但是到了北宋政权崩解、继承政权尚未确立的非常时期,也就是日常政治活动停止并发生变化的例外状况中——南宋政权的确立过程中,他们为了保卫自己,遂直接介入政治过程,成为其中一分子,并在南宋政权的确立中发挥了相当的作用。

2.地主出身的官僚阶层

如前所述,在地有力地主、土豪构成了政治主体,掌握了基层权力,不过一般却不直接参与政治过程。相对于此,以在地有力地主即土豪为母体,由其中崛起的地主出身官僚群——社会史所称的官户层——才是宋代政治史的主角,是政治过程的主要参与组成分子,也就是先前金毓黻所谓"宋代为士大夫政治"的士大夫们。

不过,在检讨官户层——地主出身官僚所享有的特权、其所扮演的角色与所在位置之时,首先必须确认的是,此一阶层乃是在宋政权之下,有意识地被培育、被编组的阶层。先前所说的土豪层可说是自然发生的存在,其与政治权力的关系乃是次要的;相对地,官户层则将政治权力的关系视为最重要的问题。

此一阶层之所以能以一新兴阶层崭露头角,在社会上占有一定位置,北宋第二任皇帝太宗推行的科举制助力甚大。太宗改革科举制度的重点有二:(1)大批录取以求一般化。(2)引进解额制。就(1)来看,太祖治下十八年间,进士科、诸科合计取用402名,至太宗统治的二十七年间,则大幅提高为4685名,到了第三任的真宗时期,则于

---

1. 青山定雄:《北宋を中心とする士大夫の起家と生活倫理》,《東洋学報》57-1、2,1976年,第36页。青山定雄尚未及将其一连串与此课题有关之研究成果作最后整理即告去世,在一连串的研究中,这篇论文应该是结论性的。

二十五年间取士5092名，确定了高额录取科举官僚的政策[1]。而宋政权之所以如此做，是为了要克服五代的武人权力体制，改采集权的文人官僚体制。

关于（2）所引进的解额制，这种就每州考试（解试）合格者订定员额（解额）的方式，直到仁宗时才完成。例如首都开封府最高可取三百名，边区的熙州等地则只有一名，解额是按照地方人口多寡、应考人数、对国家重要程度等条件来决定的。这项制度对赵宋政权的贡献非常大。经由此一方式，可以将全国各地方的代表都集中到中央。所谓地方的代表，其实就是地方上的有力者、在地地主。从这点来看，此一方式就成为联结在地地主与权力中枢的办法。至于从政权方面而言，则是以科举制度为中介，将全国地主阶层编制成政权的基盘。而作为这种制度理论与实际的归结，宋代士大夫们也就理所当然地成了代表出身地向中央传声的代言人了。

总而言之，太宗的改革使科举制度的风格为之一变，成为一种结合宋政权与五代以来在地地主、土豪的制度，也是一种让地方有力者得以参加权力中枢的办法。

于是，宋政权在"共天下之富贵"（《苏轼文集》卷五，论养士）"（天子）为与士大夫治天下"（文彦博，《续资治通鉴长编》卷二二一）的前提下，认可了科举官僚的地位，定其出身之家族为官户，并赋予种种特权[2]。而这也可以看做是宋政权藉由赋予特权的方式，积极地编组新支配阶级。关于全国有力地主、土豪群与天子共理政治，共同追求天下之富贵，蜂聚于科举考试的问题，以往如周藤吉之、青山定雄等人已有相当丰富的研究[3]。

---

1. 参看荒木敏一：《宋代科举制度研究》，东洋史研究学会，1967年，第450—461页，附篇《宋代科举登第者数及び状元名表》。
2. 关于官户的特权，参见周藤吉之：《宋代官僚制と大土地所有》，日本评论社，1950年，第三章第一节《形势官户と大土地所有の意义》、第二节《官户の特権、限田免役を中心として》。朱家源、王曾瑜《宋朝的官户》亦可参考，收入邓广铭、程应镠主编：《宋史研究论文集》，上海古籍出版社，1982年。
3. 周藤吉之：《宋代官僚制と大土地所有》，日本评论社，1950年，第二章第一节《宋代の最高官僚と科挙制》、第二节《宋代の科挙と官僚制との関係》；青山定雄前引各文；西顺藏：《宋代の士——その思想史》，《世界の歴史 六》，筑摩书房，1960年。

第一章　南宋政权确立时期的政治课题与政治主体

可是，如众所知，科举制度是为了甄别个人能力而设的考试制度，土豪群成为官户后，为了维系自己家族、宗族的社会优越性，必须不断地尽各式各样的努力。在前述背景之下，地主出身的官僚固然会为了振兴与发展地方社会，而继续其在权力中枢内作为母体地方代言人的角色；但随着宋政权的安定化与固定化，他们除了乡党代言人的性格外[1]，也渐次倾向以自己家族或宗族的利益为优先考虑[2]。久而久之，到了北宋中叶，官户、地主出身的官僚群自身发生了分裂与分解。

土豪出身的官僚士大夫，是用什么方法来保持自己的特权及特权的地位呢？关于这点，徐扬杰作了一番确实的整理[3]。他指出，宋以后形成的封建家族制度，可分为：（1）基于累世同居财产共有大家族主义的宗族，（2）分解为小家族后再结合而成的宗族；后者设立祠堂，编纂家谱，热心于族田、义庄的经营，参加科举的志向亦强，不同于前者的自给自足。著者在中共湖北省委员会担任宣传工作，故这是与中国现代化政策有关的理论性论文，与以往日本社会学、社会史研究的看法极不相同，他的说法相当正确，总之，宋代的科举官人与官户十分努力地维持着因祠堂、族谱、族田而产生的宗族优越性，并使其不断重生[4]。

而在无法保证子弟世代都能通过科举考试的情况下，官户、地主官僚们为维持其特权与优越性，还有另一重办法可用，那就是子女的婚姻，藉婚姻与有力氏族结合而成为名门，或是靠着荫庇起家，以继承官户的特权。青山定雄曾就士大夫间的通婚及婚姻关系写过论文，清水茂与衣川强研究名族，亦是讨论士大夫阶层藉通婚关系形成门阀

---

1. 例如宋之士人在推展乡约、开垦土地、与水利事业方面都相当热心，洛党、蜀党、闽党等官僚集团之形成则是以地域或学校为其媒介，参见西顺藏：《宋代の士——その思想史》，《世界の歴史 六》，筑摩书房，1960年。
2. 青山定雄于前引第十二篇论文的结语部分说道："北宋后期，在高官方面因着官僚阶层的固定化而造成其地位的不稳定，遂形成本位主义，追求一己之利，汲汲于自己的立身出世，唯恐他人超越自己。"（青山定雄：《北宋を中心とする士大夫の起家と生活倫理》，《東洋学報》57-1、2，1976年，第59页）
3. 徐扬杰：《宋明以来的封建家族制度述论》，《中国社会科学》1980年第4期。
4. 小林義廣：《宋代史研究における宗族と郷村社会の視角》，《名古屋大学東洋史研究報告》8，1982年。此文是这方面极具前瞻性的论文。

的问题[1]。森田宪司则明白指出：四川经赏、恩、荫、荐等科举制以外办法而得仕宦的人数多于科举考试合格的人数[2]。

这种官户层，其自身特权与优越性既来自被认定的官户身份，为了维系并使之再生，到了北宋中期，就开始与其母体之在地地主、土豪们渐次分离。其在空间上的表现，即为自同时期开始显著化的官人、官户之迁居与徙居。

宋代士人离开本籍，移往首都及其周边地区，或是迁往江南等富裕地带的现象，清代赵翼已举出相当多的事例，并且指明"宋时士大夫多不归本籍"（《陔余丛考》卷一八）。赵翼之后，有关的研究也不少。青山曾经说明北宋时华北士人陆续迁往开封及周边地区的实况；竺沙雅章则以苏东坡为例，叙述他出身蜀地眉州——被视为是蜀党的领袖，在浙江及江苏常州买地以供生活用度，乡里的坟墓、家产则委托族人管理，自己一次也不曾回乡的事实[3]。此外，酒井忠夫也以《乡绅、士人与科举制度》为题，讨论离乡背井的名人，如欧阳修[4]。

总之，士人、官户迁居至首都或富裕地区的现象，具体表明了他们与其基层社会或母体违离的事实，这与前述藉通婚名门化，藉荫起家，乃是同样的社会趋向。五代以来的地方有力地主、土豪们，曾因着科举制度的引进，发生第一次的分裂，造成官户层的出现；而今，官户层中，重视乡党纽带者，与放弃乡党性而迁居者，又形成第二次的分裂。从历史的经过来观察，北宋后半期的支配阶层——政治主体，可以分为三层：（1）五代土豪的继续存在。（2）以地方社会为基底的官僚地主——官户层。（3）超地方性的官僚地主。它们再衍生的形态各不相同，政治要求自然也各自有别，从而发生激烈的政治斗争，政治过程亦因之复杂化。

---

1. 青山定雄：前引文（7）、（8）；清水茂：《北宋名人の姻戚關係》，《東洋史研究》20-3，1961年；衣川強：《宋代の名族》，《神戶商大人文論集》9-1、2，1973年。
2. 森田憲司：《〈成都氏族譜〉小考》，《東洋史研究》36-3，1978年。
3. 青山定雄：前引文（4）、（5）、（6）；竺沙雅章：《北宋士大夫の徙居と買田——主に東坡尺牘を資料として》，《史林》54-2，1971年。
4. 酒井忠夫：《中國善書の研究》，弘文堂，1960年，第二章《明末の社會と善書》，第89—93頁。

3.北宋末年的权门

北宋末期,在构成政治过程的政治势力之中,成长极为迅速者,应该就是所谓的权门了[1]。这是由早先的官户、地主出身官僚群中分化,与地域性土豪、官户层明显对立,以压倒性态势急速成长的一个政治主体。

北宋时期因实施科举制度而出现的地方地主出身的官僚群,在中叶时分,为了维持己身特权与固定化,已分化为带有原地域主义的士人层,以及超在地性的士人群,这种现象是北宋末年权门得以出现的第一个契机。这也是权门出现的潜在基础。

其次,由历史发展来看,促成北宋末年权门抬头的直接契机,应即是王安石之变法。11世纪后半期所实行的王安石新法,是宋代政治史上划时代的改革,此处无法详述其全面经过,只能概括如下。

王安石改革的根本理念是:"政事所以理财,理财乃所谓义也。"(《临川集》卷七三《答曾公立书》)君主与官僚当根据"开阖敛散之法""轻重敛散之权"——货币、财货之流通统制,抑挫兼并势力,求取富国强兵。王安石变法中最重要的均输法、青苗法、免役(雇役、募役)法、市易法,全都是据此发想而有者[2]。对王安石而言,君主乃是最大最高的商人,因此,君主及其下之官僚集团,就成了完全站在公的立场,绝不会为私利私欲所动的人类。可是事实上,王安石所任用以推行新法的官僚们,多半不关心王安石的理想,而只汲汲于追求势力与特权。"其和者,志在于求富贵而已,未必其心皆以新法为善也。"(刘定之,《宋论》卷二《神宗》)王安石的政治既然带有浓厚的君主经济统制特点,任责官僚的道德操守就成为关键,可惜在这一点上,王安石完全是事与愿违。例如,他最得力的左右手参知政事吕惠卿,几乎参与了新法全部的规划与实施,却在任职期间密令江南富裕之地秀州华亭县知县,以钱四千贯购买同县富民之田地,同时役使县官为其管理庄园。从这件事可以看到,

---

1. 所谓权门层或权臣层的称谓,就历史性而言,或许并不适当。这里只是因为代表江南地主、延续其生涯及政治斗争的李光,曾将对手定义为"权臣",而加以借用。如"楼昇守明,王仲嶷守越,皆内交权臣"(《要录》卷五〇,绍兴元年十二月丁卯条引李光之言)。若将此再概念化,也就可以用以指称超地域的官人、官户阶层吧。
2. 寺地遵:《天人相関説より見たる司馬光と王安石》,《史学雑誌》76-10,1967年,第51—55页;《五代北宋政治史概説》,收入今堀誠二编:《中国へのアプローチ》,劲草书房,1983年。

买入田地与田地管理的双重腐败性。南宋初年，刘才邵称这种藉官僚公权力背景的致富方式为"倚法营私"（《要录》卷一七一，绍兴二十六年二月癸酉朔条），真是十分地适切。总而言之，王安石的改革目的在于建立皇帝一元的经济营运，却为任职的官僚们一举打开藉法、制度致富的门路。

结果，超乡党性或无地域性基础的士人群表现[1]，是彻底地倾向腐败——王安石的左右手已开了先例，这就是北宋末期以蔡京（宰相）为中心，附以王黼（财务官僚）、童贯（宦官、军人）、朱勔（江南豪商）等人为主要成员的蔡京集团，也就是北宋末年的权门。一般都认为，北宋末期的新旧党争是由蔡京等新党赢得胜利，其实，此时所谓的新党，不过是一些毫无改革理念的徒党而已，是王安石集团以外的另一种政治势力。可是由于他们取得财货的方式源自王安石的改革，故无论在当时或是后世，都把北宋末年的权门视为王安石的同类。

北宋末年权门的第一大特色，即为其彻底的"倚法营私""挠法营私"[2]，他们仗恃着国家机构，发动国家权力，以累积私人的财富。于是北宋士大夫层（官户）所拥有特权之相关性、寄生性遂趋于极端化、腐败化，其与出身基层——原地方间的种种联结关系因而断裂，成为敛聚全国性财富的新阶层。不断对他们提出弹劾的李光描述道："东南财用，尽于朱勔。西北财用，困于李彦。天下根本之财，竭于蔡京、王黼。名为应奉（天子），实入私室。公家无半岁之储，百姓无旬日之积。"（《宋史》卷三六三《李光传》）

第二项特色是其皆为巨富。例如"假托应奉，胁制州县"（《历代名臣奏议》卷一八二，李光：《再论朱勔札子》），以江南之富尽入于私

---

1. 北宋末权门层与个别士人间的关系，如买官、金钱收受之事，即是此种状况的反映。北宋权门中之王黼，出身开封，官居宰相，"公然卖官，取赃不厌。京师为之语曰：三百贯直通判，五百贯直秘阁。其无廉耻如此。"（《会编》卷三一，靖康元年正月二十四日条引《中兴姓氏奸邪录》）又宣和六年春，所取进士八百余人中，有百余人系宦官梁师成奏请，彼等"尽是富商豪子"，"据闻，每名献钱七八千缗，师成便奏请特为赴廷试之命"（《会编》卷三二，靖康元年正月三十日条引陈东上书）。

2. 《宋会要辑稿》刑法二之八三、八四，宣和三年九月二十二日条引臣僚言。

第一章　南宋政权确立时期的政治课题与政治主体

家的朱勔，其房缗钱日入数百贯，租课岁收百万斛[1]，赀财有田地三十万亩[2]，田产连都跨邑[3]。而王黼于靖康元年正月二十四日被削夺官爵，没收邸宅，当时"得金宝以亿万计"，又称有"绢七千余匹，钱三千余万（贯）"[4]。这些事例为数众多，构成北宋末年权门的一大特色。宋代历史上，围绕在皇帝周边的宠臣集团虽多，具有此种"倚法营私"性与巨富特质者，当只有北宋末年的权门。

北宋末年权门集团的突出，自然造成支配集团内部的分裂，并激使他们彼此相互对立。而其斗争内容亦可由前此的历史经过分为：（1）与土豪层的抗争，（2）与在地地主系官户、士大夫层的对立。首先，就（1）来看，王安石的改革本身原是要将地方民间的财富聚集到中央[5]，北宋末的权门集团却利用这种聚集方式扩大自己的财富，而其聚敛对象正是拥有地方财富的地方地主们。换言之，权门的掠夺对象并不是一般的小农，而是向财主们征敛，以累积财富。李光就指责平江府长州县长官陆棠，"专一勾当朱勔家事"，"良民妻女，稍有姿色者，必多方钩致。百姓田园，号为膏腴者，必竭力攘取"（《庄简集》卷八《论曾纡等札子》）。这种美女与肥田同遭掠夺的说法也颇引人注目。

因抗议权门集团而起的叛乱行动，即是席卷东南六州五十二县的方腊起义。方腊之乱"以诛朱勔为名，见官吏、公使人皆杀之"（《青溪寇轨》引《容斋逸史》）。这种表现已显示出反乱者的目的所在。叛乱的主调在与朱勔——豪门之斗争。因此方腊的身份乃是睦州当地有力地主，"方腊家有漆林之饶"（《独醒杂志》卷七），"腊有漆园"（《容斋逸史》）。而其起义的动机则据说是"吾家本中产，无他意。第州县征敛无度，故起兵，愿得贼臣而甘心耳"（《独醒杂志》卷七）。"腊涕泣曰：今赋役烦重，官吏侵渔。（中略）吾侪所赖为命，只漆楮竹木，

---

1. 《历代名臣奏议》卷一八二，李光：《再论朱勔札子》。
2. 《宋史》卷四七〇《朱勔传》。
3. 王明清：《玉照新志》卷三。
4. 《会编》卷三一，靖康元年正月二十四日条引《靖康要录》《靖康前录》。
5. 必须为王安石澄清的是，他所说的理财乃是以生财——生产力的扩大与发展——为基本考虑，并非皇帝、百官等经济统制者所标榜之富国强兵，只主张将民间财富集中至中央。参见寺地遵：《天人相关说より见たる司马光と王安石》，《史学雑誌》76-10，1967年，第52—53页。

又悉科取无锱铢之遗。"(《容斋逸史》)总之，因为朱勔花石纲之强加侵夺，造成"中产"即在地地主的没落，于是被逼得走投无路之人只有铤而走险，以暴易暴，掀起叛乱。

再者，与土豪层深切相关的地主官僚层、地方官户层，也与北宋末年崛起的权门集团严重对立。这在江南围田、圩田的开发问题上尤其显著。权门将两浙、江东等地的湖沼填平，作为皇帝的"应奉田"，或是从官方取得围田的许可，进行大规模的开垦。这侵犯到向来的用水权、水利惯例、渔业权，遂与湖沼周边及下游地区的原在地地主、官户们发生争执。权力中枢方面历来秉持地域主义的官员们主张"废田复湖"（破坏围田，恢复原有湖面），权门集团则主张"置田废湖"（继续废湖进行开垦），自北宋末到南宋初，这一直都是江南地方的重要政治课题。

北宋末年权门集团的崛起与活动，不但与在地土豪发生冲突，更与乡党背景的官僚群相对立。北宋末年支配阶级内部，存在形态与历史背景互异的三种阶层同时并存的实况，由此具体显现。因此北宋末、南宋初的政治过程，即是由这三种阶层、政治主体的运动所构成，如果从完全断绝的角度,把南宋政治史看做是"流寓地主"对"土著地主"，是不合历史实际的。

北宋政权正是在这种严重的内部对立、矛盾的情况下，因不敌金的军事力量而告崩解，故在南宋政权的确立过程中，是由这之中哪一阶层哪一部分掌握主导权，重建赵氏政权，就浮现而出成为课题。正如前面所讨论的，三种政治主体的存在形态各异，政治态度或要求也相互有别，所以由哪一阶层掌握主导权，对继承政权的特质影响会很大。正因为所谓南宋政权确立过程的研究，固然是就摇篮期南宋政权的基本政治课题的解决过程，以及基本路线之设计决定，进行分析并重组；同时，也要就选择并决定此种政策的政治主体，进行分析考察的综合性研究，故本节先概略以言。

第二章

与宋政权重建构想有关的政治斗争

一、建炎初年的政治状况

　　约略而言,自金军占领开封以后,严格地说,则是自靖康二年(1127)二月初,金军宣布废绝赵氏王朝之后,中国的政治权力陷入了真空状态。除了赵构(徽宗第九子,时为康王,即后之南宋高宗)之外,皇室全体成员皆被捕送北地,造成了难以名状的政治无重心与混乱局面——唯这倒不一定是全无秩序。南宋叶适确切地将宋朝国家特质定义在皇帝的绝对性格上,所谓"国家(宋)因唐、五季之极弊,收敛藩镇,权归于上。一兵之籍,一财之源,一地之守,皆人主自为之"(《水心别集》卷二〇,始议)。靖康初年冬开封陷落后,士大夫们沦入政治危机的迷惑中,正与这样的国家体制特质相对应。

　　就连身为赵氏唯一传人,逃脱金军捕系,受拥为继承王朝皇帝的赵构,也很彷徨。靖康二年三月七日,金军立张邦昌,建傀儡政权,次月初即撤回北方。张邦昌失去了军事后盾,即自动退位。幸免于难的哲宗(徽宗之兄)皇后孟氏由道教尼僧还俗,被奉为元祐太后,垂帘听政(四月四日)。四月十五日,元祐太后应群臣之请,发布"告天下书",归神器(皇帝位)于康王,"嗣我朝之大统"(《续鉴》卷九七,靖康二年四月甲戌条)。康王受此书并开封文武百官之推戴,遂于五月一日在南京(河南商丘)即皇帝位。总之,高宗的即位,并未得父亲徽宗、兄长钦宗,或母亲韦氏直接授予皇位,而是所谓迫于时势。正如康王滞留济州,得元祐太后手书时所言:"若銮舆未返,即抚定军民,权听国事。"(《续鉴》卷九七,靖康二年四月丁丑条)因此我们或可推测,对康王而言,在全然不知金将如何对待被强行带往北方二帝的情况下登基,也是颇冒险的。既无直接的授权关系,一旦二帝返还,康王的僭称皇位,也有可能被问以反逆之罪。这种无直接授权关系的问题,随着即位的事实而渐次模糊,遂有这样的说法:"且如二圣北狩,社稷不绝如线者,系于陛下一人。"(《续鉴》卷一〇二,建炎二年八月庚申条)身为皇室唯一幸存者而欲慎重保守自己的这种心情,使得作为主权者、

第二章　与宋政权重建构想有关的政治斗争

最高政治指导者的高宗行动受到了制约，也影响他的政治判断与决定。

北宋政权被金军消灭后，出现了政治权力的真空状态，以上所言，是为说明当事者何以未曾积极地克服此真空状态。北宋政权并非亡于权臣篡夺或农民叛乱，其支配体制与机构也未被破坏，更未失去成员的效忠。宋王朝之所以瓦解只是因为金军占领了首都，对国家中枢造成致命的一击。金军从燕京（北京）、云中（大同）出发，途中攻陷太原等数座城市，即一路杀到开封。他们在军事上仅构成点与线的支配，并未完全控制河北、河东（山西）地区。"时河东、北所失才十余郡，余皆为朝廷固守。"据李纲所言："今河北惟失真、定等四郡。河东惟失太原等七郡。其余皆在。"（以上皆出自《要录》卷六，建炎元年六月甲子条）[1]。所谓河北即河北西路，河北西路合计十六府、州、军，河东路则为二十二府、州、军，即使是与金国境直接相接的这两路，也仍由宋掌握了大部分地方。这样看来，如何恢复政治权力中枢，整顿正规军，对金的侵略采取军事性对策，当是此时最紧急也最重大的政治课题。

对于当时最大政治课题有一定认识，已就全面问题拟妥政治计划的领导人士，就是高宗即位后立即被召用的李纲。

二、李纲之见用

李纲[2]生于浙江秀州华亭县，原籍福建邵武，父寓居梁溪（无锡）。政和二年（1112），进士乙科登第，历任国子正、监察御史兼殿中侍御史、同知贡举、知秀州等职，宣和七年（1125）官至太常少卿。同年十月，金军开始进攻中国，以童贯所部为主的宋朝军队溃败，金军直扑开封而来。这时，李纲为召集勤王军，而与吴敏强烈主张徽宗退位，转由徽宗长子赵桓即位。钦宗即位后立刻任李纲为兵部侍郎，靖康元年正

---

1. 《要录》卷六建炎元年六月甲子条附注称："河东之太原、忻、代、泽、潞、汾、晋七郡（府州），河北之真定、怀、卫、浚四郡皆已陷入敌手。又去冬（靖康元年）威胜郡、绛州，今春（靖康二年）石州继陷。"
2. 赵效宣：《李纲年谱长编》，《香港新亚研究所专刊》2，1968年。

月升尚书右丞，成为大臣之一员，以亲征行营使、侍卫亲军马都指挥使负责开封守备。他主张死守开封，等待四方援兵，并且说服了已受主和论动摇的钦宗，对抗金军这年的攻击行动。可是，这时权力中枢内部的主和论与主战论者严重对立，李纲先于二月罢尚书右丞，十余日后又复为知枢密院事（宰执职），其变化之激烈由是可知。同年秋，金军入犯，李纲负责救援太原解围失败，掌政的主和论者，又弹劾他"专主战议，丧师费财"（《宋史》卷三五八《李纲传上》），乃落职建昌军（江西南城县）安置。

未料事态变化甚速，金军再次进围并攻陷开封，两帝被擒，康王开大元帅府，李纲也被邀入府。这时，康王托使者刘默所致书简中有谓："阁下学穷天人，忠贯金石，想投袂而起，以副苍生之望。"（《要录》卷四，建炎元年四月乙丑条）于是当康王即位之后（靖康二年亦即建炎元年五月），李纲遂出任尚书右仆射兼中书侍郎——宰相之职，并受命直赴行在。

李纲的复起纠杂着不少政治问题在内。高宗即位后，既以抗金为主要目标，因主战而遭权力中枢斥逐的李纲得其起用，原是很自然的处置。李纲原是北宋末期宰执之一员，高宗为得百官信赖，再次起用曾居北宋官僚首领地位的他，也是理所当然。而此亦迫于当时政治情况之使然：金军于强携二帝北去后，立了靖康初年的宰相张邦昌为楚帝。在表面上，留在开封的官僚们大抵皆追随此傀儡政权；而为与其相对抗，高宗必须找一位人格、识见、名声皆足以与张邦昌匹敌的人物，才能吸引官员来归。正因为有此种种政治考虑，李纲才得以在因主战论遭贬斥半年后，即复归政权中枢——当时已分裂为高宗所在之处与开封两地。

李纲虽出任宰相，复归政权中枢，却未能掌握此一以高宗为中心的政治集团。当他抵达之际，高宗集团大致可分为拥立高宗集团，与高宗即位前才被消灭的张邦昌系官僚。先就张邦昌——开封系官僚来看，在李纲到任之前，右谏议大夫范宗尹已三次上奏，主张和议，"不可以（李纲）为相"（《要录》卷六，建炎元年己未朔条）。御史中丞颜岐也五度上奏，"虽已命相，宜及其未至罢之"（《要录》卷五，建炎元

第二章　与宋政权重建构想有关的政治斗争

年五月辛丑条）。如果我们还记得，早在靖康二年十一月间，李纲被贬斥后未几，文武百官奉召于宫中崇政殿、延和殿进行会商时，范宗尹与金议和的主张曾得到七十余名官员赞同，压倒了不与金和的秦桧等三十六人，朝议亦由此而定；就可以知道，经历了张邦昌政权再参加高宗政权的范宗尹等人，理所当然地会反对李纲。

于是李纲这一边，除了要与外敌——女真相斗争，也对内贼——参加傀儡政权者怀着强烈的敌意。到达行在后，他立刻上奏十大政策纲领，其中第三、四、五项都强力地要求对张邦昌及参加伪朝廷者给予处分，加以定罪。如第三项强调，曾参加傀儡政权者不应适用即位恩赦；第四项主张，处分复归宋朝廷任职高官的张邦昌系官僚，"以为乱臣贼子之戒"；第五项则力言，当对参加伪廷者都加以定罪，"以励士风"（《要录》卷六，建炎元年六月庚申条）。高宗虽然立刻将李纲的政策大纲交付中书，却也担心第三至五项可能会使尚处摇篮期的南宋政权陷入混乱，而留中不发。李纲对于这样的处置极为不满，次日再上奏，以此事为今日政治之根本，若不问责于曾受伪命之臣僚，则中兴之业势不能成，他逼着高宗在留用彼等与自己之间做一选择。由于高宗左近的官僚如黄潜善、汪伯彦、吕好问等人皆反对李纲的议论，遂更形成两难。结果李纲所要求的强硬处分案并未通过，只就傀儡政权中心人物迁谪有差。从范宗尹、颜岐之奏相继遭驳斥的事情看来，这个时期的高宗，基本上是支持李纲的。为此范宗尹等人陆续因"尝事伪庭"（《要录》卷六，建炎元年六月庚午条）而遭贬斥、落职处分。大致说来，李纲的建议已被接受。

再者，值得注意的是，李纲参加高宗政权后，曾试着实现他自以前就提倡的藩镇政策，却因黄潜善、汪伯彦等人的反对而不得施行。后年（建炎四年五月），黄潜善、汪伯彦去职后，努力实现藩镇政策的中心人物，竟是被李纲所贬逐的范宗尹、谢克家等人，尤其是出任宰相之职的范宗尹。在考虑这个问题时，建炎初年与四年的状况差异固应考虑在内，但与其说李纲与范宗尹等人的对立是出于政策的不同，不如说双方的恩怨乃是起自政治态度的歧异，或是先于政治的道义、精神之冲突。李纲希望将继承政权统一在一个精神基调之下，这与日后赵鼎、张浚、秦桧等人所努力的内容或有别异，方向则是一致的，这也可以说是北宋末期新旧党争激烈的对立抗争风气又再借尸还魂了[1]。

三、拥立高宗集团

以下所要讨论的，是不乐见李纲就任宰相之职的另一个集团——拥立高宗集团，也就是当康王在相州逃脱金人追捕后，在其侧近拥立其为帝的那群人。

以黄潜善、汪伯彦为首的侧近集团，之所以不满李纲，据说是因为"趣（李纲）赴阙。先是，黄潜善、汪伯彦自谓有攀附之劳，虚相位以自拟。上恐其不厌人望，乃外用纲。二人不平，繇此与纲忤"（《要录》卷五，建炎元年五月甲午条）。然则，所谓拥立集团究竟带有什么样的特质呢？

康王于靖康元年十一月上旬，和王云一起，带着割让河北三镇、奉金帝为皇伯的和议条件出使金国，途中留滞相州。就在这时，开封于闰十一月末陷落，康王则在匆忙间于十二月一日开大元帅府。这时劝阻康王断念北行，保护他不受金军追捕，开设以勤王为大义名分之大元帅府者，当推知中山府陈遘（通常以其字亨伯相称）、知相州汪伯彦、知磁州宗泽等地方首长最为尽力。这三人中，陈亨伯于中山府阵亡，宗泽受命处理开封城陷后守备军事宜，结果，一直留在康王身边而有拥立之功者，就只剩下汪伯彦了，这也是日后他能得高宗信赖的最大原因。

康王以天下兵马大元帅开大元帅府于相州，首先以前述三人为副元帅，赴各地招集义兵、勤王军、溃兵；并努力确保张悫、黄潜厚等京东、河北转运使（财务官僚），以及知信德府梁扬祖等地方官的支持。这时，高阳关路安抚使知河间府黄潜善（黄潜厚之弟）率一万二千人来投，自是令康王喜出望外。俟金建傀儡政权，并强二帝北行后，康

---

1. 外山軍治：《靖康の変における新旧両法党の勢力関係》，《金朝史研究》，东洋史研究会，1964年。

第二章　与宋政权重建构想有关的政治斗争

王即于靖康二年三月末改以汪伯彦为元帅、黄潜善为副元帅。此间原委虽不甚分明，不过这项任命已标明了在康王身边急就章的元帅府文武官员中，以二人的地位最高。总而言之，汪伯彦、黄潜善等人以其保护高宗并拥立之功，在以后数年间，成为权力中枢内极得高宗信赖的政治顾问，这对处于形成期的南宋政治有相当大的影响。康王即位，黄潜善、汪伯彦也分别出任中书侍郎、同知枢密院事，这虽非宰相之任，却位居文武职官之首，掌有实权。

此外当注意的是，拥立高宗集团系的官僚尚与北宋末年的权臣王黼有牵连。据闻："时宰相黄潜善本王黼门人，故多引黼亲党以进"（《要录》卷一六，建炎二年七月丁亥条），"潜善于王黼为相时，致位侍从。故今日侍从、卿、监，多王黼之客。伯彦则引用梁子美亲党，牢不可破"（《要录》卷二〇，建炎三年二月己巳条）。又如"（张）悫在中书，至于自作酒肆"（《要录》卷九，建炎元年九月庚戌条），"潜厚在维扬，率遣人于近州村坊市酒，入都城鬻之，得息至倍"（《要录》卷一二，建炎二年正月壬辰条），这类积极参与营利、商业活动的行径，也是此系官僚难以忽略的特征。

李纲负天下众望，意气昂扬地来到高宗身边，却不受欢迎。他可以根据道义理论，在高宗的支持下，把参加张邦昌政权的官僚们，从继承政权中一扫而空，却无法胜过拥立集团，他在职的七十五日间，一直与拥立集团缠斗不休，最后仍是失败下野。拥立集团与李纲之争明显的是政策之争——或许该说是政治路线更为妥当。而在另一方面，黄潜善、汪伯彦等人原都只是地方官，骤然进入政权中枢后，既缺乏规划国家整体运营的经验，也无法体系性地推展自己的见解。之后乃皆遭人非难，称："潜善入相踰年，专权自恣，卒不能有所经画"，"而宰相黄潜善、汪伯彦，皆无远略。"（分见于《续鉴》卷一〇二，建炎二年十二月己巳、戊寅条）因此，他们的议论多只能消极地就李纲所提政策表示反对或稍加修正。不过，在反对、修正、妥协之中，有时也可以略窥他们的目标方向，又因为重建中的宋政权基本特质，受到此两者对立的影响，故次节仍将探讨双方之间的纠葛。

四、李纲的藩镇政策

北宋政权瓦解之时,身为政治领袖的李纲,不但能掌握当时的状况——尤其是掌握了亡宋之金人的对宋政策,也拟出了重建宋朝的整体构想与个别的政治计划,这是他与不知所措的高宗,还有被评为"无远略"的高宗拥立集团,大不相同之处。

他入朝之后,立刻提出十大政策纲领,第一项是"议国是",为甫成立的继承政权提供明确的基本路线,也就是确立对金防卫政策。他认为:国论"犹以和议为然,盖以二圣(徽宗、钦宗)播迁,非和则所以速二圣之祸"的看法(《要录》卷六,建炎元年六月庚申条),实在是大错特错。金既废绝宋朝,"为今之计,莫若一切罢和议,专务自守之策"(同前),亦即唯有中国之自强才能迎还二帝。在李纲入朝以前,汪伯彦、黄潜善曾对金请和,"画河为界"(《要录》卷五,建炎元年五月戊戌条),并割让河东、河北,现在则不再与金议和,加强中国的防卫,同时既不割让两河,也就意味着要防卫两河。"祖宗之地,尺寸不可以与人"(《续鉴》卷九七,靖康元年十二月丙寅条欧阳珣之言),正是李纲所坚守的立场所在。

暴露在金军威胁之下的两河,在宋朝正规军崩溃后陷入相当严重的情况。"虏(金军)之初入寇也,朝廷许诸郡得便宜行事,故各务自保。逐路帅司不能调发,无连衡合纵,相援之势。又虏兵方盛,非一州之力所能敌。故虏得并兵,既破一州,又攻一州。"[《中兴两朝编年纲目》(以下简称《纲目》)卷一,建炎元年五月金虏陷河中府条]为了对抗金军,宋该如何将各个孤立的军事力量编制集结起来,正是政治力或政治领导力所被期待者。此所以李纲要用心于藩镇之策,并以之为两河防卫之策。先前所举建国大纲第一项之"议国是",就是有关这方面的主张。

李纲藉设藩镇而有的两河防卫构想,并非始于此时。靖康元年四月第一次开封围城之役后,他出任军政最高负责人知枢密院事之时,就曾为防范金军再次进犯,提案整备两河军力并设置保甲军,其内容如下:

第二章　与宋政权重建构想有关的政治斗争

> 为今之计，莫若太原、真定、中山、河间，建为藩镇。择帅付之，许之世袭，收租赋以养其将士。各习战陈，相为唇齿，以捍金人，可无深入之患。（中略）如诸镇之制，则帝都有藩篱之固矣。（《会编》卷四五，靖康元年四月六日条）

> 武艺精者，次第迁补。或命之官，以激劝之。彼既自保乡里、亲戚、坟墓，必无遁逃。又平时无养兵之费，有事无调发之劳，此最策之得者。（同前）

前者主张:(1)设置藩镇军,(2)将军之职世袭,(3)以自给自足为原则,(4)藩镇相互提携体制。后者则欲活用地方民间武装势力——其前提是，民众将拼死保卫祖先坟墓之地。故建炎元年六月二日之"一曰议国是"，就是主张藩镇、帅府体制，即：

> 为今日之计，莫若一切罢和议，专务自守之策。建藩镇于要害之地，置帅府于大河及江淮之南。修城壁，治器械，教水军，习车战。使其进无抄掠之得，退有邀击之患，则虽有出没，必不敢深入。（《要录》卷六，建炎元年六月庚申条）

此奏后四日，又以"修军政"献言如下：

> 今日中兴规模，有先后之序。（中略）而所急者，当先理河北、河东，盖两路国之屏蔽。今河北惟失真、定等四郡，河东惟失太原等六郡，其余皆在。且推其土豪为首，多者数万，少者数千，不早遣使慰抚之，臣恐久之食尽，援兵不至，即为金人用矣。谓宜于河北置招抚司，河东置经制司，择有才者为使，以宣陛下德意。有能保一郡者，宠以使名，如唐之方镇，俾自为守，则无北顾之忧矣。（《要录》卷六，建炎元年六月甲子条）

这将他历来所主张的藩镇具体化，以一郡即州为规模，由中央派遣招抚使、经制使至两河，设立特别军区即行政区，并组织土豪——民间武装势力。

同年六月末，他又以宋金接壤地带配备藩镇为前提，规划军力配置网，上奏朝廷：

宰臣李纲请以河北之地，建为藩镇，朝廷量以兵力授之。而于沿河、沿淮、沿江，置帅府、要郡、次要郡，以备控扼。(《要录》卷六，建炎元年六月己卯条)

于是帅府以下皆各派遣文武官员，这是所谓临战体制下的新地方区划。这种帅府、要郡、次要郡的体制，乍见之下很像是划定军事区域，史称："初，李纲欲因帅府以寓方镇之法，黄潜善等言：帅府，要郡虽可行，但未可如方镇割隶州郡。"(《要录》卷六，建炎元年六月丙戌条)由这段记述看来，李纲的想法曾被认为是要把军区配以州郡，构成以军事为中心的行政区划。这项计划因遭黄潜善反对，实施之时，"仍命帅府，要郡屯兵有差"(同前)，至于驻屯兵的配置体系等主要部分则被删除。

其次，是关于李纲的军力组成构想，这和藩镇之策同为当时重点项目之一，办法是吸收各种民间武装势力，编组改换，使其成为国家军事力量的一环。当时，华北、中原各处都是溃卒、勤王兵、盗贼等性质各异的武装势力，史称："自宣和末，群盗蜂起，其后勤王之兵，往往溃而为盗"(《续鉴》卷九九，建炎元年七月己丑朔条)，"时以金人南侵，朝命隔绝，盗贼踵起"(《续鉴》卷九九，建炎元年八月乙酉条)。故李纲"专事招安"(《要录》卷七，建炎元年七月庚寅条)，使这些军事力量向行在处集结。结果，"祝靖、薛广、党忠、阎瑾、王存之徒皆招安，赴行在，凡十余万人"(同前)。而"李纲为上言，今日盗贼，正当因其力而用之，如铜马、绿林、黄巾之比。然不移其部曲则易叛，而徙之则致疑，正当以术制之，使由而不知。乃命御营司委官分拣"(《要录》卷七，建炎元年七月庚寅条)。他并主张许溃军、游寇归农，解散老弱，以新法编制军队，希望能因此而无叛乱集团，皆为国军。

第二章 与宋政权重建构想有关的政治斗争

身为高宗拥立集团成员之一，与李纲见解相近的宗泽，接受了他这种主张，迅速在开封实际编组成一支军队。宗泽对黄潜善等所提和议之说，一向持反对态度，他曾说："河之东、北、陕之蒲、解，此三路者，祖宗基命之地，奈何轻听奸邪附贼者张惶之言。"（《纲目》卷一，建炎元年六月，以宗泽知开封府寻命留守东京条）在拥立集团中可称异类。"初，泽至南都，见李纲，与之语国事，泽慷慨流涕。"（《要录》卷六，建炎元年六月戊辰条）建炎元年（1127）六月因开封府领导无人，李纲乃极力推荐宗泽，以"绥集旧都，非泽不可。（中略）京师根本之地，新经扰攘，人心未固。不得人以抚之，非独外忧，且有内变"（同前）。宗泽遂出掌开封府。

宗泽就任开封府尹后，纠合各种军事势力，将之编组成军，守备京师，又将邻近州县结为联合组织，规模虽小，却成功地将李纲所构想的军事体制具体化：

> 时，泽募义士，守京城。且造决胜战车千二百乘。每乘用五十有五人，运车者十有一，执器械、辅车者四十有四，回旋曲折，可以应用。又据形胜，立二十四壁于城外，驻兵数万。泽往来案试之，周而复始。沿大河，鳞次为垒，结连两河山水寨及陕西义士。开五丈河，以通西北商旅。京畿濒河七十二里，命十六县分守之。县各四里有奇，皆开濠，深广丈余，于其南植鹿角。又团结班直诸军及民兵之可用者。（《要录》卷九，建炎元年九月乙巳条）

这是鉴于金有可能再次包围开封，故特别费心于开封的防卫。而与邻近军事势力的联系工作——这正是李纲构想的核心，则表现出宗泽政治手腕的卓越，在当时据点防卫建设中堪称第一。

在这样的形势背景下，宗泽恳请高宗还都开封，以进行对金战争，高宗集团却向南迁移，宗泽忧愤而死（建炎二年七月）。结果，"自宗泽卒，数日间将士去者十五。（中略）（宗泽子）充留守判官。（杜）充无意恢复，尽反泽所为。由是泽所结两河豪杰，皆不为用"（《续鉴》卷一○二，建炎二年七月甲辰条）。宗泽所结集的军事力量性质，亦得由此而管窥之。

宗泽死后，他麾下的开封守军散佚，流落于中原、两淮、江北等地，南宋政权为了收拾他们，费尽周章，后文将再详述。

五、拥立高宗集团（黄潜善、汪伯彦）的政治方针

李纲为宋朝所拟的方针、构想，已如上述，以下则以继承政权中枢内另一势力——高宗拥立集团的中兴构想与政策，作为本节讨论的重点。身为高宗侧近势力代表的黄潜善与汪伯彦等人，既被批评为"皆无远略"（《续鉴》卷一○二），则其没有明确的前瞻性政治计划，也是理所当然。不过，透过他们的行动取向，仍有蛛丝马迹可寻。

首先值得注意的是，他们在宋、金两国关系的问题上，与李纲恰恰相反地不断主张和议。靖康元年十二月，大元帅府才一开设，就因为"汪伯彦等皆以议和为可信"（《要录》卷一，靖康元年十二月甲申条），而与宗泽形成对立。建炎元年五月，"时潜善等复主和"（《要录》卷五，建炎元年五月戊戌条），同年六月，"泽闻黄潜善等复唱和议"（《要录》卷六，建炎元年六月戊辰条）。总之，拥立集团逮住每个机会推动他们的和平工作。在这一点上，他们与坚持一切罢和议的李纲完全不同。

还有一件事应该注意，"时潜善等复主议和。因用靖康誓书，画河为界。始敌求割蒲（州）、解（州），围城中许之。潜善等乃令刑部不得誊赦文下之河东、北两路及河中府、解州"（《要录》卷五，建炎元年五月戊戌条）。也就是对割让黄河以北一事已有谅解，并为表现出该意向，而阻止发送高宗即位大赦文至彼处。这明白表示继承政权准备放弃两河。虽然在李纲就任宰相期间，因其一径主张恢复、保有两河，而未见有前述事例再发生，但高宗拥立集团的基本对金态度并无改变。

其次，努力强化皇帝军队或中央直辖军的编制，是他们的施政特征。建炎元年五月，在内定宰相人选李纲到达行在之前，"中书侍郎黄潜善、同知枢密院事汪伯彦共议罢民兵及降盗，而拣其士马之精锐者隶五军"（《要录》卷五，建炎元年五月甲午条）。他们没有招抚民兵、溃卒、寇

第二章 与宋政权重建构想有关的政治斗争

盗的策略,只想从其中挑选优秀者编入皇帝直辖军,以强化直辖军的力量。同月,设置了皇帝直辖的军事单位御营司五军,其最高指挥官御营使、副使分别由黄潜善、汪伯彦担任。这项制度的建立,是因为自宋初以来所用的殿前、侍卫马、步司之三衙禁军制已完全崩溃。靖康之际,禁军三万,"及城破,所存无几",当时驻跸应天府的高宗也"禁卫寡弱"。于是乃构想将杨惟忠、王渊、韩世忠麾下的河北兵,刘光世配下的陕西兵,张俊、苗傅等之帅府兵、降盗兵,统一编成皇帝直辖军队——五军,由御营司指挥管理。"于是始制御营司以总齐军中之政令,因其所部为五军。"(以上皆出自《要录》卷五,建炎元年丁酉条)

同年八月,"命御营副使大阅五军人马,自是执政皆有亲兵"(《要录》卷八,建炎元年八月癸亥条)。五军阅兵,显示这个新军事机构已迅速地开始运作。总之,重要的是,南宋朝廷以中央直辖军为首的编制,系以黄潜善、汪伯彦等拥立集团为其中心人物。

此外,汪伯彦又于建炎元年六月,以下段所引民兵组织论,说服高宗:

> 汪伯彦请两河、京东西增置射士。县五百人,悉募士人有产籍者,置武尉以掌之,县令领其事。凡四县置二将。(中略)江浙、淮南诸路大县增三百人,小县二百人。(《要录》卷六,建炎元年六月乙亥条)

此一办法于同年八月施行,这虽系参考张悫的忠义巡社法(十二月废止),但其特色并不在于包纳以民间土豪层为中心的自主组织,而是将民兵组织置于县令指挥之下,由上而下的集权、一元性很强,这与李纲以有力土豪充一郡之长并赋予世袭特权的做法,似是而实非。

与此同时,李纲既正热切地要藉藩镇之策编整军力,对于皇帝军队或中央军的编组,遂不怎么在意。至于黄潜善、汪伯彦等人,不但将李纲为实现藩镇构想提出的第一步:帅府—要郡设置方案加以搁置,而且针对李纲吸收、重整民间武装势力的成案,另拟计划,对于禁军的统合一元化表现了高度的关心。如果将前述李纲的作为视为具有分权的倾向，则黄潜善、汪伯彦等人就都强烈地倾向于集权。

接着应该指出的是，高宗拥立集团所行的诸政策中，除了倾向和议——以割让两河为当然，并创设皇帝军队之外，当以确立国家财政，尤其是在国家机构混乱时确保战时财政之事，最受瞩目。

就财政性而言，李纲的藩镇构想是以自给自足为原则。藩镇体制本是"择帅付之，许之世袭，收租赋以养其将士"（《会编》卷四五）。民间武力当然也以本地为主，故"平时无养兵之费，有事无调发之劳，此最策之得者"（同前）。基于这样的见解，他的财政论本来就强烈地倾向自给自足——这与他的分权主义倾向完全一致。

于是当他身为宰相，实际筹措战时财源之时，"纲又请出度牒、盐钞，及募民之出财"（《要录》卷六，建炎元年六月己卯条），即建议出售度牒、盐引，并向民征集献金。乍看之下，这三者原是个别平行的事情。但他既不太重视盐钞，又把剩下的两件事并作一件处理。也就是在前项建议提出后数日，再建议："募民出财，赏以官告、度牒"（《要录》卷六，建炎元年六月丙戌条）。这是想以官爵特权酬报献金的民众。结果右谏议大夫宋齐愈与张浚一起论奏，非难此一计划的非现实性，强调"劝民出财助国，非是"（《要录》卷六，建炎元年六月丁亥条）。张浚等官员并因此一反对运动而展开对李纲的弹劾。

那么拥立集团又有什么财政见解呢？以下即集中就其代表人物梁扬祖与张悫进行讨论。梁扬祖原为信德府守，靖康元年十二月康王开设大元帅府时，他率领兵万人、马千匹投效，遂成为拥立集团的主要成员。而他在元帅府中之所以崭露头角，则是因为他曾利用盐专卖一举筹得资金百余万缗。

> 元帅府以随军转运使梁扬祖总领措置财用。初，王在济州，军食不继。扬祖言，京城围久，盐法不通，权印卖东北盐钞。王许之。未逾月，商人入纳，至百余万缗，军饷遂给。（《要录》卷二，建炎元年二月戊子条）

之后，他一直都留在高宗政权中枢，曾以知扬州江淮发运使提领

第二章　与宋政权重建构想有关的政治斗争　　　　　　　　　　　61

东南茶盐事。建炎二年八月，他奏称：东南茶盐措置已上轨道。据此报告，自梁扬祖置司以来，岁入钱多达六百万缗（《要录》卷一七，建炎二年八月辛未条）。

如果考虑到这个阶段的特征，乃是在战乱之下，原有的正常地方行政组织、征税组织均已崩坏，难以运作的实际状况，则上述现象实在是相当奇特。此后，通南宋一代，朝廷财源过半数皆有赖盐、茶、酒的专卖收入，然而在政权成立初期即表现出此一倾向，仍相当引人注目。无论如何，可以确定的是，在梁扬祖的努力下，高宗之下的诸武将佣兵之得以维持，全赖此巨额的专卖收入。

接下来要谈的张悫，也是在靖康元年十二月即加入元帅府。当时他已是河北都转运使，康王任命他为大元帅府随军应副。之后，他一直在高宗身边负责财政营运事务。相对于梁扬祖之专力于专卖问题，张悫则负责一般财政的重建：

> 时更军旅之后，诸道财赋，亡于兵火，委于川途，乾没于胥吏者，不可胜计。自中都府藏，迄于州县仓库，往往毁案籍，匿印章，出纳之际，漫无稽考。悫在河朔时，雅以心计为上所知，自长地官，至于执政，上独委以理财之事。悫严明通敏，论钱谷利害，犹指诸掌，文移所至，破奸若神。东南诸路，皆惕息承命，国用赖以毋乏。（《要录》卷九，建炎元年庚戌条）

由此可见，他在战乱中，是凭着何等高明的手腕重建财政。建炎元年六月，他以同知枢密院事任大臣之职，曾得黄潜善强力奥援，遂为黄潜善、汪伯彦集团之有力成员，李纲去职期间，他也相当活跃。总之，侧近拥立集团中容纳了这群财务官僚，他们所提出与所实施的财政计划，与李纲的财政理念截然不同。于是，我们也就能够明白，当李纲与黄潜善势同水火不能两立之时，高宗何以要放弃声望较高的前者，转而支持能广开财源、组织编成能力与营运能力皆获好评的实务官僚。先前所引，高宗将理财之事全委任张悫的文句叙述，正是此一看法的最佳证明。

六、皇帝驻跸地之争执与李纲的失势

对于继承政权所必须面对的三大问题——对金政策、重建军力、确保财源,抱持不同立场的两大政治势力,在建炎元年秋的驻跸地——皇帝目前所在地——问题上引发冲突,结果,李纲于出任宰相七十五日后去职。

在各地之间移转的南宋朝廷,到底要以何处为皇帝驻跸之所,关系着王朝未来的展望与走向——是逃避金人?是战,是守,还是和?——一直是南宋初年政治议论的焦点。故驻跸地问题在这时忽然成为重大政治问题,其实与两件事情相牵连:一是,正如史书所言,"时李纲入朝月余,边防、军政已略就绪,独车驾行幸未有定所"(《纲目》卷一,建炎元年七月诏修东城条)。即大致而言,虽有反对势力,但李纲所主导的体制,尚可维持。二是,金之南侵中国,正如一般北方民族一样,秋冬入犯,至春即返还故地。所以如何在秋天对付金军,就成为所谓"防秋之计"的重要政治课题,人人都很关心。

建炎元年七月,这个问题成为政治问题时,南宋政权大概可有三个选择:(1)宗泽所一贯主张的还京(开封),这是与金采对决之势,也不放弃两河的最激烈办法。(2)李纲认为应暂以南阳为驻跸之地,"纲间为上言:今纵未能入关,犹当适襄、邓,以示不忘中原之意。选任将帅,控扼要害,使今冬无虞,车驾还阙(开封),天下之势遂定。而近议纷纭,谓陛下将幸东南。果然,臣恐中原非复我有"(同前)。这是目前暂避与金进行军事对决、求保中原的折中方案。(3)黄潜善、汪伯彦等则积极主张当巡幸东南(扬州),"手诏,京师(开封)未可往,当巡幸东南,为避狄之计"(同上,诏修邓州城条)。明白地表示欲逃避金军的压力。此外,还有中书舍人刘珏的东南巡幸论,地点则是建康,即金陵,所谓"东南久安,财力富盛,足以待敌"(《要录》卷七,建炎元年七月癸丑条)。

南宋政权应以何处为据点的现实问题,引发了中国应采取何种对金态度,对金防线伊于胡底的课题,也引发激烈的政治对决局面。宗

第二章　与宋政权重建构想有关的政治斗争　　　63

泽的主张根本没有得到权力中枢人士的支持，自然不是争论的重点。至于应往南阳或是扬州的选择，初虽曾一度决定往南阳，最后却又还是决定去扬州。高宗虽向李纲表示"但欲奉迎太后及六宫往东南耳"（《纲目》卷一，建炎元年七月诏修京城条），但李纲还是失败了。这当然也是因为无人支持李纲，"时上虽用李纲议营南阳，而朝臣多以为不可"（同前，修邓州城条）。不过，究其根本，黄潜善等积极地主张往东南行，改变了皇帝的意志，才是决定性的主因。"潜善与汪伯彦力请幸东南。上意中变，于是纲所建白，上多不从。"（同前，修京城以李纲、黄潜善为左右仆射条）

　　稍后，即建炎二年末时，张守曾因高宗询问对金防线的问题，就"防淮"——守中原，还有"渡江"——江南避狄，如此答复道：

> 今之为策有二，一防淮，二渡江。若屯重兵于楚、泗及淮阴三处，敌亦未能遽入；然恐我师怯战，望风先溃。（中略）此可患者一也。我若渡江，而宿重兵于昇、润，敌亦未能遽侵；然去中原益远，而民心易摇动。（中略）此可患者二也。惟其利害相形，遂不能决。若为中原计，而幸敌不至，则用防淮之策；若为宗社计，而出于万全，则用过江之策。（《要录》卷一九，建炎三年春正月戊戌条）

根据张守的看法，驻跸东南无疑是弃河北、中原，这是以保全皇帝自己为第一义的决定。这里我们可以看到，南宋的特质中有种所谓的保守性存在。当李纲、宗泽系官僚败于黄潜善、汪伯彦，高宗决定巡幸东南之时，南宋政权就已决定了基本格局，放弃了华北、中原的民族保卫战，成为保宗社的江南政权。

　　经过这场驻跸地之争，高宗拥立集团的政治势力得以落实，甚至可与负天下重望的李纲相匹敌，这让朝野内外预感到，李纲就快要失势了。

　　除此之外，李纲与黄潜善等尚有其他方面的争执。同年六月至七月间，李纲的心腹张所、傅亮，分任河北招抚使、河东经制副使，前往任所，招谕山寨民兵，也就是为了设立前述一郡（州）规模之藩镇而试图招抚土豪。结果"黄潜善疾纲之谋"，忽然提议由马忠、李成军攻金军之虚，李纲反对，"潜善固执，上卒从之。（中略）于是权始分矣"（《要录》卷七，建炎元年七月丙辰条）。而李纲在八月罢宰相职的直接理由，也正是与张所、傅亮之派遣有关。河北转运副使张益谦承黄潜善之意，弹劾张所，谓应罢免之。拥立集团的另一成员，亦属大臣之一的张悫，也提出同样的意见。李纲、汪伯彦、张悫遂在御前会议中激烈争论。而在傅亮渡河行动的是非问题上，黄潜善等又与李纲对立。再加上殿中侍御史张浚、礼部侍郎朱胜非等也责难李纲，李纲乃在任宰相七十五日后去职。

至于李纲失势后的政局又如何呢？建炎元年（1127）八月中旬之李纲罢相，自然就是黄潜善、汪伯彦等专权的开始，直到建炎三年二月下旬，扬州陷落，高宗渡江南逃，二人才因追究失职之责而遭罢免。同时，李纲的失势自然也意味着反黄潜善系官僚的下台，自建炎元年八月底到次年十二月底，许翰、向子諲、卫肤敏、滕康、汪藻、刘珏、喻汝砺、许景衡、程昌寓、马伸、邢焕、王彦、王宾等皆遭罢免、落职处分。

李纲的失势自然还表示，利用民间武装势力，重新编组配备以对金作战的计划被放弃，以及皇帝巡幸东南的确定。受此政策转换影响最大的是守卫开封的宗泽。建炎元年九月，"于是黄潜善、汪伯彦共政。方决策奉上幸东南，无复经制两河之意矣"（《要录》卷九，建炎元年九月壬辰条）。既已决定巡幸东南，高宗乃于十月乘船往扬州。一直恳请还都开封的宗泽，也在次年七月结束七十岁的生命。"泽为黄潜善等所沮，忧愤成疾，疽作于背。"（《要录》卷一六，建炎二年七月癸未朔条）宗泽所整编的开封守备勤王军，在他死后数日即告瓦解；将李纲构想具体化，完成民间武装势力整合的宗泽军，其解散已是不得不然之势。此后的宋金战争，几乎未再尝试组织民间自卫队来对抗金军。

宗泽之死与开封守军的溃散，也是促使金军正式南进的契机。"金人闻宗泽死，决计用兵。（中略）时宗翰之意，欲舍江、淮而专事于陕，诸将无能识其意者。议久不决，奏请于金主。金主曰：康王当穷其所往而追之。俟平宋，当立藩辅如张邦昌者。（中略）命宗翰南伐。"（《续鉴》卷一〇二，建炎二年七月甲辰条）于是自建炎二年秋至翌年春，金军以逮捕康王为名，大举南下。李纲罢相后的南宋政权中枢对此毫无准备，"时寇盗稍息，而执政、大臣偷安朝夕"（《续鉴》卷一〇一，建炎二年二月辛酉条），"庙堂宴然不为备"，张浚等"力言之，潜善、伯彦笑且不信"（《续鉴》卷一〇二，建炎二年十二月戊寅条）。在这种情况下，金军一举而下扬州。高宗逃往江南，高宗拥立集团的专权也于建炎三年二月告终。

　　以上所探讨者，主要是建炎元年（1127）五月至八月间的政治过程，还有迅速重建的南宋政权中枢内部之政治斗争。对于金军自靖康元年冬占领开封，随即于次年二月废灭北宋政权，造成中国政治权力真空状态之政治课题，这也是一段如何加以克服之对应过程。面对这样的局面，北宋末期对金强硬论者李纲及宗泽，藉由编制对金防卫组织，以克服因北宋灭亡所形成的真空状态，并确立继承政权的方向。可是这个构想并未得到大多数士人的支持，最后连高宗也不尽同意，遂败给主张放弃华北——"避狄"，皇帝移往东南（扬州）的黄潜善，汪伯彦势力。

　　这是关系中兴王朝政治路线、政治方针的对立，也是抢夺政治主导权的抗争。兹将两条路线重要对立之处列举如下：（1）对于曾以军事性一击灭亡北宋的金人态度不同，一主张对金和议，一力求对金防卫备战。（2）前者以黄河以北之割让为当然，后者则强烈主张守卫两河（河北、河东之地）。（3）前者所谓保守性态度的背后，尚有保全宗社（赵氏）的名目在；后者则坚持祖宗之地"尺寸不可让"，或是基于在地地主、土豪的立场，"怀土顾恋，以死坚守"（《大金吊伐录》卷二，宋再遣使乞免割三镇增币书）。（4）前者欲确立专卖财政，以编组皇帝直辖军队，后者则希望组织能自给自足的民间武装势力，建立藩镇体制。这也意味着前者关心如何集中权力，后者则倾向分权主义。

　　究其根本，这两条路线其实是两股政治势力（立场）的对抗，也是北宋末期政治主体内部分裂与抗争状态——亦即权门及其有关政治势力，与在地土豪、地主系士大夫纠葛的具体展现。所谓南宋初期政治史，基本上即此两种势力间对立抗争的过程。承认北宋版图有所减缩，同时要求继承北宋集权主义的势力，虽居于政治优势，却始终无法压倒反对势力，直到南宋第二代皇帝孝宗时，双方才建立融和、妥协的关系。建炎初年的政治过程，正是此一取向的出发点，而其所显露的南宋政治史架构，亦正是我们所最应注意的。

第三章

江南政权——南宋之中兴

一、禁军叛乱事件与吕颐浩之得势

建炎三年（1129）至绍兴三年（1133）的整整五年间，政治状况的变化十分激烈。除了金军，流浪于中原、两淮间的溃卒散兵，福建、湖南、江西大规模农民叛乱等性质各异的武装势力交错，王朝的权力已处于最低落的状态。在这期间，吕颐浩曾于建炎三年四月至翌年四月、绍兴元年九月至三年九月，计三年间出任宰相，故此一时期或可称之为吕颐浩的时代。如果说前述李纲、宗泽与黄潜善、汪伯彦时期的焦点，是在全面重建赵宋政权的政治构想与计划，则吕颐浩的时期，就是在不断的变动中，依政治需要解决当前课题了。

可是，从历史发展来看，继承政权南宋之所以会形成江南政权的特质，可能是出于此一时期的政治决定，故就此意义来看，这也是南宋政权基本架构的决定时期。其间，身为政治领导的吕颐浩，曾做过几项重要的政治决定，在南宋政权的确立过程中扮演相当重要的角色。可列举者有：（1）在金军压力下与禁军叛乱中保全赵宋政权。（2）决定以东南（江南）为皇帝驻跸之地——其结果是使南宋江南政权化。（3）将镇压长江以南叛乱作为当前最高政策目标。（4）引入经制钱、月桩钱等制度，维持国家财政。本章即以吕颐浩为中心，叙述此一时期的政治过程。

建炎三年，金军为追讨滞留扬州的高宗，大举南进。曾经否决李纲、宗泽对金防御策略，对张浚等所提防卫建言"笑且不信"，"庙堂宴然不为备"（皆出于《续鉴》卷一〇二，建炎二年十二月戊寅条），"恃和议"（《续鉴》卷一〇三，建炎三年正月戊戌条）的黄潜善、汪伯彦等高宗拥立集团，完全不曾预料会有这一天。金军于正月二十七日下徐州，三十日陷泗州，二月三日攻破扬州北西五十公里处的天长军。同日高宗急急乘小船渡江，"百官皆不至，诸卫禁军无一人从行者"，"时事出仓卒，朝廷仪物，悉委弃之"，金兵乃取"乘舆服御、官府案牍，无一留者"，"金帛珠玉，积江岸如山"，至于高宗，则以"钱塘有重江之阻"（以

第三章　江南政权——南宋之中兴

上全出《续鉴》卷一〇三，建炎三年二月壬子、癸丑条），自镇江转往杭州去了。

这时禁卫军已有"语言不逊"（同前）的造反态势，这从其携家属随军同行之事已见征兆，为了安抚，"已有旨，分遣舟专载卫士妻孥矣"。而为了稳定扈从军的军心，又特地表示"当录扈从之劳，优加赏给"（《续鉴》卷一〇三，建炎三年二月癸丑条）。在这个时点上，南宋皇帝与亲卫军兵将的关系，尤其是两者的内在纽带竟呈断裂状态，实在是引人注意。

三月上旬在杭州，果然发生了禁卫亲军叛乱事件，史称明受之变。是时"扈驾者惟苗傅一军而已"（《续鉴》卷一〇三，建炎三年二月己未条），将军苗傅、刘正彦等却又起而叛乱。他们的理由是"以赏薄怨望"，同时对于因宦官推荐而出任同签书枢密院事的王渊不满（《续鉴》卷一〇四，建炎三年三月壬午条）。遂斩王渊与宦官康履、蓝珪、曾择等，囚高宗，请隆祐太后垂帘听政，要求高宗退位，并传位给三岁的皇太子。高宗接受了叛军的要求，退位，改年号建炎三年为明受元年（三月十一日）。这次叛变起于对恩赏的不满与人事纠葛，并无政治的构想或目标。不过，他们提出"遣使金人议和"的政治要求（《续鉴》卷一〇四，建炎三年三月癸未条），苗傅、刘正彦在迫高宗退位之时又说："上不当即大位，将来渊圣皇帝（钦宗）来归，不知何以处。"（同前）苗傅还按剑瞪视道："金人之意在建炎皇帝。今主上当极，太母垂帘，将复见太平。天下咸以为是。"（《续鉴》卷一〇四，建炎三年三月甲午条）这些事都颇值得注意。总之，高宗因为在即位为皇帝的授权关系上有瑕疵，又是与金和平共处的障碍，只有为万民计而被迫退位，同时，厌战的风潮已然弥漫在皇帝禁卫亲军之中。

挽救襁褓中南宋政权脱离此巨大危机者，即吕颐浩。建炎元年高宗移住扬州之际，他恰为扬州守，遂因此一机缘而得参预政权中枢，明受之变发生时，他正在江宁府担任江东制置使。他一得知兵变之事，即与当时在平江府的礼部侍郎张浚，还有武将刘光世、张俊、韩世忠等联络，组织勤王军向杭州进发，四月一日高宗复位，三日复建炎之号，复辟成功。同月六日他升转为尚书右仆射兼中书侍郎，也就是宰相之职，并在以后数年间，居政治最高领导地位。

就政治史来看，建炎三年（1129）春的金军江北侵伐作战，与禁卫亲军反叛事件，不但使高宗拥立集团没落，也造成政权担当势力的全面交替。先是黄潜善、汪伯彦等原主政者，因为扬州陷落而被责以对金防卫不力、情报收集不足等罪名，贬官去职。接着而来的亲军反叛事件，又使得皇帝侧近的最高军事首长王渊与多数宦官被杀，而自康王时期以来的扈从武将苗傅、刘正彦，也因是叛乱主谋而遭诛杀。总之，无论是文人方面或武人方面，自康王大元帅府时代以来，活跃于高宗身边的领导层几乎一扫而空。取而代之的新兴人物是吕颐浩、朱胜非、张浚、赵鼎、范宗尹等文臣，以及刘光世、韩世忠、张俊等武将。尤其是吕颐浩、张浚等讨平亲军叛乱之有功人员，更理所当然地爬上最高领导的地位。

至于另一项重点是，建炎三年以后，权力中枢内的主要人物年龄层大幅降低。其中虽也有如吕颐浩般年近六十的长者，但知枢密院事的张浚则仅三十三岁，"国朝执政，自寇准以后，未有如浚之年少者"（《要录》卷二二，建炎三年四月庚戌条）。范宗尹于建炎四年五月拜右仆射为相，"时年三十三，自汉唐及国朝宰相，未有如是之年少者"（《要录》卷三三，建炎四年五月甲辰条）。与此年轻化现象相呼应的，是前此的中坚官僚群一举占领了王朝权力的最高位。例如建炎三年二月扬州陷落之际，随高宗渡江南下的文官职衔是：吕颐浩——吏部尚书，张浚——礼部侍郎，朱胜非——中书侍郎，叶梦得——户部尚书。他们的确已经掌握了实务，却还不能说是已经占居了最高位。

可是，历经这一番变故之后，比高宗年长二十五岁、时年五十七岁的吕颐浩就任宰相，他出身山东济南，"时吕颐浩为政。喜用材吏，以其多出（蔡）京、（王）黼之门"（《要录》卷四八，绍兴元年十月乙丑条）。吕颐浩与其前任的黄潜善、汪伯彦，同为重视实务、财务的官僚，是北宋末权臣蔡京、王黼者流。但他与拥立集团也有不同之处。例如他在北宋末年，曾因"愿博议久长之策"，惹得徽宗大怒（《宋史》卷三六二《吕颐浩传》），建炎二年又求高宗"收民心，定庙算"（《续鉴》卷一〇二，建炎二年十二月戊寅条），这与"无远图"、只求苟安的拥立集团大不相同。这或许是缘于他以往的经历与生活经验，"父丧家贫，躬耕以赡老幼"(《宋史》,本传)。又因为"颐浩有胆略,善鞍马弓剑"(同前),故他应属于华北在地地主、官户阶层,而非腐败的、寄生的、都会的权门之人。

他曾长期担任河北转运副使、燕山府路转运使等地方财务官僚,不像李纲处身于北宋末期的权力中枢。正如前面所曾提及者,他之所以与权力中枢有所接触,不过是因为建炎元年(1127)冬之时,他恰巧在扬州知事任上,而在当时,他也只是个二流的老辈人物。可是在那种外敌、内乱交错的离乱状态中,政治权力被迫去面对各种政治课题,像他这样老练的实务官僚,就颇有发挥之处了。《宋史》本传的论赞称道他"当国步艰难之际,人倚之为重",是相当适切的评语。

二、"防淮论"与"吴越之行"——皇帝驻跸地问题

建炎三年(1129)三月的明受之变(苗傅军叛乱事件),因为吕颐浩、张浚的政治工作,还有韩世忠、张俊、刘光世各军集结进军杭州而告终结。吕颐浩、张浚并分别就任宰相与知枢密院事之职,进据政权中枢。不过,到了五月,张浚就再受命为处置陕西事宜的川陕等路宣抚处置使(他出身于四川名门),继于七月时,带着种种特权、庞大的军费、众多的兵员幕僚,往四川赴任。结果,摇篮期继承政权的掌舵之任,就全交给留在高宗身边的吕颐浩了。

在这个阶段,高宗、吕颐浩必须立刻有所决定的政治课题,即防秋之计——这与决定驻跸地同义。金军入侵中国必然是在自秋迄春之间,其目的则在追捕高宗并消灭之,故明受之变后,对于建康(今之南京)的高宗集团而言,"防秋之计"与如何选择驻跸之地——这也等于是决定目前的对金之策——就成了最重要的课题。当时的选择有三:(1)在建康迎战入寇必至的金军(防淮)。(2)避于吴越、浙东(吴越之行)。(3)张浚前往四川之时曾建议移跸于蜀,当前则可驻跸武昌。建炎三年闰八月一日,高宗为征询各方意见而下诏:

朕欲定居建康,不复移跸。与夫右趣鄂、岳,左驻吴、越,

山川形势，地利人情，孰安孰危，孰利孰害。三省可示行在职事管兵官，条具以闻。(《要录》卷二七，建炎三年闰八月丁丑朔条)

这项询问背后其实另有玄机，"始张浚建武昌之议。吕颐浩是之，已有成说矣。浚行未几，江浙士大夫摇动颐浩，遂变初议"(同上)。江南士大夫们当然反对移跸四川。如当时任谏议大夫之职、出身常州晋陵的张守，就强烈反对武昌之议，他认为"东南今日根本也，陛下远适，则奸雄生窥伺之心"，并且明言："幸蜀之事，吾曹当以死争之"(《宋史》卷三七五《张守传》)。闰八月一日，百官、诸统制(将军阶层)会于都堂，协议"至晚"，各方意见虽多至二十五种，然"大率皆言鄂、岳道远，馈饷难继，又虑上驾一动，则江北群盗乘虚过江，东南非我有矣"(《要录》卷二七，建炎三年闰八月丁丑朔条)。张浚、吕颐浩共同主张的武昌案首先被打消。

这里应该注意的是，令江南士大夫——地主层动摇、强力反对移跸的理由之一，当为江北群盗的威胁。前面提过，建炎初年，黄潜善、汪伯彦等否决了李纲、宗泽有关藩镇、民间武装势力重组的构想，力主巡幸东南(扬州)，宗泽麾下的开封勤王军也被放弃。这支宗泽的军队，在宗泽愤死之后，无所归属，失了统制，遂转化为武装流民集团，即所谓群盗、军贼、剧盗。他们到处掠夺、杀人，自河南、山东南下，直至江南[1]。史载："方今兵患有三：曰金人、曰土贼、曰游寇，(中略)所谓游寇者，皆江北剧贼。自去秋以来，聚于东南。"(《要录》卷四二，绍兴元年二月乙酉条)拥立高宗集团的政治决定，不但丧失了两河、中原，也制造出无数的武装流民势力。于是在皇帝驻跸问题上，江南士大夫们对于金军与江北军贼所抱持的双重恐惧，以及为防江北剧贼而守卫江南的心情，也不能忽视。

同月十一日，高宗"召诸将，问以移跸之地"(《要录》卷二七，

---

1. 参见赵俪生之论文：《靖康建炎间各种民间武装势力性质的分析》，山东大学《文史哲》1956年11期，第三节《山东群盗》、第四节《军贼》。并收入赵俪生：《寄陇居论文集》，齐鲁书社，1981年。

第三章 江南政权——南宋之中兴

建炎三年闰八月丁亥条）。张俊、辛企宗主张由岳、鄂避往长沙，韩世忠则谓："国家已失河北、山东。若又弃江淮，更有何地"，主张至建康"防淮"（同前）。应否防淮的问题，早在建炎三年春扬州陷落之前，就已成为高宗身边争论的焦点。张守曾论此事道：

> 今之为策有二，一防淮，二渡江。若屯重兵于楚、泗及淮阴三处，敌亦未能遽入；然恐我师怯战，望风先溃。（中略）此可患者一也。我若渡江，而宿重兵于昇、润，敌亦未能遽侵；然去中原益远，而民心易摇动。（中略）此可患者二也。惟其利害相形，遂不能决。若为中原计，而幸敌不至，则用防淮之策；若为宗社计，而出于万全，则用过江之策。然权其轻重，势当南渡，而别择重帅，以镇维扬。（《要录》卷一九，建炎三年正月戊戌条）

他的结论固采折中之说，暧昧不明，分析却相当中肯。防淮，也就是防卫两淮的构想，是替中原人打算，合乎中原、两淮在地地主的期望，亦即将他们的愿望与利益具体化为国家政策。至于过江、渡江，也就是江南防卫之策，则是为了宗社或赵氏宗室着想，以延续王朝命脉并保障安全为第一要义。

了解了这样的立场与看法，高宗仍难作出决定，吕颐浩因此建议道："金人之谋，以陛下所至为边面（战场）。今当且战且避，但奉陛下于万全之地，臣愿留常、润死守。"（《要录》卷二七，建炎三年闰八月丁亥条）吕颐浩的看法是正确的，数个月后，甚至须奉高宗做"海上之行"。

结果吕颐浩调和了张守、周望、王绹、韩世忠等执政、将军的意见，一致劝高宗做"吴越之行"，高宗也接受了。"上曰：善。遂决吴越之行。于是命诸将分守沿江。防淮之议遂格。"（《纲目》卷二，建炎三年闰八月诏议驻跸地之条）同年十一月，宰相兼江淮守备最高指挥官驻守建康的杜充投降金军，防淮计划完全被放弃了。南宋中叶的史家吕中曾整理此一经过而批评道："使防淮之议不格，则敌岂能越大江、重湖而攻我哉。朝廷弃（河北、河东等）三路如弃土梗，弃两淮如弃敝屣。

使敌入数千里，如蹈无人之境。不战而败，不守而陷，二百年之天下，不因民之怨叛而直失其大半，可胜惜哉。"（《要录》卷二九，建炎三年十一月壬戌条引吕中《大事记》）

建炎三年闰八月的决定，具有历史性的重大意义。此后至绍兴八年终于决定以杭州为临安之前，驻跸地问题虽曾数度提起，却再未如此被政治问题化。皇帝也只在建康—平江府（苏州）—杭州之间移转。也就是说，在江南士大夫的压力与吕颐浩的政治力作用下，继承政权确定以江南为基本地域，也正因为有此决定，南宋政权遂带上了浓厚的江南政权色彩。

闰八月二十六日，高宗集团出建康往浙西。如预想一般，金军从两方面展开攻势。一以隆祐太后为目标，自湖北黄冈渡长江，往江西。一由宗弼指挥，自和州渡长江，建康留守杜充投降后，即沿杭州—越州—明州追捕高宗。对高宗而言，建炎三年春及秋冬之一再见迫于金军，是南宋政权当时最大的危机了。这时，为求保宗社，策划海上之行以避金军追捕的吕颐浩，则以实务官僚的身份活跃异常。

吕颐浩提案道："金人既渡浙江，必分遣轻骑追袭。今若车驾乘海舟以避敌，既登海舟之后，敌骑必不能袭我。浙江地热，敌亦不能久留。俟其退去，复还二浙，彼入我出，彼出我入。此正兵家之奇也。"（《续鉴》卷一〇六，建炎三年十一月己巳条）于是决定海上之行。十二月十五日，自闽中来船二百余艘，亲军三千余人，文官除宰执外，仅有御史中丞赵鼎、右谏议大夫富直柔、权户部侍郎叶份、中书舍人李正民与綦崇礼、太常少卿陈戬等六名扈从，由明州定海县乘船避往海上。因吕颐浩上奏"（侍）从官以下，各从便而去"，"于是郎官已下，或留越，或径归者多矣"（《纲目》卷二，建炎三年十二月上自明州航海条）。一时职官系统完全停摆。"时留者有兵火之虞，去者有风涛之患，皆面无人色。"（《要录》卷三〇，建炎三年十二月庚寅条）。

不过，正如吕颐浩所预见的，次年即建炎四年二月，金军放弃了由海道追捕高宗，开始北撤，赵宋政权渡过了最大的危机。而高宗与南宋政权之所以得救，可以说全有赖实务官僚吕颐浩的判断与行动力。

三、范宗尹的藩镇策

吕颐浩与江南出身的大臣们，决定放弃江北、两淮，避金军之前锋，退居吴越，更"为宗社计"，于建炎三年至四年逃至浙东海上。建炎四年四月，海上之行结束，吕颐浩却因赵鼎等人追究海上之行的责任而罢去宰相之职，降为醴泉观使。然同年六月即自观使复职为建康路安抚大使，所谓谴责罢任不过是形式而已。

就在三月间，张浚曾再次提议："陛下果有意于中兴，非幸关、陕不可。愿先幸鄂、渚。"但吕颐浩认为："若第携万兵入蜀，则淮浙、江湖以至闽广，将为盗区，皆非国家之有矣。"（《要录》卷三二，建炎四年三月乙丑条）其他执政亦同声反对，遂再次确认以江南为驻跸之地。

吕颐浩的继任者为范宗尹。他于建炎四年（1130）五月就任宰相，时年三十三岁，史称自汉、唐以来未有如此年少之宰相。不过，他在北宋末年的廷议中，就曾以主和论与当时主张对金强硬论的秦桧相抗衡，并且得到过半数百官的支持，展现了他的领导能力；建炎初年又曾代表历经张邦昌政权而入南宋的官僚们，主持反李纲为相的斗争。他出身湖北襄阳，得徽宗朝浪子宰相李邦彦推荐，与康王妃之父邢焕、康王府中官蓝珪之子蓝公佐、大元帅府时期武将辛道宗皆有来往（《宋史》卷三六二《范宗尹传》）。若再从赵鼎系言官的攻击言论——"宗尹为政，多引用靖康围城得罪之人"——来推察，他可以说是属于北宋末期在京官僚一系者，也就是与当时以河北地方官为主体的拥立高宗集团不同系统。所以，在与李纲政争失败后，离开权力中枢的范宗尹，于此时就任宰相，所显示的就是张守等江南系官僚与北宋末年在京官僚、高宗周边内廷人士的大结合。此外，范宗尹的见用，也是因为他告诉高宗，诸州之中寇盗所据已达十数，"藩镇之势骎骎成矣"，"上决意行之，遂以为相"（《要录》卷三三，建炎四年五月甲辰条）。亦即全是为了实施藩镇之策。

对于已确认以江南为根据地的继承政权而言，建炎四年（1130）的最大政治课题，除了应对金军的入侵之外，还有对国内各项叛乱的镇压与收拾。"方今兵患有三，曰金人、曰土贼、曰游寇。"（《要录》

卷四二，绍兴元年二月乙酉条）在各种军事势力中，游寇——也就是江北的剧贼，是在中原、两淮流动的武装流民集团；土贼则是各地反抗宋朝统治的叛乱集团。尤其是江南土贼的蜂起，更是此一时期的特征。建炎初年，江南地方的常州、杭州、建州（两次）、秀州等地皆有叛乱。那些被称为军贼、军乱者，皆系下级军人或勤王军溃散后所激起的反乱，他们在都市发动，并占据都市。至于被呼为土贼者，则是以农村为据点、自耕农为主体，构筑寨砦与政府军相对抗[1]。建炎四年，大规模的农民反叛行动在长江以南地区集中爆发。二月，钟相、杨幺以湖南十九县为其势力范围，建年号，称楚王，建立起独立政权；三月，王念经（王宗石）率领江西信州、饶州数万众起义——这又被称为明教徒之乱；同年夏，范汝为亦在福建建州号召十余万人起义。对于以长江下游，即江南地区为政权基地的南宋政权而言，这些在其紧邻背后所发生的农民叛乱，自是必须及早对付的严重问题。

除此之外，对于在建炎四年五月就职的三十三岁年轻宰相范宗尹而言，江北、两淮武装流民集团、剧贼意图入侵江南也是必须担心的问题。尤其是在两淮以迄荆湖一带活动的李成，就有染指南宋政权的意图。"时李成乘金人残乱之余，据江淮六七州，连兵数万。有席卷东南之意。使其徒多为文书、符谶，幻惑中外。"（《要录》卷四〇，绍兴四年十二月乙未条）这显示李成集团极有意入侵东南（江南）。建炎初年，曾任秘书省正字之职的李雱往淮西舒州投效李成，他称李成为"一时之英雄"，建议李成入侵江南，建立政权，"请顺流（长江）而过金陵（今之南京），号召江、浙，以观天意"（《要录》卷三一，建炎四年二月丙申条）。

在此紧迫局面中匆促就任宰相的范宗尹，就江北军事势力问题提出了概括性的政策，此即范宗尹的藩镇之策。这是摇篮期南宋政府首次就国家营运大纲提出积极性的政策，此一政策之所以有名的原因亦在于此。其策略要点是：

---

1. 参见赵俪生之论文：《靖康建炎间各种民间武装势力性质的分析》，山东大学《文史哲》1956年11期，第五节《农民起义》。

第三章 江南政权——南宋之中兴

> 时，江北、荆湖诸路盗益起，大者至数万人，据有州郡，朝廷力不能制。盗所不能至者，则以土豪、溃将，或摄官守之，皆羁縻而已。（《要录》卷三三，建炎四年五月甲辰条）

也就是说：江北、荆湖地方的军事集团既然相当跋扈，是南宋政权统治力所不能及的地区，故可以用土豪、溃将、摄官为地方长官，个别地受南宋朝规制（羁縻）。于是土豪、溃将、摄官等现存地方军事势力，就全被设定为藩镇，但实质上仍是"盗"，亦即流民武装集团。范宗尹也知道："此皆乌合之众，急之，则并死力，以拒官军。莫若析地以处之，盗有所归，则可以渐制。"（同前）即其目的在使江北流动的军事势力在各地固定下来。故下文接着提出："今日救弊之道，当稍复藩镇之法，亦不尽行之天下，且裂河南、江北数十州为之。少与之地，而专付以权，择人久任，以屏王室。"（同前）又说："如能捍御外寇，显立大功，当议特许世袭。"（《要录》卷三三，建炎四年五月甲子条）这种限定在江北实施的藩镇策，也被期待发挥对金防卫的功能。总之，范宗尹藩镇策的根本目的，还是在对南宋政权统治力不及的中原、两淮地区的军事势力，赋予一定地域之管领权，使其能在当地安居、定居，一方面防止其向江南或其他地区再移动，一方面亦可成为对金防卫的军事力量。

不过，这项藩镇策，与南宋政权成立后，前此所曾提出的类似方案，有着根本性的差异。例如，李纲在北宋末年、建炎初年所提出的藩镇策，是以标榜"怀土顾恋，以死坚守"（《大金吊伐录》卷二）的土豪为中心的在地自卫组织相联合，藉组织两河之地来防阻金人。至于范宗尹，他自始即不是以对金防卫为目的，故欲加利用之时，亦不问其军事力量之性质，只想藉此使寇盗势力就此固定化，不再流动。

又如建炎三年三月，张浚、朱胜非、张虞卿等亦曾上奏藩镇案，其中张浚特就江北、江南分析道："江南一带，非依重镇，择近上文武臣僚守之，许以便宜行事，恐不能坚守。"（《要录》卷二一，建炎三年三月辛巳条）他提出的办法是，全权委派高官赴特定地区行委任统治；如前所述，他自己就是根据这项办法，受命全权处理陕西、四川事务而赴蜀。和张浚的构想比起来，范宗尹的办法，既未就特定地区全权委任，也不派遣朝廷高官。在南宋初建的数年间，李纲、张浚、范宗尹曾分别针对其时所面临的政治课题，提出三种藩镇策，其间虽有程度上的差别，但都曾付诸实施。

除了这种差别之处，就历史评价来看，范宗尹的藩镇策内容不如李纲，南宋历史学家吕中曾就此论述道：

> 李纲尝以是策欲行于两河矣。今宗尹又欲以是策行于河南、江北之地，其议一也。然李纲则因已任之守令能固守者为之，而宗尹则一委之盗，不可也。盗贼连据州县，朝廷不能讨，而反赏之，是赏盗也。李纲则置宣抚、经制以统之。然宗尹则随地均授，而无统率、统属之意。故弱者为虏所并，而强者又为吾之患，此后日所以有李成之祸也。（《皇朝中兴大事记》卷一，范宗尹相条）[1]

此中所言，多少出于对李纲的善意，而对范宗尹严加批评。在后一时期人的眼中，范宗尹的藩镇之策虽不过是一种赏盗、招安的策略，但其实仍有值得肯定的价值。

山内正博曾就范宗尹的藩镇之策提出专论，他认为这项政策的目的在一石三鸟，即（1）平定群盗，（2）防御外敌，（3）形成藩屏，希望藉此恢复宋朝，结果真如政府所愿，达成了建立藩垣的效果，故给予极正面的积极评价[2]。相对于此，吕中则强调其不过是一种招安、赏盗的办法，对南宋政权未必有益，持怀疑的态度。笔者的看法与吕中一样。其理由即山内未曾提及之点：在讨论范宗尹的藩镇策时，必须先注意到，这是建炎三年闰八月"防淮之议遂格"（《要录》卷二七，建

---

1. 山内正博《南宋镇抚使考》（《史渊》64，1955年）曾就《要录》卷三三建炎四年五月甲子条附注引吕中《大事记》之言作过讨论，他认为吕中怀疑分镇效果的看法并不恰当，相反，他论证范宗尹的藩镇策是有意义的（第78—79页）。可是，在静嘉堂所藏清黄虞初题跋之吕中撰《皇朝中兴大事记》（抄本）中，山内所批评的吕中之文其实与范宗尹、镇抚使的问题无关，而是与他处的"吕颐浩右仆射"（卷一，页五一）有关。则山内藉批判吕中而提出的镇抚使（藩镇）评价问题不就有所偏失了吗？至少在史料上未见妥当。
2. 山内正博：《南宋镇抚使考》，《史渊》64，1955年，第77、91页。

第三章　江南政权——南宋之中兴

炎三年闰八月丁亥条）之后，即已决定放弃江北、两淮防卫大计下的政策。所谓"上驾一动，则江北群盗乘虚过江，东南非我有矣"（《要录》卷二七，建炎三年闰八月丁丑朔条）。江南地主们既对江北流民的军事力量心怀恐惧，则其所迫切要求的将是怎么样的对策，自然也有影响。在南宋政权不可能支配统治的地区，不问其军事势力之性质，一律授予镇抚使之任，使其个别归服南宋政权，加以羁縻，这在现实上真的可能成功吗？范宗尹的计划从一开始就不过是纸上谈兵而已。这是南宋政权无力于江北，又希望阻止江北流民武装势力南下江南，不得已而有的政策，既然没有推展此一政策的政治力存在，又如何能藉此藩镇策而求事态有所好转。

可是，范宗尹的这项藩镇策，超出了设计者原有的期望，对这个时期的历史发展起了一定的作用。若从防卫金军由江北入侵，也就是所谓直接统治的角度对照观察，宋将流民武装集团加以土著化，既可阻其南进，又可防卫金人。因此，任命流民武装集团的领袖为镇抚使，承认其在该地区的支配权，乃是放弃对江北的直接统治，而改行间接统治。从这点来看，范宗尹的计划非但符合吕颐浩以江南为继承政权基本根据地的期望，也正是江南出身士大夫政治要求的产物，可以说是吕颐浩路线的具体化。

这项将江北地区设定为间接统治地区，放弃直接统治的决定，也表示了继承政权意图回避与金正面对决，并意味着一种对金缓冲地带的设立。

与此同时，建炎四年（1130）九月，金建立了傀儡政权齐，同年十月又放归拘禁中的秦桧，显示金的政治主导政策在此一时期已有所转变。此后金在陕西、四川方面虽仍调动大军，对宋的军事行动亦未全面停止；但是金既在范宗尹提出藩镇策数月后，在中原建傀儡政权，又放秦桧归国，则宋、金间改变直接交战的对决关系，并开始和平交涉的可能性，皆大为提高。关于金立宋之降臣刘豫，于华北、中原建立傀儡政权的经过与意义，已有不少研究可见[1]。现在只就两点来谈。首

---

1. 如外山軍治：《刘豫の斉国を中心としてみた金宋交渉》，《金朝史研究》，东洋史研究会，1964年；陶晋生：《完颜昌与金初的对中原政策》，《边疆史研究集——宋金时期》，台湾商务印书馆，1971年。

先，除了四川、陕西、湖北以外，东南方面向来都没有金军单独直接入侵之事。于是以往伴随金军侵略行动而起的各种武装集团就变少了，这对于武装集团的移动，尤其是南下的现象，起到了刹车的作用。由于金军多采机动性攻击，宋军又常常望风先溃，致各地产生真空状态，而这原是各种武装势力发生与移动的基本条件，故当金军停止行动后，自然而然地会减少武装组织结构性的出现，也不再向南移动。其次，因为傀儡政权的建立，金与宋都不再直接派军屯驻在其南方的中原与其北方的两淮，军事性的缓冲地带于焉建立。这可以说是划时代的大事。自宣和七年（1125）以迄建炎四年（1130）的六年间，宋、金两国一直持续着直接交战的关系。这种关系于此翻然逆转，此后直到绍兴七年（1137）金废弃此傀儡政权，直接交战状态都被回避。

　　该如何认识建炎四年（1130）至绍兴七年（1137）间的历史呢？赵俪生认为，这是中原、两淮、荆湖发生的流民武装集团，（1）被宋军歼灭，（2）被宋军吞并，（3）流亡边地，（4）受齐招募[1]，（5）因岳飞、韩世忠屯田策而被消灭的过程，"通过上述这些不同的方式，流民武装流徙的严重问题，才慢慢地解决下来。宋、金形势相对稳定局面的出现，是在流民集团问题大体解决了之后才出现的"[2]。武装流民集团（游寇、剧盗）的政治态度变换不定，不断在宋、金之间或反叛或降服，在这一点上，他们可谓是宋、齐、金之间最大的捣乱分子。建炎四年，宋以江北为缓冲地带，金在中原建傀儡政权；中原、两淮的各种武装集团遂各依其性质、主张，或自然消灭，或接受招安。之后至绍兴五年（1135），中原、两淮的武装集团终于全部消灭。正如赵俪生所指出，绍兴八年（1138）的宋金和议正是源自这种客观状态而出现。

　　如前所言，范宗尹的藩镇策既无法直接恢复江北秩序，也未曾对南宋建国作出重大贡献。可是，若从建炎四年前后宋、金得以抑制直接对决，进行间接统治——即设置缓冲地带与傀儡政权——的角度来

---

1. 金建立刘豫政权的目的之一，是要收拾中原流民武装集团。金在齐建国之册文中写道："付之总戎，盗贼息。专之节制，郡国清。"（《桯史》卷七《齐楚僭册》）
2. 赵俪生：《靖康建炎间各种民间武装势力性质的分析》，《寄陇居论文集》，齐鲁书社，1981年，第371页。

看，范宗尹的藩镇策仍有其当时的意义可见。

四、吕颐浩路线的特色

各种性质互异又错综复杂的策略取向，交织成建炎四年的政治过程。前面已然提过，相对于该年五月范宗尹所提之江北藩镇策，金于同年九月建立了齐之中原傀儡政权。这当然违背了建炎二年七月金朝皇帝的指示："康王当穷其所往而追之。俟平宋，当立藩辅如张邦昌者。"（《续鉴》卷一〇二）金将昌（挞懒）且于同年十月放秦桧归国，为和议做准备。然而在另一方面，同年九月"金左监军昌，急攻楚州，破之"（《要录》卷三七，建炎四年九月戊辰条），向淮南方面进军。可是，金在建炎四年秋的军事行动并未如预期般有效。不但遭遇到楚州镇抚使赵立长达百日的顽强抵抗[1]，还因为陕西方面张浚的牵制，而使金军军力为之分散。史称："是役（楚州之战）也，敌锐意深入。会张浚出师围关陕，完颜宗弼往援之。又（赵）立以其军遮蔽江淮，故敌师亦困弊而止。议者谓立之功，虽张巡、许远不能过云。"张浚的出击即所谓富平之战或富平之败，如史所载："会上亦以敌聚兵淮上，命浚出兵。"（《要录》卷三七，建炎四年九月癸丑条）这是南宋政权建立之后，首次有机性地以西北、东南联合作战，虽然富平败绩，楚州陷落，但是就防止金人再度突破长江防卫而言，则是成功的。此后直至绍兴四年（1134），金军都不曾再南下，故富平会战与楚州攻防战在南宋初期的宋金战争史上的确有其意义在。

在这样的状况下，吕颐浩虽因同年四月海上之行罢相任，转就观职，但很快地就在同年六月复归实职，出任新设沿江大帅之一的建康府路安抚大使，并于次年范宗尹罢相后，再次拜相（绍兴元年九月）。直到绍兴三年九月再罢相任，他一直高居南宋政权的最高领导位置。在他第二度任相职期间，当以决定政策顺位与国家财政大纲等事，为其明

---

1. 关于赵立的楚州防卫战与自卫军之事，详见寺地遵：《南宋成立期における民間武装組織と建炎年間の政治過程》，《史学研究》137号，1977年，（一）南宋成立期における民間自衛組織、（三）軍卒を指導者とした場合。

显的政治实绩。吕颐浩在重任相职后第三天，就提出下列建言：

> 吕颐浩言：先平内寇，然后可以御外侮。今李成摧破，李允文革面，张用招安，李敦仁已败。江淮惟张琪、邵青两寇，非久必可荡平。惟闽中之寇不一。又孔彦舟据鄂，马友据潭，曹成、李宏在湖南、江西之间，而邓庆，龚富剽掠南雄、英、韶诸郡。贼兵多寡不等，然闽中之寇最急，广东之寇次之。盖闽中去行在不远，二广未经残破，若非疾速剿除，为患不细。（《要录》卷四七，绍兴元年九月丙辰条）

映在宰相吕颐浩眼中的，正是江南治安的实状。根据他的政治判断，在金人、游寇、土贼三者之中，游寇之势已衰，今后当倾全力镇压土贼，之后再考虑对金防卫之道。至于他主张目下当先解决闽地与两广土贼问题，则表现出他将南宋朝设定为江南政权的思考取向。自南宋政权诞生以来，所有的政权主持人都迫于其眼前的问题，无暇检讨基本的国家政策，更不可能有机会去决定政策的优先级。现在吕颐浩能就绍兴元年（1131）之基本政策，设定先后关系、轻重关系，在南宋政权确立过程中的确具有重大的意义。金在中原建傀儡政权，也有助于此一取向的完成，此后南宋政权即以镇压反乱为其重点。先前，吕颐浩在众多皇帝可能行在之地中，选定了江南，现在又以平定江南周边邻接地区的反乱及恢复治安为其首要目标——对金防卫与收复华北、中原失地的问题自然就变成次要的了——无异是再次确定南宋朝作为江南政权的路线。

此外，在吕颐浩巩固南宋政权的过程中，如何建立国家财政，以及如何征敛江南以承担新国家财政等课题，也都具有决定性的意义。这与决定以江南为基本地盘，以及将镇压内乱列为优先课题，都密切相关。也就是说，吕颐浩虽将镇压并收拾叛乱列为当前国政最优先解决的问题，其具体办法却不是以军事力量将之击灭，而是借着政治工作，将其收编为政府军。这对自明受之变以来即无强大直辖禁军，一直倚赖刘光世、韩世忠、张俊等各家军势力的南宋朝廷而言，也是不得不

第三章 江南政权——南宋之中兴

有的策略。结果，正如高宗所言："近来盗贼踵起，盖黄潜善等专务招安，而无弭盗之术，高官厚禄，以待渠魁，是赏盗也。"（《要录》卷六六）吕颐浩正是继承了他的前辈宰相黄潜善的招安之法——以官爵、赏金加以收买的宣抚工作。

藉招安以收拾反乱，端赖于财源，故须确保并维持财政。因此，理财亦是吕颐浩得意之事。他在建炎二年十月进言，"其法可以助国，而无害于民"（《要录》卷一八，建炎二年十月癸亥条），复活了恶名昭彰的经制钱，除四川外，共得岁收六百六十万缗；绍兴三年六月又以军用不足，"颐浩与朱胜非创立江浙湖南诸路大军月桩钱，于是郡邑多横赋，大为东南患云"（《宋史》卷三六二《吕颐浩传》）。此外，尚藉茶、酒、盐之专卖来维持佣兵军费，以及国家财政。"茶盐榷酒，今日所仰养兵，若三代井田、李唐府兵可复，则此皆可罢，不然，财用舍此何出。"（《要录》卷五九，绍兴二年十月己酉条）

《要录》卷一九三绍兴三十一年十月癸丑条称："渡江之初，东南岁入犹不满千万。上供才二百万缗，此祖宗正赋也。吕颐浩在户部（建炎二年十月），始创经制钱六百六十余万缗。（中略）朱胜非当国，又增月桩钱四百余万缗。"又《要录》卷一一一载"绍兴四年，所收钱物计三千三百四十二万余缗"（绍兴七年五月壬午条）。吕颐浩任相职至三年九月，则此财政规模大抵是形成于其任内。《要录》卷一九三论月桩钱，虽只提到朱胜非，但因《宋史》本传称其系与吕颐浩共同作业，故绍兴四年的财政收入三千三百四十二万余缗中，经制钱六百六十万缗、月桩钱四百余万缗，合计一千六十余万缗，其实皆是吕颐浩创出的岁入项目。从这里已可窥知，吕颐浩在南宋政权确立其间的财政问题上，的确是相当关键性的人物[1]。

---

1. 曽我部静雄：《宋代财政史》，大安，1966年补订版，第一篇《五 南宋の财政状况》、第三篇《一 月桩钱の研究》；安蘓幹夫：《秦檜の财政姿勢における考察点》，《広島経済大学研究論集（経済学・経営学編）》10，1974年。

五、吕颐浩、秦桧的权力斗争

正如前面所言，吕颐浩在南宋政权确立的摇篮期间，充分发挥其实务官僚、财政官僚的卓越领导能力，决定了政权的基本地域、政策的优先等级，也确保了国家的财政，尤其是国库的收入，对于政权的巩固，贡献极大。可是，在他再次为相的这段期间，他被卷入激烈的权力斗争之中，权力斗争胜利后，他已不能因应状况变化而有所开展，遂于绍兴三年九月遭到罢免。以下即略述此一权力斗争经过。由于吕颐浩与秦桧间的权力斗争，已见于衣川强的专论《秦桧的讲和政策》[1]，这里将只就衣川所未涉及的部分加以记述。

吕颐浩于绍兴元年（1131）九月再度为相之前，朝廷已于八月拜秦桧为相，至于范宗尹虽已于七月罢相，他派下的官僚、将军却仍占据着政权中枢。史书中记述吕颐浩再拜相时的气氛：

> 范宗尹罢宰相。上欲用吕颐浩，而富直柔、韩璜等密荐秦桧，乃拜桧右仆射。（《会编》卷一四八，绍兴元年八月二十三日条）

> 范宗尹罢相，乃召吕颐浩，而先相秦桧。又富直柔、韩璜、辛道宗、永宗皆谮颐浩，故到阙多日，而未有除拜，人皆疑之。俄拜少保左仆射。（《要录》卷四七，绍兴元年九月癸丑条引《中兴遗史》）

至于吕颐浩系官僚集团，既多为实务官僚、财务官僚，也就有人批评："时吕颐浩为政，喜用材吏，以其多出（蔡）京、（王）黼之门。"（《要录》卷四八）又"上曰：才吏亦不可无，但勿令太多。前吕颐浩当国，纯用掊克之吏"（《要录》卷三三，建炎四年五月癸亥条）。此外吕颐浩

---

[1] 衣川强：《秦檜の講和政策をめぐって》，《東方学報》45，1973年。衣川的论文主要是以《宋元学案》《宋元学案补遗》为据，追究讲和之策与儒学学说的关联。至于政治过程则非其论说中心。

第三章 江南政权——南宋之中兴

也重用他出身地山东之人物,故有"议者谓:颐浩多引用山东之人。(中略)独私乡曲,非公道也"(《要录》卷三五,建炎四年七月甲辰条)。

而在另一方面,秦桧于建炎四年十月,与家属一起由金归国,次月在越州谒见高宗,建议讲和,并说:"如欲天下无事,须是南自南,北自北。"(《要录》卷三九,建炎四年十一月丙午条)于是绍兴元年(1131)八月,他便在吕颐浩之先就任宰相。秦桧为了巩固自己的权力基础,与吕颐浩及其派下官僚们展开激烈的权力斗争。其基本战略是:

> 时吕颐浩,秦桧同秉政。桧知颐浩不为时论所与,乃多引知名之士为助,欲倾颐浩而专朝权。(《要录》卷五三,绍兴二年四月癸未条)

即绍兴二年(1132)五月设置修政局,收纳以胡安国为首的知名之士——这些学者官僚,恰与吕颐浩的掊克之吏成为对比——同时审议并制定省费、裕国、强兵、息民等有关政策。

总之,双方无论是在集团成员的性质方面,或是政策立意方面,皆大不相同。

这两股势力的对立与并立关系,大约维持了半年,绍兴二年四月,吕颐浩为都督荆、湖、淮诸军,赴镇江开府,统领南宋全部的军事势力,秦桧则留在高宗身边负责其余内政事宜。吕颐浩系的朱胜非认为:

> 桧引倾险浮躁之士,列于要近,以为党助,谋出吕而专政。其党建言:周宣王内修政事,外攘夷狄,故能中兴,今二相宜分任内外之事。(《要录》卷五三,绍兴二年四月己卯条引朱胜非《秀水闲居录》)

也就是说,吕颐浩与秦桧之分任内外,是出于秦桧之策谋,吕颐浩乃是被排挤出宫[1]。不过,关于吕颐浩外任之事,也有其他的看法,如《要

---

[1] 衣川也提出此一看法,见《秦檜の講和政策をめぐって》,《東方学報》45,1973年,第262页。

录》卷五三引《中兴遗史》、《纲目》卷四、《会编》卷一五一等皆举他事为由。如《会编》即谓："先是，桑仲遣人告朝廷，欲宣力收复京师，乞朝廷出兵于淮南声援，颐浩信之，乃有恢复中原之意，开都督府。"（卷一五一，绍兴二年五月三日）

这个理由如果成立，即意味着吕颐浩前年所主张的"先平内寇，后御外侮"路线有了重大改变。关于这个问题，虽已不可能找到比上述更详细的资料，但就笔者看来，绍兴二年夏，吕颐浩开府镇江之事，应该是与上述两事有关。我们或许可以如此推测，一旦了解秦桧的和议路线，吕颐浩为了与之对抗，不得不参与桑仲的冒险计划。桑仲出身小校，率领溃卒组成的武装集团，号称有众十余万，遂为襄阳府及邓、隋、郢州镇抚使，扼守京西往四川通路。他不过是一介对于当时一般状况与军事状况皆不甚明了的京西路镇抚使，呼吁夺回开封，竟能得到一向力主江南根据地论的吕颐浩支持，实在令人难以理解，这恐怕还是因为尚有与秦桧的激烈权力斗争在背后。

绍兴二年（1132）十一月，礼部尚书洪拟应诏条陈中兴策，他列举出各项问题，如兴王之居未定，江浙、淮甸民生未复，军粮补给困难等事，反对出兵两淮，盖"凡此皆可以言守，未可以言战也"（《要录》卷六〇，绍兴二年十一月壬申条）。当时福建范汝为之乱虽已平定，湖南钟相、杨么的势力则仍然维持着，内寇问题既未解决，自然无法转而北向。因此吕颐浩于绍兴二年夏出兵两淮的计划——调整基本路线的尝试，当然难以得到百官的支持。结果，吕颐浩才去往镇江，常州的前军赵延寿便即刻叛去；同年三月，桑仲遭部将霍明杀害的报告也传到军前。吕颐浩的期望完全破灭。七月，他退居建康，"因引疾求罢"，"乞祠"（《续鉴》卷一一一，绍兴二年六月甲寅条）。以后的宰相如张浚、赵鼎、秦桧等也都为了如何统率家军，还有如何整编皇帝禁军的问题所苦恼，吕颐浩未经考虑即支持桑仲冒险性的恢复旧都论，既暴露了吕颐浩政治的限制，也预告了吕颐浩时代的结束。

绍兴二年夏吕颐浩的期待虽然破灭，可是权力斗争本身依然持续着，同年秋天，吕系终于成功地打倒秦桧，并将其自政权中枢逐出。七月吕颐浩要求引退，得到高宗慰留，命他还朝。吕颐浩一回到行在，

第三章　江南政权——南宋之中兴

就与知绍兴府朱胜非联合，首先放逐胡安国等秦桧系知名之士，接着又利用使金归国的王伦报告，攻击秦桧的和议。也就是由綦崇礼上奏，引秦桧于建炎四年冬归国时所言"如欲天下无事，须是南自南，北自北"（《要录》卷三九）之说，将所谓"南人归南，北人归北"，解释为是应把河北出身者及中原（河南）之人，分别强制送归金与刘豫之齐地。高宗既有"朕北人，将安归"的不安，遂罢秦桧（《要录》卷五七，绍兴二年八月甲寅条）。

因为自己所拟策划轻易瓦解而处于相对弱势的吕颐浩，为了打倒政敌，维持权力，使用了一些权术，这让我们认识到吕颐浩善用计谋的一面。可是，拥有一定构想，能组织政治势力，决定国家政策的政治领袖吕颐浩，却也因此而消失无踪。朱胜非虽代秦桧为相，但此后直到绍兴三年九月的一年间，仍是吕颐浩在政治上专权的时代。不过吕颐浩的实质政治生命，已在绍兴二年九月就宣告终结了。

六、吕颐浩路线的界限

吕颐浩除了前述与秦桧权力斗争时期，在政治方面无内容可言外，其政策决定都颇合于时宜，但他仍于绍兴三年（1133）九月罢去相职，此后也再未回到权力中枢。为什么事情会演变到如此地步——被吕颐浩赶走的秦桧何以能复权，并形成专制体制？笔者认为，吕失势的原因已内含于他所选择的基本政策或路线之中。换言之，他的路线虽然暂时成功，但数年一过，其长处就变成了短处，露出破绽。

根据山内正博缜密的调查——建炎元年（1127）至绍兴五年（1135）诸路群盗蜂起表及招安表[1]，总计建炎元年至绍兴二年间，全国之叛乱集团共有一百七十八处，其中以建炎三年的五十七处为最高，平均每年为二十九处，相对于此，绍兴三年只有十处，四年、五年更锐减到各仅四处。招安之数亦呈现此种倾向与比例，建炎三年至绍兴二年间，共计一百二十三个集团，中以绍兴二年的三十九个集团为最多，绍兴

---

1. 山内正博：《南宋镇抚使考》，《史渊》64，1955年，第73、81页。

三年、四年各激降为六个集团，五年则有十二个集团。总之，自绍兴三年以后，叛乱集团数之急剧减少，显示吕颐浩的群盗招安之策成功了。而为此一时期代表的钟相、杨幺之乱，正是自建炎四年二月开始，至绍兴五年五月被岳飞平定。无论是群盗、流寇，还是叛乱集团，也无论是应南宋招安，或是投降刘豫政权，此一数字都反映了整体的状况。吕颐浩在路线选择上，以镇压国内叛乱为现阶段首要政策，优先于对金之民族防卫，的确是成功的。

可是，这种藉由政治手段使叛乱分子归服的政策，又会引发新的问题。将大大小小的流贼、溃将、土豪、官吏、将军等不同性质的军事势力，就这么不加改变地统摄到国家的军队中，使得南宋的军事编制、军事行动既无指挥系统，也没有秩序，缺乏统制关系的政府军因而状况频频。"今诸将之骄，枢密院已不能制。"（《要录》卷四二）不受皇帝节制的诸家军，意味着吕颐浩路线即将破产。

接下来，吕颐浩路线的破绽又随着对外的无政策，尤其是对金之傀儡——齐政权之无计而具体化。吕颐浩将恢复国内治安、压制反乱势力，视为最重要的问题，对金关系遂成为次要问题，对外政策不啻是其盲点。而在倾全力收拾反乱，几将收拾殆尽之时，他政策上的盲点也就暴露出来了。在国内治安即将收拾妥当之际，当如何认识齐这个金所建立的汉人中原政权，南宋政权当以何种关系与其相对待，成了最大的政治课题。

金于建炎四年（1130）九月立刘豫为皇帝，建齐国，以河南、山东还有后来加入的陕西等地为其版图。刘豫政权既是金人的傀儡，也是统治中原的汉人政权。齐也积极地吸纳当时活动于两淮——宋、金国境的军事集团（如李彦、孔彦舟集团等），"建归受馆于宿州，招延南方士大夫、军民，置榷场，通南北之货"（《纲目》卷三，建炎四年末是岁刘豫僭位于大名府伪号齐条）。齐积极地进行政治、通商工作，明显表示出与南宋政权竞争的态势。刘豫政权并与南夷、杨幺等联合，结成对宋同盟，企图瓦解宋政权，这样一来，对齐问题自然变得重要起来。史书称："初伪齐侍御史卢载阳上议，陈结南夷扰川广之策。（中略）是日，遣通判齐州傅维永及募进士宋困等五十余人，由登州泛海，入

第三章　江南政权——南宋之中兴

交趾，册郡王李阳焕为广王，且结连诸溪洞酋长。"（《要录》卷六八，绍兴三年九月乙卯条）"后李成为刘齐所用，遂来侵扰。又结杨幺，欲裂地而王之。"（《要录》卷八一，绍兴四年十月己丑条）

　　既是傀儡政权，又可视若汉人中原政权的齐，究竟是该与金一样加以敌视，还是该另眼相待，用其为对金之藩屏，抑或是将之看成是宋之叛臣——违背君臣关系——而加以歼灭？无论如何选择，主政者都必须择一而行。绍兴四年（1134）冬，面对着齐、金联军大举压境的紧急局面，所有大臣皆受命提出备御之策。吕颐浩就对金战争应如何作战，兵团如何配置、运用，军粮如何补给等技术性问题作了条陈，却未就如何看待齐及对应之道有所表示[1]。但比较起来，同为自相职退任的前宰相朱胜非主张讨僭伪，秦桧答复以齐背君臣之义，视为逆贼，请以三纲大伦诛之[2]，明显地大不相同。总之，吕颐浩对刘豫政权根本不曾定下政策。尽管齐积极谋划，企图包围南宋，自内乱宋，吕颐浩却不曾构想过对抗之道，这是吕颐浩路线的局限，也意味着他必然会败下阵来。

　　最后决定吕颐浩路线当终结者，还有江南地主们对国家强化收夺政策的反抗。如前所言，吕颐浩路线为维持战时财政，藉茶、盐、酒专卖利益，还有经制钱、月桩钱等措施增加国库收益。这当然是由江南地区来负担。于是，"郡邑多横赋，大为东南患云"（《宋史》卷三六二《吕颐浩传》）。据汪藻言："若夫理财，则民穷至骨，臣愿陛下毋以生财为言也。今国家所有不过数十州，所谓生者，必生于此数十州之民，何以堪之。"（《要录》卷四二，绍兴元年二月癸巳条）值得注意的是，由于江南数十州已成为负担国家财政的中心地区，江南系官僚的政治发言力量也就大大加强。再加上后面将提及的人才发掘，发言权大增的江南出身的官僚们，不但批判吕颐浩的政策，还用人身攻击，

---

1. 据《会编》卷一七六《吕颐浩十论札子》，吕颐浩主张兼采和战两策：一面进行和议，一面趁隙进击。若再细看《十论札子》末尾之语："（乞上）斟量和议之可成不可成。如和议可成，则臣乞举兵之策置而不用可也。如和议决不可成，则臣衰愚言，或可以备收录。"则吕颐浩之对金、对齐是否有认识或有政策，实在很难说。
2. 寺地遵：《秦檜の南北構想試論》，《史学研究》150号，1981年，《二、秦檜の紹興五年上奏文の意義》。

要求罢免吕氏。吕颐浩的政治被指为是掊克之政，他自己也受到攻击，说他好用北宋末期蔡京、王黼之材吏——财务官僚。

绍兴三年（1133）九月，吕颐浩终于受到极为严酷的批评："按颐浩两任宰司，狼藉不一，不特搢绅、士夫能言之，虽三省、六曹、百司之人犹能言之。不特武夫、悍卒能言之，市井间巷之人亦能言之。祖宗以来，不闻大臣敢如此者。"（《要录》卷六八，绍兴三年九月戊午条）他只有辞宰相之任。当时，殿中侍御史常同列举了罢免吕颐浩的十大理由，作为弹劾他的十大罪。其中除了从风俗道义非难他受女谒、男女杂坐夜饮、重用亲旧等事外，其他论点倒也切中前述各项吕颐浩政治特质。如"循蔡京、王黼故辙，重立茶盐法，专为谋利"，"不于荆淮立进取规模，惟务偷安"，"近两将（韩世忠与刘光世）不协，几至交兵。不能辨曲直以申国威，而姑息之"（《要录》卷六八，绍兴三年九月戊午条）。

七、江南系士人之参政与元祐系士人之复权

前节藉事态经过剖明吕颐浩路线的内在问题，并说明其之所以失势。唯此一变化也与权力中枢内部成员，也就是官僚群内部的势力交替现象密切相关。以下即就此点来探讨吕颐浩失势背后暗藏着的官僚异动，尤其是江南系少壮官僚之加入政权中枢，还有旧党元祐系官僚的复权问题。

建炎年间，南宋政权在金军追迫之下流徙各地，其中最危险的莫过于建炎三年十二月的海上之行。其时吕颐浩曾奏请"（侍）从官以下，各从便去"，"于是郎官以下，或留越，或径归者多矣"（《纲目》卷二）。总之，百官的组织与机能皆暂时中止。然而随着事态的平静，不但官僚机构需要再整备，官僚员额也需要再充实，如绍兴元年十一月，诏令内外侍从官于五日内就所知人物各举三名以进。典型的例子见于二年十二月，朱异等五人奉遣分赴长江以南各地以监察现任地方官并起用人才。朱异往浙东、福建，胡蒙往浙西，刘大中往江东、西，薛徽言赴湖南，明橐至广东、西。他们奉使归还之日（也就是任务完了之时）

第三章　江南政权——南宋之中兴

虽有早迟，然于绍兴三年七月至四年二月间，共按吏七十九人，荐士五十七人。日后以赵鼎左右手活跃政坛的刘大中最是热心，他共按吏二十八人，荐士十六人。一入绍兴时期，江南的地方小官与未仕人才，就大量有组织地进入权力中枢，这对重用流寓（山东出身）亲旧财务官僚，以巩固自身周边的吕颐浩而言，无异是一股新浪潮。这样拔擢起来的人物，多半和朱异所举的婺州进士张志行相类，"以学行为乡里所推，大观中，数举八行（科）不就"（《要录》卷六六，绍兴三年六月乙酉条），既与江南在地势力直接结合，又是具儒学素养的卓越人物，在北宋末年因拒绝蔡京而闲居乡里，这意味着与吕颐浩异质的人物开始进入权力中枢。

进入绍兴年间后，官僚群的变动，也包括元祐党籍官僚的复权和他们的再入权力中枢。北宋末年徽宗退位后，蔡京的专制即告终结，受蔡京压迫的元祐旧党官僚也得以复权。同时，在北宋亡国之际，蔡京系官僚中最有力者多在混乱中遇害；相反地，旧党人士却因为蔡京专制时期被流放地方而得免难。可是，靖康之变、南宋之建立，以及南迁等一连串事态之激变，使旧党人士难以集结。一直等到国内治安恢复，他们才重新在南宋朝廷中集结起来。这批官僚以蔡京、王黼等人为北宋亡国之大奸，指其思想背景溯本于王安石，他们强烈地要求驱逐与蔡京—王安石有关的一切人等[1]。

不断弹劾欲罢免吕颐浩的常同，正是这样的人物。据御史中丞常公墓志铭（《文定集》卷二〇）所载，他是四川临邛人，幼年即曾说："涑水（司马光）君士之魁，金陵（王安石）小人之首。"父亲因而大喜。十二岁从学于司马光之高弟刘安世，建炎二年（1128）南渡，四年（1130）奉召赴行在，绍兴二年（1132）再奉召，三年（1133）入见，进言"今日之患，宰相之权太重，将帅之任太专"，主张当强化国势（皇帝权）。当时宰相正是吕颐浩。他出任殿中侍御史后，十个月内弹劾了八十人，计有宰相与执政四人、侍从十六人、郎官及寺监十三人、监司帅守

---

1. 参见外山軍治：《靖康の変における新旧両法党の勢力関係》，《金朝史研究》，东洋史研究会，1964年。

二十六人、庶官十五人、大将六人，故"台纲大振，中外肃然"。而他所推举的人物则有赵鼎、王庶、李弥逊、张致远、胡寅、张九成、魏矼、张戒等二十三名。墓志铭中并未记载他所弹劾的八十人姓名。但从他所推荐的人物姓名，还有弹劾人物以吕颐浩居首，并弹劾理由来考察，这其实反映了绍兴三年（1133）秋蔡京、王黼系与元祐党人系交相更替的现象。原本应于宣和七年至靖康元年政变后完成的人事异动，一直延迟到此时才得实现。总而言之，随着南宋政权的安定，南方在地人物始得以发挥积极的作用，元祐系官僚也才能复权并采取报复行动，这蚕食了吕颐浩的政治基底，使他没落，却也形成南宋政权确立过程中重要的转机。

第四章

赵鼎集团的形成与张浚路线的失败

一、绍兴四年至七年的政治状况

自建炎三年（1129）至绍兴三年末（1133）的五年间，身为继承政权的南宋政府，不但苦于金这个外部否定者、破坏者的压力，甚至需要避走东南海上，同时也必须与内部的否定者、破坏者缠斗。这包括造反的禁卫亲军、被称为游寇的江北流民武装集团，还有江南各地的农民起义行动。在这样的涡流中，欲以江南为基本根据地，必须先行对付内寇，而其他足以巩固南宋政权的措施，如藉专卖制及各种附加税确保财政之类，也当渐次整备。这正是吕颐浩所推动的政治路线，他是老练的实务官僚，但未必能跻身北宋末一流政治领袖之列。当金的傀儡政权齐诞生后，他已无法对日趋复杂的外部状况提示明确的指向，他退职之后，政治状况有何变化，乃是本章的基本课题。此外，绍兴四年（1134）至八年（1138）间，赵鼎、张浚进位居左右仆射（首席宰相、副宰相），具有领导力、影响力，他们的时代在南宋政权确立过程中占有何种地位，与前一个时期的吕颐浩时代、后一阶段的秦桧专制期相比较，又展现出什么样的特性，也是拟检讨的课题。

南宋时代，约处于13世纪中叶的历史学家吕中曾谓："绍兴四年以后，七年以前，所以又大异于绍兴之初也。"他将赵鼎、张浚时代的特色整理如下（数字为笔者所加）：

1. 自绍兴四年，赵鼎为相，伪齐与金，分道入犯，鼎决亲征之议。于是，（韩）世忠进屯扬州，流星庚牌之计一行，遂捷于大仪镇，而金、伪俱遁矣。鼎又荐（张）浚可当大事，以枢府视江上，将士见浚来，勇气百倍，而军声大作矣。

2. 自五年杨么既平，东南无盗区。于是鼎左浚右，并平章事，兼领枢密，俱带都督。浚出视师，以行府为名，而鼎居中总政，表里相应。（中略）而鼎至公协心，未尝计较，说一般话，行一般事，用一般人。诸贤聚会，一时号小元祐矣。

第四章　赵鼎集团的形成与张浚路线的失败

  3. 自六年浚亲行边，盛暑不惮，命世忠自承、楚，以图淮阳，（刘）光世屯庐州，以招北军，岳飞屯襄阳，以窥中原。张浚为进屯盱眙之计。而鼎与浚同心，责张俊以当听行府命，告浚以边事不必禀朝廷，恐失机会。故伪齐入寇，浚独建有进击、无退保之论，谕诸将以一人渡江即斩以徇之言。于是，杨沂中捷于藕塘，北方大恐，而金废刘豫矣。(《要录》卷一〇六，绍兴六年十月甲辰条引吕中《大事记》)

  这段文字以数字标明段落，是为了区分绍兴四年、五年、六年各年状况。据此，绍兴四年至七年的政治过程又可再大略整理为以下四项。（1）赵鼎出任宰相，发挥领导力，阻止了绍兴四年秋、冬间金、齐联军南进的攻势。（2）接着，赵鼎拔擢张浚为知枢密院事、都督诸路军马，专司军事方面的事务，于是盘踞在洞庭湖周边、顽强抗拒南宋政权已达六年的钟相、杨么起义行动终告平定。高宗特劳之曰："上流既定，则川、陕、荆、襄形势连接，事力倍增。天其以中兴之功付之卿乎。"(《要录》卷九〇，绍兴五年六月乙丑条)这段话意味着中兴政权已因此而免除地域性分裂的危机。更何况上文尚有"东南无盗区"之语，这表示摇篮期的南宋朝廷已然镇压住主要反乱势力，不再需要与国内反乱势力作战，这的确是划时代的大事。

  （3）张浚将两淮防务配置给韩世忠、刘光世、岳飞、张俊诸家军，自己则以都督身份，握有"边事不必禀朝廷"的权限，指挥、督励诸军，于绍兴六年大败齐之南进部队。而这正是令金绝念于傀儡政权的契机所在。（4）赵鼎、张浚等人会聚诸贤，组成政府，集结诸政治势力，至有"小元祐"之称。

  内乱的克服，其实奠基于先赵鼎数年进行强势领导的吕颐浩政治路线。因此，在这一点上，赵鼎不过是坐享其成。至于赵鼎、张浚的特色则在于：当南宋政权解决内部叛乱之时，明确地表达与金、齐对决之势，并藉此集结各政治势力、各军团，以重建北宋集权体制。吕中所论最后亦是归结至这两点上。总之，吕颐浩的内向政治路线转换为外向，正是此一时期政治过程的特征。

二、赵鼎上台

绍兴四年三月，即吕颐浩失势半年之后，赵鼎由江南西路安抚使升为副宰相参知政事，同年九月起又被任命为尚书右仆射兼知枢密院事，此后，除了绍兴六年十二月至七年九月间曾经暂有中辍外，到绍兴八年十月前，他一直都在宰相之位。因此，从绍兴四年夏至八年秋大约四年的时间，南宋政治史可以说是赵鼎的时代。

赵鼎是河东（山西）解州闻喜人，崇宁五年进士，他是邵伯温的弟子，也曾是武将解潜，还有李纲和折彦质等人在地方官任上的辟客。靖康之难之际，他并未参加张浚、胡寅等人拥立张邦昌的联署行动。建炎元年南渡，自建炎三、四年起到绍兴二年十月间，赵鼎寓居于衢州常山县，这与他后年的政治生涯有很大的关系。如"（范冲）建炎四年得守衢，因请祠，与赵丞相鼎同居焉"（《两浙名贤录》卷五三）。赵鼎之女即嫁与范冲之子范仲彪，两家因此结成姻亲。范冲，四川华阳人，是司马光知名高足范祖禹的长子。赵鼎当然深切服膺司马光的学问思想，再者，"冲云家有（程）颐书，镂版传布，谓之伊川学，鼎主之"（《要录》卷八八，绍兴五年四月是月条引《秀水闲居录》），故他和伊川之学也有渊源。

他和权力中枢建立关系，是经由张浚推荐，建炎三年（1129）十一月，他任御史中丞，"赵鼎等交论吕颐浩之失"（《宋宰辅编年录》卷一四，建炎四年四月乙未吕颐浩罢条），这关系着吕颐浩第一次失势。为表达其政治姿态，建炎三年闰八月，赵鼎向高宗上书，"开猾吏衣食之源，遗平民椎剥之苦"，得到裁可，于是，"罢常平官吏，蠲免常平钱谷"（《要录》卷二七，建炎三年闰八月乙酉条）；绍兴三年四月他又自陈："臣本由拙直""臣无生财之长策"（《要录》卷六四，绍兴三年四月丙戌朔条），他的见解与吕颐浩大不相同。绍兴四年三月，赵鼎被任命为副宰相，同年九月，又成为政治最高指导者的宰相。之所以如此，主要是因为九月间刘豫发动齐、金联军南下时，赵鼎断然地以刘豫为逆贼，奉高宗亲征。吕颐浩的盲点在于对外政策，而赵鼎正足以补其不足，特别

第四章　赵鼎集团的形成与张浚路线的失败

是在对齐政策上。

绍兴三年（1133）至四年的宋、金、齐三国关系相当复杂[1]。首先，从宋、金关系来看，绍兴二年九月使金的宋臣潘致尧于三年五月归国，传达了金国的意向，要求派出重臣，协商两国关系。于是韩肖胄（北宋嘉祐名相韩琦的曾孙）奉派使金，朝廷并指示沿边各军不得有任何军事行动。韩肖胄于三年十二月在金使李永寿的伴随下返国，李则带来粘罕的要求：归还齐在宋的俘虏和亡命南方的西北士民，以长江为齐、宋国界，淮南不准屯驻军马。这很明显是要求宋承认金的傀儡政权齐并保护齐的权益。另外，金在陕西方面又发动侵蜀之军事行动。绍兴三年十二月宗弼在陕西和尚原击败宋军，四年正月进攻仙人关，三月宗弼军和宋吴玠军数度决战不胜，终无法入蜀。总之，金以不同的方式对宋施加压力，西北方面采取军事行动，东南方面则取用外交攻势，派遣使节到宋。

至于金的傀儡政权齐，也试着自行展开对宋工作。如前述之与南方交趾、溪洞各酋长订立同盟，以求南北夹击宋（绍兴三年九月）；又联系宋朝内部的杨么等叛乱集团，以扰乱宋内部（同年十月）。罗诱且以齐之权力基础不稳为由，强力地主张应劝诱金军从东南出击，联合南征伐宋。结果，刘豫接纳了罗诱的军事计谋，并且说服了正在进行外交交涉却不甚积极的金，绍兴四年九月，齐、金联军南进，对宋工作的总决算于焉展开。

当时的南宋，甫和金使展开交涉，吕颐浩的对外政策，又向来忽视对齐外交，联军南下的冲击自是非常之大。"谍报至，举朝震恐，或劝上他幸，议散百司。"（《要录》卷八十，绍兴四年九月乙丑条）正当有人再度提议出亡之际，断然主张亲征、为促成权力中枢意见一致而竭力推动政治工作的人物就是赵鼎。为了实践亲征、决战的主张，他必须先整合三方势力的意见，使趋一致。其一即官僚群，其二为中官（宦官）层，其三为将军层，而最重要的，还是皇帝要有不退缩的决心。

---

1. 参见外山軍治：《劉豫の齊国を中心としてみた金宋交涉》，《金朝史研究》，东洋史研究会，1964年。

"时朝士中尚有怀疑者,(中略)会侍从及台谏官同日请对,鼎留身奏曰:今日侍从、台谏对,必及亲征事,愿勿为群议所移。上意益坚。"(《要录》卷八一,绍兴四年十月庚辰条)"鼎闻诸将之意如此,恐上意移动,复乘间言:今日之势,若敌兵渡江,恐其有别措置,不如向时尚有复振之理。"(《要录》卷八一,绍兴四年十月戊子条)"赵鼎见上,屡请车驾早幸江上。上首肯之,既退,即为中官沮之。(中略)(上)遂发左右亲近十余人诣都堂。鼎具酒醴,以宗庙社稷安危之计谕之。(中略)众诺之,议遂定,即命草诏。"(《要录》卷八一,绍兴四年十月戊戌条引《中兴遗史》)

于是,乃起草亲征之诏——战争宣言,明定这一次会战的大义名分,宣告刘豫为叛臣,"大逆不道","警奏既闻,神人共愤,皆愿挺身而效死,不忍与贼以俱生"。"自豫僭立,朝廷以金故,至以大齐名之,至是始下诏,声其逆罪。"(以上全引自《要录》卷八二,绍兴四年十一月壬子条)对刘豫的称呼由"大齐"改为"贼",是此次宣战文告最大的特点。绍兴六年秋、冬,齐军再度单独南下,赵鼎又上奏,"豫,逆贼也。官军与豫战而不能胜,或更退守,何以立国。"(《宋史》卷三六〇《赵鼎传》)

尽管实际侵入的军队是齐、金联军,宋的对敌之道,却专就齐的叛逆着墨,因而在宣传上有一特点,即将此次战役定位成是为道义而战,是君臣关系拨乱反正的诛伐行为,巧妙地回避了对金名分上的非难,宋并未全面对金宣战,而是把战争对象限定在齐。

赵鼎路线的特色是在把对齐、金联军的战争解释成逆贼诛灭战,这样的解释究竟是在什么样的背景下产生的,是一个值得探讨的问题。建炎四年九月,刘豫受金册命即位,"朝廷以金故,至以大齐名之"(同前,绍兴四年十一月壬子条),"宋人畏此,待以敌国礼,国书称大齐皇帝"(《金史》卷七七《刘豫传》),这与后来称叛臣、逆贼有极大的变化。笔者个人之见以为,这有两个历史的理由。其一起因于齐对宋积极进行扰乱工作,特别是齐尝试结托杨么这一股叛乱势力。绍兴五年正月郦琼收复了齐所占有的光州,执捕知州许约,高宗曾说"(许)约为刘豫结连杨么,及劫张昂山寨,凶逆宜诛"(《要录》卷八四,绍兴五年正月甲子条)。从其称许约为凶逆这一点来看,与叛乱势力勾结这件事深深影响了宋对齐的印象。

其二则出于赵鼎这一系士人的影响力,他们被视为旧党,以宣扬道义为第一义。他们之中和赵鼎最为亲近的范冲,在绍兴四年八月金、齐联军南下前夕,上奏称:天下之乱源在王安石,王安石坏天下人心,张利欲之心,"且如诗人多作明妃曲,以失身胡虏为无穷之恨,(中略)安石为明妃曲,则曰:汉恩自浅胡自深,人生乐在相知心。然则刘豫不是罪过,汉恩浅而虏恩深也。今之背君父之恩投拜而为盗贼者,皆合于安石之意。此所谓坏天下人心术。孟子曰:无父无君,是禽兽也。以胡虏有恩而遂忘君父,非禽兽而何?"(李壁:《王荆文公诗笺注》卷六,明妃曲二首)赵鼎的得势意味着元祐党人的复权与再度参与权力中枢。而他们所极力主张者,即是从圣人之教,以建立政治世界之秩序,并决定国家政策。绍兴四年十一月的战争宣言宣称刘豫为大逆不道的逆贼,正与旧党人士掌权的政治状态密切相关。

赵鼎等人企划由皇帝亲征,以对付齐、金联军的决战计划,虽然遭到官僚、宦官、将军的强烈反对,却仍然敢于提出,乃是意图利用这个机会来完成国家统合,以确立南宋政权,这样的运作过程值得注意。正如赵鼎所言:"且齐、金俱来,以吾事力对之,诚为不侔。然汉败王寻,晋破符坚,特在人心而已。自诏亲征,士皆贾勇。陛下养兵十年,正在一日,由是浮言不能入矣。"(《要录》卷八一,绍兴四年十月戊子条)他所特别追求的,乃是克服家军、军阀并存的状况,以确立皇帝的指挥权。参知政事沈与求也说:"今日亲征,亦由圣断。"(《要录》卷八一,绍兴四年十月丙子朔条)而其方向的具体展现,即是直接下诏指挥张俊、刘光世、韩世忠的军事行动。

约在一年前之绍兴三年(1133)九月,刘光世、韩世忠、王瓛、岳飞、吴玠、郭仲荀等人的驻扎地始告固定。"始诸将虽拥重兵,而无分定路分,故无所任责。朱胜非再相,始议分遣诸帅,各据要会,某帅当某路,一定不复易。"(《要录》卷六八,绍兴三年九月庚辰条)在这样的情况下,皇帝能否统一指挥权,端视这次战役而定。六年十一月,宋军破刘豫子刘麟所率之齐军,高宗对赵鼎道:"刘麟败北,朕不足喜,而诸将知尊朝廷,为可喜也。"(《要录》卷一○六,绍兴六年十一月癸酉条)由此来看，我们或许可以这么说，赵鼎亲征之策——齐、金对决路线——所要解决的问题，还包括吕颐浩招安政策所留下来的政治课题，也就是皇帝军事权力的一元化。

如前所言，吕中认为，绍兴四年至七年的历史性因由与绍兴初年不同，并以赵鼎决定亲征之议为其间诸事之首，其经纬背景已如上述。在绍兴四年秋、冬的政治过程中，赵鼎的政治力量可以说是举足轻重。以元祐党人为后盾，以确立道义为名目的赵鼎政治路线，在对外政策上首先见功。基于这样的成功，赵鼎在确立南宋政权的过程中，成为拥有最大发言权的政治指导者。

三、赵鼎集团的特质

赵鼎虽于绍兴四年（1134）秋冬成为政治上的指导者，但他对政策的企划、实施却不太热心。"赵鼎曰：用人所以立国，臣岂敢久居相位，今至立国规模，则当为远计也。鼎于是以政事之先后及人材所当召用者，密条而置座右，一一秉奏，以次行之。"（《中兴小纪》卷十八，绍兴五年二月癸卯条）朝士中或非难其二度为相，逾月而无所为；他答以现今之局势正好像久病虚弱、元气已伤之人，应以镇静为首务（《四朝名臣言行录》卷四，赵鼎条）。唯这也正是赵鼎的为政之道。

赵鼎最热心于人才的起用，这段时期既有"小元祐"之称，则所起用者自然都是元祐旧党之士，至于新党党人——与北宋末蔡京一系有关者都被排除在外。北宋末年徽、钦交替之时，原应是蔡京系退场、元祐派复权的好机会，却被靖康之变及其后政局阻碍了这种人事的更代。因蔡京之故而被疏离在外的士人仍散居闲职，南宋初混乱时期专擅政权的黄潜善、吕颐浩，都是蔡京、王黼系的官僚。不过，以家军体制为主的正规军，一旦足以与齐、金相对峙，盗贼——叛乱势力占领区亦终告瓦解，南宋政权基础渐次整备之后，元祐派复权的要求就日益增强起来。此外，南宋政权也派遣使者在长江以南等新领地区内努力发掘人才，把他们吸纳到权力中枢内。这样的努力，一方面是为收拾南方的叛乱，同时也为和当地势力相携，使华北来的流寓政权得

第四章　赵鼎集团的形成与张浚路线的失败　　101

以继承前朝的政权，在以江南为中心的新领域内得以自我巩固。

　　一般都把赵鼎看成是伊川系门人，其实情况并不如此单纯。拥戴他的人，包括反黄潜善、吕颐浩的势力，被蔡京弹压的所有士人阶层，还有继承政权定居江南后新发掘出来的士人层，乃是历史背景各异、混杂在一起的一股力量。赵鼎后来被谢祖信弹劾说："天下之人惟知有鼎，不知有陛下。"(《要录》卷一二七，绍兴九年四月癸丑条）可知过度热衷人事政策，也是赵鼎政治的特色。彼于建炎四年正月已经推荐永嘉人吴表臣、林季仲为台官，绍兴四年三月就任参知政事时，又提拔王居正、范同、吕本中等八人，这些人日后都和他一起进行政治活动。以后，只要有机会，他必行人才荐举。绍兴七、八年时，权力中枢已几乎全为赵鼎一系把持，成为最大的政治势力，"惟知有鼎，不知有陛下"的说法，并无夸大。

　　因赵鼎推荐而得参预权力中枢，与他一起经营政治活动之人所组成的集团，可称之为赵鼎集团，粗分可别为三大派，细分则可得五大派，即:（1）流寓派，下再细分为名门系、华北系、两淮江北系;（2）江南派；（3）学者官僚派。

　　为流寓名门系。向子諲、晏敦复等人是也。向子諲，开封人，真宗朝宰相向敏中之后人。南渡后卜居于江西临江军，他把十五年间所积俸钱三百万尽捐入郡学，为宗族立义庄，从传世的芗林家规中可知他与赵鼎性格相似。晏敦复，临川人，曾祖父晏殊是范仲淹之师、仁宗庆历年间宰相。敦复是有名的硬汉。其他，和赵鼎最亲的吕本中也可列入这一派。吕本中是吕公著的曾孙，吕夷简、吕公著父子二代为相，是河南的望族。吕公著之女嫁与范祖禹，范祖禹之子范冲又和赵鼎有姻亲关系。

　　流寓华北系。是赵鼎政治人马的主干。以常同、张戒、王庶为代表。这三人于绍兴十一年四月参与收兵权活动、试图克服家军体制的过程，将留待后述。这个集团的共通处是远离家乡，晚年不遇，失意于江南。常同原是四川邛州人，南渡后贫无立锥之地，寓居于秀州海盐。张戒为河东绛州人，与赵鼎故里相近，时称"西人"。赵鼎身故后，他不容于秦桧，转而投靠岳飞，岳飞死约一年，他也去世。王庶是陕西庆阳人，任职枢密副使，居大臣之列时相当活跃，后遭秦桧彻底压制，连他在芜湖、九江求置田宅亦受到阻挠，最后被下放到湖南道州终其一生。折彦质属于这个集团，他是山西云中名族出身，在赵鼎之下任职签书枢密院事，幸存于秦桧殁后，绍兴二十八年（1158）"特赐荆湖田十顷。彦质世家陕西，屡经窜谪，上知其生事素薄"（《要录》卷一七九，绍兴二十八年二月丙申条）。

流寓两淮系。原先与华北系一起支持赵鼎，负责实际政治营运。以王居正、刘大中、魏矼等为代表。王居正出身扬州江都，南渡后寓居常州宜兴阳羡山以终。对于武将要求免除其田税役，致南宋治下数十州原先平衡的国家财政趋于紧缩之事，王居正曾表示反对意见。他与杨时交往密切，攻击王安石的新学。刘大中，真州人，南渡后任知事，寓居处州。在赵鼎之下任职参知政事，对于皇位继承人选（后之孝宗）的影响重大。他与父不睦，寓居处州时，曾因异财同居而遭弹劾不孝，他是赵鼎政治的实际负责者，故这件事和赵鼎辞职有着直接的关系。刘大中的思想和王居正相似。魏矼被认为"与鼎尤厚"（《宋宰辅编年录》卷十五，绍兴八年十月甲戌赵鼎罢右相条），淮公历阳人，南渡后和赵鼎同寓居于衢州常山，也在此结束他的一生。赵鼎决定亲征时，魏矼调停江上诸军，特别是互不兼容的刘光世、韩世忠两军，在克服齐、金联军一事上，其实颇有功劳。他后来接受和州土豪王之道的建言，将克服宋军的家军状况、确立皇帝的统一指挥权，视为对金战争决胜的关键，在政权中枢为收兵权而尽力。

江南派。赵鼎在建炎三年（1129）推荐吴表臣、林季仲后，即与南方士人建立联系，在赵鼎集团的成员中有相当多的人出身南方。高闶（会稽）、张致远（福建沙县）、张九成（钱塘）、潘良贵（金华）、李弥逊（吴县），胡寅（福建崇安）、沈与求（湖州）等皆是。但高闶、张九成、潘良贵、胡寅等人的学者、思想家性质比较强。比之两淮、中原、华北系人士，这一派人在赵鼎集团中的角色比较轻微。不过，沈与求是一例外，绍兴四年齐、金联军南下时，他出任知枢密院事，支持赵鼎的亲征之策。

学者思想家派。赵鼎是邵伯温的门人，又私淑乡党前贤司马光。他以司马光的家训为永远之法，对于设立义庄、制定家训等经营宗族之事，甚是热心。他虽未直接受教于程颐之门，却高揭伊川之学，"朝士翕然向之，时有言，今托称伊川门人者却皆进用"（《中兴小纪》卷一八，绍兴五年二月癸卯条），如喻樗虽不见知亦被任用。范冲、朱震、高闶、张九成、潘良贵、胡寅、吕本中等学究型士人，皆是赵鼎集团的重要成员。而其中如胡安国、胡寅、吕本中、张九成、潘良贵、高闶等主要成员，在宋元学案中皆隶属于龟山学案。杨时（龟山）师事程明道、程伊川，他认为北宋末的蔡京专制是以王安石思想为基础，因此大力抨击王学之非。于是，赵鼎全面倾向伊川之学，不啻是把因靖康之变而延迟的政权交替予以正当化。最低限度，赵鼎必须大力宣扬，自己所主宰的政权具有处理现实政治课题的权力，同时也是自北宋以来，不断变动的各当权者中最具正当性的当权集团。赵鼎的政权人称小元祐，如此一来，自然必须将与元祐有关的思想家安置在自己政权的内部[1]。然后，赵鼎政权就能在历史上取得正当性，从而安定下来。

总之，赵鼎集团是当时最大的政治势力，而其内部大抵由华北—中原—两淮的流寓士人、南方士人和杨龟山等学究型士人等三大系列的士大夫联合构成。反对蔡京专制及反对王安石思想本是赵鼎派系成员的共同思潮，唯这样的集结纽带至今尚无法明了。而其社会形态则是各式各样，例如同属于流寓派，赵鼎、向子諲得以设置义庄，而常同、张戒却无法成功取得田地。因此，一旦这个疏散的联合体碰上大环境的急变——即宋、金关系——不但纽带为之解体，联合体中的个人也随之倒台。

四、张浚与对金强硬论

绍兴四年（1134）十一月，齐、金联军南下，在此对决之际，高宗起用张浚为知枢密院事，翌年二月，复就任尚书右仆射兼知枢密院事、都督诸路军马。在前任宰相赵鼎的建议下，"上既以边事付浚，而政事

---

[1] 赵鼎与学究型士人的问题，可参看庄司莊一：《秦桧について》，《甲南大学文学会論集》第7辑，1958年。

及进退人才，专付于鼎矣"（《要录》卷八五，绍兴五年二月丙戌条）。张浚登上了最高军事指挥之位。此后至其因绍兴七年八月郦琼变乱（淮西之变，又称淮西之乱）而辞任，前后约有三十个月的时间，张浚和赵鼎共同掌握了南宋的政权。"时上赐诸将诏书，往往命浚拟进，未尝易一字"（《续鉴》卷一一八，绍兴七年二月庚申条），可见其极受高宗信赖。张浚参与权力中枢的这段时期，是整个建炎、绍兴年间对北方经营最为积极的时期。

张浚和前述之李纲、吕颐浩、赵鼎，还有后文将详论的秦桧，同为这个时代的典型。有关他的记载，最早是其殁后三年由朱熹长文叙写的《行状》（《朱文公文集》卷九五，上、下），其他如周密的《齐东野语》卷二《张魏公三战本末略》、卷一五《曲壮闵本末》等南宋札记，亦均有详考，比之其他人物的记载显得丰富多了[1]。以下的讨论将尽量从其存在形态和政治倾向来描写这个人物。

张浚是蜀之汉州绵竹人，唐玄宗宰相张九龄弟张九皋之后裔，系出名门。他设义庄，"赡宗族"（《行状》下），热心于宗族祭祀，固守宗族利益，重视宗族之维持及经营。同时，"视国事如家事"（同前），意即经营家族、宗族和营运国事是等质的。除了注重宗族生活外，值得注意的是，他在政权中枢之时，明显代表着蜀这个地域。"浚有一册子，才遇士大夫来见，必问其爵里书之，若心许其他日荐用者。"（《四朝闻见录》乙集，孝宗恢复）他和赵鼎相似，以人事为其政治的主要考虑，热心于人物之拔擢。这点表现在他第一次为相及孝宗朝第二次为相时起用的人物群体上。他重视蜀的立场及利益之乡党意识也很浓。史载"（浚）初到阙时，荐引蜀士"（《宋宰辅年录》卷一七，隆兴二年四月丁丑张浚罢右仆射条），"赵鼎奏，自张浚罢黜，蜀中士大夫皆不自安，今留行在所几十余人，往往一时遴选，臣恐台谏以浚里党，或有论列"（《要录》卷一一五，绍兴七年十月庚子条），"张浚既得罪，蜀士相继外补"（《要录》卷一二二，绍兴八年九月己亥条），从这些记载来看，张浚在政权中枢里的角色就是蜀的代言人，他和蜀地士人层、地主层的关系

---

1. 近年者可参见杨德泉：《张浚事迹评》，《宋史研究论文集》，河南人民出版社，1984年。

第四章　赵鼎集团的形成与张浚路线的失败

深厚亦由此可知。此外，他也有浓厚的学者、读书人、知识官僚特质，所谓："公之学一本天理，尤深于易、春秋、论、孟。"（《行状》下）他并作有《紫岩易传》等著述。再者，其子张栻（号南轩）和朱熹交情深厚，也是不可或忘的。

基于这样的立场，他曾对高宗上奏："人主之学，本于一心，一心合天，何事不济。所谓天者，天下之公理而已"（同前），强调以天理为政治——宋朝之中兴——的立足点。从这点看来，他与讲求实务的财务官僚群是完全异质的。张浚一贯主张对金强硬论，准备对金作战，但并未取得显著成果，洪适评道："浚一生空言恢复，未酬三溃（富平之败、淮西兵变、符离之败）之辱，几祸宗社，大负朝廷重寄。"（《南宋书》卷一四，引《张浚传》）史浩也说："明公（张浚）以大雠未复，决意用兵，此实忠义之心。然不观时事，而遽为之，是徒慕复雠之名耳。"（《齐东野语》二，《张魏公三战本末略》《符离之师》）究其缘由，张浚只从道义来看现实政治，却缺乏展望、分析现实政治的能力。职是之故，以张浚为主的对金强硬论、主战论，最终只有归结到："公独毅然，以虏未灭为己责，必欲正人心，雪雠耻，复守宇，振遗黎，（中略）使天下之人晓然复知中国之所以异于夷狄，人类之所以异于禽兽者，而得其秉彝之正。"（《行状》下）要之，其骨子里是以华夷论、中华绝对论为底，用到政治上则是崇尚伦理、道义的主战论。

靖康之难时，名门出身，以宗族、乡党为背景的张浚，和赵鼎同隐于太学之中，并未在拥立张邦昌的议状上署名。建炎三年（1129）三月，他和吕颐浩一起镇压明受之变而初露头角。他那种几近顽固的忠君论，在混乱的时局中的确具有很大的意义。之后，他获委四川、陕西方面的统治全权而赴蜀，虽有富平之败（建炎四年九月），但仍阻止了金军入侵四川。赵鼎以积极的对齐政策获掌政权后，起用旧知张浚负责一切军事事宜，原是当然的措置。"初赵鼎得政，首引浚共事。（中略）鼎因曰：臣始初与张浚如兄弟。"（《要录》卷一〇六，绍兴六年十月癸亥条）张浚是得赵鼎之推荐，而成为最高军事指挥。赵鼎以刘豫为逆贼，规避了与金的全面对决，张浚最初虽继承了赵鼎的路线，以之为框架，后却以恢复中原、迎还两帝为目标——这当然也就意味着将对金发动全面战争。从这点看来,他远比赵鼎的路线更尖锐化。

绍兴五年(1135)六月,张浚就任宰相后没多久,就派遣岳飞前往洞庭湖边指挥镇压延宕已久的杨幺之乱,同年十二月"张浚既还朝,始议大合兵,为北讨计"(《要录》卷九六,绍兴五年十二月丙午条),即着手北伐。翌年五月"尚书右仆射张浚辞往荆襄视师,浚以敌势未衰,而刘豫复据中原,为谋叵测。奏请亲行边塞,部分诸将,以观机会。上许焉,浚即张榜声豫叛逆之罪"(《要录》卷九七,绍兴六年正月丙戌条)。绍兴五年十月,他应高宗之请,上呈《中兴备览》,其中第二篇《议大势》提到:

> 当今大患,不在逆豫,而在丑虏,此天下之所共知也。虏既衰败,豫何能为。(中略)夫使金人安然蚕食数十州之地,未尝有东顾西备之忧,而曰坐待其弊。其说盖已疏矣。况豫之秉暇因闲。以整治军旅,而又生一敌乎。故夫量力度势,北向而争天下,不可一日而忘之。此天下之大势也,臣故备论之。

张浚在表面上是要根据赵鼎路线(即明定刘豫为逆贼)将北伐构想具体化,其实,他真正的目标是要与女真对决。

北伐计划会招致什么样的结果?应如何在全体构想中展开?关于这些,赵鼎和张浚意见分歧,致使赵鼎在绍兴六年(1136)十一月去职:

> 鼎因曰:臣始初与张浚如兄弟,近因吕祉辈离间,遂尔睽异。今同相位,势不两立。陛下志在迎二圣,复故疆,当以兵事为重。今浚成功淮上,其气甚锐,当使展尽底蕴,以副陛下之志。如臣但奉行诏令,经理庶务而已。浚当留,臣当去,其势然也。(《要录》卷一〇六,绍兴六年十月癸亥条)

赵鼎因高宗支持张浚的北进积极路线,自言不适任宰相而辞职。对于张浚于六年十二月上奏皇帝,"乞乘胜取河南地,擒刘豫父子"(《要录》卷一〇七,绍兴六年十二月戊戌条)的说辞,赵鼎更心怀忧惧:

第四章　赵鼎集团的形成与张浚路线的失败

> 鼎曰：不可。豫，机上肉耳！然豫倚金人为重，不知擒灭刘豫，得河南地，可遂使金不内侵乎。（中略）鼎复言：强弱不敌，宜且自守，未可以进。（《要录》卷一〇七，绍兴六年十二月戊戌条）

赵鼎的态度是，打倒齐很简单，但必然会和金发生军事对决，既然无所展望，还是不要去做的好。至于张浚和皇帝，既已预期将与金对决，遂倾向于在此时对逆贼刘豫挑战。

张浚认为："东南形势，莫重建康，实为中兴根本。（中略）而临安僻居一隅，内则易生安肆，外则不足以召远近，系中原之心。"（《续鉴》卷一一七，绍兴六年六月己酉条）八月，张浚"自江上入朝，力陈建康之行为不可缓，朝论不同，帝独从其计"（《续鉴》卷一一七，绍兴六年八月癸卯条）。驻跸之地既已强行移往建康，对北方的积极路线也就出现了。

同样主张对北方采取积极路线的赵鼎，虽也宣称刘豫是大逆不道的逆贼，却对金特别处置，慎之又慎，当他以外来压力为架构，拟想国家统一论时，乃是广泛地以百官、宦官、将军和当时各种势力为对象，并不偏向特定的势力。可是，身为赵鼎继任者的张浚，在已决定与金对决之际，却只关心着诸军团、家军统帅的协调问题，完全未曾考虑到，要为了对金战争去广结诸势力。这意味着，他只不过是赵鼎路线尖锐部分的继承者，终于招致绍兴七年（1137）八月郦琼叛乱事件这个致命的破绽。

自北宋政权崩坏以来，各式各样的军事势力经过逐步整理、统合后，在绍兴五年时大略收编如表1所示。

其中，右护军——吴玠军负责防卫蜀的最前线，也就是四川、陕西方面，这个区域和其他地域缺乏关联性，因此是独立的存在。对张浚而言，北伐计划能否成功，在于张俊、韩世忠、刘光世、岳飞各军将如何进行合作，并联合、组织化——但他们各称家军，"相视如仇雠，

表1　绍兴五年各军团情况

军团名	将军	基干部队	联合军或参加军	本营	兵数
中护军	张俊	俊·信德府部曲（河北西路）	张用、李横、阎皋	建康府	八万
前护军	韩世忠	世忠·庆源府部曲（河北西路）	张遇、曹成、马友、李宏、巨师古	楚州	三万或八万
后护军	岳飞	飞·河北部曲	韩京、吴锡、李山、赵秉渊、仕士安	鄂州	十万
左护军	刘光世	光世·鄜延、陕西（永兴路）部曲	王德、郦琼、靳赛	池州 庐州	五万
右护军	吴玠	玠·泾、原部曲（秦凤路）	秦凤散卒、刘子羽、关师古	兴州 仙人关	七万
前护副军↓侍卫马军司军 神武中军↓殿前司军	王彦↓刘锜 杨沂中	彦·河北部曲 辛永宗部曲	金川禁卒 三卫军（近卫军）		六千 三万
马军司 步军司	解潜 颜渐	乌合之众			二千

资料来源：王曾瑜：《宋朝兵制初探》，第138—143页；《续鉴》卷一一六；《要录》卷九六。

相防如盗贼"（《要录》卷一三七，绍兴十年七月乙卯条）。绍兴六年三月，"时朝廷锐意大举，都督张浚于诸将中，每称世忠之忠勇、飞之沈鸷，可以倚办大事，故并用之"（《要录》卷九九，绍兴六年三月己巳条）。"时都督张浚在淮南，谋渡淮北向，惟倚韩世忠为用。世忠辞以兵少，欲摘张俊之将赵密为助。浚以行府檄俊，俊拒之，谓世忠有见吞之意"。张浚与张俊分别向皇帝提出他们的问题，宰相赵鼎支持张浚，议者亦谓其得体，然却终究无法得到张俊军的协助，也无法分割其势力。于是赵鼎策划，以杨沂中之御前军支援韩世忠，而以赵密军补充御前军（《要录》卷九九，绍兴六年三月乙亥条）。总之张浚欲得张俊之协助是失败了。

绍兴六年（1136）十月，齐军、宋军会战淮南，此时"（杨）沂中

第四章　赵鼎集团的形成与张浚路线的失败

至濠州。会刘光世已舍庐州而退，浚甚怪之，即星驰至采石，遣人喻光世之众曰：若有一人渡江，即斩以徇。且督光世复还庐州。（中略）光世不得已，乃驻兵与沂中相应"，"初光世言粮乏，诏转运使向子諲济其军，子諲昼夜并行至庐州，（中略）光世乃止"（以上，《要录》卷一〇六，绍兴六年十月戊戌条）。于是，张浚欲使张俊、刘光世、杨沂中三军联合作战的企图，由于刘光世不肯合作，露出了破绽。

绍兴七年四月，张浚赴淮西查察诸军，史称：

> 先是，张浚欲征刘豫，会四大将于龟山，问之曰：欲大举以取刘豫，克复中原，如何。刘光世请守，韩世忠请进兵。张俊曰：都督欲战则战，欲守则守。惟岳飞独以为不可用兵，浚再三问之，飞坚执不可之说。浚以飞为玩寇，议不协而罢。至是，浚往视师，以淮西之军新易大帅也。（《会编》卷一七七，绍兴七年四月条）

张浚揭大义名分，主张恢复中原，然而不论他如何鼓舞，四大将仍各怀异志，岳飞明确表示反对，刘光世、张俊则消极抵制，都不愿与张浚合作。

要之，赵鼎、张浚路线的局限性，在此一时点上明显表露。借着对外采取积极政策以集结诸家军、恢复集权制的构想，遭受到诸军的抵抗、抵制而大受挫折。事实上，不论对外政策是积极性抑或非积极性，诸家军的统制问题都已成为政治上的中心课题。在这一波中，张浚曾着手收编刘光世的淮西军，不幸失败，并引发了绍兴七年八月郦琼叛变并投降于齐的事件，赵鼎、张浚路线亦因此而一败涂地。

五、淮西兵变——张浚强硬路线的破绽

如前所论，当时四大将除了韩世忠以外，张俊、刘光世、岳飞均不肯协助张浚，其中以刘光世最好"持不战之论"（《要录》卷一一一，绍兴七年六月戊申条），张浚也最想罢免他。关于处置刘光世之事，赵

鼎与张浚原本极为慎重，盖"光世将家子，将率士卒多出其门下，若无故罢之，恐人心不可"（《要录》卷一〇七，绍兴六年十二月戊戌条）。然而七年二月，议者论"光世昨退保当涂，几误大事"，"又言其军律不整，士卒恣横"。张浚视察前线归来后，也对高宗上奏："光世沉酗酒色，不恤国事，语以恢复，意气拂然。乞赐罢斥，以儆将帅。"（《要录》卷一〇九，绍兴七年二月庚申条）于是遂解刘光世兵权。次月，即将光世军重编为六军，归张浚心腹都督府参谋军事吕祉节制。

吕祉素有平戎之志，曾有壮言曰："若专总一军，当生擒刘豫父子，然后尽复故疆。"（《要录》卷一一一，绍兴七年六月戊申条）张浚闻之大喜。对于起用这样有冒险主义倾向的人，中枢内部如参知政事张守、中书舍人张焘、资政殿学士叶梦得均深感危惧，武人岳飞也反对道："吕尚书虽通才，然书生不习军事。"（《续鉴》卷一一八，绍兴七年四月丁未条）但张浚仍一意孤行。而另一方面，刘光世的心腹王德及盗贼出身的郦琼两人，为争夺刘光世原有部队的指挥继承权，发生了激烈的抗争，并且到处投诉各都督府、御史台。为处理此事，吕祉在匆促间被派往刘光世军的原驻屯地庐州。吕祉持议向来过激，又昧于军事、军政，况其"简倨自处，将士之情不达"（《要录》卷一一三，绍兴七年八月戊戌条），终致调停失败。再加上，吕祉上奏高宗请罢免郦琼、靳赛的密书为琼所得，琼深感不安，遂杀吕祉，并于翌日率麾下全军渡淮河，投降于齐。这件大事就是郦琼叛乱事件，或称为淮西兵变。确切的逃亡兵数不详[1]，然而无论如何，数万之军——而且是最前线配备最精良的军队——一旦失之，两淮防线所出现的巨大空白，对于南宋政权自是极大之冲击。统辖都督府的张浚当然立遭谴责罢免，赵鼎则在仓促间再度被起用，救命发布，急令时任绍兴府知事的赵鼎"疾速"赴行在。

淮西兵变发生的原因有多重，张浚整编刘光世军策略有误，欲速则不达，他起用人才不当，甚至吕祉的个人性格都是问题。这个事件

---

1. 关于投降人数，史书所载不一。《要录》卷一一三绍兴七年八月壬寅条记："上曰：失三万人。"又同书同卷八月戊戌条附注引《日历》曰三万人；熊克《中兴小记》曰全军七万；《赵鼎事实》曰全军五万人；张戒则说精甲四万。《要录》按语谓其从赵牲之《中兴遗史》四万人之说，似以此数较为妥当。

第四章　赵鼎集团的形成与张浚路线的失败　　111

固然在南宋早期政治史上留下巨大的创痕，但也成为划时期的转机。张浚进行的对齐、金积极路线和军事对决政策就此破产，复之，以张浚路线为基础的赵鼎路线也于此终焉。张浚以与齐、金对决揭举大义名分，标榜恢复失地。为了达成此一目标，必须克服家军体制，着手处理当时最大的家军，并重新整编军团。结果，过半数的旧刘光世军投降了刘豫政权，暴露出南宋尚无能力统制家军；即使是将齐、金定位为逆贼，或是不共戴天之敌，对最前线的军队而言，其实毫无意义。赵鼎意图藉对决路线集结诸军事势力以期重建的理想，随着淮西兵变而破产了。

郦琼叛变也给南宋政治史一个教训，那就是在当时的状况之下，只要家军不合作，基本国策就不可能执行；反过来说，由国家统制的军事力量之确立，是南宋政权自我确立的最高课题，不具这种展望的政治构想根本无意义，也不必提出。

由淮西兵变而起的转变，在主权者高宗身上最迅速也最清楚地表现出来。高宗原本根据张浚的对决路线，以建康为驻跸地，却在绍兴七年十月末突然移往杭州。对于这个决定，赵鼎曾劝说："恐回跸之后，中外谓朝廷无意恢复。"高宗答以："张浚措置三年，竭民力，耗国用，何尝得尺寸之地，而坏事多矣。此等议论，不足恤也。"（《要录》卷一一六，绍兴七年闰十月戊子条）他明白表露对张浚政治的嫌恶，以后，也再无意于对金积极的方针。

六、赵鼎之起复与新赵鼎路线

赵鼎于绍兴七年（1137）九月至行在（建康），立刻就任尚书左仆射同中书门下平章事兼枢密使。"鼎再相，进四官，异礼也。"（《要录》卷一一四，绍兴七年九月丙子条）作为淮西兵变后的领导者，他被如何期待，不问可知。高宗立刻接见赵鼎，"首论淮西事"，赵鼎答称：

> 然，臣愚虑不在淮西，恐诸将窃议，因谓罢刘光世不当，遂有斯变。自此骄纵，益难号令。朝廷不可自沮，为人所观。（《要

录》卷一一四,绍兴七年九月丙子条)

赵鼎所忧虑的,不是皇帝和宫中所担心的北方防线军事空虚,而是诸将间的动摇、骄纵,"益难号令"。"自郦琼叛,张俊擅弃盱眙而归,诸将稍肆"(《要录》卷一一九,绍兴八年四月丙寅条)的事态已然出现[1]。张俊军撤至行在后,淮西无备,赵鼎对朝议应酬道:

> 赵鼎独显言于众曰:今行朝握精兵十余万,使敌骑至临江岸,吾无所惧。惟是安静不动,使人罔测,渠未必辄敢窥伺,何至自扰扰如此。倘有他虞,吾当身任其责。(《要录》卷一一四,绍兴七年九月戊子条)

赵鼎的构想是以求目前安静为第一要务,全力平息事态,防止兵变的连锁反应。他复相位后月余,皆无为而治,面对朝士的非难,他答以今之事态若人体久病虚弱,元气大伤,唯务求镇静。这也是这时候的事。(《四朝名臣行录》卷四)

赵鼎再任宰相,虽是无为而治,在人事安排方面,却仍是相当积极:

> 今之清议所与,如刘大中、胡寅、吕本中、常同、林季仲之徒,陛下能用之乎?妒贤党恶,如赵霈、胡世将、周秘、陈公辅,陛下能去之乎?陛下于此或难,则臣何敢措其手也。(中略)上为徙世将,于是公辅等相继补外。(《要录》卷一一四,绍兴七年九月壬申条)

赵鼎对一般政策的策划、实施不甚积极,但对人事的热心一如往昔。他的政治手法在这种政治场合中发挥出来,原先支持张浚对决路线的人士被排斥于权力中枢外,填补进来的是持慎重论的赵鼎系士人,这

---

[1]. 或谓:"张俊守盱眙。方撤戍[戌]时,犹命分兵留屯,而俊不受命,悉众以归,朝廷亦不能诘。"(《纲目》卷八,绍兴八年二月上如临安条)

缓和了淮西兵变的冲击，并试着就国家政策进行实质的转换。

　　从淮西兵变可以看出，无法克服家军体制、无军事统制力的中央，不可能实现任何政治构想。而当时最大的政治课题——南宋政权能否继承北宋，成为一自我确立的政权之关键——正与这个阶段收兵权、诸军事权力尽归皇帝统制的问题，互相纠结。即使掌权的赵鼎标榜镇静第一的无为政治，也不得不处理这个问题。于是，以往与金、齐对决，并集结诸势力的路线被放弃，所谓新政治路线，是以克服家军体制、收回兵权，作为当前最大的政治课题。这就是新赵鼎路线，其中心内容以整军和军事大权一元化，军权归属于皇帝为主。其以自身为目的的做法，与原来的赵鼎路线相异。此一以统制为目的所设之统制路线，赵鼎本人并不出面，而是由赵鼎所起用、推荐的人才来企划、实施，具体地说，是由常同、张戒、向子諲、王庶等赵鼎集团人士来担纲。

第五章

第一次宋金和议之进行

一、淮西兵变后遗症——收兵权之尝试

绍兴七年（1137）八月，张浚派遣吕祉执行收编刘光世旧部的计划，不料却产生了郦琼杀吕祉，率麾下数万人投降刘豫的意外事件。这个事件虽是南宋政治过程中的大波涛，却也是政权确立的一个转机。

绍兴四年（1134）九月以来的基本政策——对金、齐采强硬路线，结集、统合诸势力——为之顿挫，张浚也被罢免了。奉行数年的基本政策露出了破绽，不但不能确立对家军的统制力，政治领导也陷入不安中。在这样的状况下，宰相改由赵鼎出任。赵鼎的政治态度比张浚慎重，他缺乏张浚坚持一贯的魄力，但也不冒险轻进。对决路线原是赵鼎所提出，淮西兵变后，政治指导方针却变得模糊不明；其施政首要目标，只在追随时事以缓和冲击，安定混乱的局面。他在九月受命为相，次月即以心腹常同为礼部侍郎、刘大中为礼部尚书，在渐次拔擢、起用各人的同时，仍以镇静、安定为首务。

> 及公（赵鼎）再相，已逾月，未见所施。朝士或以此责之。公曰：今日事如久病虚弱之人，再有所伤，元气必耗，惟当静以镇之。若作措置，焕然一新，此趣死之术也。张德远（张浚字）非不欲有为，而其效如此，亦足以为戒矣。（《四朝名臣言行录》卷四，丞相丰国赵公鼎案）

早先，"（张浚）每见必深言雠耻之大，反复再三。上未尝不改容流涕"（《纲目》卷七，绍兴七年九月罢张浚条）。然而从赵鼎的话可以窥知，张浚这种道义积极论所引动的风潮，已急速地消落。此外，朱熹的父亲朱松也在绍兴八年二月向皇帝上奏："喜进取之谋者，既以行险妄动而及于败"，自当以行险妄动为戒（《纲目》卷八，绍兴八年二月上如临安条）。在这样的状况下，赵鼎自不得不以镇静、无为为当然。

值得注意的是，赵鼎也非全然无为。他自九月就任以后，大约花

第五章　第一次宋金和议之进行

费了半年时间，将自己在权力中枢内的人脉安排妥当。复位之初的七年九月即拔擢刘大中、胡寅、吕本中、常同、林季仲等人，又将张浚系的赵霈、胡世将、周秘、陈公辅，或外放，或罢免。其中林季仲于七年闰十月由知泉州调任中书门下省检正诸房公事，翌年三月又遭御史中丞常同以"贪惏邪佞"为由加以弹劾，逐出中枢。到了绍兴八年（1138）四五月间，前述刘大中以下诸人及赵鼎系士人已完全占据权力中枢。今将其主要人物表列如下。

表2　赵鼎系人物表

人物名	经　历
刘大中	知处州→礼部尚书（绍兴七年十月）→参知政事（绍兴八年三月）
王　庶	知荆南府→兵部侍郎（绍兴七年十月）→兵部尚书（绍兴八年二月）→枢密副使（绍兴八年三月）
常　同	宫观→礼部侍郎（绍兴七年十月）→御史中丞（绍兴七年十二月）
吕本中	宫观→太常少卿（绍兴七年闰十月）→中书舍人（绍兴八年二月）→权直学士院（绍兴八年六月）
李弥逊	起居郎→中书舍人（绍兴七年十二月）→户部侍郎（绍兴八年二月）
曾　开	知镇江府→礼部？/刑部？侍郎（绍兴八年正月）→刑部侍郎（绍兴八年四月）
向子諲	浙西转运使→都转运使（绍兴八年正月）→户部侍郎（绍兴八年三月）
张　戒	兵部员外郎→守监察御史（绍兴八年三月）
胡　寅	知永州→礼部侍郎・侍讲・直学士院（绍兴八年四月）
魏　矼	知建州→吏部侍郎（绍兴八年五月）
张　焘	宫观→兵部侍郎（绍兴八年五月）
张九成	宫观→宗正少卿（绍兴八年三月）→礼部侍郎（绍兴八年六月）

资料来源：《要录》卷一一五至一二〇。

关于宰执群的人事部署，有如下之变动：八年正月，赵鼎以"不合都省议"的理由解除张守参知政事之职，他曾经主张以建康为都，"以系中原民心"（《要录》卷一一八）；三月，"本张浚所引"的参知政事陈与义改知湖州；之后，权力中枢由赵鼎、秦桧（宰相）、刘大中（参知政事）、王庶（枢密副使）共同组成，其中仅秦桧非赵鼎系。拥有弹劾权、发言力量又大的言事官，由常同、张戒等人出任；至于居皇帝侧近、起草诏书、从事政策企划立案的侍从官员，则配置前表中刘大中以下诸人。绍兴八年上半年，赵鼎已完全掌握住权力中枢。

持此之势，标榜镇静的赵鼎，在绍兴八年春夏最努力推行的新赵鼎路线，即收兵权、整肃军队。其主要内容为：接受常同、张戒的建议，让家军副将层独立，藉以使家军解体，树立皇帝直辖军体制；同时实行向子諲之议，将征募兵员等原由武将把持的人事权移归中央的枢密院等机构。

收兵权是重建南宋政权的必要课题，这个论点在绍兴初年已有人提起。此即出身江南东路饶州的汪藻，北宋末年，他和权臣王黼对立而不得意于仕途，定居在江南常州之晋陵，在江南士人间颇有厚望及文名。汪藻于建炎四年正月和第二年的绍兴元年二月，两度从江南士人的立场上奏，严责诸将的横暴，要求收回兵权、削减军费（《要录》卷三一、卷四二）。在他的墓志铭中也记载："尝论疏大将拥重兵，高位崇秩，子女玉帛，已极富贵之欲，而根据盘亘，浸成外重之势。陈所以待诸将三事，后十年，卒如公策。"（《鸿庆居士文集》卷三四，《宋故显谟阁学士左大中大夫汪君墓志铭》）所谓"所以待诸将三事"者，"一曰示之以法，二曰运之以权，三曰别之以分"（《要录》卷四二，绍兴元年二月癸巳条）。即为了削弱现有的诸将，当从偏将中拔选数十名英雄人物，各赋予数千名兵丁，组成皇帝直辖的御前军；其目的在于将军队之编组与军事指挥权完全收回中央，皇帝能驱策诸将，赏罚以法。这个提案受到当时最大的武将刘光世所反对，"自此文武二途，若冰炭之不合矣"（同前）。这是以江南士人层为背景的南宋士大夫对武将家军制最早的建言。如先前汪藻墓志铭作者所言，汪藻的建议在十年后才实现，绍兴十二年底，高宗也说："今兵权归朝廷，朕要易将帅，承命、奉行，与差文臣无异也。"（《要录》卷一四七，绍兴十二年十二月己卯条）

"今天下之权不在庙堂而在诸将，诸将拥重兵，据要地，偃蹇自肆。"（《要录》卷一一九，绍兴八年五月辛亥条）制御武将的问题自提起至解决，前后的确必须花上十余年岁月。其间最重要的关键，即在绍兴七年。绍兴十一年四月，范同说：

> 初，张浚在相位，以诸大将久握重兵，难制，欲渐取其

第五章　第一次宋金和议之进行

> 兵属督府，而以儒臣将之。会淮西军叛，浚坐谪去。赵鼎继相，王庶在枢府，复议用偏裨以分其势。张俊觉之，然亦终不能得其柄。(《要录》卷一四〇，绍兴十一年四月辛卯条）

这是韩世忠、岳飞、张俊三大将以军功聚集临安时，范同进呈秦桧，劝其一气收回兵权，智虑深远的文章序言部分。其中具体列举的收兵权手段虽然常见引用，这篇序言却从未受到注意。根据范同的说法，南宋政府收兵权是一个连贯的历史过程，即自张浚伊始，中间经过赵鼎，最后则是秦桧处理的岳飞问题。所谓"张浚在相位"，时在绍兴七年，所谓"淮西军叛"，则指郦琼兵变，之前皆已有所述明。张浚的武将统制策略虽完全失败，但在南宋政府积极具体提出收兵权这一点上却颇获好评。于是翌年三月，赵鼎起用王庶，划策决定分割既有军团。

绍兴七年，各方面皆提出收兵权并统御既有军队的策略。例如，同年七月，高阅指出，诸路军马当隶属都督府，都督则直接隶属枢密院，以整备机构及指挥系统(《要录》卷一一二，绍兴七年七月甲子条）。同年九月，又有太学生提议：当于诸军派遣都督，以抑制将军的专横、贯彻中央的命令，如遣吕颐浩至淮西张俊军中，孟庾至淮东韩世忠军中，秦桧至襄阳岳飞军中，中央则以张浚为大都督(《要录》卷一一四，绍兴七年九月辛未条）。

但高宗的构想是建置忠于皇帝的军队，以牵制现有的军队，进而削弱他们的势力。八年二月，高宗拒绝岳飞增兵的要求，他说：

> 今日诸将之兵，已患难于分合。末大必折，尾大不掉，古人所戒。今之事势，虽未至此，然与其添与大将，不若别置数项军马，庶几缓急之际，易为分合也。(《要录》卷一一八，绍兴八年二月壬戌条）

拒绝扩充现有军队，考虑另外设置具机动性、忠于皇帝的军团，这个构想是将同年三月常同、张戒的献言加以具体化。

张戒在严陵(浙江严州）与常同会面时，曾相互交换意见：

（常同）问之（张戒）曰：诸将权太重，张丞相既失，今当何以处之。（张）戒曰：兹甚不难，但当擢偏裨耳。吴玠既失，而曲端受死，杨沂中建节，而张俊势分，自然之理也。同大喜曰：此论可行。（《要录》卷一一八，绍兴八年三月甲辰条）

要之，一旦将现有军团的副将层独立出来，则军阀之势弱，当然也就容易统御，这是要将现有军团加以分解的方法。于是常同见召于中央之最初即推荐张戒，两人将先前的见解献计高宗，坚定了高宗收回军事大权的构想。八年五月，高宗和张戒间有如下的问答，确立了起用副将层的分化之策：

　　监察御史张戒入对，因言诸将权太重，（中略）上曰：朕今有术，惟抚循偏裨耳。戒曰：陛下得之矣。得偏裨心，则大将之势分。上曰：一、二年间自可了。戒曰：陛下既留意，臣言赘矣。（《要录》卷一一九，绍兴八年五月戊子条）

所谓分化现有军队，乃是将军事大权个别地归隶于中央；这也可称之为是肃军整军方案，即裁汰现有军队之冗员，确立军纪，置于中央统制之下。此案仍和常同有关，常同所推荐的向子諲曾言其构想道：

　　又言：今天下急务，在考兵籍，究户版；故汰老弱，升勇健，创簿正名。使诸军上账于兵部，诸将上账于枢府，着乡贯，书事艺，季申岁考，所以除诈冒也。（《要录》卷一一八，绍兴八年三月甲辰条）

当时的目标是，原先专委武将的募兵、人事诸权皆改由兵部、枢密院统制。然而，向子諲也指出，"推而行之，则在乎人焉"，为了配合肃军，必须起用人才。

于是，为了配合肃军整军而找寻人才的高宗，遂瞩目于王庶。王

庶原为兵部尚书,力主行威令、建纪纲、略烦文,实行简易政治,至此乃一跃而为枢密副使。据说,王庶"其言激切类此":

> 庶私念,军不可专,专则难制。兵不可骄,骄则不用命。赏罚不可不公,不公则人不服。今此可为乎。我于爵赏不滥,人多以我为吝。于罪无所贷,人多以我为刻。今此可行乎。(《要录》卷一一八,绍兴八年三月庚寅条)

即他主张赏罚由法,彻底执行军律,甚至及于吝刻。高宗和赵鼎在绍兴八年三月时起用这样的大臣主事,显示了他们的决心。王庶就任枢密副使后没多久,即至沿江、淮南等地视察军事状况,特别是这个地区的驻屯诸军。出发之前,先行校阅在京军队,端正军律:

> 自郦琼叛,张俊擅弃盱眙而归,诸将稍肆。庶素有威严,临发,劳师于都教场。军容严整,庶便服坐坛上,自杨沂中而下,悉以戎服,步由辕门,庭趋受命,拜赐而出,莫敢仰视,自多事以来所未有。(《要录》卷一一九,绍兴八年四月丙寅条)

同时高宗也对王庶期待深厚,并激励道:"今之诸将不能恢复疆宇,他日朕须亲行。"(同前)总之,绍兴八年夏,既有常同和张戒分化现有军队的统御案,又有向子諲、王庶赏罚以法的肃军整军案,兵权回收政策开始着手进行。所谓宋军,其实原是七拼八凑的家军,家军之间也不尽协合,更无统帅之人。常同、张戒、王庶等人的目标,是在皇帝之下组成统一的军队,严行赏罚,以正军律,从家军转换成国军。故当家军体制成功蜕换为国军之时,也是南宋继承政权基础得以稳固之日。正如范同所言,张浚、赵鼎、秦桧等人为相的作风固然有异,但在回收军事大权的问题上,却是一致的,这确实是当时最大的政治课题。

绍兴八年(1138)六月,王庶查察淮南,计划以张宗颜军七千人驻庐州,巨师古军三千人驻太平州,以韩世忠一军为天长军,其他配置泗州,刘锜军则驻屯镇江府,欲由此拱卫江南,"缓急互为声援"。这虽然尚未克服各军团的家军性质,但已尝试整备对金前卫防线的统一指挥。史称:"时朝廷以诸将权重,欲抚循偏裨,以分其势。(张)俊觉之,(中略)不悦。"(《要录》卷一二○,绍兴八年六月乙亥条)即当时最大军团的将军张俊已注意到王庶分化案的目的,并且提出抗议。

绍兴八年王庶的收兵权肃军案是新赵鼎路线的顶点。之后,高宗及其侧近以和议进行为最优先之政治课题,并倾力实现之,其他政治课题皆落入第二位。无论何时,整军和收兵权都是南宋政权再建过程中必须完成的课题,就这点而言,此一课题原有其本质意义存在。至于和议,则只能在金的主导下,受制于人质外交见机行事,故其随机性较强。企图藉和议以送还梓宫、太后的愿望,也就有可能超越、推翻原定的政治课题,优先进行。

二、徽宗死讯与宋金和议之始

淮西兵变后,南宋政府起用了赵鼎系官僚,并以收兵权及肃军整军为最大政治课题。这时期的政治默契,并未把军权一元化和对外危机相联结而加以正当化,军权回收的本身就是目的。负责收兵权的主角王庶就任枢密副使时说:"敌之强弱,吾无与也。顾在我者何如耳。"(《要录》卷一一八,绍兴八年三月庚寅条)这句话的确传达了当时的气氛,这是和张浚主政时代最大的不同。然而这种所谓内向的政治态势,并不能长久持续,赵鼎集团尽管完全掌握了政权中枢,新赵鼎路线仍无法实施而致中挫,赵鼎系官僚也被逐出权力中枢。

南宋政权如要自我巩固,必须解决的问题是:(1)和灭亡北宋的金建立恒常的相互关系,(2)将分散的诸军事势力加以统合制驭。从这种观点来考虑,前述的赵鼎、张浚路线是欲经由对金积极政策,将兵权一元化,也就是藉第一方面来图谋第二方面。淮西兵变之后,则因为第二方面已成为当前目标,故又暂时把第一方面搁置起来。然而,绍兴七年八月——淮西兵变后的三个月,金取消了傀儡政权齐,国际局势丕变,金对宋的和平工作突然积极起来。南宋方面主张休战、缔

第五章　第一次宋金和议之进行

和的政治势力因而得势，发言力量大增。结果，绍兴七年至八年的政治过程，遂分化为第一方面和第二方面两个方向，形成尖锐的对决态势，终至前者压倒了后者。本节即拟探究绍兴七年起至八年末第一次宋金和议的缔结经过，以及南宋政权确立的过程。

南宋政权诞生以后，仅绍兴三年末至翌年正月间，宋、金曾一度直接交涉，互派使节往来。宋曾以慰问拘留在金的徽、钦二帝为名，屡次派遣使节。绍兴三年六月宋派遣大金军前奉表通问使韩肖胄、胡松年使金，同年十二月他们协同金使李永寿归国，翌年正月，李永寿返金时，宋又派章谊、孙近随行，和金进行外交交涉。当时金一面行外交交涉，同时又发动侵蜀的军事行动，后因金要求宋承认傀儡政权齐并保障齐之权益，为宋所拒绝，而结束这段交涉。

绍兴七年正月，之前于五年五月以大金军前通问奉表使奉派赴金，为金所拘留的何蘚、范宁之忽然归国，带回金之对宋工作最高负责者宗弼的书信，信上提到徽宗及宁德皇后的死讯。这封书信宋、金双方均未留传，其内容遂不得而知。然而徽宗既早在绍兴五年四月去世，金至此时特别知会，显然别有用意。杨炜即云："见报以太上之丧，以探朝廷意，谓我若遣使而有请，则唱为议和。"（《要录》卷一二五，绍兴九年正月乙未条引李光宛书简）就金而言，告知徽宗死讯，是要刺激当时高揭对金强硬论的张浚，以窥知宋的对策，迫使宋、金间作直接折冲，即金推出了人质外交。高宗在接收到这个消息后，心念转动，终日不能食事，张浚上言："天子之孝与士庶不同，必仰思所以承宗庙、奉社稷者，甚至要求"陛下挥涕而起，敛发而趋，一怒以安天下之民"（《要录》卷一〇八，绍兴七年正月丁亥条）。绍兴四年八月，赵鼎的亲戚、主张道义的范冲也上奏称：人君之孝"当以安社稷为孝"（《要录》卷七九，绍兴四年八月戊寅朔条）。这类的言论，恐怕是张浚想利用这个机会，更加强化皇帝复仇之念。归还父皇灵柩梓宫及生母韦太后的问题，在此后数年间变成南宋政治史上最重要的课题。这意味着宋人的外交对策的确大受此死讯的影响，也可说是金国人质外交的胜利。

面对这样的知会，南宋其实没有什么选择的余地：其一即全然漠视，置之不理；其二是企图对金复仇；其三是展开外交折冲，要求返还梓宫。由于这时正由张浚等对金强硬论者主政，从前述张浚之言即可窥知，当以第二种立场较居优势。王庶一听到这个消息，就特意迅速上奏：

> 先帝志慕道真，宜用鼎湖故事，奉衣冠弓剑，起陵庙，葬之名山，尽举送终之典。使海内咸知，梓宫还与否，不足为国重轻。彼虽有奸萌，何自而生。然后遣使，倘或请之未获，则大兵蹑之，问罪致讨，不为无名。因神民痛愤之情，刷宗庙存亡之耻。臣知梓宫可不请而得，为策之上也。（《要录》卷一一〇，绍兴七年四月丁酉条）

或许，这正代表当时多数人的看法，但高宗并不以为然，于是力言当迎还父皇灵柩。在二月时受命为大金通问使，于建炎元年至绍兴二年间经常往来宋、金间的王伦，得到提拔，出任大金国奉迎梓宫使。高宗在翌年五月对张戒述怀表白道："去岁，上皇讣至，朕若不遣使，天下谓朕何？"（《要录》卷一一九，绍兴八年五月戊子条）高宗派遣王伦，可说是选择了前述第三种立场，由此也可窥出皇帝在这件事情上的主导地位。

徽宗死讯所衍生的另一事端，是此时赋闲的秦桧，因深受皇帝信任，再度回到权力中枢。秦桧的复归出自张浚的要求："张浚以桧在靖康中，建议立赵氏，不畏死，有力量，可与共天下事。一时仁贤荐桧尤力，遂推引之。"（《要录》卷一〇七，绍兴六年十二月甲午朔条）秦桧任枢密使赴庙堂之日，正是何藓、范宁之带着上皇讣闻归国之期。依往例，新任宰相到庙堂之日，当即归第，"至是，以何藓等还，留桧议事，不许归第"（《要录》卷一〇八，绍兴七年正月丁亥条）。高宗急着与熟悉金国情事的秦桧商谈有关问题。

总之，收到讣报，立刻和秦桧商议对策，又派遣王伦为使节赴金，请求返还梓宫，都是高宗本人的决定。值得注目的是，在南宋初期政治过程中，这是皇帝的意思首次被明白提示。此后，在确立南宋政权的重要政治场合中，高宗遂能居于主导的地位，而其发端即是梓宫问题。

绍兴七年四月，王伦为迎奉梓宫，向金出发。他动身之际，高宗特命其传语挞懒（昌）——与宗弼并驾的对宋工作最高负责人：

> （康王）使伦请挞懒曰：河南之地，上国既不自有，与其封刘豫，曷若归之赵氏。(《金史》卷七九《王伦传》)

在这之前，使金的宋使全都是到西京大同府，也就是宗弼的所在地，徽宗的讣闻也是由宗弼以书简通知，但王伦却被派往挞懒处，的确非比寻常。假如挞懒是决定秦桧归国的人物，那么派遣宋使至挞懒处和高宗的特别传语，就可能是出自秦桧的主意。所传之语，在表面上是请金把所占河南之地交还于宋，实则否定了因金授让而得支配河南地的刘豫政权，唯欲取消刘豫政权，则尚有赖于金。赵鼎、张浚路线以刘豫为大逆不道之贼，欲行军事征服；接获徽宗死讯后，成为高宗身旁最高支持者的秦桧，当然也意图消灭刘豫政权，建立宋、金两国直接共存的关系[1]。高宗传语索还河南地的对象，既是挞懒而非宗弼，则其间或尚隐含着取消刘豫政权的要求。

王伦在途中曾为齐所留滞，终因金之相援，而于绍兴七年九月抵达涿州，面见金帅挞懒，两人之间有如次的问答：

> 问：过淮已久，何来之迟？公（王伦）备言刘齐邀索，住睢阳者数月。因言：豫在本朝，曾擢台谏，外朴内奸，营私掊刻，民怨神怒。方欲吞噬两朝，能保他日不为大国之患乎？恐妨远图，敢布腹心。问曰：若将豫与南宋，能制之否？公曰：皇帝圣孝神武，卧薪尝胆，志在恢复，但以天下为度，不忍轻以动兵。豫之父子，妄背国恩，孰不愿食其肉。倘欲驱除，何难之有？痛言利害，泪满茵席。(《攻媿集》卷九五，签书枢密院事赠资政殿大学士谥节愍王公神道碑)

八年（1138）六月，为交涉和议而入朝的金使乌凌噶思谋对高宗

---

1. 参见寺地遵之论文：《秦檜の南北構想試論》，《史学研究》150号，1981年。

"从容进曰：陛下知刘齐之废否，始因王某极言，遂了此事，真口伐也。北朝将相重之如山斗，真社稷臣也"（同前）。金之取消刘豫政权，当然是金内部诸势力纠葛的结果[1]，唯其契机，不可否认是出于宋使之策动、宋方的工作，以及秦桧的南北构想。

徽宗的死讯是宋金折冲的开始，宋的意向直接传送至金，于是，金于绍兴七年十一月忽遣大军灭齐。挞懒托言尚在归途的王伦致语高宗：

> 是冬，废豫。使谓公（王伦）曰：归报皇帝，强梗扫去，自此和议无复间沮。但当议者，须不倦以终之。（同前）

绍兴七年十二月王伦归朝，将金的意向告知高宗："金人许还梓宫及皇太后，又许还河南诸州。"（《要录》卷一一七，绍兴七年十二月癸未条）

面对这样的局面，史称："上大喜。"（同前）绍兴七年正月收到讣报，要求吊问及返还梓宫的使节于同年四月出发，及至同年年底归国时，使节的性质已然改变。出发时高宗的意向——也许是秦桧的意向——是希望返还河南地，等到使节归国时，由于傀儡政权之取消，宋金和议已然展开。

再者，王伦归国之时，南宋的政治状况也与他出发之际大不相同。七年四月，政权尚在张浚主持之下，当然主张对齐、金持强硬路线。王伦留滞齐、金之时，淮西兵变发生，张浚等积极论者下台；继任的赵鼎始终以镇静为首务，对金政策变得不甚明确，或竟有意抑制。绍兴八年二月朱松对皇帝上奏：

> 当今国论，不过两端。喜进取之谋者，既以行险妄动，

---

[1]. 参见外山军治与陶晋生之论文。外山军治：《刘豫の齐国を中心としてみた金宋交涉》，《金朝史研究》，东洋史研究会，1964年；陶晋生：《完颜昌与金初的对中原政策》，《边疆史研究集——宋金时期》，台湾商务印书馆，1971年；以及外山军治：《熙宗皇统年间における宋との讲和》，《金朝史研究》，东洋史研究会，1964年。

而及于败。为待时之说者，又以玩岁愒日，而至于偷。二者不能以自通，而常堕于一偏，是以成功不可见而均受其弊。故臣谓，惟能自治以观衅，则三者通为一说，而无所偏废。盖能夙夜忧劳、率励众志，则未尝不待时，而不至于偷。审知彼己，必顺天道，则未尝不进取，而不及于败。谋人之国者，诚能如是，以求逞于雠敌，而有不得志者，臣不信也。(《纲目》卷八，绍兴八年二月上如临安条)

他综合当时状况，认为进取之谋（战争论）、待时之说（和平论）均不切实际，自治说（宋金继续对峙论）才最符合现阶段之需要。值得注意的是，以张浚路线为基础的进取之谋并未获得积极的支持，欲维持宋金现状的自治说很清楚地出线，这是淮西兵变的后遗症。

淮西兵变的另一项后遗症，是高宗的心意有变，他对积极的军事行动产生怀疑，对将军们充满不信任。七年十月底，他决定从驻跸地建康移往杭州时，赵鼎曾以恢复中原为由表示反对，对此，高宗表示，张浚路线的三年间只是耗费民力、国用，"何尝得尺寸之地，而坏事多矣，此等议论不足恤也"（《要录》卷一一六，绍兴七年闰十月戊子条）。绍兴八年正月，赵鼎欲召诸大将咨问恢复中原之计，高宗仍对以"不须恤此"（《要录》卷一一八，绍兴八年正月乙巳条）。

要之，自王伦出使至归国，宋朝的政治气候已发生极大变化。淮西兵变造成对金积极路线的退潮。而从国际环境来看，原本造成阻碍的金之傀儡政权业已消灭，相应于国内对金积极路线的退潮，宋金和议的背景条件皆已整备。再加上高宗欲迎还梓宫和生母的心愿，宋金和议遂浮上台面，成为最大的政治课题。

三、高宗主导下之和议与赵鼎集团的崩溃

以淮西兵变为契机，绍兴七年（1137）年底各种条件、状况俱已齐备——宋主政者的更替，对金强硬路线的退潮，刘豫政权的消灭，金也允诺归还河南地、梓宫，送还韦太后——及至八年年初，高宗遂

迅速展开缔结宋金和议的行动，并回避军事上的对决。八年正月，赵鼎以恢复中原的舆论增强，要求召集诸将，咨议军情，高宗却表示：

> 上曰：不须恤此，今日梓宫、太后、渊圣皇帝皆未还，不和则无可还之理。（《要录》卷一一八，绍兴八年正月乙巳条）

高宗已认定，当暂时中止诸将恢复中原的作战会议，相反，为梓宫、母后之故，必须进行和议。他再度派遣王伦使金议和，"时桧复议遣王伦使北请和"（同前，正月丙午条）。王伦于八年四月至祁州会见挞懒，次月又至北地会见金熙宗，"首谢废豫，然后致上旨，金主始密与群臣定议许和"（《要录》卷一一九，绍兴八年五月丁未条）。金于是派乌凌噶思谋等为使，出使宋朝议事，高宗对王伦、乌凌噶思谋说："早遂休兵，得免赤子肝脑涂地，此朕之本意也。"（同前，五月戊申条）这是将两国之和议休战正当化为求万众之安宁。其实，比之万众安宁，皇帝的本意更在意于母后生还：

> 接伴官范同言：金使已至常州。上愀然曰：太后春秋已高，朕朝夕思念，欲早相见，故不惮屈己，以冀和议之成者，此也。（《要录》卷一二〇，绍兴八年六月戊辰条）

于是秦桧立刻表示赞同："陛下不惮屈己，讲好外国，此人主之孝也。"（同前）史称乌凌噶思谋等入京时：

> 初，行朝闻思谋之来，物议大讻。群臣登对，率以不可深信为言。上意坚甚，往往峻拒之，或至震怒。（《要录》卷一二〇，绍兴八年六月丙子条）

八年六月时分，高宗断然决定：宋金议和将以母后生还为最高目的。从接获徽宗讣报起一年半以后，亦即吊问使节归国半年之后，高宗、秦桧等人决定，宋金和议是为求梓宫与母后的返还，也就是许诺放弃

第五章　第一次宋金和议之进行

华北领土和人民。

　　这时，奉赵鼎为最高领袖的权力中枢士人群，仍以收兵权和整军为最高政治课题，意图由此重建集权国家。结果，南宋最高统治集团遂于绍兴八年年中分裂为两大阵营，一即高宗、秦桧等以安定宋、金关系为最优先课题者，一则为以收兵权为当前最大课题者。二者间为了争夺国策决定权展开激烈的政治斗争。皇帝和官僚集团之间为了基本政策形成对抗的关系，双方争执的焦点端在于国家意志当如何决定。

　　日后高宗回顾此事，曾说："向日讲和，本为梓宫、太后故；虽屈己卑辞，有所不惮。"（《要录》卷一九六，绍兴三十二年正月庚寅条）又自陈道："若名分，则非所先"，"至如以小事大，朕所不耻"（同前，正月壬辰条）。对高宗来说，缔结和议，固然有骨肉亲情与孝道的理由，却也含有维系宗庙祭祀一贯性和使自身皇位授权关系正当化的政治意义在内。至于宋政权将因和议而矮小化——华北版图的放弃，宋系以从属身份建立两国君臣关系秩序等问题，更属副次之事。就连宋、金将形成对峙的共存关系也成为当然的展望。绍兴八年八月之言，正是证据所在："外国之与中国，如阴阳消长，岂能偏废。若可剿除，汉唐之君，行之久矣。"（《要录》卷一二一，绍兴八年八月甲子条）[1]

　　另一方面，赵鼎及其影响下的官僚当然不会轻易地支持皇帝和秦桧的构想。由于淮西兵变的后遗症，他们在表面上已不再坚持对金强硬论，而力求稳固当前现状——持自治论、收兵权、组织皇帝的军队，即企图以实力恢复中原，夺回两帝。

　　南宋政权中枢在基本政策上发生了分裂，在任何一方都无法压倒另一方的情况下，二者——主和论和潜在的主战论——之间不得不图谋妥协和折中。八年六月，王伦和金使入京之时，因为有"上意坚甚"，"或（对反对者）至震怒"（《要录》卷一二〇，绍兴八年六月丙子条）等前述情况存在，赵鼎乃上奏：

---

1. 高宗曾于绍兴十九年四月谈到："中国之有夷狄，犹阳之有阴，自古无殄灭之理，使可殄，秦皇、汉武为之矣。"（《宋史全文》卷二一，绍兴十九年四月戊辰条）又此语仅见于《宋史全文》。参见寺地遵：《秦檜の南北構想試論》《史学研究》150号，1981年，第11—12页。

> 密启上曰：陛下与金人有不共戴天之仇，今乃屈体请和，诚非美事。然陛下不惮为之者，凡以为梓宫及母、兄耳。群臣愤懑之辞，出于爱君，非有他意，不必以为深罪。陛下宜好谓之曰：讲和诚非美事，以梓宫及母、兄之故，不得已为之。议者不过以敌人不可深信，但得梓宫及母、兄，今日还阙，明日渝盟，吾所得多矣，意不在讲和也。群臣以陛下孝诚如此，必能相谅。（《要录》卷一二〇，绍兴八年六月丙子条）

由于和议的内容涉及国境、岁贡、名分、正朔、送还亡命等多种事项，今日获还梓宫、母后、皇兄，翌日即行毁约的事，亦非不可行。尽管如此，宰相亲身说出这番非现实的话，"上以为然，群议遂息"（同前）的事实，亦使我们得知，当时权力中枢在处理和议问题上，确实有着困惑。

这种藉所谓原则与本意、表与里、内与外的论说，以使皇帝意图和官僚意向折中妥协的尝试持续了一段时间。八年七月，张戒上奏："请外则姑示通和之名，内则不忘决战之意，而实则严兵据险以守。"（《要录》卷一二一，绍兴八年七月乙酉朔条）同年九月又有如此对话："上谕大臣曰：近张戒有章疏，论备边当以和为表，以备为里，以战为不得已。此极至之论也。赵鼎等言，当力守此议。"（《要录》卷一二二，绍兴八年九月乙巳条）

由赵鼎系官僚所尝试提出的折中论，虽被赞誉为"极至之论"，但也只维持到九月，以后就完全消失了。这意味着赵鼎集团的政治挫败，和议也在同年十二月底缔结。折中论、妥协论的根本矛盾在于赵鼎集团和权力中枢出现分裂。首先，赵鼎等人的基本构想——镇静及兵权收回——原系受淮西兵变影响，担心军队轻举妄动而成立，激励军队以强化其活力的做法成为禁忌，对外关系的开展也被有意地压制下来。基于此，皇帝、秦桧方面在只求保证皇室安全的前提下，尽可能确立对金关系；至于赵鼎方面则因此暴露出对外认识的死角，及其在对金积极论与标榜镇静无为间的两难。其次，"外和内战"论本身原有其矛盾之处。和则必须放弃华北领土与居民，将之割让于金，战则专务恢复；然欲同时实现二者，即使理论上有此可能，现实中却根本行不通。再者，

第五章　第一次宋金和议之进行

要完成这种高难度的事情，必须拥有强大的国家统制力，特别是足以驾驭家军的压倒性政治力量。可是，当时尚在企划兵权一元化的阶段中，至少在绍兴八年九月之前强有力的皇帝军队仍未编组成功。于是，"外和内战"论仅似画饼，全无实现的基础。总而言之，在金尝试运用人质外交，高宗以孝道为大义名分行动之时，赵鼎根本无力与之相对抗，换言之，其政治领导能力的局限性已于此暴露无遗。

绍兴七年（1137）十月迄翌年六月间，赵鼎营营于安排自己的腹心，几乎已完全成功地占领了权力中枢，然而在有关和议是非的问题上，高宗、秦桧的政治攻势，使这个集团发生了分裂。就在其崩坏的过程中，先前所言的折中性构想出现了矛盾。以宣扬道义为宗旨的学究系官僚，是当时最大政治势力赵鼎集团的重要成员，面对金的积极以及高宗的意向，他们虽然强烈反对，却未能形成统一的集团性意志。这也暴露出赵鼎政治力、政治构想的极限。

绍兴八年六月，和议成了最大的政治课题，就在金使乌凌噶思谋抵宋之际，户部侍郎向子諲、中书舍人潘良贵、御史中丞常同等赵鼎系高官，在高宗面前发生争执，最后共同去官：

> 八年，秦桧、向子諲请与金和，潘良贵请战，公（常同）虑敌诈和，独请善备。（中略）上命侍从同议，子諲坚执讲和之说，良贵大叱之，交争于上前。上惊，欲抵良贵罪。及公奏事，上意子諲户侍之除公所荐，必助子諲也，因顾问，公乃曰：前日以其才可贰版曹而荐之，今日之事则不然。子諲请和而附桧，曲在子諲，良贵请战而忤桧，直在良贵。上不悦，因丐补外。（《文定集》卷二十，御中丞常公墓志铭）

综合上述，即有主和论的秦桧、向子諲，主战派潘良贵以及慎重论的常同。值得注目者，其中除秦桧以外全属赵鼎集团的士人，向子諲和潘良贵昔日还是好友。这时，赵鼎集团对基本国策的意见已有分歧。赵鼎既以张浚的冒险主义为戒，想来当与常同的立场最为相近，但他自己也说无法统一赵鼎集团的意见。在赵鼎身边致力于收兵权的王庶，非难宰相赵鼎、副相刘大中缺乏定见——即领导能力，"又如赵鼎、刘大中辈首鼠两端，于陛下国事何益。"（《要录》卷一二二，绍兴八年十月戊寅条）甚至赵鼎也于同月上奏，谓讲和虽不得已，但若梓宫和母后能够归国，"明日渝盟"亦无不可（《要录》卷一二〇）。这段期间，赵鼎既无法对宋、金关系提出明晰的构想，领导力与统帅力乃随之降低。

要之，被称为小元祐、名士集结的赵鼎集团，已因对宋、金关系的基本构想有别而陷入分裂状态。身为政治领袖的赵鼎亦为之窘态毕露。回想绍兴四年秋、冬时节，齐、金联军南下，赵鼎独力支撑大局，主张皇帝亲征决战，统一国论，为摇篮期的南宋政权标示出明确的方针，使之巩固确立，恰与此时的局面形成对比。

由皇帝主导的对金和议，暴露了赵鼎集团集结力的极限，亦即其作为政治领袖的极限。正当此一政治势力即将崩解之际，又来了最后的一击：由秦桧所推动的高宗、秦桧绝对排他联合阵线于十月初成立，当然赵鼎也就辞职了。

> 是月朔，宰执入见。桧独留身，奏讲和之说，且曰：臣以为讲和便。上曰：然。桧曰：臣僚之说，各持两端，畏首畏尾，此不足与断大事。若陛下决欲讲和，乞陛下英断，独与臣议其事，不许群下干与，事乃可成。不然，无益也。上曰：朕独委卿。桧曰：臣亦恐未便，欲望陛下更思虑三日，容臣别奏。上曰：然。又三日，桧复留身，奏事如初。上意欲和甚坚，桧犹以为未也，曰：臣恐别有未便，欲望陛下更思虑三日，容臣别奏。上曰：然。又三日，桧复留身，奏事如初。知上意坚确不移，乃出文字，乞决和议，不许群臣干与。鼎遂是卒罢。（《纲目》卷八，绍兴八年十月赵鼎罢条）[1]

宋金和议最后能够确定，在于高宗和秦桧形成排他联合关系。作为一个宰相却不能干预皇帝的政治决定，已然失去存在的政治价值，

---

[1] 明记此事发端于"十月朔"者，只有《中兴两朝编年纲目》。

第五章　第一次宋金和议之进行

赵鼎当然不得不辞职。赵鼎辞任意味着赵鼎系的官僚全面败退,赵鼎集团失去了最高领导者,终告分崩离析,政治活动力也就消失了。从十月以后到十二月底间,赵鼎系官僚虽曾对缔结和议之事提出许多激烈的反和议论,却未认识到高宗与秦桧既相联合,攻击秦桧即与批判高宗同义,要求罢免秦桧也就如同要求高宗退位。这般透彻的议论既然看不到,即意味其政治立论缺乏展望性,反秦桧的势力也就不可能形成连横了。

十月初,秦桧以和议为媒介,与皇帝结为一体,排除了所有反对和议或观望者的一切干预,这样的动作很明显的是要排他地独占政治权力,是一次非军事性的政变。皇帝对和议的坚持,前文已有说明,即同年六月间,"上意坚甚"(《要录》卷一二〇)。故至十月一日,秦桧的目标不仅在于和议之决行,还欲将反对和议者从皇帝身边的权力中枢彻底排除。秦桧不但将自己的权力予以强化、绝对化,还对反对势力加上重重的一击,就此看来,他虽然未曾动用武力,但已达到政变的效果,此即朱熹所谓"胁主擅权"(《朱文公文集》卷八九,范如圭神道碑)。这样一来,反秦桧派——赵鼎派自有必要作出相应的对抗措置,不过,他们虽曾考虑联合反对和议的韩世忠、岳飞等大将,与之合作,却始终未见付诸行动。

总之,就绍兴八年六月至九月间和战折中、并用论来看,最高统治集团间发生了高宗、秦桧等主和论和赵鼎系自治论、主战论相抗衡的状况。十月,秦桧施出政治性的一击,以政变的方式,打破原有的抗衡关系,赵鼎集团败北。这次失败显示赵鼎在对金外交的设计上,无法与秦桧的南北构想论相对抗。况且早在秦桧出击之前,赵鼎集团已分裂成和、战、自治诸派,这表示,赵鼎的前瞻性与指挥能力已然穷尽,而这样的破绽早已结胎于所谓首鼠两端论、折中论内。"外论群起,计(和议)虽定而未敢毕行。"(《要录》卷一二三,绍兴八年十一月甲辰条)这是十一月的情况,到了十二月,高宗、秦桧起用江南士人层的代表李光,和议遂"毕行"。

四、绍兴八年第一次宋金和议

本节探究绍兴八年（1138）十月秦桧政变以后，至同年十二月和议成立的经过大要。

十月一日，秦桧要求高宗坚行和议，并将反对和议人士、骑墙派自权力中枢排除。之后，他又两次要求高宗花三天时间细细考虑，终于提出确认的文字，高宗和秦桧遂于十月上旬成立联合阵线。结果，首相赵鼎于同月二十一日辞职。先前，赵鼎的官僚群已因同年六月间讨论和议是非，分裂成赞成派——户部侍郎向子諲，反对派——中书舍人潘良贵，慎重派——御史中丞常同，并因在高宗面前争执，而于次月以不谨之名全部罢免。到了十月，参知政事刘大中又在赵鼎罢免之前去职。赵鼎的辞任更加速了这样的动向，六月间才完全掌握权力中枢的赵鼎集团，一下就解体了。十一月间礼部侍郎兼侍讲张九成、中书舍人兼直学士院吕本中、殿中侍御史张戒、枢密副使王庶等人，十二月时礼部侍郎曾开等次第辞职[1]。

赵鼎系高官的罢职，并不与宋金和议直接相关，为巩固政权，秦桧必须拔擢承顺己意的士人。对于秦桧提拔中书舍人勾龙如渊出任言事官最高职位御史中丞一事，"人皆骇愕"（《要录》卷一二三）。《要录》描述其事如次：

> 时秦桧方主议和，力赞屈己之说，以为此事当断自宸衷，不必谋之在廷。上将从其请，而外论群起，计虽定，而未敢毕行。如渊言于桧曰：相公为天下之大计，而群说横起，何不择人

---

1. 绍兴九年三月的权力中心组成：侍从官方面，宰相只有秦桧一人，参知政事为孙近、李光，签书枢密院事虽有韩肖胄、王伦、楼炤三名，但韩肖胄为大金奉表报谢使，王伦为迎奉梓宫奉还两宫交割地界使，皆是出使金国而有的名誉职。实务官方有，中书舍人刘一止，吏部尚书晏敦复，吏部侍郎刘岑，户部侍郎梁汝嘉，礼部侍郎冯檝、吴表臣，兵部侍郎萧振，刑部侍郎周聿，工部侍郎陈诚。言事官方面有勾龙如渊、廖刚、侍御史施庭臣。其中属赵鼎系者只有晏敦复（据《续鉴》卷一二一及《纲目》卷八）。所谓侍从（官），据南宋赵升撰《朝野类要》卷二，"翰林学士、给事中、六尚书、侍郎是也。又中书舍人，左右史以次，谓之小侍从"。

为台官，使尽击去，则相公之事遂矣。桧大悟、遂擢如渊中司。（《要录》卷一二三，绍兴八年十一月甲辰条）

继又以施廷臣为侍御史，"庭臣抗章，力赞和议，故有是除，命下，中外骇愕"（《要录》卷一二四，绍兴八年十二月丙子条），这和勾龙如渊的情况相类。秦桧得到皇帝的支持后，为了破除对抗势力，非常重视谏官、言事官，甚至以言事官为腹心[1]，后来，这成为他政治手法的特色。此外，当这样的政治工作还不能说服反对派时，他就对慎重论——自治论者进行分化、怀柔。

秦桧在刘大中罢任之后，选了孙近和李光出任参知政事。十月下旬，赵鼎罢免的第二天，高宗与勾龙如渊商议刘大中继任人选事宜，如渊建议起用知绍兴府的孙近及知洪州的李光，以取代亲近赵鼎的吕本中。当时，高宗曾表示，李光原与赵鼎、刘大中等同一路线，推荐其继任，当特别慎重（《要录》卷一二二）。而这位李光就在十二月时被起用，出任参知政事。

> 吏部尚书李光参知政事。秦桧与光初不相知，特以和议初成，将揭榜，欲藉光名以镇压耳。上意亦不欲用光，桧言光有人望，若同押榜，浮议自息。上乃许之。（《要录》卷一二四，绍兴八年十二月己未条）

在南宋王十朋所撰《会稽三赋》中，记载李光是会稽（越州）出身的名士，在江南士人层中颇具厚望。可以想象，当金使节张通古等人于十一月末越过国境，十二月中到达杭州之际，正是临安及其周边地区皆陷入政治极度不安之时。高宗和秦桧并不想起用李光，却又不得不加以任命，其背景乃是"外论群起，（和议之）计虽定而未敢毕行"（《要录》卷一二三，绍兴八年十二月甲辰条）的政治情况，以及"欲藉光名以镇压耳"（《要录》卷一二四）的政治判断。而就李光方面来看，

---

1. 衣川强：《秦檜の講和政策をめぐって》，《東方学報》45，1973年。

他既未积极地反对和议,却也不曾赞成和议,他和赵鼎、常同同属于慎重派;而他之所以敢于在和议将成之际参加最高统治集团,其实是因为"光本意,谓但可因而为自治之计"(《宋史》卷三六三《李光传》)。

高宗曾于八年十一月表示:"休兵之后,一切从节省,虽常赋亦蠲减,以宽百姓。"(《要录》卷一二三,绍兴八年十一月庚寅条)意即承诺将藉和议一休战而改善战时财政状况,减轻江南地主的负担。由这一点看来,李光就任宰执,正是对高宗、秦桧怀柔策的回应。再从另一个角度来看,赵鼎、李光同样主张与金对决,也都标榜以重建集权国家为基本路线的自治论;可是,赵鼎、王庶、张戒、常同是从北方移往南方的士人,李光则是以江南为根据地的士人,当后者被纳入高宗、秦桧联合阵营时,前者即处于孤立的状态。

总之,十月上旬,获得皇帝绝对信任而掌握政局主导权的秦桧,其政治手段为:(1)以言事官为腹心,弹劾赵鼎系高官,更替权力中枢的成员,以求实现和议;(2)分化和议慎重论者——自治论者,怀柔江南士人层的代表,纳入政权之内,以压制反对势力。

绍兴八年(1138)第一次宋金和议的交涉过程有一大特色,就是金方(挞懒)明显的粗糙与急性。绍兴七年初宋得知徽宗驾崩后,所派遣的吊问使节于同年十二月归国时,已变成传达和议条件的使节。八年十一月,金一点也不考虑宋人的感受,派遣诏谕江南使张通古、明威将军萧哲南来。张通古等人于十二月二十四日到达行在,"言先归河南地,徐议余事"(《要录》卷一二四,绍兴八年十二月丙子条)。其任务只在告知返还河南地,传递金朝国书(敕书)。

九年正月,王伦、蓝公佐等人使金之际,"乃遣副使蓝公佐先归,论岁贡、正朔、誓表、册命等事"(《要录》卷一三二,绍兴九年十月是月条)。由这一点看来,八年十二月和议时,有关宋支付予金的岁贡额度、种类,宋对金之誓表,金对宋之册命、历书等讲和缔约时必须论及的内容和形式等各项条件,均未讨论。职是之故,八年十二月和议的最大疑义,首先在于应否拜受金之国书,如若拜受,又当依何种礼法拜受。

张通古所持金国书之形式如何、文章内容如何,今日皆已不能获知。

第五章　第一次宋金和议之进行

《要录》卷一二四引赵甡之《中兴遗史》说："通古所持诏，其辞不逊，上皆容忍之。"（八年十二月庚辰条）又《要录》同卷引《绍兴讲和录》云"金人国书"大意如下：即先前建齐以求休战，图四方宁静，然历经八年皆不见效，乃予废黜，"况兴灭国，继绝世，圣人所尚，可以河南之地俾为主云云"（同前）。《绍兴讲和录》只是略掇其言，故其形式、内容不明。唯此处之"灭国"、"绝世"，殆指宋朝、赵氏无疑。整体而言，大概是要把原来伪齐的领土、人民转付予宋朝。在宋人眼中，刘豫的齐政权乃大逆不道的逆臣，而今竟与之同等待遇，自是令宋人难以忍受，所谓"不逊"或即缘此而起。

金和齐约为君臣关系，但刘豫不只尽臣下之礼，"又为大朝（金）之子"（《金史》卷七七《刘豫传》），故金、齐关系尚拟如父子。现在河南地既归还宋朝，齐的地位亦当由南宋继承，金、宋关系遂成父子关系，这可能也是所谓"不逊"的缘由。再者，刘豫既为大朝（金）之子，金朝使者至齐，刘豫皆亲问大金皇帝起居；使者归国之时，亦皆起立致送给金帝的奏文，这些均规定于金的诏书中（《金史》卷七七《刘豫传》）。由于金的国书也要求宋遵守与刘豫相同的礼法，宋的舆论立时强硬起来。八年十一月，金使尚未入境，驻屯淮东的韩世忠，就从比金正使先遣的银牌郎君处得到机密情报，通知朝廷："金人欲要陛下如刘豫相待礼数。"（《要录》卷一二三，绍兴八年十一月壬辰条）十一月二十六日，金使入境，宋之接伴使范同"北向再拜，问戎主起居，军民见者往往流涕"（《要录》卷一二三，绍兴八年十一月戊申条）。由此亦可推测，金将以宋与齐并置。张通古所携国书的内容虽然不明，但推想是与金赐齐者相同。韩世忠在先前的情报中还提到："且刘豫系金人伪立，而陛下圣子神孙，应天顺人，继登大宝，岂可相同哉。"（《要录》卷一二三，绍兴八年十一月壬辰条）无论赵鼎或秦桧都认定刘豫为逆臣，要宋接承其位，确实是难以接受而心服。

高宗、秦桧原欲藉和议索还河南地、先帝梓宫，并迎回母后，而今亦难以决断。问题在于"金人遣使张通古，要上北面拜诏"（《要录》卷一二四，绍兴八年十二月庚辰条引《中兴遗史》），赵鼎系高官已有多人为此辞职，对于权力基础不稳的秦桧而言，这成为必须紧急处置的重大政治课题。

十二月二十四日,张通古等金使节团抵达行在。从他们诏谕江南使的名衔来推察,此行并不是为交涉休战条约或讲和条约而来。张通古说:"先归河南地,徐议余事。"(《要录》卷一二四,绍兴八年十二月丙子条)他的基本任务只是为了传递国书。然而金的国书传递——就宋而言,则是臣服拜受——其实已可视作是宋、金和议之成立,这种单向性是第一次宋、金和议的一大特征。又由于金单方面地要求宋皇帝依照和刘豫相同的礼法,来拜受金的国书,宋之朝议因而沸腾,政治气氛立时动荡不安:

> 军民时出不平之语,闻之有可骇者。上自大臣,下至百执事,朝夕惴惴,恐此礼一行,或生意外之变。阖城百姓,有终夜不能寐者。而近甸、常、润、会稽之间,民悉不安。(《要录》卷一二四,绍兴八年十二月丙子条)

这是一种恐慌状态。在此情况下,中枢再次陷入苦虑,唯有秦桧心腹的御史中丞勾龙如渊特别活跃。他在金使未入京前的十二月十八日,已对皇帝献言:"礼不行而事定。"在此之前,驻守首都的三位将军杨沂中、解潜、韩世良已先和秦桧见面,谓皇帝如行屈己之礼受纳金之国书,恐将有不测之事。三将又对勾龙如渊说,今张俊、韩世忠、岳飞三大将虽在外地,恐他日将为彼等所斥责,故难以协助。如渊乃与之约定,"他日,第令计议使取国书,纳入禁中,必不行其他礼数。"然后上奏道:

> 今日金人既遣报使,赍书而来,倘若不受,必至归曲于我。一旦兴师,彼则有辞。此和议固不可坏,而礼文之间,动辄过当。若不度利害,勉而从之,则堂堂中国,一旦遽为敌人屈己。

他认为,拒绝和议将给予金人再开战争的名目,故宜避免。但其既于礼法上有失,故"如臣管见,必遣王伦,与使人反复商议,取得敌书,纳入禁中,则礼不行而事定矣"(以上全出自《要录》卷一二四,绍兴

第五章　第一次宋金和议之进行

八年十二月庚午条）。这种不经行礼而取得国书的提案，得到高宗的首肯。二十四日闻朝议决定，"欲不行屈己之礼"（《要录》卷一二四，绍兴八年十二月丙子条），勾龙如渊、李谊、郑刚中等言事官和宰执乃连日协议对策。其时，情势相当地不利，不但在京百官提出了各种反对和议论、慎重论，高宗也抱怨道："王伦本奉使，至此亦持两端，秦桧素主此议，今亦来求去。"（《要录》卷一二四，绍兴八年十二月戊寅条）[1]

二十七日，"桧未有以处，因问给事中、直学士院楼炤，照举《书》曰'高宗谅阴三年，不言'之句以对，桧悟"（《要录》卷一二四，绍兴八年十二月庚辰条）。这是出自《书经》的一句话，言殷武丁（高宗）服丧三年，沉默不语。秦桧于是想到了解决方法："上不出，而桧摄家宰受书。"（同上）二十七日至二十八日间，经过高宗—王伦—金使间的一番折冲，结果于二十八日，"尚书右仆射秦桧见金国使人于其馆，受国书以归"（《要录》卷一二四，绍兴八年十二月庚辰条）。终于解决了受纳国书一事，"人情始安"（《要录》卷一二四）。

正如勾龙如渊所言，拒绝拜受金之国书，可能会引起战争；然而反对和议的百官和将军们既然占了大多数，令宋、齐等量齐观的皇帝亲受文书仪式，根本不可能进行。当时的秦桧，权力尚未完全强固，但他终究正确地克服了困难。绍兴八年和议并不是以秦桧组织完成的政治势力为背景或原动力来实现的，因此其脆弱也是可确认的，这与绍兴十一年末第二次和议极为不同。

五、绍兴八年和议的正当性与反对论

自绍兴八年（1138）十月二十一日赵鼎辞相至十二月二十八日和议成立的大致经过，约如上述，当时若就实力而论，金远比宋为优越。宋的高层政治人物中，除了原有的对金强硬论者，也有不少慎重论者反对和议，再加上秦桧的揽权与压抑异议论者，乃形成反金、反和议、

---

[1] 身为清代经学家又以历史地理研究知名的洪亮吉曾言："此只是桧以托词挟制高宗。"这样解释或许也妥当。见《续鉴》卷一二一，绍兴八年十二月戊寅条引"考异"。

反秦桧的混声大合唱，吕中曾将之整理如下：

> 桧虽以和议断自圣衷，而人心公议，终不可遏。争之者，台谏则张戒、常同、方庭实、辛次膺。侍从则梁汝嘉、苏符、楼炤、张九成、曾开、李弥、晏敦复、魏矼、李弥逊。郎官则胡珵、朱松、张广、凌景夏。宰执则赵鼎、刘大中、王庶。旧宰执则李纲、张浚。其他如林季仲、范如圭、常明、许忻、潘良贵、薛徽言、尹焞、赵雍、王时行、连南夫、汪应辰、樊光远交言其不可。大将岳飞、世忠亦深言其非计。而胡铨乞斩王伦、秦桧、孙近二疏，都人喧腾，数日不定，人心亦可知矣。（《要录》卷一二四，绍兴八年十二月庚辰条引吕中《大事记》）

以下拟检讨和议正当化论、和议反对论的大要，也就是与当时最高政治课题有关的政治思想和理论。

首先，是皇帝一贯强力抬出"孝"论作为和议的正当理由。在取回先帝梓宫，迎还皇兄、生母的问题中，高宗最迫切解决的还是如何迎回太后韦氏。韦氏生于元丰三年（1080），绍兴八年（1138）时已五十八岁[1]，"上愀然曰：太后春秋已高，朕朝夕思念，欲早相见。故不惮屈己，以冀和议之成者，此也"（《要录》卷一二〇，绍兴八年六月戊辰条）。于是很多人主张，天子之孝有别于士庶之孝，当以奉宗庙、社稷为大事，不能如士庶之孝但循私情（如《要录》卷一〇八，绍兴七年正月丁亥条，张浚之言）。虽然如此，高宗心意始终未变。

高宗一直强调骨肉之情，"朕本无黄屋心，今横议若此，据朕本心，惟应养母耳"（《要录》卷一二三，绍兴八年十一月辛亥条）。结果所有的和议反对论都不能与高宗的主张相抗。

其次，高宗之所以主张和议，是认为和议成立——恢复和平，方能保证万民休息和安宁。比较起来，迎还梓宫、生母是较早的立论。若从《要

---

1. 参见千叶焈：《徽宗の皇后たち》，《中嶋敏先生古稀記念論集下》，汲古书院，1981年。

第五章　第一次宋金和议之进行

录》来看，休兵安民论之首次提起是为了因应八年六月金使入京的现实问题，故其提出最早是在五月末。"上谓辅臣曰，（中略）早遂休兵，得免赤子肝脑涂地，此朕之本意也。"（《要录》卷一一九，绍兴八年五月戊申条）以后，和议即多以万民之休息、安宁为理由，特别是绍兴十一年第二次和议之时，这个理由更跃升为主流。

绍兴八年十二月金使张通古入京之际，也有一些臣僚论及和议的正当性。他们认为对金强硬论者的灭敌论是不可能实现的，故当"度利多害少则行之"，亦即从功利主义的观点，审度和议之可行（《要录》卷一二四，绍兴八年十二月乙卯条，冯楫之言）。其中值得注目者，为太府寺丞莫将的意见，他从另一种角度支持高宗先前的休息安民论。"臣闻，兴师十万，则不得操事者七十万家，此危道也。今日之议成，虽未可以去兵，而亦可以少休兵矣。夫国虚则民贫，民贫则上下不亲。敌攻其外，民盗其内，是谓必溃。此今日四川之事，大可虑也。"（《要录》卷一二四，绍兴八年十二月甲子条）这是说，战争的持续将削弱民力，造成阶级的对抗关系，增加社会不安，甚至导致国家内部崩坏的危机，故当主张和议——休战，恢复和平，这是在高宗提出的两个理论之外的第三个和议正当化理论。

另一方面，反对和议论者更是济济多士，论点亦多歧异，秘书省正字范如圭在十一月末写给秦桧的书简上，表达了反和议论的典型论点。

范如圭的书信一开头就高揭复仇论，"礼经有曰，父母之仇，不与共戴天。寝苦枕干，誓死以报"。徽宗皇帝、显肃皇后既崩殂于沙漠，理应"北向以治女真反天逆常之罪"，至于春秋之法，"仇不复，贼不讨，则不书葬。葬者，臣子之事也，不书葬，以为无臣子也。天下之痛，莫甚于不得其死，而不复仇、不讨贼。使神灵衔冤抱恨于地下而不得伸，虽得梓宫而葬之，于臣子之心能安否乎"。他认为不复仇而与敌议和的说法根本不值一提。值得注意的是，相对于高宗提出归还生母以践孝道之说，反和议论者却以为父皇复仇为第一目标。

范如圭主张的第二点是金人彻底的不可信任。因女真之言包藏奸诡，不可测度，相信女真的花言巧语而与之议和，根本就是错误。金虽告知徽宗死讯却不肯说出讳日这点，就是其不能信赖的最好证明。从过去的历史来看，女真之不可信还有五点：第一，宋曾与之结盟合围攻辽，金却在灭辽之后进犯开封；第二，第一次包围开封，与结城下之盟后，金军理应撤退，却在不旋踵间围逼太原；第三，其后又于和议使臣往来之际，同时兴兵不绝；第四，开封沦陷后，和议尚在交涉之时，金即强行挟制两帝往北方；第五，既建齐为傀儡政权，却又任意取消。上述均是范如圭认为金不可信的历史根据。

范如圭的第三个理由是以国家民族的自尊心、面子为名，堂堂中国绝不能屈服于夷狄女真。"闻其（金）使称诏谕，挟册而来，要主上以下拜之礼。果有之乎，其无之也；果可从乎，其不可从也。反面事仇，匹夫犹不肯为。忍以堂堂之宋君臣，相率而拜不共戴天之人哉。"甚至还说"一旦拜受女真之诏册，则将行女真之命令，颁女真之正朔。普天之下，莫非女真之土，率土之滨，莫非女真之臣。我宋君臣上下，虽欲求措身之所，且不可得"，是"举祖宗二百年之天下委而弃之哉"。

范如圭致秦桧书简的第四项，比之前述三项直接反对与金和议的理由，性质上有一些不同。他认为皇帝应闻天下军民之声，今天下军民皆反对和议，故不宜强行和议。"主上南面而君天下十有二年矣。其即位也，由天下军民推戴所迫，不得已而从之。至于今日，天下军民岂肯听吾君北面而为仇贼之臣哉。主上以思念父、母、兄之故，不惮于屈己。天下军民以爱君之故，不肯听主上之辱身。"（以上皆引自《要录》卷一二三，绍兴八年十一月辛亥条）高宗本是在特殊情况下因缘即位，此所谓皇帝是受万民推戴而登位，因此高宗的政治决定也应反映万民的意志，今万民既反对与金和议，皇帝即应顺从万民之意。

范如圭的和议反对论可综合成四项：(1)复仇论,(2)对金不信任论,(3)民族自尊论,(4)舆论反对论。当时的反和议论在形态上虽然各式各样，大概都以此四项为基轴组成。其中第四说，完全自道义立论，倾向于道德、精神论，与和议正当论的计量利害、规避社会危机之说截然不同。形成此种倾向的背景，正是皇帝欲履行孝道而强行和议的现实，为了对抗皇帝的孝论，反对论不得不转向更高一层的道义理论。

第四说虽是间接反对和议，却和当时的政治主张、政治决定、政治参与等诸问题相关。至于"天下万民之声"的主张，简直就是针对当时秦桧十月政变提出批判，以下即就此稍作检讨。

类似的议论其实很多，例如胡铨就主张斩秦桧、孙近、王伦，又称"都人喧腾，数日不定"（《要录》卷一二三，绍兴八年十一月辛亥条）。其奏文说："夫天下者，祖宗之天下也。陛下所居之位，祖宗之位也。奈何以祖宗之天下为金人之天下，以祖宗之位为金国藩臣之位。陛下一屈膝，则祖宗庙社之灵，尽污夷狄，祖宗数百年之赤子，尽为左衽，朝廷宰执尽陪臣"（《要录》卷一二三，绍兴八年十一月丁未条）。胡铨的立场比范如圭更具民族敌忾之心，或者说，复仇心更浓。值得注目的是，他指出皇帝的地位不是私物，而是具有传统意义的公器，这是一种皇帝体制论的创发。监察御史方庭实的奏文更清楚地确认了这一倾向。或谓当时士大夫皆反对和议，如范如圭、王庶、曾开、李弥逊、方庭实等"言之尤力"（《要录》卷一二四，绍兴八年十二月辛未条）。方庭实曾说："天下者，中国之天下，祖宗之天下，群臣、万姓、三军之天下，非陛下之天下。陛下（中略）传嗣正统，有祖宗积累之基，有长江之险，有甲兵之众。群臣、万姓、三军皆一心欣戴陛下，如子弟之从父兄，手足之扞头目。陛下纵未能率励诸将克复神州，尚可保守江左，何遽欲屈膝于虏乎。陛下纵忍为此，其如中国何，其如先王之礼何，其如天下之心何。"（《纲目》卷八，绍兴八年十二月虏使张通古来议和条）[1]

从政治思想史的观点来看和议的是非，可有如下之言。首先，掌握和议主导权的皇帝，（1）是以迎还母后，意即履行以骨肉之情为内容的孝道思想为理由，将其所接受的不利的、屈辱性的和议正当化，（2）其推动和议的政治手法，是和秦桧作排他性的结合，把反对论者、

1.《要录》卷一二四绍兴八年十二月辛未条附注称："（李）弥逊、（方）庭实奏疏未得本，当访求增入之。"此上奏文中最值得注意的是，他明白指出天下是群臣、万姓、三军之天下，非陛下之天下。又吏部侍郎魏矼也说：以皇帝养母之情为"人主之孝"并不妥当，能安国家、保宗社才是"天子之孝"，又说和议当"以国人之意拒之"。还说："所谓国人者，不过万民、三军尔。缙绅与万民一体，大将与三军为一体。今陛下询于缙绅，民情大可见矣，惟三军之心未知所向。和戎国之大事，岂可不访之兵将乎。"（《要录》卷一二三，绍兴八年十一月壬寅条）也就是希望皇帝能先听取万民与三军的意见。

慎重论者从权力中枢驱逐出去。于是，反对势力就借着（1）主张为父皇复仇，从和皇帝孝论相同的家族道德、孝道立场进行反击；（2）高宗的即位并无先帝指名之类的授权关系，而系由推戴而成，以这种特殊的历史情势为原点，指出皇帝以天下为私产、和秦桧作排他性结合之不当。这样的解释如果无误，那么绍兴八年的和议之争，也可说是针对南宋基本特质当如何选择、决定进行争论。皇帝、秦桧的理论是走向家产国家、皇帝专制主义之路；反对派方面，则倾向于皇帝体制论、皇帝官僚制国家。

北宋一百五十年的历史即是前述两种性质的合并展现。从五代的后周到宋，如果强调最后、最大、最强的军事权力，即当以前者的理论为上；然若重视北宋科举官僚制的动向，又当以后者的理论为重。到底南宋政权所要承继的是哪一方呢？这个问题一直隐伏在南宋初期政治史的底流中，作为一种理论性的课题，或是潜在性的课题，一再地出现。绍兴八年底，如何选择中兴王朝性质取向的课题，借着和金建立和议关系为契机，一举迸现。问题的症结在于，双方势力相对峙的绍兴八年年底，尚有一事未决，此即理应为中兴王朝——集权国家支柱之一的军事力量，应当一元化为皇帝所有的收兵权大计，要在何时、以何种方式、由何人主导的问题。

最后所要讨论的是，和议中放弃两河（河北、河东）、山东等中国固有领土、人民之事，反对论者何以几乎不曾表示愤怒、抗议，或是从这样的立场提出反对意见。

宋金和议的成立，意味着现有军事势力范围的冻结、固定，从当时的势力关系来看，宋在固有领土、人民方面，都有相当程度的损失，至少意味着宋放弃或割让金已占领地区的主权。绍兴八年第一次和议中，金提议归还河南地，九年又加上了关中（陕西）。这或许是使割让、放弃等议论不太浮出表面的原因，但是宋仍然丧失了两河、山东的华北主权。河北有宋王朝的发祥地（涿州），标榜"怀土顾恋，以死坚守"（《大金吊伐录》卷二，《会编》卷五〇）的民间自卫组织也仍活跃于两河一带，继续抗金的行动，然而宋却始终无所表示。和议成立之后，礼部侍郎冯檝于九年二月时说："河东、北不属割还地分，万一两路人民逃归，

第五章　第一次宋金和议之进行

受之则为失信，要须先为措置，免生事。"（《要录》卷一二六，绍兴九年二月乙卯条）三省、枢密院遂订定相应措置。吕中因此议论说："朝廷弃三路（两河）如弃土梗，弃两淮如弃敝屣。"（《要录》卷二九，建炎三年十一月壬戌条引《大事记》）

对于政府计划在杭州建设奉迎钦宗用宫殿之事，胡寅于九年正月致书张浚说："十余年间，凡有诏令，必以恢复中原为言，所以系百姓心也。今乃于临安，增修母后、渊圣宫殿，是不为北迁之计也。然则居杭者乃实情，而恢复者乃空言耳。"这是对和议结果之必然放弃故地表达不满，但并未对舍两河、山东作正面抗议。

如果说从五代后周至宋的中国统一事业，其大义名分乃在于抵抗契丹的压力，防卫华夏世界；那么同为赵氏政权的南宋，政治态度何以如此悬殊，值得深究。这个课题难以在此作全面性的探讨，只有点到为止，但笔者愿意就政治史的层面，提出若干假设性的见解，以说明在皇帝周边、侍从官以上的权力中枢内部，代表两河地区的政治势力已趋微弱。这种微弱性不仅表现在量上，也表现在质上。其实出身两河、山东的人物很多，但何以他们甘心舍弃故土而不加抗议呢？

明末清初的顾炎武曾说："予尝历览山东、河北，自兵兴以来，州县之能不至于残破者，多得之豪家大姓之力，而不尽恃乎其长吏。"（《亭林文集》卷五，裴村记）他对于在地世族所承负的社会机能评价甚高，由此顾氏复感叹："靖康之变，一家能相统帅以自守者无，夏县司马氏举宗南渡，而其返里尚未足百年。"（同上）夏县属河东（山西）解州，司马氏是数世聚居的河东名门大族，这也是司马光的家族。据顾炎武之言，司马氏因金军南下而抛弃家园，历数百年不曾复归。

南渡后的司马氏，可以司马伋为例，绍兴十五年（1145）七月，他奏请高宗将预定在建安刊行的《涑水纪闻》禁绝毁版，理由是"秦桧数请禁野史，伋惧罪，遂讳其书"（《要录》卷一五四，绍兴十五年七月丙午条）。再者，绍兴二十六年（1156）四月，司马伋之弟司马倬罢提举两浙路常平茶盐公事，理由是"倬与王会、曹云为死党"。王会是北宋神宗朝宰相王珪之孙、秦桧妻王氏之弟，在秦桧专权时期甚为得势，历任平江、建康、秀州、湖州知事，敛得私财甚巨。曹云则是平江大贾，营卖卜业，他和住在平江的士人如司马倬等往来交际，买得官位（以上据《要录》卷一七二，绍兴二十六年四月己卯条）。司马氏南渡后，与当权派、富商相交结，我们可以由此认定，他们已沦为当时政要的寄生者。搜罗这类事例，虽可推量出这种倾向，然亦不过附从顾炎武的慨叹，补充南渡后河东名门的动向而已。不过，单仅就此来看，亦可说明两河、山东系士人层早已丧失其自我立足的基础，地缘关系极为淡薄，只好寄生于皇帝、权势者之下。

根据和议割弃领土、住民却未遭强烈抗议的现象，其实也和北宋末士大夫层的生存状态，及其自我变化的再生形态有关，他们的在地关系淡薄，于是依附于权力的寄生性与存在形态的特权性便发挥了很大的作用。

《宋人轶事汇编》卷十九所录之《经鉏堂杂志》中有如下的对话："赵子固、向伯升太原人。携家南渡，各有中原田契两笼。其初日望恢复，凭契复业。至今七十余年，竟成无用。"由此可知，华北地主层也曾希望组织起来，形成政治力，但未能影响南宋的国家政策。南宋初期虽然不断出现各式各样的复仇论、民族自尊论，但是从这个角度出发的政策论、和议反对论却极为缺乏，这正暴露了南宋政权的基本特质。

第六章

南宋政权与江南地主阶层——李光之出任参知政事

一、李光的基本立场

绍兴八年（1138），第一次宋金和议订立，这是南宋政权确立的重大转机。就在宋金和议形成之际，南宋的政治势力之间也发生了剧烈的变动。一直占据着政权中枢的赵鼎集团，在这年秋天因高宗、秦桧所策动的政变而下台。可是，此时的秦桧，政治力与组织力皆有不足，尚未能完全掌握住政权，极需要他人的合作与支持。于是遂形成一面标榜排他性，一面寻求支持与合作的矛盾现象，而其根底则出自秦桧的无力。

绍兴八年十一月、十二月间，无锡出身的孙近与会稽（绍兴）出身的李光，相继被举任为参知政事（副宰相），成为高宗与秦桧的合作伙伴。特别是李光，其所以见用，实基于特殊的考虑，"秦桧与光初不相知"，"上意亦不欲用光"，"欲藉光名以镇压（反对势力）耳"（以上见《要录》卷一二四，绍兴八年十二月己未条）。然而值得注意者，孙近、李光之起用，并非因为他们是赞同和议的有力人士，而是缘于其为江南名士之故。在南宋的《会稽三赋》（王十朋撰）中，李光是享有令名的名士。绍兴十一年（1142），栖隐于故乡的李光，遭到弹劾，"近会稽之民，以李光鼓惑，遂至于纷扰者累日，今闻（范）同与朱翌、邵大受等又往（李光）家焉。（中略）万一会稽藩辅，为之震动，则远方闻之将如何"（《要录》卷一四二，绍兴十一年十一月丁未条）。从这件弹劾案可知，他确是会稽、江南最有力的人士。所以，绍兴八年底之起用李光，不只是为了镇压反对和议论，而是因为不得不江南政权化的南宋政权急于拉拢江南士人层、笼络江南舆论的政治计算。尚在巩固局势中的南宋政权，乃是不得不以江南为基本地域的继承政权，迟早都必须斟酌江南的政治要求，并且收拢江南士人进入权力中枢。因此，邀请李光就任参知政事，争取江南士人层赞同和议，都是继承政权和江南达成一体化的尝试。

透过李光其人、其社会政治立场，以及他从绍兴八年底到九年底

第六章　南宋政权与江南地主阶层——李光之出任参知政事

整整一年间在政权中枢提出的主张与言论行动轨迹，可以具体而明显地看出这个阶段的南宋政权和江南的接点所在。这个问题还意味着，我们可以由此具体观察到，权门层在这个历史性的特殊场面——南宋政权确立时期之江南地区中，如何寄生于代表北宋末期民族全体之王朝权力上，一再"倚法营私"，并和在地地主官僚间进行政治斗争。以下，本章将以李光为中心，追索不得不江南化的南宋政权和江南的关联。除了在位仅七十余日的李纲，前此为相的黄潜善、吕颐浩、赵鼎、张浚等人俱非江南出身者，他们也不是代表江南为江南提出政治要求的宰执，因此透过李光的起用及其轨迹，我们可以检讨继承政权和江南在此一阶段中的关系，以及北宋末权门层余绪和江南地主官僚的政治斗争，这也是研究南宋政权确立过程重要的一环。

南宋的代表诗人、出身越州绍兴的陆游，曾列举包含朱熹在内的"近世名士"八人，居首者即李光（字泰发）（《老学庵笔记》卷九）。李光是越州上虞人，在北宋末以迄南宋初这段动荡时期中，他是江南士人的代表人物。今日所传的《庄简集》十八卷，是从《永乐大典》中辑出。由于没有墓志铭、神道碑、行状传世，所以他所代表的江南士人——读书人官僚风采遂不甚清晰。但映在青年陆游眼中的乡党名士形象，却是极为生动鲜明：

> 李丈参政，罢政归乡里时，某年二十矣。时时来访先君，剧谈终日。每言秦氏，必曰咸阳，愤切慨慷，形于色辞。一日平旦来，共饭，谓先君曰："闻赵相过岭，悲忧出涕。仆不然，谪命下，青鞵布袜，行矣。岂能作儿女态耶。"方言此时，目如炬，声如钟，其英伟刚毅之气，使人兴起。（《渭南集》卷二七，跋李庄简公家书）

令陆游感动，当时四十七八岁的李光刚毅之风，跃然纸上。从文中看来，李光因与秦氏（即秦桧）对立，已被逐出中央政界，而这种打压的力道亦可预见将越演越烈。事实上，此后没多久，李光和张浚、赵鼎等秦桧的前任宰相们，同时受到秦桧的彻底压迫。绍兴十七年迄十九年间，因家藏野史、编纂私史、诽谤时政等罪名而起的"李光之狱"，几乎将其所有家族、近亲以及关系较深的士人都牵连在内，或系狱，或流放，"田园居第，悉皆籍没，一家残破矣"（《要录》卷一六八，绍兴二十五年四月己丑条）。秦桧死后过了数年，绍兴三十一年春，李光妻管氏要求为光恢复名誉，她说："光迁谪岭海，首尾十八年。二子丧亡，二子流窜，田园屋宇尽皆籍没，骨肉流散，身后二子、三孙俱白丁。祖宗以来，执政官得罪，未有如光被祸之酷者。"（《要录》卷一八九，绍兴三十一年三月辛卯条）李光何以会遭受如此迫害，乃是南宋初期政治史的重要课题，当留待与秦桧专制体制论一并讨论，此处所可确认者，即其受到极其严酷的迫害，也就是说，他被秦桧视为头号政敌。

其次想要介绍的，是李光在江南士人间所拥有的强大影响力。

绍兴八年秋、冬的政情，由于第一次宋金和议的缔结，陷入紧张和不安之中。获得高宗完全信任、推动和议的秦桧，已和反对派决裂，当时具有相当发言权的将军中，亦有持反对论者，"时诸将韩世忠、岳飞皆以议和为非计"（《要录》卷一二三，绍兴八年十一月壬寅条）。高宗的决断、秦桧的政治力均不足以支撑和议的进行，"而外论群起，计虽定而未敢毕行"（《要录》卷一二三，绍兴八年十一月甲辰条）。就在这样的气氛中，金国使节将于十二月下旬携国书（金皇帝的敕书）至临安，迎接他的是高度的政治不安。"军民时出不平之语，闻之有可骇者，上自大臣，下至百执事，朝夕惴惴，恐此礼一行，或生意外之变。阖城百姓，有终夜不能寐者。而近甸、常、润、会稽之间，民悉不安。"（《要录》卷一二四，绍兴二十五年十二月丙子条）于是遂于十二月七日，以李光为参知政事，与秦桧、孙近、韩肖胄等人同为大臣，组成权力中枢。这是要利用李光的声望来度过政治危机：

> 吏部尚书李光参知政事。秦桧与光初不相知，特以和议初成，将揭榜，欲藉光名以镇压耳。上意亦不欲用光。桧言光有人望，若同押榜，浮议自息。上乃许之。（《要录》卷一二四，绍兴八年十二月己未条）

第六章　南宋政权与江南地主阶层——李光之出任参知政事

由此即可了解，高宗和秦桧之所以起用李光是为了对付世论。然而江南士人层并不了解这点，对于同乡代表参与中枢寄予热切的期望，如其同乡士人者：

> 会稽杨元光，作而喜而曰：吾乡先生得位，必将尽行平日之言，上副吾君倚注之重，下以慰中外搢绅之望矣。（《鸿庆居士集》卷四一，右从政郎台州黄岩令杨元光墓表）

这显示他们对于此次人事变动抱持着多大的期待。总之，李光拥有极高的声望，在南宋政权新首都的天子脚下，代表会稽地方人士表达意见，这一点是可确认的。

其次所欲检讨者，即李光虽说是江南会稽人士的代表，但他代表的究竟是江南普遍的利益，抑或是江南特定阶层的利益呢？如序章所言，山内正博将南宋政治史的架构，设定在北方移居之地主、官僚和江南土著之地主、官僚的抗争上，至其暧昧之处，序章亦已有说明。若此，李光不只是南方的代表，其背后是否还有江南某个阶层存在呢？有关李光生活形态的史料分量极少。因此，以下将从他的政治发言和行为经历，来逼近此一问题。

李光的仕宦生涯中，可以绍兴八年至九年的参知政事职任为界，分为两期。前期始于崇宁五年进士及第，历任地方官、中央官、参知政事等三十余年的过程；后期则是与秦桧斗争、失败，流放岭南、海南岛，以迄结束失意生涯的二十年时间。当然，由于他后半期的政治发言、主张均未见记载，也就没什么值得检讨的内容。然而，检视他前半期的行动、发言，仍可以指出他一贯的政治态度。简言之，那是一段始终不懈的斗争过程，对象则是支配皇帝周边、权力中枢，以此为背景而大张权势，藉此扩大私利私欲的权门层特权官僚——同时也是享有特权的地主层。

据《宋史》卷三六三《李光传》所言，他在进士及第后，先为开化县令，有政声，就任都堂审察时，已召宰相不悦。到底因什么事情不悦，并不可知，政和末期的宰相为何执中、蔡京、郑居中等人。北宋末年和李光对立的蔡攸是蔡京之子，郑居中则是郑亿年之父。绍兴九年，郑亿年从金的傀儡政权齐回归，为了他的处遇之事，李光与秦桧争执甚烈，这是造成李光罢职最重要的原因。《会编》卷二二〇引《秀水闲居录》称：郑居中之族叔郑绅，在京师（开封）经营酒肆，女为徽宗皇后郑氏。居中之妻是神宗朝宰相王珪之女，生子亿年、修年、侨年；修年之女后嫁秦桧养子秦熺。秦桧既与宰相王珪有姻亲关系，又迎娶郑家女为子媳，故与郑居中有着双重关系。代表权门层的秦桧和反权门势力的领袖李光，他们之间的政治斗争早有预兆可见。

李光出任平江府常熟县知县时，又与平江府（苏州）的朱冲、朱勔父子发生正面冲突，直到北宋灭亡，他一直与江南最大的权势之家朱氏相抗争。《会稽续志》卷五记载："朱勔方以花石得幸，势焰熏灼。光不为屈，系械其奴。勔怒讽转运使，移光知吴江（县）。"《宋史》本传则说："朱勔父冲倚势暴横，光械治其家僮。冲怒。"两者虽不一致，但无论何者为真，皆与朱氏一门有所瓜葛。"朱勔之父朱冲，吴中常卖人。方言以微细物博易于乡市中自唱曰常卖"（《云麓漫抄》卷七），又"设肆市药"（《东都事略》卷一〇六《朱勔传》），据此，朱家当是商人、药商之流，而前述之郑家也是酒店商家。此后直到北宋末年，李光不断对朱勔提出弹劾。靖康元年三月，他弹劾朱勔心腹地方官曾纡的状中有如下之文：

> （叶）昌衡、（陆）棠皆奴事朱勔。（中略）棠知平江府长州县，专一勾当朱勔家事，民间讼牒，悉委佐官。平江地濒太湖，勔田产尽在长州县，多被水患，民间不肯承佃。棠既为抑勒上户佃种，稍不承认，即枷项送狱。承认之后，永无脱期，至破家荡产，卖妻鬻子，犹监锢不已。良民妻女，稍有姿色者，必多方钩致。百姓田园，号为膏腴者，必竭力攘取。（《历代名臣奏议》卷一八二，论曾纡等札子）

他所告发的，是朱勔赖地方官宪强力经营私产私田之事。这是藉由特权经营私产、"倚法营私"的一个具体例子。朱勔因花石纲而恶名

第六章 南宋政权与江南地主阶层——李光之出任参知政事

昭彰,他又趁机掠夺,扩大私产,这些前文皆已提及,此处则进一步地表现出和中央权门、地方官相纠结以扩大私产、剥夺民富的问题。特权地主的这种经营形态,正是李光告发朱勔的根本理由。

宣和五年,李光迁司封员外郎,"首论士大夫谀佞成风",他攻击当时宰相王黼,为王黼所憎,又左迁桂州(《宋史》本传)。王黼与李光所抗争的郑居中、朱勔性格相似,也是北宋权门的重要成员。史载:"王将明(黼字)当国时,公然受贿赂,卖官鬻爵至有定价,故当时为之语曰:三千索直秘阁,五百贯擢通判。"(《曲洧旧闻》卷十)此外,李光还留下一篇"论梁师成札子",攻诘因攀缘宦官而为徽宗重用,得中进士,自由出入宫中的"阴相"梁师成(《历代名臣奏议》卷二九三;《庄简集》卷八)。

以上是李光在北宋末居小官时和权势者对立的概况。基于这种摘发奸恶的态度,他于靖康初年任右司谏时,又作了如下的发言:

> 又奏:东南财用,尽于朱勔。西北财用,困于李彦。天下根本之财,竭于蔡京、王黼。名为应奉,实入私室。公家无半岁之储,百姓无旬日之积。乞依旧制,三省、枢密院通知兵民财计,与户部量一岁之出入,以制国用,选吏考核,使利源归一。(《宋史》卷三六三《李光传》)

所谓应奉[1],是以贡献皇帝为名目,强制性地将地方财富集中于中央,其实大半皆流入权臣手中。李光此奏的目的即在改革这种征敛方式,从权臣手中夺回财政营运的实权,由机构中的官僚负责,使国家的财政收支明确化,确立制度,以重建国家财政。

在此能够确认者,即李光一直是站在权门、特权势力的对立面,与之形成紧张对抗的关系,而不只是单纯地从江南立场出发,拥护南方,对抗北方。先就平江府常熟县和长州县的情况来看,同样是在江南,朱勔系的特权地主层在增加财富、再生产的形态上,和非特权地主层

---

1. 关于应奉,参见和田清编:《宋史食货志訳註(一)》,东洋文库,1960年,第221页。

的经营形态有着本质性的差异，故与江南士人、地主间发生尖锐的矛盾。于是我们可以看到，特权地主层和非特权地主层——在地地主层——间产生矛盾、对抗关系，而李光当然是站在后者这边，并成为他们在中央的代言人。若依山内正博氏所言，将秦桧视为江南系地主的代表，那么便无从理解日后秦桧和李光合作又抗争的瓜葛纠纷。为此，江南出身、与江南权势朱勔相对立的李光之立场，就特别值得注意了。要之，李光的政治态度并不是从一般性的江南立场出发；纵然有之，也不一定会超越特权地主层和在地地主层的对立关系。为了证明这种看法，以下将从他曾热心讨论的湖田问题加以检视。

李光出身越州，当然关心越州、明州等地的各式问题，每有机会，必定发言。其中所一贯主张者，即是越、明两州的湖田开发问题，也就是"废田复湖"论，他主张中止新田的开发，恢复原有湖面[1]。下面这两段文字自昭和十三年玉井是博的论文提出后，即屡被征引[2]，虽然是老生常谈，但的确能具体地表现出李光的立场，故仍介绍如下：

> 吏部侍郎李光请复东南诸郡湖田。（中略）初，明、越州、鉴湖、白马、竹溪、广德等十三湖，自唐长庆中创立，湖水高于田，田又高于海，旱涝则递相输放，其利甚博。自宣（和）、政（和）间，楼异守明，王仲嶷守越，皆内交权臣，专事应奉。于是悉废二郡陂湖以为田，其租米悉属御前，民失水利，而官失省税，不可胜计。光奏请复之。既而上虞县令赵不摇以为便，遂废余姚、上虞二县湖田，而他未及也。（《要录》卷五〇，绍兴元年十二月丁卯条）

> 宝文阁待制新知湖州李光言：明、越之境，地滨江海，

---

1. 绍兴出身的诗人陆游在这个问题上也与李光同一立场，极力主张"废田复湖"。例如陆游七十一岁时的作品《镜湖》即写道："镜湖沴已久，造祸初非天，孰能求其故，遗迹犹隐然。（中略）民愚不能知，仕者苟目前，吾言固应弃，悄怆夜不眠。"有关陆游之镜湖（又称鉴湖）问题，近将以专文讨论之。
2. 玉井是博：《宋代水利田の一特異相》，《支那社会経済史研究》，岩波书店，1942年。

水易泄而多旱。故自汉唐以来，皆有陂湖灌溉之利。大抵湖高于田，田又高于江，每旱则放湖水溉田，涝则决田水入海，故无水旱之灾、凶荒之岁也。本朝庆历、嘉祐间，民始有盗湖为田者。三司使切责漕臣，其禁甚严，图经石刻，备载其事。宣和以来，创为应奉，始废湖为田，自是两州之民，岁被水旱之患。臣自壬子岁入朝，首论兹害，蒙朝旨，先取会余姚、上虞两邑废置利害。县司供具，自废湖以来，所得租课，每县不过数千斛，而所失民田常赋，动以万计，遂蒙独罢两邑湖田。其会稽之鉴湖、鄞之广德湖、萧山之湘湖等处，其类尚多。州县官往往利为圭田，顽猾之民，因而献计，侵耕盗种，上下相蒙，未肯尽行废罢。臣谓，二浙每岁秋谷，大数不下百五十万斛，苏、湖、明、越，其数大半，朝廷经费之源，实本于此。伏望圣慈，专委漕臣，乘此暇豫之时，徧行郡邑，延问父老，考究汉唐之遗制，检举祖宗之成法，应明、越湖田，尽行废罢。内有积生茭葑，浅淀去处，许于农隙，量差食利户，旋行开撩，稍假岁月，尽复为湖。非徒实利有以及民，亦以仰副陛下勤恤劝戒之意。其诸路如江东、西圩田，苏、秀围田，各有未尽利害，望因此东作之时，遍下诸路监司守令，条具以闻，毋为文具。（《要录》卷八六，绍兴五年闰二月戊申条）

在后段引文中，李光所注意到的，不只是自己出身地越州上虞县而已，并且就越州、明州等浙东全局作通盘考虑，并详述湖田的历史经纬，提出具体的解决之道。两段论述的基调完全相同。一言以蔽之，即当尽废现行湖田，恢复原来湖面。理由是，新设湖田侵夺了原来用水的水利习惯，应予废止；再者，湖田之开辟，纵令得到新田，皆属之御前[1]，与国家收入无关，不应为了御前数千石收入，牺牲了民田数万石的收获。根据李光的说法，浙东湖沼位在高地，田地则在低处，湖

---

1. 关于御前、御前库、御前桩管激赏库的问题，可参考梅原郁：《宋代の内蔵と左蔵——君主独裁制の財庫》，《東方学報》42，1971年，第159—160页，左藏内库项。

具有贮水、放水的蓄水池功能，可以免除水旱之害。然而北宋末期开始填充湖面，湖田、围田盛行的结果，使湖面缩小，丧失了过去贮水、放水的机能，致使下游地区连年水患、旱祸不断。从李光之整理可以了解，湖田的开发在江南造成新的对立、抗争关系；这种对抗关系存在于依照原来水利方式、水利权来经营农田的在地地主层，和积极推进湖田建设的新阶层之间。

李光既有此看法，乃对湖田建设本身以及推动此事业的人们提出强烈的指控。自北宋末年以来，藉应奉之名"内交权臣"的地方官，还有与之相勾结的顽猾之民，是开发湖田的主要人物。李光所要铲除的，也就是先前告发朱勔之际的那些事情——如中央权门层和地方官相勾结，依托权门，掠夺民富，藉特权不法扩张私产的经营方式。他甚至指名明州长官楼异、越州长官王仲嶷，结托中央权门层，开发湖田，为害民生。因为这两人和南宋政权确立时期最有权势的秦桧关系深厚。秦桧和楼炤、楼璹父子的关系，此处依周藤吉之检证[1]，不再赘述。另一方面，前文已经提及的王仲嶷，是秦桧妻王氏之叔父。神宗朝宰相王珪之子王仲山，其女嫁与秦桧，王仲嶷是仲山之弟，仲嶷之女嫁与孟忠厚，孟忠厚和哲宗后孟氏是兄妹。从人际关系来看，王仲嶷和秦桧的确关系密切，"内交权臣"一语，确实有其根据。

本无水旱之扰的地区，因湖面被侵占而苦于水旱；与中央权门相勾结开发湖田，亦使得依赖原水利系统的地主和农民蒙受巨大的损失，这些正是以上李光"废田复湖"论所要检举者。这样的解释如果可以成立，则他所代表的，正是江南这些新受害在地地主的声音。这和以往告发朱勔一党在平江府的暴行一样，都是为了支持被地方官压迫的农村上户。这意味着李光是站在江南在地地主中非特权地主的立场。在此尚欲一并强调者，即日后他和秦桧之所以长期处于严重的对立关系，实已结胎于北宋末与权门系地方官因湖田问题而有的争执。李光和秦桧的对立，绝非偶然，而是有其一定的结构性和历史性。从李光

---

1. 周藤吉之：《南宋の農書とその性格》，《宋代経済史研究》，东京大学出版会，1962年，第24—37页，（二）南宋の農書と勧農文。

第六章 南宋政权与江南地主阶层——李光之出任参知政事

的立场来考虑,称秦桧是江南地方一般地主代表的说法,实在有欠妥当。

所以,我们不能单纯地将李光视为江南系官僚,若从他所面对的问题与具体言行来检讨他的立场,李光乃是江南在地地主的利益代言人。以下拟再从另一方面来证明这种看法。

建炎三年(1129)五月,李光就任江南东路宣州地方官。知宣州时代,他曾组织民间自卫团体,防卫大盗戚方攻城。为了纪念这项功绩,宣州建有褒烈庙祭祀李光:

> 庙在宣城县北门外,资政殿学士上虞李公之祠。公讳光,字泰发。建炎初,直龙图阁,知宣州。溃卒叛亡,公填抚之,民得按堵。戚方攻城,公率众防托坚守,阅二十有八日,城卒以全,宣人德公再生之恩。乾道九年,士民王霖等请于朝,诏赐今额。陈侍郎天麟撰庙记刻石。(《宋会要辑稿》,礼二一之四七)

南、北宋交替之际,因金军入侵与各种叛乱之相继发生,治安状态极为恶化。面对此情况,在地地主多避难他地,等待混乱的平定,亦有投降金军和金的傀儡政权以保全性命者。然而其中也有觉悟诛灭,死守祖先坟墓之人。为了对抗金军与群盗,保卫村落和都市,民间自卫团体陆续产生,是为此一时期的特征。当民间以在地地主、土豪为中心,决心死守祖先坟墓时,地方官该持什么样的态度才好呢?在此指挥、命令系统混乱、断绝之际,地方官必须各凭识见作出决定,诚为极大的考验,却也是一举展现个人才性的时机。地方官必须抉择:是要誓死和民间自卫武力共战,抑或逃亡、投降。在这种情况下,李光毅然选择了自卫之道,正是他和在地地主同一阵线最鲜明的表白。

李光曾说:"守臣任人民、社稷之重,固当存亡以之。"(《宋史》本传)这是金军入侵,朝廷下诏许以自便,诸郡守臣或守或避之时,李光对此表示意见的一段话,充分显示了他的观点。他之所以会全力防卫宣州,正是出于这样的想法。《会编》卷一三七、一三八建炎三年四月十四日至五月十三日条,《会稽续志》卷五《李光传》,《宋史》卷三六三《李光传》都记录了宣州防卫的具体状况。现综合整理如下：(1)或劝李光一家逃遁，李光辞道："我一家获全，其奈一城生灵何。"他甚至对众表示："引剑之计已决，义不污贼手。"(均见《会稽续志》)披露防卫之决心，鼓舞兵民士气；(2)为准备物资计，令富户供输财货，蓄积上供秋税以备兵粮，修补城池，借用寺院等；(3)在人员方面，集民为保伍，编成义社，由土豪任指挥，动员现任官、寄居官以巩固领导体制，又募死士，整备兵员；(4)一切军令、指挥，全权集中于李光，以行使非常之大权，坚守宣城不入流寇之手。

南宋初年，以身守城的事例不多，宣城是个成功的例子，这也是前文所说建立褒烈祠的缘由。郑亿年降金，并参赞傀儡政权的中枢；王仲山、仲嶷兄弟身为抚州、袁州地方官亦相继降金，"兄弟典二郡相望，皆不能全其节"(《会编》卷一三五引《中兴遗史》)。与他们相比，李光的个性不难明了。靠特权立足的地方官，缺乏与在地地主的连体感，李光则积极地与地方死生与共，他的社会立场遂亦由此显现。

绍兴八年（1138）底，政治的紧张不安升高，李光以其崇高的声望获选为副相，参划权力中枢，唯其人望如前所言具有时代性、历史性。单就他的政治态度和行动来看，他是江南在地地主、非特权地主的代言人，而他的经历、人格，在年轻的陆游眼中，则是"近世之名士"。

二、江南民力涵养论

李光出任参知政事，本是高宗、秦桧为进行和议而与江南士人妥协的结果，其目的在于分化和议反对论与慎重论的势力。同时，这也是转变为江南政权的继承政权，放弃了民族全体性，向江南寻求支持。江南士人既恐惧金军入侵，又害怕江北大盗、游寇渡江，也期待南宋政权能加强防卫。他们对继承政权的一大政治要求，是期望掠夺性的战时财政能有所更革，这也是李光参与政权中枢的重要背景。

曾为北宋末权臣王黼所轻、寓居两浙常州的汪藻，在建炎末、绍兴初上奏说，欲完全仰赖东南数十州民力，谋宋朝之再兴，必须节省宫廷浮费，减省军队财耗，矫正将军们横暴之行，整军且肃军。这篇

第六章 南宋政权与江南地主阶层——李光之出任参知政事

奏文当时曾引发将军们的反弹,这一经过前文也已述及。这是站在江南在地士人的立场,认识到肃军和兵力一元化才能减轻东南民力负担。他主张:"若夫理财则民穷至骨,臣愿陛下毋以生财为言也。今国家所有不过数十州,所谓生者,必生于此数十州之民,何以堪之。惟痛加裁损,庶乎其可耳。外之可损者,军中之冒请;内之可损者,禁中之泛取。"(《要录》卷四二,绍兴元年二月癸巳条)

这样的要求与期望——江南地主的负担问题,不断地被提出,继承政权既是以江南为根据地的政治权力,则这无论是在内里或表面,都已成为当时重要的政治课题。绍兴九年三月,福建邵陵人谢祖信曾指出:"东南之财尽于养兵,民既困穷,国亦虚弱。然此所费止于养兵一事。"(《要录》卷一二七,绍兴九年三月丁未条)问题的根本一直不曾改变,南宋初十余年间,掠夺性的战时财政始终不见改善,江南、四川等南宋统治地区,也从未实施过什么民力涵养政策。

绍兴七年起,政权中枢与高宗周边开始注意息民、裕民之说,也就是减轻东南财政负担和涵养民力的问题受到重视。七年闰十月,监察御史金安节对高宗上书:

> 臣谓今日之计,莫若早自治而已。欲自治则选将以训兵,择吏以安民,恤费以丰财,诚当世之急务。(《要录》卷一一六,绍兴七年闰十月庚申条)

他也是自治、自强论者,具体整理其自治内容,则是以肃军、合并地方行政为财政上之急务。金氏是江西休宁人,当朝廷起用秦桧兄秦梓知台州时,他曾弹劾秦梓"人品凡下"(《要录》卷一一七),批评秦桧任用私人,而招致秦桧忌恨。

当此种呼声日益高昂之际,高宗于绍兴七年六月、八年五月两度表明,如能实现休战状态,即可减轻财政负担。例如:

> 上曰,朕以兵戈未息,不免时取于民。如月桩之类,欲罢未可。一旦得遂休兵,凡取于民者,当悉除之。(中略)傥

> 他日兵寝，朕当蠲罢。虽租赋之常，亦除一二年。朕之此心，天地鬼神，实照临之。(《要录》卷一一一，绍兴七年六月己酉条)

强制诸州分担战争资金而恶名昭彰的月桩钱，可以因休战而罢除。又向鬼神宣誓，明言一般租税也将免除一两年。从这里看来，高宗虽也热心于息民、安民政策，然无论其主观上之善意如何，这项发言并不一定会完全兑现。相对于汪藻等人的息民、裕民论，乃是以整军肃军、削减军费来减轻财政负担；高宗则不谈肃军与息民间的关联性，而是以休兵为条件，即必先达成休战才有可能减税。这样一来，江南在地地主层和高宗间就有了分歧，而高宗之起用王庶，积极收兵权之举，其重点亦不在财政问题，高宗的发言很可能只是空头支票。

从另一个角度来看，绍兴八年和议的重要性，在于和议、收兵权同为当年的政治课题之一。和议如果能很快促成休战状态，息民、裕民政策即可能成为下一个政治课题。八年五月，"上慨然叹曰，当时若无军旅之事，使朕专意保民，十数年间，岂不见效"(《要录》卷一一九，绍兴八年五月戊申条)。正是由和议——终战转而关心内政。然而绍兴八年后半年，之所以更重视息民论，并不是缘于这种理论的运作，而是由于又有新事态出现。所谓新事态，即伴随着和议的进行，以赵鼎为顶点的反秦桧官僚已全部离开了政权中枢，政权基础因而变得既狭隘又不安定。为了要补强这已被孤立又不安定的政权，与赵鼎系官僚不见得一致的江南自治论者、江南在地地主们就必须多加拉拢。在江南人士间富于声望的李光，于绍兴八年底的紧张时刻就任参知政事，正是基于这样的历史背景。此际，对高宗、秦桧来说，息民论、裕民政策和和议一样具有正面的意义。高宗欲藉息民论使和议正当化，又拉拢江南在地地主士人进入赵鼎系官僚离职后的政权中，以求安定政权，期待一石二鸟的效果。赵鼎罢免后的八年十一月，高宗对百官提出："休兵之后，一切从节省，虽常赋亦蠲减，以宽百姓。"(《要录》卷一二三)但大臣王庶却全然无视这项发言。高宗、秦桧的发言当然是以江南系士人为对象，而不是不久之后即将辞职的王庶等人。

不可忽略的是，江南派士人有相当部分支持和议，积极期待休兵以削减赋税。金使即将入京的绍兴八年十二月，沈该——继秦桧没后为参知政事，出身吴兴、归安大姓——经阁门引介上殿，即提出此刻当以和议为是的上书。再者，由起居郎拔擢为中书舍人的刘一止，由太府丞赐进士出身而充起居郎的莫将，也都是归安人。他们经阁门引见上殿，皆指出和议若成，休兵即为可能，当然也就可以整顿军队，实行息民、裕民政策。其意见书有云：

> 今日之议成，虽未可以去兵，而亦可以少休兵矣。夫国虚则民贫，民贫则上下不亲，敌攻其外，民盗其内，是谓必溃。（中略）今日之议成，则兵之戍于外者，可以移于近；兵之冗于食者，可以汰而减。兴农桑而省馈饷，俾四方万里，举无科抑怵惕之劳，顾不可乎。今关市重敛，商贾不过，财货雕虚，钱宝空乏，公私扫地，赤立之际也。今日之议成，费可渐积，商可渐通，钱可渐增，变惊扰之习为阜民，归迁徙之劳为永业，俾城郭郊野，举有还定之安，顾不可乎。是四事者，至易晓也。而纷纷之说，犹不喻焉，盖亦未之思耳。（《要录》卷一二四，绍兴八年十二月甲子条）

强行推动和议，使得多数官僚从政权中枢去职，当举世皆反和议之际，莫将彻底论证江南利害得失，拥护和议论，对高宗、秦桧等人当然极富启示性。高宗在缔结盟约之前，一直尝试以不能不行之孝道来使和议正当化。可是到了十二月，为了息民、裕民而进行和议，以求休兵，成为和议正当化的双重根据，施力点移动。翌年二月，第一次宋金和议之后没多久，京城副留司郭仲荀要求增兵，高宗回答道："朕今日和议，盖欲消兵使百姓安业。留司岂用多兵，但得二三千人，弹压内寇足矣。"（《要录》卷一二六，绍兴九年二月癸丑条）和议—弭兵—安民的思考线索，和莫将奏文所展开的论理完全相同。

要之，综观绍兴七年至八年的政治过程，在肃军和收兵权、推动和议和休兵安民等选择间，高宗为了自身权威的正当化，以实践孝道为由选择了后者，至于由此而生的政权不安，则再利用息民论来调整。

这也是其与要求减轻财政负担的江南士人相妥协的原因。

三、李光任参知政事

绍兴八年（1138）十二月，不但反和论因着高宗、秦桧强烈推动和议而被激发，政治气氛也因为迎金使入京而躁动不安。正是在这样的情况下，越州人士李光出任副宰相参知政事。对于高宗、秦桧而言，迎李光入朝，是为了借助他的声望，尤其是在江南人士中优厚的声望，以减低权力中枢的孤危，镇压住反和议的声浪，甚至进而成就和议。

较李光晚五十年，属于后一世代的朱熹，在《朱子语类》卷一三一中说，秦桧迎李光为大臣时，曾置酒宴相促请，宴中呼李光为"参政"，李光意兴风发，遂承诺就任。这似乎表示李光乃是眩于官位，而被秦桧巧妙的怀柔策所勾诱。在当时那种紧迫状况之下，李光的上台，是否如朱熹所言是被收买，有稍加检讨的必要。绍兴八年前半期的高宗，面对着收兵权——这是恢复集权体制的必要条件，而江南士人因反对战时财政也强烈地要求整合军队——和推进和议两大课题，无法决定当以何者为先。这从高宗以性格相反的赵鼎和秦桧并相，又由王庶等负责肃军，可以窥知。八年，秦桧的政治工作成功了，和议的实行成为皇帝屹立不摇的决定，他人皆不得干预，权力关系发生了变动，赵鼎派被流放。结果，权力中枢只剩主和论者。大批官僚被流放后，当然会造成权力基础的动摇，也使得政局动荡不安；于是皇帝提出了江南人士一直要求的息民、裕民论，表明和议的目乃是使百姓安业。这根本就是为了克服当前政治不安而提出的口号，以寻求江南地主的政治支持。

从绍兴八年这种政治过程来看，李光就任参知政事并不是为了个人名誉或渴求权势，也不能说是为人收买。他真正的意向虽然不明，值得注目的是，《宋史》本传中所言"光本意谓但可因和而为自治之计"。据此，李光的休战论是以实现"自治之计"为目标。这个时期的"自治"、"自强"之论，固然因人而异，唯亦有其共通之处，即强烈地要求安定民生，富裕民力，改变战时财政。可以说，李光之所以参加秦桧主导

第六章　南宋政权与江南地主阶层——李光之出任参知政事　　163

下的政权，理由十分的充分，因为休战会带来江南人民的休养生息，重建已等同于战时掠夺的国家财政，减轻江南赋课。李光在绍兴四年十二月自述道：

> 礼部尚书李光言，伏睹陛下驻跸东南，江浙实为根本之地。自兵兴以来，科须百出，民力既殚，理宜优恤。(《宋会要辑稿》，食货四三之二一）

我们可以认为，李光完全是基于这样的考虑而就任宰执。高宗推动和议的理由，从实践孝道转向休战、息民论，就在李光出任参知政事之时。李光在这样严重的状况下参加中枢，也有其正当之理由，这一点可以从李光任职参知政事约仅一年的行迹中加以确认。

李光在位时间并不长。他于绍兴八年十二月就任，翌年十二月即遭罢职，在位恰满一年。其施政特征在于他专就财政、内政问题发言，却不及于当时最大的政治课题——和议，例如他首先指出正月桩钱的弊害："参知政事李光言，诸路月桩（钱）最为民间重害，而江东、西为甚。"(《要录》卷一二四，绍兴八年十二月辛未条）"光又奏，今日急务莫切于理财之政。"他主张整理地方上错综复杂的常平司、香盐司、发运司等机构，"令户部侍郎专领，庶几名正而事成，官省而职举"，提案将北宋以来便宜行事、有名无实的财政机构由户部一元化（同前）。

以理财为急务的李光执政以后，周遭总是聚集着主张重建国家财政和息民、裕民的官僚，并且提出具体的方案。其中，在绍兴九年李光下台时，从中央流放外地的刘一止是湖州归安人，周葵是常州宜兴人，皆是江南本地人，也都和李光有相同的看法。特别是周葵，他任平江府长官之际，为实施经界法之事，和秦桧、李椿年严重对立；他也是自治论者，九年六月他和高宗曾有如下之对话记录："殿中侍御史周葵论国用、军政、士风三事。上曰：国用当藏之于民，但百姓给足，国用非所患。"(《要录》卷一二九，绍兴九年六月己未条）明显地，高宗已对他们表示妥协，这与秦桧当时以"损国"为由，反对缓和国家征敛之议，恰成对比。九年三月殿中侍御史谢祖信论称："东南之财，尽于养兵,民既困穷,国亦虚弱,然此所费止于养兵一事而已。"(《要录》卷一二七,绍兴九年三月丁未条)也是要求减少不急之务、冗长之费。类似的建言,在绍兴九年大量涌出,其中以霍蠡的意见最有条理,介绍于下:

> 江淮等路经制判官霍蠡言,臣闻自三司之法坏,而户部虽掌经费,不复稽财用之出入久矣。军兴以来,上自朝廷,下至州县,案籍焚毁,纲目散亡,老胥猾吏,出没其间。而掌邦记者,但以调度不足为忧,苛刻隐欺之患,不暇复省。故一有调度,举以其数,责之司漕,漕责之州,州责之县,县责之民。民不胜其求,不得不为巧避之术。于是诡名寄产,分户匿税之弊,百端纷起。今将检察其实,固非督其逋负,收其羡余,以为刻剥之务。亦将计其所取于民者几何,有当取,有不当取者,从而是正之。核其上供于朝廷,供亿于大军,及诸司之所支拨,州县之所当用者,各几何。有当用,有不当用者,亦从而是正之。使其所取有常,所用有数,复于朝廷,达于万民,皆可通知,以为经久之制。(《要录》卷一二七,绍兴九年三月乙未条)

战乱之中财政机构混乱,战时财政习于苛敛诛求,人民巧妙规避等弊害,霍蠡皆一一列举,要求更正。其中特别值得注意者,即其言取于民者,有当取,有不当取,故应决定原则,"使其所取有常,所用有数"。这是一种岁出岁入定额化的主张,对国家财政基本负担者的江南地主而言,即是应停止藉战争为名的无穷尽之收刮。

李光执政之时,重建国家财政、减轻人民负担的呼声大起,在这一股潮流中,皇帝也表明意向:"朕欲养兵,全藉民力。若百姓失业,则流为盗矣。上知月桩之害,每每宣谕,忧形于色,此臣下所当奉承也。"(《中兴小纪》卷二六,绍兴九年二月甲子条)

与此处所论旨趣相关、不可忽略的问题是,绍兴九年五月明州广德湖的湖田问题。李光的故乡地近于越州上虞县与明州鄞县,李氏早就对广德湖的湖田问题表示关心。广德湖周围五十里,湖水灌溉民田

第六章　南宋政权与江南地主阶层——李光之出任参知政事　　165

二千余顷，北宋末年，在知明州楼异的提议下，湖面被填，变为农地。楼异和朝廷权臣相勾结，强行废湖，在地地主、农民大受其害，李光在前引论湖田的奏文中已指出这点。绍兴元年（1131）十二月，李光曾强烈反对增加越州、明州湖田，和李光同为上虞人的赵不摇亦支持他的意见。结果，废除了上虞、余姚两县湖田，但此决定不及于其他地区，广德湖湖田即未被废。之后，薛徽言于二年七月论明州湖田问题，诏令废除广德湖低下处湖田，恢复湖面（《要录》卷五六）。同年三月赵不摇、李光等奏请明州、越州复湖废田，五年闰二月李光再次奏请"明、越湖田，尽行废罢"（《宋会要辑稿》，食货七之四三）。

　　总之，对于明、越两州以至江南一带淹没湖面、增加湖田一事，李光一直代表原权益受损的在地经营地主表示反对，要求权门及其同路人废田复湖，广德湖田之事即其具体表现。九年五月李光既居参知政事之位，广德湖田的问题遂也变成中央级的问题，之所以会决定废田复湖，当然是高宗和江南地主的政治妥协，而李光当时居于要职，亦有其影响力在。

> 诏两浙转运司措置明州广德湖利害，申尚书省。湖在州西十里外，周回五十余里，灌民田近二千顷亩，收谷六七千斛。自政和末，始废为田，得租米万九千余斛。近岁仇念为守，又倍增之。然绍兴七年民失水利，所损谷入，不可胜计。至是，中书门下省检正诸房公事周纲，自明州召归，请复废田为湖，故有是命焉。（《要录》卷一二八，绍兴九年五月癸卯条）

　　仅从字面上看，转运使不一定会废田复湖。然而秦桧专制体制确立的十三年三月，"明州言，自废广德湖田，岁失官租三千余斛。请复以为田，从之"（《要录》卷一四八，绍兴九年三月辛亥条）。但《要录》注称："事初见九年五月。"从此处来看，广德湖田乃是废而复置，而若与《要录》注文相对照，则废田复湖当是在李光任中。

　　绍兴十三年三月，一进入秦桧专制时期，便又进行废湖复田。造成明州、越州湖田盛行的知越州王仲嶷、知明州楼异等人，皆是秦桧亲戚或有关系之人，秦桧既积极营造湖田，当然不会再听李光等人的意见。对于邻近的越州鉴湖，秦桧也欲将之湖田化：

> 时秦桧议干鉴湖为田，云岁可得米十万斛。上谓：若遇旱岁，无湖水引灌，则所损未必不过之。桧乃止。（《要录》卷一五四，绍兴十五年七月壬子条）

高宗站在了李光的立场，也了解李光的意见。比起秦桧只从增加财政收入来考虑，立场更广更高。由此看来，李光在位期间的废田复湖政策，秦桧专制时期的废湖为田政策，都是环绕广德湖而起的争执。

李光之得就任执政，乃是高宗、秦桧为推动和议、取得江南士人支持而有的妥协、怀柔策略；同时也表示皇帝理解李光和江南士人的财政主张。然而这种关系原出自一时的妥协，只限于怀柔之用。高宗与秦桧的财政观本来就与之有别，且尤以秦桧为甚。李光虽未和秦桧就财政政策直接争论，但其基本性质之不同，已在绍兴九年清楚显现。如出身于两浙路常州晋陵的张守，曾于绍兴三年五月知绍兴府时，检讨上虞、余姚两县之湖田利害，奏请废止，故其立场与李光相同。秦桧曾对张守的政治态度有所批评："资政殿大学士张守，帅江西。以郡县之供亿、科扰烦重，上疏请蠲积欠，损和买，罢和籴，及裁减军器物料。上欲行之。时秦桧方损度支为月进，且日虞四方财用之不至也。览疏，怒谓人曰：张帅何损国如是。守闻之，叹曰：彼谓损国乃益国也。"（《要录》卷一三二，绍兴九年九月癸未条）在这份绍兴九年九月的记录中，张守的见解与李光相近，对于加强地方搜刮之事到底是损国还是益国，和秦桧想法完全不同。这种不同已暗示，李光和秦桧根本不可能长期合作，两人早晚会有瓜葛。就在同年九月，两人因郑亿年的人事问题发生直接的冲突，李光失败，年底即离开了权力中枢。

四、李光罢参知政事

李光于任职参知政事满一年后的绍兴九年十二月被罢免。他和当

第六章　南宋政权与江南地主阶层——李光之出任参知政事

时的宰相秦桧有各种异质之处，仅仅为了推行和议而建立的合作关系，迟早都会破裂。那么，他被罢免的理由究竟是什么呢？如果是高宗、秦桧联手将其逼退，岂非意味着他们放弃了和江南地主士人间的妥协策略，其间历史因由值得检讨。

然而，想要从史料上明白李光下台的实际情况，把握绍兴九年底秦桧和李光间政治斗争的真相，并不容易。《要录》卷一三三绍兴九年十二月辛酉条记载：

> 参知政事李光罢。光与右仆射秦桧议事不合，于上前纷争，且言桧之短。殿中侍御史何铸因劾光狂悖失礼，光引疾求去。

意即李光之受弹劾，系因其与秦桧的政见原本有异，又在皇帝面前发生争执，诋毁秦桧。第一个理由起自就任之时，故非九年十二月的事件缘由。这样一来，第二个理由，也就是在皇帝面前所争论的内容就变得很重要，可惜史料中并未透露。不过，《要录》己巳日条（辛酉日李光被罢后七日），给事中兼侍讲刘一止、起居郎周葵因与李光同党而遭罢免的记事中，述其理由，"皆以言事忤秦桧。二人应诏，举左宣教郎吕广问，广问尝为李光属官，光欲除馆职，桧不许"。刘一止、周葵属李光系，当然和秦桧对立，值得注意的是，李光、刘一止、周葵等要求起用吕广问，秦桧不同意。则李光、秦桧的对立当系因人事问题而起。

《宋宰辅编年录》卷十五绍兴九年十二月"李光罢参知政事"项下，系依据赵甡之编集的《中兴遗史》以及熊克的《中兴小纪》《本传》三本史书，记载李光的活动，《中兴小纪》并未语及李光罢免之事，《中兴遗史》则记李光罢免案如下：

> 初李光荐吕广问于秦桧，桧不答。后广问因与秦桧致争，桧憾之。光尝言，桧所用皆亲党，略无公道，它日必误朝廷。一日，光与亲戚，干桧求差遣，数日未有报。光再见桧，因申前请，且曰：此人孤寒。桧大怒，以谓其讥己任用者，皆

豪富人也。台官翌日即言光之罪，遂罢参知政事。

此处有关吕广问之推荐、起用纷争，和《要录》所载一致，显示李光、秦桧之间确曾为人事引发争执。至于《宋宰辅编年录》中所举的《本传》又是什么呢？《宋宰辅编年录》约成书于1220年代至1230年代，故此《本传》显非元代完成的《宋史》本传（《李光传》）。推测这个本传可能是宋代编纂的《国史》，特别是《中兴四朝国史》中的李光传[1]。据此《本传》所述之李光罢免事情如下：

> 和议之初，宰相秦桧欲撤武备，尽夺诸将兵权。光曰：戎狄狼子野心，和不可恃，备不可撤。桧恶之。会诏令侍从官举西北流寓之士，被举者甚众。桧皆置不问，光与之诘难上前，因曰：观桧之意，是欲蒙蔽陛下耳目，盗弄国权，此怀奸误国之大者，不可不察。桧大发怒。明日，光乞去。

这条史料较之先前的《要录》《中兴遗史》，尚多了一些其他方面的记载。其理由之一，即宋军当时应如何处理对金防卫的问题，李光显然对金不太信任，和秦桧的态度不同。另一个理由则是为举荐西北流寓之士以应皇帝之诏，李光所荐之人遭秦桧闲置而与之争论，并在皇帝面前相诘难。所谓李光狂悖失礼，当是指"是欲蒙蔽陛下耳目，盗弄国权"这段话而言。这里全未提及吕广问之事。吕广问是北宋仁宗朝宰相吕夷简的从曾孙，出身名门，寓居宁国府、太平州、徽州，是典型的西北流寓人士。吕广问之事，在起用西北人士的问题上具有代表性。这样看来，绍兴九年（1139）十二月秦桧与李光间的争论，还包括两淮防卫之撤废问题（国防）、吕广问等西北流寓人士之起用问题（人事）。

宝庆元年（1125）成书的《宝庆会稽续志》卷五《李光传》中，

---

1. 关于《宋朝国史》《中兴四朝国史》之编纂，参见周藤吉之：《宋朝国史の編纂と国史列伝——〈宋史〉との関連について》，《宋代史研究》，东洋文库，1969年。

第六章　南宋政权与江南地主阶层——李光之出任参知政事

于李光之罢免情事述之如下：

> 时房方通和，桧欲弛兵，撤淮甸武备，收诸将兵权，光极言其不可。桧以光异己，颇怨之。会有旨，令宰执、侍从各荐西北流寓之士。光前后所荐，凡三十余人，多知名士。桧皆指朋党，置不问。一日，与光辩论于上前，诘难再三，桧辞屈。光因奏：观桧之意，是欲壅蔽陛下耳目，窃弄威柄，误国莫大于此，愿陛下察之。明日，留身乞去。

在前文所引的几段李光罢免的材料中，以这一条最清楚、具体。这也许是因为会稽名士为了作传，曾特别央求李光的后代提供材料。它和前引《本传》的内容相同，有关李光在高宗面前的言语，虽然稍有差异，基本上仍属一致。其书既成于1225年，当是先有《会稽续志》李光传，继有《中兴四朝国史》李光传引述其系统性的记载。再者，李光和秦桧在皇帝面前争论的翌日，高宗赞赏"李光举措如古人"[1]，亦同见于两书。因此，由《会稽续志》而《中兴四朝国史》的这个推测应该不会错吧。

以上是藉由南宋时代的各种李光传，来推测李光被罢之缘由，最后则要看看《宋史》李光传的记载。《宋史》乃元人脱脱所撰，成书于至正五年（1345年），卷三六三《李光传》记其事称：

> 既而桧议彻淮南守备，夺诸将兵权。光极言戎狄狼子野心，和不可恃，备不可彻。桧恶之。桧以亲党郑亿年为资政殿学士，光于榻前面折之；又与桧语难上前，因曰：观桧之意，是欲壅蔽陛下耳目，盗弄国权，怀奸误国，不可不察。桧大怒。明日，光丐去。

---

1. 《要录》卷一六一绍兴二十年正月丙午条记高宗视李光为变节汉，而非如《会稽续志》之美化。其文谓："上曰：光初进用时，以和议为是，朕意其气直，甚喜之。及得执政，遂以和议为非，朕面质其反复，固知光倾险小人。"

这段文章着实奇妙。元代编集《宋史》时,参考了含《中兴四朝国史》在内的十种《宋朝国史》[1]。所以,《宋史》李光传就是《中兴四朝国史》李光传,当然也就是收录在《宰辅编年录》中之李光传,而其原形则脱本于《会稽续志》。今比较三书所述之李光罢免案,《会稽续志》《中兴四朝国史》与《宋史》在淮南守备撤废与秦桧见解相左这一点上是一致的。特别是《中兴四朝国史》和《宋史》,连所用文字都一样。可是,有关罢免的第二个理由则大有出入。据《会稽续志》《中兴四朝国史》中所说,李光因所荐西北流寓之士为秦桧搁置,在高宗面前发生口角,李光因此说出"壅蔽陛下耳目,盗弄国权"等语。但是在《宋史》之中,却是因为秦桧起用亲戚郑亿年,李光变色大怒,甚至在高宗面前论其"壅蔽陛下耳目,盗弄国权",故激怒秦桧。同是一句"是欲壅蔽陛下耳目云云",所指之事却大不相同。《宋史》成书仓猝,不备和杜撰之处多矣,但这或许也是个好例子。何以《宋史》会在此处导入郑亿年的问题呢?这个缘由必须究明。关于郑亿年的处遇问题,本书迄今尚未言及,它既是李光罢免案的第三个理由,自有检讨的必要。

《宋史》将性质相异的记事混为一谈,如果要解开此事,探询郑亿年处遇问题的原委,就得从南宋初年宰相朱胜非的笔记《秀水闲居录》着手。可惜《秀水闲居录》和《中兴遗史》《中兴四朝国史》等书都已亡失,无法窥见原貌。幸而《会编》《中兴小纪》收载了一部分。今查《会编》卷二二〇绍兴二十五年(1155)十月二十二日丙申"秦桧薨"之记事,有"秦桧遗表"及《中兴遗史》《靖康小雅》《中兴姓氏录》,以及《秀水闲居录》等秦桧相关记事。最后一项即是藉由其与北宋末宰相郑居中一门之关联,记述秦桧的特权、权门性格,并谈及居中长子修年、次子亿年,有关亿年的记述如下:

> 建炎四年,虏骑渡江,亿年被执北去。逆豫僭立,即臣事之,为户部、吏部侍郎,户部尚书,迁除执政、尚书右丞资政殿学士。

---

1. 参见周藤吉之:《宋朝国史の编纂と国史列伝——〈宋史〉との关连について》,《宋代史研究》,东洋文库,1969年。

第六章 南宋政权与江南地主阶层——李光之出任参知政事

绍兴九年，豫既废豫，以河南地来归，亿年召还。时宰相秦桧者，王仲山之婿也。亿年母，即仲山亲姊，桧子熺复娶修年女，至是颇佑之。初至，除杂学士，继欲复伪齐所受职名。参政李光，榻前面折之，以为不可，乃止。后数月，光罢政，亿年竟复资政殿学士，仍奉朝请。虽士论汹汹，而一时侍从、台谏皆桧私党，不复顾逆顺之节矣。

郑亿年曾仕伪齐，官居极品，后因金取消齐之政权，宋、金达成和议而得归宋，秦桧以妻王氏之父和亿年之母为兄妹，桧子熺又娶亿年兄修年之女，竟力谋为郑亿年复官，李光乃与之争执。《秀水闲居录》的作者朱胜非在这段记叙之后，有如下之感慨："呜呼！亿年事逆豫为执政，掌其机事，预其深谋。而所谓机谋者，欲灭吾宋也，欲危吾君也，欲倾覆赵氏宗社而为刘氏家国也，欲吞并东南而臣属之也。在律，叛逆不原赦，不分首从。然则亿年与豫其罪等，旧官其可复乎。"朱胜非愤恨亿年之无节操，以其出仕于金的傀儡政权，且画策灭宋，理应处以极刑，然竟可官复旧职。值得注意的是，他记道：李光怒于"榻前面折之，以为不可"。这与《宋史》李光传之记载相同。因此，《宋史》李光传的编纂者是将《秀水闲居录》对郑亿年非难之语，混入《中兴四朝国史》李光传。李光、秦桧间因起用西北流寓人士造成的对立，和因郑亿年复用所形成的两人对立，本是两个不同的问题，两者不能混为一谈，此种混乱实是《宋史》之杜撰。

杜撰的问题暂置不论，要解读《宋史》李光传的记事，朱胜非的记述必须好好注意。这是同时代人的证言，南宋成立时期的秦桧和其周边人物的动向由此可见，实在是宝贵的证言。李光之所以被罢，固有前所论之（1）淮南防卫线撤废与否，（2）包括吕广问在内的西北流寓人士起用争执等原因，但仍以第三个有关郑亿年的问题为最大决定因素。因为前二者是政策之争，秦桧既是为了和议一时之便，在人事妥协下起用李光，而李光亦为了达成休战以减轻江南赋课而出仕，他们的合作关系诚可谓吴越同舟，意见相左乃是可以预想的。至于第三个问题，则缘于双方基本特质的不同，引发无可妥协的对决，高宗既支持秦桧，李光只有下台。在《李光的基本立场》一节中，我们曾回顾李光的政治生活，那是以与朱勔、王黼、蔡京父子等权势者抗争为基础者。另一方面，诚如前此所反复指摘一般，秦桧乃是立足于权门层人际关系的秀异分子，当他与李光相遇时，两者因基本特质、社会背景不同而不得不相互对决。代表权门特权分子的秦桧，和代表江南在地地主不断进行反特权斗争的李光，皆各有其本来的性格，二者在郑亿年的出处问题上，一触即发地相互激荡，李光在皇帝面前非难秦桧，甚至于狂悖失礼，这是可以理解的。在强烈反对和议氛围中毅然就任参知政事的李光，无法在郑亿年的问题上有所退让，其罢免、下台乃是当然的结局，这也暴露了中央权门和江南地主士人联合政治的破绽。

第七章

绍兴十年至十二年之政治发展（上）
　　——金之重占河南与南宋之收兵权

一、金之政变与第一次宋金和议

绍兴八年（1138）和议之形成经过，已见于第五章，然和议虽成，却并不稳定。宋、金双方皆未能有效统合其权力集团，挞懒和高宗、秦桧于仓猝间进行的和议，因此落入极大的不安状态。八年十二月的和议，不过是要宋拜受金的敕书，成为金的藩屏之国，金则允诺将原为齐所占领的河南地归还南宋。此外，即无任何有关两国关系的规定。可以确定的是，宋副使蓝公佐于绍兴九年归国之前，曾向金提出岁贡、表誓、正朔、册命等有关事宜（《要录》卷一三二，绍兴九年十月是月条）。九年三月既已归还河南、陕西、京西之地，故在九年上半年，事态大致尚维持稳定。

以下将就宋、金双方，检证其内在所以会造成第一次和议不稳定的结构。首先从宋方面来看，秦桧乃藉政变掌权，无怪乎有许多士人反对和议，也反对秦桧。然而自绍兴八年十一月至九年正月间，身在权力中枢，凝视着和议进行的殿中侍御史郑刚中却说：

> 臣窃见讲和之事，初则士大夫以为忧，中则民庶以为忧，今则将帅以为忧。士大夫见朝廷审处适中，未有失策，方朝夕为陛下同心谋虑，共图善后之计。初以为忧，而今少定。民庶则视士大夫为舒卷者也，见士大夫之情稍安于前，故其忧亦缓而未迫。闻之道路，独将帅之忧，汹汹如风涛尔。（《北山文集》卷一，三谏议和疏）

意即士大夫的反和议论已渐次平息，受到士大夫动向影响的庶民也逐渐安静，唯有岳飞、韩世忠等将军依然持强硬反对之说。如此一来，能否建立稳定的宋金关系，即与将军的动向特别有关。从另一个角度来说，这也正显示出皇帝对将军及其家军统制力之强弱。这个问题在绍兴十一年（1141）第二次和议中，成为最大的课题。

第七章 绍兴十年至十二年之政治发展（上）

而在金的方面，和议亦未获得一致的支持，基础相当脆弱。根据外山军治的研究，先是主持对宋工作的最高负责人宗翰兵权被夺，其所树立的刘豫政权被废，这都是宗磐、挞懒、宗干等人暗中所为。宗翰失势之后，即由挞懒负责对宋工作，在他的期待中，第一次宋金和议成立了。未几，宗干、宗弼、完颜希尹等人，又因忌恨挞懒、宗磐、宗隽之权势与跋扈，设计了另一场政变[1]。根据陶晋生的整理，宗弼、宗干等与挞懒、宗磐的对抗关系，是皇帝、官僚集团和贵族、军阀集团间的斗争，这个斗争最终关系着皇帝专权体制是否获得支持推进，以及中央政府权力应予强化抑或削弱的争执[2]。无论如何，金朝内部的权力配置和权力斗争，关系着第一次和议的成败，结果，随着金朝内部权力斗争的进行，第一次和议也宣告破产。

金天眷二年七月（宋绍兴九年）"金右副元帅兀朮（宗弼）密奏于国主（金国皇帝）亶（熙宗）云：河南地本挞懒、宗磐主谋割与南宋，二人必阴纳彼国之赂，于是挞懒之蔚州避暑，与宗磐共谋为乱"。"是秋，金国主亶杀其伯父宋王宗磐等七人，皆夷其族，又遣兀朮杀挞懒于祁州。"于是，"拜兀朮为越王外都元帅，兀朮已决意举兵，复取河南地"（以上皆出自《皇宋十朝纲要》卷二三，绍兴九年条）。翌年五月，金毁弃和议，同时进军山东、陕西、河南，宗弼亲领精锐十余万攻占开封，几乎未曾遭遇任何抵抗。

金此次片面背弃和议，重启战端，并未提出任何明确的大义名分或正当化理由，只不过是把先前的和议视为挞懒的奸谋。《要录》卷一三五绍兴十年五月丙戌条引《绍兴讲和录》，收录了金的开战诏书——战争宣言，其中仅归咎挞懒一人，声称先前的和议乃是："挞懒等不俟诏命款报，遽割土疆，旋班屯军。凡此之为，皆挞懒等实稔奸谋。""况河南中原之地，实惟天所授，天与不取，纵敌长寇，为患滋甚。"也就

---

1. 外山军治：《熙宗皇统年间における宋との講和》，《金朝史研究》，东洋史研究会，1964年，第316、334—342页。
2. 陶晋生：《完颜昌与金初的对中原政策》，《边疆史研究集——宋金时期》，台湾商务印书馆股份有限公司，1999年，第43页；又氏著《女真史论》第三章《政治汉化：一一三五至一一六一》，食货出版社，1981年，第41—43页。此外又可参看陶晋生：《金代的政治冲突》，中研院《历史语言研究所集刊》第43本第1分，1971年。

是将挞懒所放弃的河南地，视为天所授予的土地，理所当然地重新纳入金的版图，但这不过是金人自己定义的战争目的。《要录》即将之整理为：

> 于是金主宣诏谕诸州县，以挞懒擅割河南，且言朝廷不肯徇其邀求之故。诏词略曰：非朕一人与夺有食言，恩威弛张之间，盖不得已。(《要录》卷一三五，绍兴十年五月丙戌条)

这样说来，两国间是战、是和，其实系受金朝内部意见及内讧左右。对宋之战既然欠缺大义名分而无法名正言顺，则与其全面对决，不如采取局部化的战争方式。假如战争不能恢复挞懒所放弃的河南地，那么藉政治交涉以解决问题，已是可以预见的结果。翌年宗弼和秦桧间为了第二次和议而纠缠不清的局面，对金而言，恐怕早在开战之初就已经注定了。

二、宋的对应之道

绍兴十年（1140）五月金军南下本是单方面的事，宋则苦于应对。五月戊戌（十三日）[1]，因金军占领旧都开封、再启战端而发布的文书——三省枢密院同奉圣旨——中有言："今乌珠（宗弼、兀朮）无名，再起兵端。"(《要录》卷一三五，绍兴十年五月戊戌条)对宋人来说这的确是无名之战。南宋虽无意战争，高宗却也只有紧急决定如何进行战争之基本指导方针，以应付当前的局面。五月二十五日南宋发布了对金

---

1. 关于第二次宋金战争的开战日期，各书所载不一。《宋史》卷二九《高宗本纪六》与《要录》卷一三五，皆称五月丁亥（十四日）南京（应天府）陷落；《宋史》高宗本纪与《皇宋十朝纲要》卷二三，皆谓己丑（十六日）西京（河南府）陷落。可是开战——毁盟之日与东京城陷之日则不一致。《宋史》本纪言：五月己卯（六日）"叛盟，兀朮等分四道来攻"，乙酉（十二日）"兀朮入东京，留守孟庾以城降"。《金史》卷四《熙宗本纪》则道天眷三年五月丙子（三日）"诏元帅府复取河南陕西地"，己卯（六日）"命都元帅宗弼以兵自黎阳趋汴"。又《皇宋十朝纲要》卷二三，记五月乙酉（十二日）"金人叛盟，分四道入寇"。关于开封之陷落，《会编》卷二〇〇与《中兴遗史》皆称五月十一日，《日历》作十二日，张戒《默记》则为十三日，《要录》乃言"诸书不同"（《要录》卷一三五，绍兴十年五月丙戌条）。由于开战之事系由金主导，故据《金史》取五月三日。至于东京陷落之日，则从《要录》之五月十三日之说。

第七章　绍兴十年至十二年之政治发展（上）

战争宣言——诏书，枢密院的檄书则于六月一日发布，自五月十三日开战以来迄南宋决定应战，前后约十数日至半个月。在这段期间，高宗到底要和谁一起指导战争？或者授权给谁？又和谁共组权力中枢？都必须迅速作成决定，换言之，这是一次关系重大的政治抉择。这意味着政治上正陷入紧张的时刻，而对推动第一次和议的秦桧来说，此时更是坐立难安。

促成秦桧归宋、也第一次宋金和议负责人的挞懒在金朝政变中遇害，这不但使秦桧失去了敌国中的合伙人，也丧失了自己的政治基础。所谓"桧于此时曾无远略"（《要录》卷一三五，绍兴十年五月辛丑条引《何俌龟鉴》），已透露出秦桧当时的处境。

绍兴八年（1138）和议在约成后一年半就宣告破裂，金的片面恣意违约，出乎意料地证实了多数反对和议论者的金不可信任论，对秦桧等和议推进论者则是一大打击。"初金人背盟，秦桧以其言不仇，甚惧。"（《要录》卷一三六，绍兴十年六月丙午条）秦桧的政治威信因而严重受损。这时秦熺妻郑氏叔父郑亿年虽已得授观职，然问题仍在，"初，边报至行在，从官会于都堂。工部尚书廖刚谓亿年曰：公以百口保金人讲和，今已背约，有何面目尚在朝廷？亿年气塞。秦桧以为讥己也，乃曰：尚书晓人，不当如是。"（《要录》卷一三五，绍兴十年五月辛丑条）对郑亿年的攻击轻易地转向秦桧，秦桧罢免的可能性当然极高。

当时高宗可能做出的选择是：（1）赋予秦桧更深的信任，（2）再度起用绍兴八年因反对和议而去职的宰相赵鼎，（3）起用对金强硬论的代表张浚。无论选择哪一个出任宰相，都对日后宋、金间师出无名的战争影响甚巨，方向也会不同。其中以赵鼎复出的可能性最高，赵鼎"才闻边警，喜见颜间"（《要录》卷一三六，绍兴十年闰六月庚子条），他似乎觉得，宋、金间战争再启——和议破裂，意味着政敌秦桧的下台和自己的复出。史籍中又谓：

> 初，鼎罢郡归绍兴，上书言时政。秦桧忌鼎复用，乃令御史中丞王次翁劾鼎，顷以失职去位，既罢泉州，一向北来，已至绍兴，逼近行朝。阴幸有警，规图复用。门下党与，往

来于临安，选造事端，鼓惑众听，以摇人心。(《要录》卷一三六，绍兴十年闰六月丁酉条)

秦桧最大的政敌即是赵鼎，为了保全自身地位而起的权力斗争，以宋金战争为契机，激烈地展开。在这场权力斗争中，积极活跃挽救秦桧政治生命的人物，是曾经弹劾赵鼎的御史中丞王次翁。

绍兴十年（1140）二月，亦即李光罢免之后一个多月，王次翁出任御史中丞的要职。其前任者是廖刚，他曾批评郑亿年之复职将使士风败坏，"节夫义士，莫不解体"（《要录》卷一三四，绍兴十年正月甲辰条）。廖刚"本秦桧所荐"（同前，二月庚申条），至是为秦桧所嫌，遂降为工部尚书，取而代之者即工部侍郎王次翁。王次翁复于同年七月继李光之后就任参知政事，十三年闰三月去职，隐居四明。连御史中丞之任在内，他居显职的时间约三年有余，他和李光一样，都为这个时期的政治留下明显的残痕。

王次翁在很多方面的表现都与李光形成对比。他出身济南章丘，家"贫甚"，因勤勉向学而得为官，自北宋末迄南宋初，历任知道州、广西转运判官、知处州等职，寓居婺州。绍兴六年（1136）秋，秦桧自知温州改知绍兴府，上任途中，于婺州和王次翁相遇，结下了日后提拔王次翁到中央的机缘。在此之前，他的政绩有：北宋末年根据属县丁籍，依人民财产多寡来征收免夫钱，果然在约定期间收齐；南宋初年，群盗马友、孔彦舟、曹成占据长沙，官军需粮草三十万石以备调发，次翁立即准备完妥，因此有能吏之称。（以上据《宋史》卷三八〇《王次翁传》）不关心诗文创作等文才发挥，或是名教、道义之探究，但求展现法律、财政等实务能力的士人，在宋代颇有所见，王次翁正是这类人物。比之李光，他既是流寓士人，也是实务性的财务官僚，这一点是很不一样的。

绍兴八年（1138）三月，王次翁以"秦桧所引"（《要录》卷一一八，绍兴八年三月戊申条），就任兵部员外郎，进出中央。之后，又续升进为秘书少监、户部侍郎、御史中丞，并于十年十月出任职官最高阶的参知政事，这个经历完全是在秦桧的荫庇下完成的。其后，

第七章　绍兴十年至十二年之政治发展（上）

王次翁定居于李光故乡附近的明州，其子王伯庠亦为侍御史，《宝庆四明志》卷十乃以父子御史为"衣冠盛事"。假如李光是土著旧地主，那么王氏就代表了江南新地主。日后，其子王伯庠即"以王会亲戚，寡廉鲜耻，违法贪饕"（《要录》卷一七〇，绍兴二十五年十二月丙申条），遭到弹劾。王会者，系秦桧妻王氏之弟王仲山之子，宰相王珪之孙。故王次翁也是依附于南宋初期权门——以秦桧为中心——的一员。在李光系士人的眼中，王次翁具备了流寓系官僚，长于实务财政，和秦桧权门相结，寓居明州之新名门等特质。

秦桧于六月一日对皇上进言，以盟约既破，当定"吊民伐罪之计"，如汉之高祖，"以马上治天下"，"如臣言不可行，即乞罢免"（《要录》卷一三六，绍兴十年六月甲辰朔条），即以此表示辞意。但是他同时也使心腹之人进行政治工作，"桧于此时，曾无远略，乃且持禄固位。犹使其党，以事有大变，更用他相为天子戒。桧之奸谋，为如何耶"（《要录》卷一三五，绍兴十年五月辛丑条引何俌《（中兴）龟鉴》）。此处所谓"其党"即指王次翁。王次翁拜谒皇上，提出勿更换宰相之要求：

> 是日，御史中丞王次翁请对，言：陛下既以和议为主，而诸将备御严，士卒勇锐。敌虽败盟，曲不在我，无能为也。前日国是，初无主议，事有小变，则更用他相。盖后来者未必贤于前人，而排黜异党，收召亲故，纷纷非累月不能定，于国事初无补也。愿陛下以为至戒，无使小人异议，乘间而入，上深然之。（《要录》卷一三五，绍兴十年五月戊戌条）

王次翁这番拥秦论的要点是：（1）此次战争，罪在金而不在宋，秦桧并无错误。（2）人事更替之后，继任者不一定胜于前任，再者权力中枢若大幅交替，将难以应付紧急事态，反有不当。御史中丞是言事官，职在弹劾百官，这样的说辞内容实是特例。按照以往的惯例，罢免秦桧的理由已然十分充分，但是"上深然之"，于是秦桧并未因宋、金重新开战而被罢免。王次翁成功地说服了高宗。这段对话发生在五月二十五日，距十三日开封陷落已经过了十来天，高宗下定决心，重新信任秦桧，不再起用赵鼎。

又据《要录》卷一三六绍兴十年六月丙午（三日）所载，给事中冯楫也曾为秦桧试探高宗心意：

> 初，金人背盟，秦桧以其言不雠，甚惧。一日谓（冯）楫曰：金人背盟，我之去就未可卜。前此大臣皆不足虑，独君乡衮，未测上意，君其为我探之。明日，楫入见，曰：金人长驱南下，势须兴师，如张浚者，且须以戎机付之。上正色曰：宁至覆国，（不）[1]用此人。桧闻之喜。

这是藉由提出对金强硬论者张浚之名，来探测高宗本心，从而确认高宗并无意于与金全面对决。虽然六月三日条中有"一日（意为某日）""明日"等字眼，推测这段对话当仍在五月末。这样看来，高宗自五月十三日开战以后十数日间，并无罢免秦桧、起用张浚或赵鼎之意，也就是决定留用秦桧。秦桧继绍兴八年（1138）十月之后，再度赢得和赵鼎权力斗争的胜利，渡过其一生中最大的危机。失败的赵鼎，则于闰六月末为何铸、王次翁所弹劾[2]，远移至广南东路的潮州，继又移往海南岛的吉阳军，并殁于此地。

当金军南下之际，高宗为什么不起用张浚、赵鼎，与金决战，却要继续留用秦桧呢？其详情已非今日所能推定。这或许是因为他自绍兴七年（1137）郦琼事件以来，在感情上一直嫌恶张浚所致；加之以对决路线必会使将军、家军再次活跃起来，遂使高宗忌讳起用张浚、赵鼎。此外，归还梓宫、母后，既是八年和议的最大议题所在，为了实现此事，也会尽量避免全面性的对决。更何况，在其欲求南北兆民休养生息的言词中，也显示了某种程度的厌战气氛，这也是高宗留用秦桧的背景因素。避开与金全面战争，将战争局部化，是希望能回复南北和议体制。

---

1. 《要录》其他刊本有一"不"字，又《（中兴）遗史》亦作"朕虽亡国，不复见张浚"。"不"字恐有脱漏。
2. 关于其所弹劾事项——受岳飞赠金五万贯，赵鼎曾有辩解，详见《忠正德文集》卷九，弁诬笔录。

这点将于下节再讨论。

三、宋之对金宣战与战争指导原则

绍兴十年（1140）五月初，金片面违约，进军中原，并于中旬攻占开封，宋只有被迫应战。面对着出乎意料的战况，以及强行和议的后遗症——反和论者为复归政坛，秘密发动权力斗争，宋的主政者必须在短时间内确定战争指导原则。大约是在五月底，秦桧于确定留任之后，提出了他的基本构想——以宋、金（南北）均衡共存论为根底的战争指导原则。高宗、秦桧集团对这次战争的展望，尽见于五月二十五日如同战争宣言的诏书，以及六月一日枢密院所下的檄书。

《要录》五月戊戌（二十五日）条，于"是日"之下记载了王次翁反对秦桧下台的言论，同日又记：

> 诏，罪状乌珠（宗弼或兀朮）。募有能生擒乌珠者，除节度使，赐银帛五万匹两，田千顷，第一区。（《要录》卷一三五，绍兴十年五月戊戌条）

附注称"此诏旨，日历全不载"，补以蜀刊《丝纶集》所收之三省枢密院同奉圣旨二则。不过，既已说是奉圣旨，则三省枢密院的布告大概和诏书不尽相同。《要录》编纂者李心传尚得目睹的《日历》，并未收录宋金战争开战宣言，其全貌究竟如何，今日已难窥知。但这份宣战诏书的要点既只在谴责此次战争的主谋宗弼个人，并开出赏额购买其首级，倒也十分特别。这或许是因为，在这个阶段中，尚不能确定金军的目标，秦桧的地位亦未稳固，遂无法发布明快且具有说服力的诏书。

到了六月甲辰朔日，发下各路的枢密院檄书，尽管以先前的文书内容为本，却已有较明快的目标。当时秦桧为右仆射而独相，又兼军事方面最高职的枢密使，枢密使职也只有他一人，所以，六月一日发出的檄书已能表现出获留用之秦桧的意向。至少这份檄书的公布，说明了因宋、金重启战端而引发的权力斗争，是由秦桧取得完全的胜利，宋的应战原则也因此而明朗化。

宋以吊民伐罪为主体的檄书内容如下：（1）先说金军自靖康以来，侵略中国，俘虏两帝，所至焚灭，殆无遗类，其残忍不道，载籍靡闻。前岁割还河南地，皇帝深念十余年间，南北生灵，肝脑涂地，许其修睦，因以罢兵，庶几休养生息，各正性命，仰合天心。今金军袭取旧都（开封），"信义俱亡，计同寇贼"。（2）檄书又云，金之不道，如同盗寇，全因金将乌珠残忍无道。乌珠乐祸贪残，阴蓄无君之心，为倡乱之首，戕杀叔父（挞懒），擅夺兵权。为个人私欲，苦河东、河北、京东之吾朝赤子，又夺女真、契丹、渤海将兵之休息，至"罪在一人，谋己之私，毒被寰宇兆民之众"。（3）皇帝既如人之父母，代天君师，兼爱生灵，不能坐视民之焚溺。况彼兵出无名，神人共怒。"誓与中外，蠲除首恶，期使南北，共享太平。"（4）最后，望南北官员、军、民，为义奋起，若能生擒金将乌珠、萨里干或斩首来归者，必赐以官职、银绢、良田宅第。（以上均据《要录》卷一三六，绍兴十年六月甲辰朔条）

五月戊戌（二十五日）的诏书，只是提示性地非难乌珠（兀朮），列出悬赏；这里则除了这一条之外，还整然有序地罗列出开战理由、战争目的、宋的基本因应路线。单就这份檄书所见，可将宋的基本见解整理如次：

首先，这次战争完全出自乌珠（兀朮）个人的野心，不是金国举国之战，因此宋也尽量回避和金对决，或进行全面战争。其次，宋当然无意积极攻击金国，并且表明以恢复绍兴八年和约之南北共存旧状为目标。再次，不要求恢复中国故地，也不呼吁宋之军民死守驻屯地、居住地甚至坟地。最后，于是，只以去除"首恶"为其最终目标，希望金更换乌珠，或中止、变更乌珠现正进行的侵宋战争政策[1]。

由于战争并非宋之本意，故这篇檄书充满了浓厚的厌战气氛。而

---

1. 绍兴四年十一月的宣战理由，是指称金之傀儡政权——齐为"逆臣"，"大逆不道"。绍兴十年六月发动的对金战争，宣战理由则止于对金将宗弼个人的攻击。南宋在诏书、檄书中明确表示与金全面对决，始自绍兴三十一年八月的战争。在那份诏书中，历数金之占神京（开封），强掳两帝致其崩殂，望"文武大小之臣，戮力一心，捐躯报国，共雪侵凌之耻，各肩恢复之图"。檄文则言"不与贼以俱生"。高宗也对宰执谈到"神怒人怨"，"庶几恢复神州，以复两朝之耻"。这是基于复仇论、失地恢复论，采取全面对决的态势。（《要录》卷一九三，绍兴三十一年十月庚子朔及甲辰条）

第七章　绍兴十年至十二年之政治发展（上）

且完全没有对军民作积极性的要求：如对金复仇、报复、道义的谴责、恢复失地、死守故地等。因此，高宗认为，在此次战争中不必为宋朝官兵作道义上的支持准备，战争只需依赏罚来推进。高宗明言：

> 上谓大臣曰：用兵惟在赏罚，若用命者必赏，不用命者必罚，何患人不尽力。（中略）朕若亲提一军，明赏罚，以励士卒，必可擒取乌珠。（《要录》卷一三八，绍兴十年十月壬辰条）

他完全无视于兵将在对金战争中尚有精神面、情感面之需求。尽管这是一份厌战气氛很浓的战争宣言，檄书的目标方向和檄书所包含的方针，仍可作为战争的基本指导原则，成为日后战局的具体提示，也深深影响宋的战争进行过程和政治过程。

战争既非宋之本意，自然缺乏积极的攻击性，战争的基本性质不得不转向防御性。高宗、秦桧等南宋政权中枢，在指挥宋军——诸家军团之时，完全采用防御战，即只阻挡敌人的攻势或只予以迎击。这样的战争形态，和岳飞等将军们的想法尖锐对立，岳飞等人抵挡了金军的侵寇，要求乘势追击，甚且想要"深入敌境，复取旧疆，报前日之耻。"（《要录》卷一三七，绍兴十年七月壬申条引《岳侯传》）可是，高宗、秦桧却一直坚守着十年六月的战争指导方针，对金无积极进攻之意，并在各家军和金军会战后要求他们班师撤兵。

绍兴十年（1140）六月初，南下的金军再度占领开封，十余万的主力军杀到顺昌府。宗弼对诸将发出豪语，要"以靴尖趯倒"顺昌府（《要录》卷一三六，绍兴十年六月庚戌条）。但却被守备顺昌、仅有五千人的刘锜军所败，就在此时，高宗、秦桧下令班师。

> 秦桧奏，俾锜择利班师，锜得诏不动。（《要录》卷一三六，绍兴十年六月乙卯条）

> 时秦桧将班师，（中略）于是，锜方欲进兵乘敌虚，而桧

召锜还。（同前，闰六月己亥条）

七月，出入于京西路开封附近、意气风发的岳飞军，也收到同样的班师指令：

> 是日，湖北京西宣抚使岳飞，自郾城班师。飞既得京西诸郡，会诏书不许深入，其下请还，飞亦以为不可留。（《要录》卷一三七，绍兴十年七月壬戌条）

七月壬戌条引《岳侯传》所记秦桧之语曰："岳飞若深入，岂不危也？陛下降旨，且令班师。"至同年九月，情况发展成：

> 宰相秦桧主罢兵，召湖北京西宣抚使岳飞赴行在。（中略）时淮西宣抚副使杨沂中还师镇江府，三京招抚处置使刘光世还池州，淮北宣抚判官刘锜还太平州。自是不复出师矣。（《要录》卷一三七，绍兴十年九月壬寅朔条）

岳飞军、杨沂中军、刘光世军、刘锜军等当时主要军团全驻屯在长江南岸，显示出保卫江南的防御态势。翌年二月高宗也说："今韩世忠屯淮东，刘锜屯淮西，岳飞屯上流，张俊方自建康进兵。"（《要录》卷一三九，绍兴十年二月丙子条）综观上述各状况，高宗、秦桧是以京西、两淮为这次战争的主要战场，故在基本上就是场防御性的战争，具体而言，则是江南防卫战。

不过，秦桧的战争指导原则，在开战初期虽是一味采取撤兵之防御态度，但至翌年春，却也计划将采迎击方式，与金军主力进行有组织的会战。宋的基本战略是，"金都元帅宗弼，自顺昌战败而归，遂保汴京，留屯宋、亳，出入许、郑之间。复签两河军与蕃部凡十余万，亦谋再举。上亦逆知敌情，必不一挫便已，乃诏大合兵于淮西，以待之"（《要录》卷一三九，绍兴十一年正月庚戌条）。又，"敌若犯淮，其势粮必在后，但戒诸将，持重以待之，至粮尽欲归，因其怠而击，则无不胜矣"（同前，

第七章 绍兴十年至十二年之政治发展（上）

正月辛亥条）。宋朝的计划是：金军深入后，其弱点在于补给和兵站有限，故欲藉此打击金军，确保战争的主导权。

绍兴十一年（1141）正月，宗弼率十数万军渡淮水，攻寿春府，犯庐州，派一军陷滁州，主力则计划渡长江进军和州。从和州"东南渡江至太平府，六十里"，"州，淮南要冲，江表藩蔽，渡横江而出采石，济滁口而向金陵，则长江不为固矣"（以上据《读史方舆纪要》卷二九，江南和州条）。和州是防卫江南最重要的据点，宋当然不得不倾全力以护和州，《读史方舆纪要》同时记载了当时建康知事叶梦得之语："金人得和州，长江不可保矣。因趋诸军拒守。"

淮西宣抚使张俊军出建康府，屯营于和州，杨沂中率近卫军中殿前司军三万出临安，昼夜兼行六日，以赴淮西。刘锜军二万出太平州开向和州，皇帝并以御笔下令李显忠军出兵淮南（《纲目》卷九，绍兴十一年正月、二月条）。淮东楚州的韩世忠军和荆湖鄂州的岳飞军也收到出兵相援的命令。总之，除了四川驻军外，这一仗几乎动员了当时所有有力的家军，确是自南宋建国以来前所未有的创举。二月癸未（十四日），三大主力军的总指挥者张俊报告说："已在和州竭力措置，决与敌战，必须取胜，可保无虞。"（《要录》卷一三九，绍兴十一年二月癸未条）高宗闻之大喜。不过，三将——张俊、杨沂中、刘锜——之间未必能互相联络合作，他们一向互不信任，即使三军联合，亦"相疾如仇雠"（《要录》卷一二六，绍兴九年二月是月条周南仲之语）。

> 时朝廷虽命三帅，各军不相节制。然诸军进退，多出于俊。

（《要录》卷一三六，绍兴十年六月甲辰朔条）

张俊的声望向在刘锜、杨沂中之上，且"俊与沂中为腹心"（同前），故所谓三军并非势均力敌的三支军队，不过这倒反而有利于宋之成立联合部队。

绍兴十一年二月丁亥（十八日），宋金两军会战，宋军大胜。这场战役被称为柘皋大捷，"淮北宣抚副使杨沂中、判官刘锜、淮西宣抚使都统制王德、统制官田师中、张子盖及金人战于柘皋镇，败之"（《要录》卷一三九，绍兴十一年二月丁亥条）。其中王德、田师中、张子盖等皆为张俊军所属战斗部队的指挥官。同月二十六日（乙未）"赐刘光世、韩世忠、张俊、岳飞、杨沂中、刘锜诏书。以捷书累至，军声大张。盖自军兴以来，未有今日之盛"（同前，二月乙未条）。柘皋的胜利确实是划时代的胜利。"未有今日之盛"一语，也包含了高宗等人的感怀。对于此次会战，高宗之言略有夸饰："上谓宰执曰：自敌犯边，报至，人非一，朕惟静坐一室中，思所以应敌之方，自然利害皆见。"（同前，二月庚寅条），不过，企划柘皋之战且获得预期胜利的高宗，的确是经由此役才得确立其作为皇帝的权威和领导力。这一场会战并非出自偶然，乃是经过计划才有的胜利，同时确立了南宋的统帅权，克服家军体制之路由此豁然开朗。

柘皋会战是根据高宗的战略构想，将当时主要家军军团全体动员的一次大决战。可是，岳飞并未参与此次会战。柘皋之战是以张俊军、杨沂中军、刘锜军为主力。之后，金军北向濠州，并攻占该地，张俊和杨沂中曾驰军往救，却因遇伏而失败，韩世忠军虽入濠州，亦旋而撤退。濠州会战之际，皇帝希望岳飞前往救援，岳飞却以军粮不足为由裹足不前。高宗发出亲札前后合计十七回，岳飞始终不动。最后高宗只有恳请岳飞说："社稷存亡，在卿此举。"岳飞好不容易行军三十里，闻濠州陷落，即驻留舒州、蕲州境上（同前，三月庚戌条）。"故张俊与秦桧皆恨之"（同前），王伯庠编纂的《王次翁叙记》云："上始有诛飞意。"（《要录》卷一四〇，绍兴十一年四月乙未条注引）关于岳飞的案子，以往研究者多太过强调秦桧和岳飞间的争执，很少冷静地从相关状况中探讨岳飞之死的真相，如果认真地就当时情况逐一检讨，《王次翁叙记》所言高宗决意诛杀岳飞的记事，可以说是相当妥当的。

《大金国志》卷二七《兀朮传》称："（兀朮）锐意败盟，举兵南征，后败于顺昌，败于郾城，败于柘皋，乃始讲和，而南北无事矣。兀朮临终，以坚守和好为说。"绍兴十年至十一年的宋金战争，就金来看，虽已成功夺回挞懒归还宋朝的河南、陕西之地，但对宋的军事压制却完全失败。这表示其战争目的或攻击目标并未达成，亦非其作战的初衷。而从宋朝来看，这是一场采取守势的防卫战，所要求的不只是刘锜（顺昌之捷）、岳飞（郾城之捷）等各将军个别的胜利,更是着重于如何组织各家军团,打败金军以遏阻金的军事攻势。从防御战的观点来看,宋是成功了。

在皇帝无直辖军的情况下,指挥着原本无法直接指挥的家军军团,严格执行军队调动,最后并联合各家军,进行决定性的会战,这全赖秦桧的整体构想和其所设计的战争指导原则具有相当的强韧性。

在先前的檄书中,秦桧已表明:（1）无意对金攻击,尽量避免宋、金间出现全面对决、彻底对抗的状况;（2）期待兀术停止对宋侵略战争;（3）不问河南之归属,只望大局方面恢复旧状——南北共存状态。基于这样的构想,秦桧坚持将这次战争设定为防卫战,这个目的也几乎完全达成。结果金改变了基本政策（对宋行军事压制）,承认现状,休战讲和。进一步说,秦桧彻底执行防御战,压制住家军军团恣意的行动,并且组成联合部队,取得决定性的会战胜利,此举实质上恢复了朝廷的军事指挥权,在南宋政权最大悬案的收兵权问题上绩效卓著。成立和议与收兵权是确立南宋政权的决定性因素,两者在绍兴十一年（1141）底得以一举完成,有其历史性的缘由,唯以往都未加以厘清。从秦桧对绍兴十年至十一年战争的构想、战争指导原则,及其首尾一贯的推进过程来看,和议的成立和收兵权二事,其实是自秦桧的战争计划中衍生,当初即已涵摄在其战争构想之中。

四、收兵权之过程

北宋政权既是建立在后周禁军的基础上,南宋政权自然也必须建立一支皇帝直辖的军队以为后盾。科举官僚与士大夫既已对南宋政府表示了他们的支持,不曾大批投靠金人,则南宋政权自我确立的最大课题,就是如何才能将涵盖军队编成、统帅、训练、作战、战斗指挥等所有军事权柄,皆归诸皇帝一元掌控了。从这点看来,南宋确立过程中如何收兵权的问题,自然在研究课题上具有相当大的意义。可是,日本在这方面的研究成果多半是从财政史的角度着眼,从未注意到政治史的课题。各军事集团因北宋政权瓦解而切断或淡化其与国家间统制关系的经过,以及经淘汰、整理、统合而重新建立禁军部队的过程,本是南宋军事史上的重要课题。但若从政治史的观点来考察，这段过程又当如何来分析呢？

概观南宋初期的军事史、军制史，建立皇帝直属禁军的全部过程，绝不只是将各家军一举统合为皇帝的禁军。而是分为两大阶段：(1)建立个别家军、军阀联合合作体制，(2)从家军联合再转为皇帝单一禁军。因此，(1)与(2)的彼此相关性、积极推动其逐项发展的政治势力、其整体构想与针对各家军所设之具体指导方针、其指导力之强弱，以及一贯性之有无等事项，皆可用以分析被视为是政治史的收兵权问题。所谓(1)之阶段系指绍兴四年九月至六年十一月，(2)之阶段则是绍兴十、十一年之战争时期，合二者即成南宋初期收兵权之全部过程。

（一）绍兴四年到六年家军联合体制的形成

绍兴四年（1134）九月，金、齐联军南伐，这是南宋政治史上一大转折点。不但政治领导由吕颐浩转换为赵鼎，政治路线也从原本一意重视平定内乱反叛、恢复国内秩序之事，转而以解决对外矛盾为首要问题。于是，发布了南宋建国以来的第一份宣战诏书，直斥金、齐联军——其实是金军之南进行动——中之齐乃大逆不道之逆臣，以示宋廷应战之正当性。这种以严惩刘豫之目无君长为大义名分，扩大并引申对内论理来看待对外战争的做法，的确是极为特异。至于一改以往家军与金军个别遭遇战的方式，由家军联合作战，共阻金、齐联军南进，也是这次战争的一大特色。总之，这是欲借外力为契机，以联合诸军事力量的构想，希望经由皇帝掌握主导权，以确保指挥权、统帅权，完成收兵权的第一步。

首先，是以金、齐联军矛头所指的两淮地区之韩世忠军为中心，佐以张俊军与刘光世军，建立合作体制。"遂诏神武右军都统制张俊，以所部往援世忠，又令淮西宣抚使刘光世移军建康，车驾定日起发。"（《续鉴》卷一一四，绍兴四年十月丙子朔条）可是张俊军与刘光世军皆拒绝与韩世忠军合作。"帝命趋二人往援韩世忠，而光世等军权相敌，且持私隙，莫肯协心"（同前，甲午条），结果，金军陷滁州，并着手造舟渡江。世忠军乃自扬州移镇江府，光世军自太平州移建康，张俊

第七章 绍兴十年至十二年之政治发展（上）

则移常州，以备联军之渡江。不过，由于绍兴四年十二月金太宗病重，金军临时决定北撤，渡江之计遂告中止。

次年正月，韩世忠、刘光世、张俊三将入觐，高宗告以金、齐联军撤兵不足喜，"以卿等将士，贾勇争先，非复他时惧敌之比。所喜盖在此也"（《续鉴》卷一一五，绍兴五年正月壬戌条）。又对三将说："先国家之急，而后私雠，小嫌何足校。"（同前，壬申条）还说："天子御正衙，赐卮酒而亲劝之，未之前闻。"（同前）一再热切地表示盼望三将能建立合作的关系。

绍兴五年（1135）五月，荆湖方面的钟相、杨么被平定，原本在此负责扫荡的岳飞军也奉调参加对金战争，至于原负责整顿荆湖的张浚也重新成为对金战争的指导者。"浚既平贼，遂自鄂、岳转淮东、西，会诸大将议防秋之宜，至是入见。"（《续鉴》卷一一六，绍兴五年十月庚戌条）"张浚既还朝，始议大合兵马为北讨计。"（同前，十二月丙午条）总之，他是要借着对金、齐战争建立诸家军联合体制，结果遂于绍兴五年十二月建立了行营护军制。

行营护军制之所谓"行营"，系因高宗宣告将亲征金、齐联军，移驻跸地于平江（苏州），故拟建立起护卫皇帝，以行亲征的皇帝统军体制。其配置为：

> 行营中护军——张俊、张用、李横、阎皋各军
> 行营前护军——韩世忠、张遇、曹成、马友、李宏、巨师古、王瓊、崔增各军
> 行营后护军——岳飞、韩京、吴锡、李山、赵秉渊、任士安各军
> 行营左护军——刘光世、王德、郦琼、靳赛各军
> 行营右护军——吴玠、刘子羽、关师古各军
> 行营前护副军——王彦军
> 三衙军、殿前司军——杨沂中军
> 三衙军、马军司军——解潜军
> 三衙军、步军司军——颜渐军

在赵鼎、张浚指导下，将各家军予以编制、配置，建立起一条长大的自东海至四川的对金、齐联合防线，确是划时代的成就。绍兴三年（1133）九月，先指定刘光世、韩世忠、王瓒、岳飞、郭仲荀等各军驻屯地，"始诸将虽拥重兵，而无分定路分，故无所任责。朱胜非再相，始议分遣诸帅，各据要会，某帅当某路，一定不复易"（《要录》卷六八，绍兴三年九月庚辰条）。这是藉外在危机逐步提高中央统制力量，也是恢复皇帝统帅权的重要里程碑。

为对抗金、齐联军而设立的防卫组织，于绍兴六年（1136）十月齐军单独南进之际，发挥了相当的效果。齐军渡淮水，攻向淮南西路之寿春府、濠州，负责此一防区的淮西宣抚使刘光世虽有撤守之议，张浚却严命以"若有一人渡江，即斩以徇"（《续鉴》卷一一七，绍兴六年十月戊戌条）。高宗也以亲笔付殿前司军杨沂中，承诺若有不愿相助者，以军法处之。于是光世麾下之王德、郦琼军，乃与杨沂中部相声应，大败齐之刘麟（安丰之役），杨沂中也击败刘猊（藕塘镇之役）。齐欲独力平淮南之计失败，这次败战遂成次年金决定废齐的主要原因。当时高宗曾对赵鼎说："刘麟败北，朕不足喜，而诸将知尊朝廷为可喜。"（《要录》卷一○六，绍兴六年十一月癸酉条）随着绍兴六年十月两次会战的胜利，皇帝又重新握有指挥权了。总而言之，绍兴五年至六年间，在皇帝、宰相等政治领导力的催迫下，不但将个别散处的家军编制成联合军体制，也拥有了一定程度的家军团指挥权。

南宋政权确立时期的收兵权工作，虽在绍兴六年十二月到达一顶点，之后，却因为构成此顶点的论理本身有其破绽而又延宕下来。绍兴四年九月以来的赵鼎路线，是借着外部危机及与之对决的态势，来进行收兵权的工作，也就是建立行营护军体制，并确立皇帝指挥权与统帅权。可是绍兴六年年底，他们虽然巧妙地将对金、齐联军之对决情势，转换为只讨伐逆贼刘豫的问题，回避了与金正面对决的局面，却带来了日后政治取向、军事统制的分裂。具体而言，即当时居权力中枢地位的赵鼎与张浚因未来目标不同而互不兼容：

浚因独对，乞乘胜取河南地，擒刘豫父子。又言刘光世

第七章　绍兴十年至十二年之政治发展（上）

> 骄惰不战，不可为大将，请罢之。帝问：常与鼎议否。浚曰：未也。浚见鼎，具道其故。鼎曰：不可。豫，机上肉耳。然豫倚金人为重，不知擒灭刘豫，得河南地，可遂使金不内侵乎。光世将家子，士卒多出其门下，若无故罢之，恐人心不可。浚不悦。鼎复言：强弱不敌，宜且自守，未可以进。由是与（折）彦质俱罢去。（《续鉴》卷一一七，绍兴六年十二月戊戌条）

继十月间两次会战胜利后，主张与北方再决死战者和慎重论者形成对立，双方在收兵权问题上，为了罢免无作战意愿的将领，以及整顿家军之事而发生争执。结果，持强硬论的张浚取得了主导权，赵鼎黯然去职。可是，张浚的收兵权工作，终如赵鼎所料，以失败告终。绍兴七年（1137）八月郦琼叛变降齐，史称淮西兵变。对外采强硬路线，对内积极罢免不合作军团将领、收回兵权的做法并未成功。

不过，继张浚积极路线之后再出发的新赵鼎路线也没有成功。淮西兵变后，赵鼎以镇静为先，驻屯盱眙的张俊军几成二次兵变，他"不受命，悉以众归，朝廷亦不能诘"（《纲目》卷八，绍兴八年二月上如临安条），皇帝对将军的统制力大为减弱。另一方面，赵鼎又提出另一套收兵权的办法，他起用王庶、常同、张戒等人，推行其所谓偏裨独立构想。也就是让战斗部队独立，由皇帝直接指挥战斗部队长官，使家军统帅在实质上无意义化，原统辖战斗部队的家军则因之解体。但这也在绍兴八年六月遭到当时家军将领中势力最大的张俊反对与抵抗，随着和议的迅速进行，"抚循偏裨"的构想渐渐消失。

若将绍兴四年（1134）九月至八年底的收兵权过程稍加整理，大概有以下情况可言。绍兴四年九月金、齐联军的南进行动，使宋得以将原本各自为政的军事势力联合组织起来。主其意的赵鼎、张浚，于绍兴六年底将家军与零星军事势力联合至相当程度后，他们或拟建立皇帝禁军，或拟重新编组的计划都告失败。张浚基于对金强硬论，成功地将对金作战不力的大将刘光世罢免，却未能掌握并统制光世麾下的实战领袖们（郦琼之叛）。持对金慎重论的赵鼎，继张浚失败后，想要建立皇帝与实战指挥官的直接管辖关系，以收回兵权，却因大将张俊的反对与抵抗，无法编组成单一的皇帝军。绍兴十年五月，金毁弃第一次宋金和议，再次南进，这对于已成功建立家军联合体系，但尚未编组成单一部队的南宋军事编制影响甚大。换句话说，皇帝单一军系之能否再编制成功，关系着南宋防卫力的强弱，也是此次宋、金战争胜败的关键，更与南宋政权能否自立为集权国家直接相关。所以当绍兴十年五月对金战争重启之际，以往赵鼎、张浚曾尝试失败的兵权收回工作该如何继续进行，就成为高宗、秦桧等人此时无所逃避的正面课题。

（二）绍兴十一年禁军的编制

绍兴十年、十一年宋金战争期间，秦桧的收兵权工作可分为：（1）绍兴十年（1140）五月开战至十一年二月柘皋会战时期；（2）绍兴十一年四月家军解散、编组御前军等二阶段。第一阶段的特色是，彻底执行班师指令。当金军南进之际，刘锜军与岳飞军分别奋战获胜，但当两军切望于乘胜追击之时，却不断接到班师的指示，这件事成为秦桧的战争指导特色。绍兴十一年二月，以江南为侵略目标的金军，在柘皋所面对的几乎是宋主力军团的全面动员，会战结果宋军胜利，也可说是秦桧战争指导方针的胜利。其指导方针的基本态度即是将这次战争定位为防御战。早先赵鼎与张浚的战争方针都不甚明确，造成家军统御上的问题；秦桧的战争方针则无此暧昧性，其目的就是要尽可能彻底控御家军。即使是个别的作战行动，也由权力中枢作成决定再据以执行，或是将家军联组调用，这使得皇帝的军事指挥权较之赵鼎、张浚时期亦有相当程度的恢复。而秦桧的特色，也就是基于其战争构想，更彻底地朝此方向继续推行。

柘皋之胜乃是皇帝确立战争暨军事指导力的一大转机，战争甫一结束，秦桧就立刻运用他卓越的政治能力，着手于收兵权——解散家军，并编组皇帝的直辖军。柘皋会战发生于二月中，诸军各归本营约在三月中，至四月末，家军即已解体。自南宋建国以来，悬宕十数年的问题，在会战结束后两个月就差不多解决了。

绍兴十一年（1141）四月，在秦桧实施收兵权的同时，其实尚有

第七章 绍兴十年至十二年之政治发展（上）

三项政治工作配合进行：第一是任命当时三大家军（形式上是宣抚使军）首领张俊、韩世忠、岳飞为枢密使、枢密副使之职。第二是令彼等麾下之战斗部队各自独立，听命于皇帝。第三则是由三家军中最强大的张俊率先归还兵权于皇帝。在这三件事中，给事中直学士范同、参知政事王次翁，还有秦桧本人都曾参与。以下即由第一件事，也就是范同的献策谈起，《要录》卷一四〇，绍兴十一年四月辛卯（二十三日）条记载（数字乃笔者所加）：

> 1. 诏给事中直学士院范同令入对。2. 初，张浚在相位，以诸大将久握重兵难制，欲渐取其兵属督府，而以儒臣将之。会淮西军叛，浚坐谪去。赵鼎继相，王庶在枢府，复议用偏裨以分其势。张俊觉之，然亦终不能得其柄。3. 至是，同献计于秦桧，请皆除枢府而罢其兵权。桧纳之，乃密奏于上，以柘皋之捷，召韩世忠、张俊、岳飞，并赴行在，论功行赏。

《要录》之文可以分为三部分来看：第一部分即范同系奉诏入对，这表示欲收三大将兵权之事已得皇帝谅解。第二部分则回述张浚、赵鼎虽曾着手收兵权，却因淮西兵变及张俊之反抗而受阻的历史经过。收兵权成功的只有秦桧，抛开对金态度不论，张浚、赵鼎等人也都曾为收兵权之事付出相当大的努力，这表示就当时而言，收兵权确实是最重要的政治课题。这点必须先予确认。因为一般多以为：只有秦桧才试着收回兵权，才将推动和议与收兵权二事直接相连，并导致岳飞之死。

第三部分虽以辛卯（二十三日）范同入对、皇帝决策为言，但也可看作是，早在辛卯日之前，范同就已与秦桧商量过收三将兵权之事。又从这个方案来看，由于先前已有赵鼎系官僚——王庶、常同、张戒欲收兵权而遭张俊抵抗失败的教训，故这次改用政治性怀柔手段，让大将们出任大臣之职，加以收买。范同以论功行赏的方式，任命诸将为枢密使或枢密副使，将诸将手下的家军转换为国军，而诸将的兵权也就转而归皇帝所有，此一构想确是非凡。而以柘皋之捷与向来无胜局的基本状况并论，向秦桧提示具体的手段，其着眼点亦属非凡。枢密使、枢密副使本是宋朝执政（大臣）群中之一员，与宰相及副相参知政事一同参画国家枢机要事，职位极为重要。故从这点看来，范同的建议，也表现出宋代政治史上常以收买政治解决问题的一面。让武人担任政权中枢内部最重要的官职——当时的大将除岳飞外全是文盲——未必能得到士人层的支持，不过将家军改制为皇帝禁军既是当时最重要的政治决策，这种收买策略也就得到皇帝的首肯。"上谓韩世忠、张俊、岳飞曰：朕昔付卿等以一路宣抚之权，尚小。今付卿等以枢府本兵之权，甚大。卿等宜共为一心，勿分彼此，则兵力全，而莫之能御。顾如乌珠，何足扫除乎。"（《要录》卷一四〇，绍兴十一年四月乙未条）高宗所言正表示了供以显职的目的所在。

第二件事则是与三大家军战斗部队的独立构想有关，这也是先前赵鼎等人收兵权的中心构想之一。绍兴八年（1138）五月高宗之语即其具体策略："惟抚循偏裨耳。"（《要录》卷一一九，绍兴八年五月戊子条）而这当然也与欲收张俊兵权时，未得战斗部队带兵官支持以致失败的教训有关。《要录》卷一四〇绍兴十一年四月乙未（二十六日）条引王伯庠撰《王次翁叙记》称：

> 是夜半，复以制分命三大帅军中列校，使各统所部，自为一军，更其衔曰：统制御前军马。凡其所统，升黜赏罚，得专达之。诸校喜于自便，莫不欣然受命。明日，三大帅入授元枢之制，既出，则其所部皆已散去，导从尽以密院之人。上之此谋，惟先臣（王次翁）与秦桧预之，天下叹服。三帅既罢兵柄，先臣语伯庠曰：吾与秦相谋之久矣。虽外示闲暇，而终夕未尝交睫。脱致纷纭，灭族非所忧，所忧宗社而已。事幸而成，上之英断与天合也，吾何力之有。

也就是说，在三将就任枢密使、枢密副使前一天晚上，秦桧、王次翁等人颁下敕令，认可各带兵官之人事权与指挥权，使各将麾下所领部队独立为皇帝的直辖部队。结果，各部队于一夜间尽皆散去，各将不

第七章 绍兴十年至十二年之政治发展（上）

再有统御之力。《要录》作者李心传提到，《日历》与《王次翁叙记》间有五日差距。所谓一夜之间皆散去的说法，确实令人难以相信，但各将麾下"诸校喜于自便，莫不欣然受命"的记载的确很重要。因为这与王庶、常同、张戒等人所提出的偏裨抚循政策——令副将自立，以分割各将军团而弱之的方针——大体上相一致。王庶等人于绍兴八年（1138）上半年所构想的计划，终于在三年后付诸实施了。

其次，此一策谋虽是在高宗主导下进行，但很明显地是出自秦桧、王次翁的谋划。王次翁其人，及其与秦桧间的关系，前文已有所分析（详本章第二节）。由于此时仅秦桧与王次翁任职宰执，秦桧一系列收兵权的重要工作，遂皆由王次翁负责主持。正如史书所言："时韩世忠与刘光世，张俊与锜皆不相能。御史中丞王次翁言曰：臣闻世忠之与光世因言议而有隙，俊之于锜因措置有睽。窃恐锜保一孤垒，光世军处穷独，俊与世忠不肯急援。愿遣使切责。（中略）时诸将骄而次翁弹击不避。"（《要录》卷一三六，绍兴十年六月庚午条）他与赵鼎属下的王庶一样，强烈地想将家军收归国家统制。

这种意图使战斗部队自立、分离的构想，进行地极为隐秘，恰如《齐东野语》卷十三"秦会之（桧字）收诸将兵柄"所记：

> 始诸将苦斗，积职已为廉车正任，然皆起卒伍，父事大将，常不得举首，或涵其家室。岳师律尤严，将校有犯，大则诛杀，小亦鞭挞痛毒，用能役使，深入如意。命既下，诸校新免所隶，可自结和，人人便宽善。共命报应已略定，三人（世忠、俊、飞）扰扰，未暇问也。稍从容，见桧，始以置衔漏挂兵权为请。桧笑曰：诸君知宣抚制置使乎。此边官尔。诸公今为枢庭官，顾不役属耶。三人者怅怅而退，始悟失兵柄焉。

岳飞军向以统制严格知名，由于王次翁观察到，他的严格统制正是促使将校群自立的契机，也是建立皇帝禁军的基础，故不致重蹈张浚的覆辙——战斗部队将校层反对收兵权并加以抵抗。

从政治面来看，绍兴十一年（1141）四月的收兵权工作厥为收买、分化，至于军队制度本身又是怎样的状况呢？《要录》卷一四〇绍兴十一年四月乙未（二十六日）条载有诏书：

> 是日，诏宣抚司并罢。遇出师，临时取旨。逐司统制官已下，各带御前字入衔，令有司铸印给付，且依旧驻扎。将来调发，并三省枢密院取旨施行。仍令统制官等，各以职次高下，轮替入见。

这份诏书的重点有六项：（1）废宣抚使制——家军体制。（2）今后调发军队皆须秉承皇帝意旨。（3）带兵官（统制官）加"御前"之名，以示其为皇帝直辖，并给付官印。（4）部队驻屯地点不变。（5）今后无论是物资的调发、人员的补充，皆由三省枢密院，也就是由中央主持。（6）各带兵官可依职位高下，顺序入朝谒见。因着措施（1）以往武将专横以及由此而来的地方军、家军体制得以全面废除。措施（2）则将作战命令及军事指挥权全部收归皇帝所有。而措施（3）与措施（6），则使得全部战斗部队皆成为皇帝的军队，直属于皇帝。五月三日，以诏书赐给原本的三宣抚司统制官，其文曰：

> 朕延登秉钺之元勋，并任本兵之大计。凡尔有众，朕亲统临，肆其偏裨，咸得专达。尚虑令行之始，或堕素习之规，其各励于乃心，以务肃于所部。（《要录》卷一四〇，绍兴十一年五月庚子条）

这明白表示，将由皇帝直接统御并指挥、命令各部队。至于措施（5）既不许各部队随意调配物资，也就意味着将由国库负责军队的开支，以往任各家军自由制造、贩卖酒类，经营质库等商业活动皆须中止，并转归于国家。五月四日，在楚州、建康府、鄂州之韩世忠、张俊、岳飞等营地设置总领以总理军马钱粮，就是与措施（5）相配合。值得注意的是，此军马钱粮官"各专一报发御前军马文字，诸军并听节制"，"盖使之与闻军事，不独职馈饷云。总领官正名自此始"（《要录》卷一四〇,绍兴十一年五月辛丑条)。于是身为文官之总领官不独主掌军中财政,也参与军事。尽量分割官职,以期相互监察、相互规制,原是宋朝统治机构经营的一大原则,这里不过是再次翻版而已。总之,地方驻屯军队也被纳入文职财务官员的监视、规制之下[1]。

接下来,当讨论第三点,也就是如何成功地策动三大家军中势力最大的张俊。早在赵鼎、张浚计划收兵权时,就已设想着该如何让诸大将转任枢密使职、使战斗部队自立等有关措施,但都未能成功。秦桧之能以此为计而得成功,一因其把握了柘皋战后借口论功行赏的最佳时机;同时还进行政治工作,策动三大将之一的张俊,让他率先表示愿归还兵权。秦桧对张俊所作的政治工作,也分化了诸将间的一致性,既是怀柔、笼络,也是收买,这次计划之所以能成功,关键正在于张俊之归还兵权。前面提到,张俊、韩世忠、岳飞等一起被秦桧与王次翁设计,"三人者怅怅而退,始悟失兵柄焉"(《齐东野语》卷一三);事实上,只有张俊早已稍知高宗、秦桧意向,同时秦桧也曾热心地游说张俊。《宋南渡十将传》卷六《张俊传》称:"拜枢密使,俊觉朝廷欲罢兵,首请纳所统兵。诏奖谕之。"又陆游作《德勋庙碑》也以张俊此项提议为收兵权之关键:

> 而一、二重将,未还宿卫。论者咸以为非长久计,公则率先请罢宣抚使事。奉朝请,章再上,引义恳款,于是议始定。士大夫咸谓:其得大臣体。而高宗亦每谓之腹心旧将,又曰:从来待卿如家人。又曰:是人与他功臣相去万万。(《渭南文集》卷十六)

于是,"时俊与秦桧意合,故力赞议和。且觉朝廷欲罢兵权,即首纳所统兵。上从其请"(《要录》卷一四〇,绍兴十一年四月乙未条)。可见一般皆认为,秦桧与张俊已先在和议问题上取得一致性。

---

1. 关于总领所制度与南宋史一般性的讨论,参见内河久平:《南宋総領所考——南宋政権と地方武将の勢力関係をめぐって》,《史潮》78、79合并号,1962年,第1—26页。

不过，这时秦桧并不能确定张俊是否为主和论者。张俊虽非岳飞、韩世忠者流的强硬对金论者或主战论者，但其如何看待宋、金共存关系则不甚明白。秦桧对张俊所下的工夫，恐怕还是应该从让他独掌兵权这点来考虑。绍兴十二年（1142）十一月，张俊罢枢密使职，《要录》记其事曰："初，太师秦桧与俊同主和议，约尽罢诸将，独以兵权归俊，故俊力助其谋。及诸将已罢，而俊居位岁余，无请去之意。桧乃令殿中侍御史江邈论其罪。"（《要录》卷一四七，绍兴十二年十一月癸巳条）和议云云者姑且不论，秦桧约以张俊一人掌兵，应该才是使他愿将兵权奉还皇帝的理由。

如上所言，绍兴十一年（1141）四月下旬至五月上旬间，悬宕已久的收兵权问题——解散家军体制，整编皇帝直辖部队等基本部分，在秦桧、王次翁、范同、张俊等人努力下，一下子就实现了。同年冬十月，高宗曰：

> 艰难以来，将士分隶主帅，岁久未尝迁动，使植根深固，岂是长策。尝令互易，如臂指可以运掉。才过防秋，便当为此，则人人可以指踪号令矣。（《要录》卷一四二，绍兴十一年十月庚午条）

这固然显示家军体制并未完全绝迹，然延至绍兴十二年底，"上谓秦桧曰：唐藩镇跋扈，盖由制之不早，遂至养成。今兵权归朝廷，朕要易将帅，承命、奉行与差文臣无异也"（《要录》卷一四七，绍兴十二年十二月己卯条），就已是一副夸耀兵权已完全收回的口气了。

在史臣秦熺（桧之养子）笔下，对于绍兴十一年四月的收兵权过程与其最终目的，还有高宗、秦桧等当事人的官方看法是：

> 既班师，主上圣明，察见兵柄之分，无所统一。凡有号召，多托故不至。于出师之际，又不能协力徇国家。恐有缓急，必致误国大事。乃密与桧谋，削尾大之势，以革积岁倒持之患。一日，大廷宣制，除张俊、韩世忠，岳飞三帅为枢密使、副。

第七章　绍兴十年至十二年之政治发展（上）　　199

> 由是天下兵柄尽归朝廷矣。然是举也，孰不以为善。前此独
> 无敢啳睨者，有识之士，方惧金人之平四方底定，而此辈跋
> 扈自肆，意外事有叵测者。今一旦悉屏听命，如玩婴儿于掌
> 股之上，销祸于未然。既已协诸军之公愿，谓自此愿尽死力。
> 远近欢呼，切叹睿断英果，措意弘远，知敌不足忧，而太平
> 可指日待也。（《要录》卷一四六，绍兴二年八月己丑条）

南宋政权的收兵权工作不但是众人的期望，也是集权国家为确立其自身而必须处理的问题，也就是国家的课题。不过绍兴十一年（1141）四月这个时点本身所具有的个别性、历史性意义也不能等闲视之。从这点来看，史臣的记述——即所谓官方看法——如"恐有缓急，必致误国大事"，或"此辈跋扈自肆，意外事有叵测者"等语，虽一味强调当防范军阀、家军之反乱于未然。即将北宋以来皇帝集权主义的复活，视为是收兵权工作的首要目标。全未提及绍兴十一年二月柘皋战后的景况，也就是对金战争最紧要时刻的状况。但我们仍可以推测：秦桧等人于绍兴十一年四月进行此事，乃是因收兵权在对金战争中具有重大的意义。《中兴圣政》所引"史臣曰"有如下见解之事亦不能轻忽：

> 《中兴圣政》史臣曰：（中略）乌珠求和，畏我之强也。
> 故兵可以合，兵合而朝廷之势重，将帅之权轻。（《要录》卷
> 一五五，绍兴十六年九月己丑条附注）

史臣认为，南宋政府收兵权并解散家军，可以强化南宋军事实力，有利于对外。与此看法一致的，是绍兴十一年（1141）九月高宗闻知金提议和谈时所言："始谓将帅各自为家，莫相统一。今闻尽归朝廷，纲纪既立，军政必修，望风畏惧。"（《要录》卷一四一，绍兴十一年九月戊申条）总之，收兵权——解散家军体制与编成单一的皇帝直辖军队——乃是"我之强也"的根据，也是形成"朝廷之势重，将帅之权轻"的缘由，这与秦桧的战争构想与战争指导方针恰相符合。绍兴十一年夏收兵权的历史意义，除了封锁家军造反的可能性，也使对金战争更趋近秦桧

所拟想的防御战。如后所言，和议与收兵权的连贯性、岳飞之死的超历史性，皆与绍兴十一年四月收兵权工作的历史意义有着无可置疑的关联。

第八章

绍兴十年至十二年之政治发展（下）
——第二次宋金和议与江南民力涵养论之放弃

一、绍兴十一年和议缔结经纬

《宋代史年表·南宋》[1]记载：绍兴十一年（1141）十一月十八日，"金国审议使萧毅等入见。始定议和之盟"。始自绍兴十年五月的宋金战争，因第二次宋金和议而告终结。次年二月，宋向金提出誓书；三月，金交付宋册书[2]；八月，归还梓宫与韦太后的手续全部齐备，第二次宋金和议确立。

比起绍兴八年缔结第一次和议时，宋金双方各有异见，起始就带有不稳定性的情况，第二次和议的特色首在于安定。又这次和议在极短时间内完成，金方面的急切也是其特征。金以具体行动向宋表示和议之意，是突然将宋使节（绍兴十年正月）莫将等人遣返，并带回宗弼的书简。莫将于绍兴十一年九月十三日抵达宋境泗州，同月二十日，宋即决定以刘光远、曹勋为使，致书宗弼。十月四日，刘光远至宗弼处，十日启程返国。十七日宋依金之意思派遣高官，尚书吏部侍郎魏良臣应其选。宋同时决定国书中只提敛兵休战之事，余事缓议。金于十一月七日遣魏良臣回返宋朝，明示和议条件，并以全权特使萧毅、邢具瞻与之同行。萧毅等入京后，谒见高宗，约定和议，即在前述之十一月十八日。

总之，自九月二十日起仅仅两个月，第二次宋金和议就谈成了。由于宋使魏良臣等人是在十月下旬至宗弼处，奉命议和的萧毅则于十一月七日出发，由此可以推断，在和议中具有主导权的金，应是在十月底至十一月初之间决定议和。相对于宋除休兵外余事皆可慢慢商量的态度，金则十分地急切。宗弼对刘光远说明须遣高官的理由，即是"盖

---

1. 宋史提要编纂协力委员会编：《宋代史年表·南宋》，东洋文库，1974年。
2. 二月誓书与三月册书所附文件，宋方面皆无记录。此据《金史》卷四《熙宗本纪》、卷十五《宗弼传》。

第八章 绍兴十年至十二年之政治发展（下）

今欲速和故也"（《要录》卷一四二，绍兴十一年十月乙亥条）[1]。

可是，金何以会在绍兴十一年冬之际，一面派军至淮南，占领泗州、楚州、濠州，一面又急着进行和议呢？外山军治认为，金之所以欲和，理由有三：（1）金宗室内部发生问题，（2）兵势不振，（3）兴安岭西的蒙古侵略。问题主要在（1），绍兴十一年五月，居金皇帝熙宗侧近、热心建立中央集权君主制的宗干病逝，使得金皇帝与宗弼皆放弃了积极的行动。其次是（2）的问题，金军之中，原本身经百战的猛将们多已去世，原以女真人为主干的军队，现在已渐渐变成杂牌部队，不再是以往的金军了[2]。

《大金国志》卷二七《兀术（宗弼）传》中提到："（兀术）锐意败盟，举兵南征，后败于顺昌，败于郾城，败于柘皋，乃始讲和。"再取河南的作战虽然成功——因为宋军并未积极抵抗——但就整体进程看，则明显地处于困境。金军厌战气氛浓厚，金李大谅《征蒙记》记道：

> 闻，诸军不避寒酷，踏泥打冻，决池涸港。掘藕拾菱，寻鱼摸蚌。又宰杀骡驴，相兼为食。诸军饥苦之声不忍闻。（中略）又诸将士云，辎重俱尽，有食奴婢者。又多言，南军不测，要回淮上，惟吾心所料。（《要录》卷一四二，绍兴十一年十一月辛丑条引）

结果撤兵清点时发现，辎重骡马仅余原来的四成，奴婢则十已无六。《要录》也说："至是军食不继，士皆饥苦。又闻，王师将涉江而北，宗弼大惧，乃遣（萧）毅等，与（魏）良臣偕来焉。"（同前，十一月辛丑条）

至于宋朝方面则彻底采取秦桧的防御战构想，二月柘皋会战胜利后，兵权得以一元化，诸家军被统一整编为皇帝禁军，宋军已非昔日

---

1. 山内正博称兀术（宗弼）是鹰派，主张和议的挞懒则是鸽派。山内认为，当鹰派支持两国间所订和平条约时，其可信赖度较高。不过无论此时是鹰派或鸽派，金应该都比宋来得着急才是。参见山内正博：《南宋政権の推移》，《岩波講座世界歴史（第9卷）》，岩波书店，1970年，第238—239页。
2. 详见外山军治：《皇統講和の顛末》，《金朝史研究》，东洋史研究会，1964年，第358—360页。

之比。很明显地,金在绍兴十一年(1141)冬的战争中处于不利的地位,宋则自限于不求夺还两帝,收回失地,只进行防卫战。

这种局面,正是金方面之所以急于达成和议,愿意一举解决领土、国境、岁币、册封关系、归还梓宫、母后等有关问题,建立两国均衡共存之局的根本原因。宋对这次战争的期望原仅限于惩罪宗弼——迫使宗弼修正或放弃其战争政策,恢复绍兴八年的情况,而此构想的策定者秦桧既为当权之人,自亦望尽早完成和议。十一月七日,金使萧毅提出(1)以淮水为国界,(2)岁币银、帛各二十五万两匹,(3)割唐、邓二州等条件,宋方无异议,十八日盟书遂定。

(2)之岁币额度,已见于绍兴八年底以归还河南地为主的和议交涉中。这与绍兴九年正月,王伦、蓝公佐所得到的"许岁贡银、绢共五十万两匹"的指示完全相同,当然没有问题。至于第一项条件,一因当时主张恢复中原、收回失地的势力虽占有政权中枢,却未出声。再者高宗曾于九年正月"谕辅臣曰:河南新复境土,所命守臣专在拊循遗民,劝课农桑。各使因其地以食,因其人以守。不可移东南之财力,虚内以事外也"(《要录》卷一二五,绍兴九年正月己巳条)。显示宋朝向以消极态度经营河南。我们尤其不能忘记的是,绍兴十年五月,金败盟侵寇河南时,宋人所表现的态度:"金人败盟,分道入犯。人以为中国之不幸,愚独以为此犹中国之幸也。何者?河南我之故土,不幸沦没,我无以取之,而敌反以与之,是敌得以制其予夺之权。而所以予我者,乃所以饵我也。幸而乌珠速于败盟,我之福也。"(《要录》卷一三五,绍兴十年五月辛丑条引何俌《(中兴)龟鉴》)可见南宋政权对于所得中原之地的经营态度相当消极。了解到河南争夺战原由金所发动,以及金以实力占领的现实状况,就可以明白,以淮水——即现在两国势力范围的胶着处为国境线,当然不会激起强烈的异议。

(3)之唐、邓二州属京西南路,岳飞虽然极力维持、经营,欲以之为河南侧面要冲,但两国既已将建立条约关系——宋不再寄望以军事行动收复失地,金也谅解宋之存在——则此处亦不再是必守之地。

第二次和议中,有关领土、岁币、国境等所谓实际问题部分,宋对金所提的要求全部都答应了。不过,宋当时既非处于不利地位,则宋

第八章 绍兴十年至十二年之政治发展（下）

是否也向金有所要求呢？据笔者看来，宋所强烈要求者，仍是与名分或继承政权正统性有关的所谓名分问题。其一即以往和议中所曾提出的归还梓宫与母后韦氏之事。其二则为两国的册封关系——君臣关系。

如前所述，绍兴八年第一次和议进行之际，为了说服国内反和论者，曾以皇帝之孝大做文章，以论证和议之正当性。十一年和议时，大局既对宋有利，环绕着高宗的皇帝之孝——迎还父柩（梓宫）及生母太后韦氏——就不再是交涉过程中的重点。高宗一直依违于和战之间，并不以孝为词，积极地推动和议。这也可以算是第二次和议的特色。不过，十一月十八日订定和约盟书之时，这种论调又再次出现并且成为主调：

> 太后年逾六十，日夜痛心。今虽与之立誓，当奏告天地、宗庙、社稷，明言若归我太后，朕不惮屈己与之和。如其不然，则此要盟，神固不听，朕亦不惮用兵也。（《要录》卷一四二，绍兴十一年十一月壬子条）

曹勋奉使金国之际，曾受命传语金皇帝："若大国念之，使父兄子母如初，则此恩当子孙千万年不忘也。"（同前，十一月丁巳条）而金使萧毅离京之时亦受叮咛道："若今岁太后果还，自当谨守誓约。如今岁未也，则誓文为虚设。"（同前，十一月戊午条）

归还梓宫、母后的问题，虽已不再是决定第二次宋金和议成败的首要条件。但在南宋政权确立的过程之中，母后还国一事一直具有决定性的意义，其在对内方面所具有的意义上——赵氏政权的继承关系——自我确立与正统性的建立上，仍值得注意。故这仍可视为是第二次和议的焦点之一。《金史》卷六〇《交聘表上》于皇统二年（绍兴十二年）项下明白记称：

> 三月丙辰，遣光禄大夫左宣徽使刘筈，册宋康王为宋帝，以故天水郡王（徽宗）等三丧及宋帝母韦氏归于宋。

以下再就两国关系进行讨论，宋方面之誓书称："臣构（高宗赵构）言，（中略）世世子孙，谨守臣节，每年皇帝生辰并正旦遣使称贺不绝。"金方面的册文则为："册命尔为帝，国号宋，世服臣职，永为屏翰。"（以上皆见《金史》卷七七《宗弼传》）这明白表示双方在名分上为册封、封建关系，两国关系则定位在君臣。再加上前述割让领土，放弃中原、河北之事，秦桧遂被指为是卖国奴、民族叛徒。可是如果暂时放下华夷思想的先验论不谈，对南宋来说，这种册封关系所建立的两国均衡共存关系，也确有一些有利之处。本章第二节已就册封关系对南宋政权自我确立所具有的重大意义有所讨论。此处将再作检讨的是，与绍兴八年（1138）第一次和议相比较，宋所要确保的国家名分关系。

绍兴八年和议的主要内容，在于金将其傀儡政权齐瓦解后之版图——河南、陕西之地交给宋朝，宋既不是以实力占据中原，其间乃有浓厚的恩惠意味在。这种恩惠性也反映在两国的交涉上，金因此居于强势的地位。如《金史》交聘表上记第一次和议称"天眷元年八月，以河南地赐宋。右司侍郎张通古等诏谕江南"，亦即从一开始，金就是以国书传达讯息，宋对于是否要接受金之国书，根本没有选择余地。而第二次和议时，萧毅、邢具瞻等"奉使江南，审可否。其间有不尽言者，一一口授。（宋）惟详之"（《要录》卷一四二，绍兴十一年十一月辛丑条引《绍兴讲和录》，金元帅上第三书）。亦即金所派使节乃是能体宗弼之意、具有审决权限之人。两者相比，明显地有着差异。此外，透过第二次和议中两国往复的书信内容，我们也可以对交涉关系——宋、金双方的性格有进一步的了解[1]。

第一次和议中金致宋之国书只有部分留传至今。前面已然提过，由于高宗应否直接收受张通古所携来的国书，成为一大问题，乃以高宗正在服丧为由，由秦桧代受国书，这件国书被有意地从记录中剔除，因为其中言语有不逊之处。只有《绍兴讲和录》中以"略云"方式提到，

---

1. 关于第二次宋金和议交涉过程的特色，详见外山军治：《熙宗皇統年間における宋との講和》，《金朝史研究》，东洋史研究会，1964年，第316、334—342页。又 Frank, Herbert, "Treaties between Sung and Chin," *Études Song in Memoriam Étienne Balazs*. Ser. I, I. Paris, 1970, pp. 55–84。

第八章 绍兴十年至十二年之政治发展（下）

金因为所立之齐历经八年始终未得安定，失去原来拥立的意义，"于是，已行废黜。况兴灭国，继绝世，圣人所尚，可以河南之地，俾为主云云"（《要录》卷一二四，绍兴八年十二月庚辰条引）。从这里推测，金可能想将傀儡政权的性格直接移植到宋朝身上。而若再想到其以诏谕的形式强迫宋受纳国书，则此可能性就更强了。在金赐给其完全从属国齐的诏书中有谓："诏曰：今立（刘）豫为子皇帝，既为邻国之君"（《金史》卷七七《刘豫传》），"立刘豫为大齐皇帝。世修子礼"（同前卷三《太宗纪》）。故金、齐乃父子关系，而非君臣、册封关系。在《金史》交聘表中，并未以楚、齐等金之傀儡政权为记述对象[1]。绍兴八年（1138）和议中，金若想将对齐关系原原本本地转移为对宋关系，应该会要求宋以事父之礼事金吧！绍兴八年十一月，韩世忠在泗州从金使张通古的先遣使者银牌郎君处探得金之意向，他在传回的情报中称："金人欲要陛下如刘豫相待礼数。"（《要录》卷一二三，绍兴八年十一月壬辰条）如此一来，金视宋如刘豫政权的可能性又强了一些，具体而言，即要求以事父之礼相待。

　　第二次和议则对宋、金关系作了大幅度的修正，即采事大之礼，建立册封、封建关系，不再是完全的从属国。《绍兴讲和录》所收之"金元帅上第三书"，也就是绍兴十一年（1141）十一月七日金使萧毅所带来的书简中言道："既能尽以小事大之礼，货利又何足道，止以所乞为定。"又说："既盟之后，即当闻于朝廷，其如封建大赐，又何疑焉。"（以上皆出自《要录》卷一四二，绍兴十一年十一月辛丑条）可见金已了解到，以往两国关系中一方施惠的情况已有改变。大概当时宋、金两国所处状况（宋方面的相对有利状况），再加上秦桧的努力，已使父子关系转换为君臣关系。总之，若仅就十一年和议本身进行讨论，而不处理其与八年和议相关部分，就不能妥当地了解其历史意义。如果只注意到双方建立了君臣关系，这或许只能目之为屈辱外交；事实上，赵氏政权因形式性君臣、册封关系所得之实质好处——如次节所将讨论的政权获承认、政权存立之保证、内政不再受干涉等皆应加以考虑；尤其

---

1. 其记述对象为宋、西夏、高丽。

是在勘核两国实力之后，就更不能简单地断言这是"丧权辱国的绍兴和议的签订"，或是"赵构、秦桧对南宋主权、领土和人民的大出卖"[1]。

二、绍兴十一年宋金和约与绍兴十二年秋韦太后还朝的意义

绍兴十二年（1142）八月，根据前一年所订之第二次宋金和议，原先拘因于金、客死异地的北宋徽宗皇帝、显肃皇后郑氏、南宋高宗懿节皇后邢氏之棺木（梓宫）被送还，徽宗皇后、高宗生母之皇太后韦氏则平安地回到临安。韦太后的平安生还乃是宋金关系的焦点，前一年十一月，高宗曾对金使萧毅说："若今岁太后果还，自当谨守誓约。如今岁未也，则誓文为虚设"（《要录》卷一四二）。十二年八月"上曰：亦以此事卜和议谐否。若还我太后，大金亦守和议也"（《要录》卷一四六，绍兴十二年八月戊辰条）。在第二次和议中，宋于领土、岁贡、名分关系等项目均不计较，只要求归还梓宫与韦太后。这次送还之举，被视为是宋、金两国，尤其是金方面遵守十一年和约的表现，意味着十一年体制就此确立。绍兴十二年（1142）九月大赦制词也说：

> 上穹悔祸，副生灵愿治之心。大国（金）行仁，遂子道事亲之孝。可谓非常之盛事，敢忘莫报之深恩。（《要录》卷一四六，绍兴十二年九月壬寅条）

关于绍兴十一年第二次宋金和约的内容，《宋史》卷二九《高宗本纪》所载十分简洁：

> 是月，与金国和议成，立盟书，约以淮水中流画疆，割唐、邓二州畀之，岁奉银二十五万两，绢二十五万匹，休兵息民，

---

1. 见邓广铭《岳飞传》（1983年）第十八章。又曾琼碧《千古罪人秦桧》（1984年）第四章标题作"丧权辱国"，亦采同样见解。

第八章　绍兴十年至十二年之政治发展（下）

各守境土。诏川、陕宣抚司，毋出兵生事，招纳叛亡。

其主要内容即两国之名分关系、领土，以及宋向金所纳岁贡额。南宋版图由此确定，领土只限淮水以南，河北、河东、河南、陕西、山东之地尽皆放弃。一般批评此约是屈膝、耻辱的条约，就是因为条约中如此划定版图——放弃华北、中原、关中之地，并有宋向金称臣，每年金皇帝生辰与正旦须遣使称贺等规定。以下便转以南宋政权确立过程为着眼点，检讨当时界定两国关系，与南宋国家基本特质的两国名分关系。

有关这个问题的基本史料，如宋使何铸于皇统二年（绍兴十二年）二月向金提出的誓表，同年三月，金使刘筈送交宋人的册命，皆见于《金史》。前者即：

> 臣构言，今来画疆，合以淮水中流为界，西有唐、邓州，割属上国（金）。自邓州西四十里并南四十里为界，属邓州。其四十里外并西南尽属光化军，为敝邑（宋）。沿边州城，既蒙恩造，许备藩方，世世子孙谨守臣节。每年皇帝生辰并正旦，遣使称贺不绝。岁贡银、绢二十五万两、匹，自壬戌年为首，每春季差人般送，至泗州交纳。有渝此盟，明神是殛，坠命亡氏，踣其国家。臣今既进誓表，伏望上国蚤降誓诏，庶使敝邑永有凭焉。（《金史》卷七七《宗弼传》）

后者为：

> 皇帝若曰：咨尔宋康王赵构，不吊。天降丧于尔邦，亟渎齐盟，自贻颠覆，俾尔越在江表，用勤我师旅，盖十有八年于兹。朕用震悼，斯民其何罪。今天其悔祸，诞诱尔衷，封奏狎至，愿身列于藩辅。今遣光禄大夫左宣徽使刘筈等，持节册命尔为帝，国号宋，世服臣职，永为屏翰。呜呼钦哉！其恭听朕命。（同前）

对照两者，宋之誓表内容尽是领土、岁贡额等非常事务性的问题；金之册命则以天子对臣下的庄重文体，历陈宋沦落为江南政权的历史经过。此一对比，颇饶人兴味。尤其是后者所言"册命尔为帝，国号宋，世服臣职，永为屏翰"，更是重点所在。这无异是宣告双方的册封关系，宋成了受金册封的国家。在和议交涉之初,宋曾于十月十日提出"敛兵"（休战）之议，宗弼答允后，于十一月七日所发送的"金元帅上第三书"中，即具体表示"既能尽以小事大之礼，货利又何足道。止以所乞（岁贡额）为定"(《会编》卷二〇六，十一年十一月七日条引"金人元帅第三书"）。又说："既盟之后，即当闻于朝廷（金）。如有封建大赐，又何疑焉。"（同前）也就是说，金方面早已决定将宋视为金之藩臣。

据笔者看来，这份誓表与册命中所表现的两国关系，已然脱离了道义论、复仇论、屈辱论的立场，这点意义极为重大。因为南宋开始根据这份盟约确立自我的地位。这又可以分为三点来看：

（1）南宋政权从此存立，并得到认可——亦即金的承认，安定的宋金关系由此实现。之前在原则上，金军只希望早日歼灭靖康之变的唯一漏网者——高宗。靖康之变时，金军根本否定宋可继续存立，故拥立异姓张邦昌为傀儡政权，张邦昌投降南宋被杀后，金之对宋战争，是以追讨高宗为其大义名分，史载："邦昌死，太宗闻之，大怒。诏元帅府伐宋。"（《金史》卷七七《张邦昌传》）又谓："初康王既杀张邦昌，自归德奔扬州。诏左右副元帅合兵讨之。诏曰：俟平宋，当援立藩辅，以镇南服，如张邦昌者。"（同前《刘豫传》）"上曰：康王构当穷其所往而追之。俟平宋，当立藩辅如张邦昌者。"（《金史》卷七四《宗翰传》）追索高宗与建立异姓王朝既为一事之两面，则金之最后目的即是完全否定，并进而歼灭赵宋政权。十余年后，这样的关系有了极大的变化，宋虽成为从属的藩臣，但其国号、帝号均获得承认，可以与金共存。由宋这方面看来，原为其最大毁灭者的金朝，终于承认淮水以南为宋版图，以及宋在此一方的统治权力，意义自是非凡。

（2）与金达成和议，对南宋确立之所以具有决定性的意义，还在于徽宗棺木与高宗生母韦后的归返。高宗因此而得以确保宗庙祭祀的连续性与一贯性，他终于可以进行将赵氏历代皇帝神灵与他自己同一化的祭祀活动，这对于标榜自己为继承政权的高宗而言，具有决定性的意义。梓宫与皇太后的归返，之所以优先于其他和议条项，被郑重提出的背景有二。其一与高宗即位之事有关。高宗并无父帝徽宗或兄帝钦宗之直接授权。他之所以能即位，是承哲宗后孟氏——她因出家为道姑，逃过靖康之难，还俗后为元祐太后——之命。这种即位方式随时都会发生名分上的问题，如建炎三年三月苗傅、刘正彦叛乱时，彼等胁迫高宗退位时即曾表示："上不当即大位，将来渊圣皇帝（钦宗）来归，不知何以处。"（《要录》卷二一，建炎三年三月癸未条）为了克服即位问题的弱点，高宗必须迎回父帝的梓宫与生母太后，以健全自己的授权关系，使自己的名分得以神圣化。

其二，高宗之所以坚持要梓宫归返的第二个理由，是要借着宗庙祭祀的连续性与一贯性，成就自己的权威化与超越化。当情况渐由混乱归于平静之时，南宋如果希望以继承前朝为大义名分，藉此追求自身的正当性、绝对性，则宗庙祭祀的一贯性自为其间不可或缺的要件。"国之大事在祀"（《要录》卷一五〇，绍兴十三年十一月癸酉条），"天子建国，宗庙为先"（同前，十三年十一月庚申条引何俌《龟鉴》之言），宗庙祭祀成了士人层的话题与关心的焦点。绍兴十一年（1141）十一月，和议交涉将成之时，宋皇帝回复金元帅书简的"皇朝答书"中有言："上国方以孝理天下，若使祖宗不阙祭享焉，是为至望。"（《要录》卷一四二，绍兴十一年十一月丁巳条引《绍兴讲和录》）这里已明白表示勿使祖宗祭祀中断，亦即请求返还梓宫的热切期望，而这当然也是为确立高宗权威必须完成的愿望。梓宫归返之后，遂于绍兴十三年正月，加徽宗谥号，"皇帝亲飨太庙，圣孝格天"（《要录》卷一四八，绍兴十三年正月丙午条）。同年冬十月，"奉安祖宗帝后及徽宗皇帝、显肃皇后神御于景灵宫"（《要录》卷一五〇）。同月，"上诣景灵宫，行款谒之礼"，次月"诣景灵宫，行朝献之礼"，"赴太庙宿斋"，"朝飨太庙礼毕"。十一月八日冬至，"合祀天地于圜丘，太祖、太宗并配，自天地至从祀诸神凡七百七十有一"，举行了只有天子才能举行的天地、宗庙合祀活动，大赦天下（以上见《要录》卷一五〇，绍兴十三年九月至十一月诸条）。单从祭祀方面来看，高宗的绝对权威成就于此时。而我们也不能忽略之前梓宫归返所发挥的作用。

总之，高宗是借着梓宫与母后的归返，而使其皇帝即位的正当性与授权关系得以完整，并借着宗庙祭祀的一贯性，加强自己的权威与绝对性，从而成就了作为继承政权的南宋朝。

（3）宋金和议成立后，宋之誓表与金之册命的交换关系，使得金不再干涉宋之内政，也放弃了建立傀儡政权与宋对抗的工作。这并不完全表现在盟约规程、交换书简等方面。金在确认宋之国号、帝号、版图的同时，也意味着将承认在此版图内的一元统治者，这等于在实质上保证了宋高宗的政权。金原以完全否定赵宋政权为目标，故在靖康之变时逮系了宋室所有关系人士，并且两度建立张邦昌、刘豫等傀儡政权。刘豫政权还协助宋之叛将李成，使其与荆湖地区为乱的钟相、杨幺集团相联系，积极地图谋破坏赵宋政权，建立对抗政权。在金所进行的破坏工作中，最严重者当是有关高宗之兄，也就是北宋最后一位皇帝钦宗的拥立活动。如刘豫政权不符金人期望被废时，据称："时刘豫既废，传言金人欲立渊圣（钦宗）于南京，以和定而止。"（《宋史纪事本末》卷七二，秦桧主和项）这或许是因为废刘豫时，"又恐汴人不安，曰：汝旧主人少帝在此。于是民心稍定"（《中兴小纪》卷二三，绍兴七年十一月条），即宗弼欲藉此安抚民心。

这也埋下岳飞屈死的远因。岳飞之所以被高宗杀害，其中一项重要原因，就是他身为拥有重兵的武将，竟敢建言立太子事。岳飞曾为阻止金人立丙午元子，建傀儡政权事，上言道：

> 近谍报，敌人以丙午元子，入京阙。为朝廷计，莫若正资宗名，则敌谋沮矣。（《要录》卷一〇九，绍兴七年二月庚子条引张戒《默记》）

所谓丙午元子，是指钦宗于靖康元年丙午所立皇太子赵谌[1]。

拥立钦宗或其太子的工作，本是金人最后一手王牌，身为金对宋

---

1. 邓广铭：《岳飞传》（增订本），人民出版社，1983年，第382—383页。

远征军最高指挥者宗弼在遗言中透露出一些讯息。据李大谅《征蒙记》：

> 遗言于汝等。吾没后，宋若败盟，推贤用众，大举北来，乘势惑中原人心，复故土，如反掌，不为难矣。吾有术付汝等，切宜谨守，勿忘吾戒。如宋兵果举，势盛敌强，择用兵马破之。若制御所不能，向与国朝计议，择用智臣为辅，遣天水郡王（钦宗）安坐汴京，其礼无有弟与兄争。如尚悖心，可辅天水郡王，并力破敌，如此又可安中原人心，亦未深为国朝患害。（《要录》卷一五四，绍兴十五年十月是月条引）

由此可见，金元帅宗弼欲藉拥立钦宗以遏宋军（高宗军）之锋锐。钦宗这个人质，被认为是对宋工作的最后王牌。反过来说，高宗因为金拥立其兄帝，严重危害到自己的权威，在士大夫间产生难测的动荡，潜在的危险因而不断。在绍兴十一年（1141）和议中，宋誓为金之藩臣，金则保证宋之版图、国号、帝号，并直接统治中原——即不再建立代理、傀儡政权，宋金双方直接均衡对峙，这种情况暗示拥立钦宗的工作已被放弃。我们不能忘了，前引《宋史纪事本末》卷七二明言金之拥立钦宗工作"以和定而止"，总之，金之放弃拥立钦宗，对于高宗南宋皇帝身份之确立，具有不可言喻的意义。

第二次宋金和议，包括绍兴十一年的宋金两国和约，十二年两国交换的誓书、册书，还有徽宗梓宫与皇太后韦氏的返还，这次和议对于南宋之确立具有决定性的意义，此即：（1）原为破坏者、否定者的金朝承认了南宋即赵宋政权的存立。（2）高宗即位正当化，宗庙祭祀获得保证。（3）建立傀儡、代理政权、对抗政权的工作暂停。

三、第二次宋金和议时之政治势力动向与岳飞之死

本节将就第二次宋金和议时南宋政权内部诸势力的动向进行讨论。第一次和议时朝论分为两派，当时秦桧等少数派是以皇帝之孝为大义名分，才勉强摆脱困境；比较起来，第二次和议几乎没有遭到任何强

烈的反对。这也是第二次和议的特色之一。南宋中期人士吕中曾说："向者之和，贤士大夫并起争之。今则无一人言之。"（《中兴大事记》卷一，诸将奏捷、秦桧主和条）为什么会这样呢？吕中并未从其历史的因由提出解答，只说："此诸将奏捷之后，秦桧复主以和。和议至是而定。"（同前）这是以诸将奏捷——即柘皋会战作为转机。的确，柘皋一战使金军不敢再尝试渡江，接下来的收兵权，则使南宋政权的基础更形稳固。金既已暴露其军事能力有限，江南防卫遂成为确实可行之事，大家既已了解，南宋权力的统合力足以维持安定，这便有效压制住观念性的和议反对论者。其次，第二次和议着重在维持宋、金双方现状，并确认现状，不复如第一次和议那样，带有一方施惠的色彩，这也是反对论难以为言的原因之一。

与八年和议不同的是，高宗并未全面掌握推动和议的主导权。他在绍兴十一年（1141）九月莫将归国之时已经表示，和、战皆有相应之道。十一月缔和时，又明言如不送还母后韦氏，不惜破盟开战。归还太后韦氏虽然仍是宋朝最主要的要求，却未像绍兴八年那样，特别强调"天子之孝"。毋宁说，高宗此时最最关心的，乃是如何借着收兵权，重新建立皇帝权的优越性与集权体制。绍兴十一年十二月，"上曰：礼可以立国，君臣上下如天地定位，不可少乱"（《要录》卷一四三，绍兴十一年十二月壬申条）。同年十月，他又有如下之豪语：

> 上谓大臣曰：人主之权，在乎独断。金国之主，幼而无断，权归臣下。往年之和，出于乌珠，今年之战，出于挞懒。或和或战，国之大事，而皆不出于人主。无断若此，何以立国，知不足畏矣。（《要录》卷一四二，绍兴十一平十月丙寅朔条）

其中所谓"往年之和出于乌珠"应是挞懒，"今年之战出于挞懒"则当改为乌珠。这或许是在说反话。既然和、战乃是皇帝专决之事，这也就表现出他对秦桧推展和议的不满。不过，高宗无论如何也不能反对推行和议的。

郑刚中曾从权力中枢的角度观察第一次和议经过，他认为最先是

第八章　绍兴十年至十二年之政治发展（下）

士大夫们反对和议，中期的反对者则降至一般民庶，最后只剩将领们（《北山集》卷一）。而武将中反对和议最力的岳飞，既于十月十日下大理寺狱，则当十月、十一月进行第二次和议时，他已失去自由。另一反对论者韩世忠虽屡次上奏，"力陈秦桧误国"（《要录》卷一四二），反对和议，主张恢复中原，却未得皇帝采纳，乃于十月底辞枢密使职。与战斗部队相隔离的将领们虽在权力中枢中努力，却已失去了立足的根基。

在绍兴十一年（1141）十一月和议交涉中，士大夫们曾遭到两次政治镇压。其一是与李光一样，虽暂时参与秦桧政权，但遭疏忌的范同、朱翌、邵大受、赵士㒟等人。范同乃是建议将三大将明升大臣、暗解兵权之人，他因此功而升任副宰相参知政事，然"（范）同始赞和议，为秦桧所引。及在政府，或自奏事，秦桧忌之"（《要录》卷一四二，绍兴十一年十一月己亥条），遂遭罢免。任职中书舍人的朱翌被罢，原是因为"顷以谄事吕本中，荐之赵鼎"（同前，十一月丙申条）。后又遭左谏议大夫万俟卨弹劾称："今闻同与朱翌、邵大受等又往家焉，窃恐浮言横议。"还说："范同顷为浙东宪，与赵士㒟通家往还，或以他故数日不克见，则必遣其属邵大受往传导言语，窥伺国事。"赵士㒟为宗室，"数言事，秦桧忌之。岳飞之下吏也，士㒟草诏救之"。故被弹劾道："士㒟身为近属，在外则结交将帅，在内则交结执政。"（以上同前，十一月丁未条）范同、朱翌、邵大受、赵士㒟等被罢后，皆投远地闲职，反秦势力一扫而空。唯其打压的理由，除赵士㒟曾有救援岳飞之举外，其他皆只说是反秦桧，内容不明。可是，如果将此看做是缔和之前的政治镇压，则当仍与反对和议有关。万俟卨曾发言指出，李光于金使入京时鼓动会稽民众，而范同等"益数光，万一会稽藩辅为之震动，则远方闻之将如何"。如此一来，这也可以说是一种对反秦桧分子的取缔、检束，预防彼等欲抗拒金使入京，打消和议之措施。

另一项政治镇压行动，则是针对会稽地方极负人望的李光。李光因着绍兴八年（1138）十二月第一次和议的政治危机，成为参知政事，一年后即因与秦桧对立，提举临安府洞霄宫，隐居越州。绍兴十一年十一月己亥（五日），金使抵达行在之前，也就是范同罢参知政事的同一天，李光谪遣于边境的广南西路藤州安置。其理由为：

> 言者论，乃者二使之还，敌示欲和之意，于国体无损。而光乃阴怀怨望，鼓唱万端。致会稽之民，扶老携幼，转徙道路，连日不止。乘时诽讪，罪不可赦。（中略）朕于先辈，闻其虚名而用之，见其不才而罢之，逮其有罪而责之，皆彼自取，朕未尝有心也。（中略）乃谪光岭表，令绍兴府日下遣发。（《要录》卷一四二，绍兴十一年十一月己亥条）

所谓二使之还，究竟是指九月时的莫将、韩恕，还是十月的刘光远、曹勋，无法确定。不过，李光不赞同秦桧的和议论，的确使秦桧等人感到不安，况且李光在越州的影响力不可轻忽，故决定于金使入京之前说动皇帝，将其流放岭南。

以上是将阻碍十一年和议之人分为（1）武将，（2）秦桧政权内部，（3）江南有力人士等三方面来考察。比起之前为和战而激发的剧烈权力斗争，十一年和议的情况已大不相同，秦桧始终掌握着优势。而如八年和议中，不得不容忍李光者流出居宰执的局面也不复可见。这意味着高宗、秦桧的权力不但得以在金军的压力下防卫江南，也成功地收回兵权，确立其集权体制的基础，权力的安定度大为提高，原先处于权力斗争与和议反对论氛围下的政治结构早已不存在了。

最后再就岳飞之死稍作讨论。这里先抛开民族精神、民族大义的超历史英雄观，单就南宋成立初期岳飞与秦桧的相对位置观察讨论。

岳飞生于河北西路相州农家，他曾自道自己的基本信条是："中原地尺寸不可弃。今一举足，此地非我有。他日欲复取之，非数十万众不可。"（《宋史》卷三六五《岳飞传》。以下同）他热心于营田、屯田之策，"亲行诸砦慰抚之"，又"纠合忠义，取河东、北州县"，"招结两河豪杰"，并联络民间武装势力与各自卫团体，"其所揭旗以'岳'为号，父老百姓争挽车牵牛，载糗粮，以馈义军，顶盆焚香，迎候者充满道路"。岳飞军队的特色，正在于其受到已被当时政权放弃的华北、中原在地地主层强力的支持。所以他的基本方针、构想，就是要完全收复故地，继续对金作战，并反对进行和议。他认为"刘豫成擒，金人可灭。社稷长久之计实在于此"，乃"以恢复为己任，不肯附和议"。

第八章 绍兴十年至十二年之政治发展（下）

秦桧是出身建康的精英官僚，因为娶神宗朝宰相王珪的孙女为妻，故其周边人士都是以王氏一党为中心的名门与有力人士。他对于当时整体状况的构想——南北均衡共存论，前已有详细说明[1]。他不是以华北、中原为故地，"怀土顾恋，以死固守"（《大金吊伐录》卷二）的地缘论者。他的战争构想乃是防卫江南的对金防御战，缺乏与金决一死战，必消灭金人，标榜对决的积极性格。在他主张南北均衡共存论的同时，他也绝不容许在南宋政权下有任何分裂、分权的倾向发生，坚持集权主义。

这两者代表不同的宋代史论理方式[2]，非但在观念构想上无法共存，就现实政治决策、权力编制而言，更只能二中选一，无法并立。或谓秦桧是为了和议，奉金朝宗弼指示杀害岳飞（如《宋史·岳飞传》），但这个说法未尽妥当。我们不能忘了，早在对金和议进行交涉之前，秦桧就已有杀岳之意，故使人弹劾岳飞，兴狱事（绍兴十一年七月）。

岳飞与秦桧决定性的对立诚如上述，然而在岳飞死前，身为皇帝的高宗有何调停能力，也就是其政治力量如何，也是应该追问的问题。"中兴之事一委卿"，"设施之方一委卿。朕遥度"的说法，与绍兴十一年底赐死的矛盾，使得学者至今仍在争执：杀岳飞一事究竟出于高宗，还是出于秦桧？对于这个问题，当以龚延明的说法最为允当[3]。他的看法是，岳飞之所以被赐死，是因为：（1）高宗知道岳飞反和，而高宗自己又希望确立和议体制。（2）释放岳飞无异承认其冤枉，对于知其下狱的皇帝颜面有损。（3）纵使释放，岳飞仍可能会怨恨高宗。

岳飞之死象征了北宋与南宋建国理念间的歧异。同为赵氏政权，北宋克服了防卫契丹与分裂的基本问题，南宋则不同，岳飞之死其实是在地地主势力衰退与权力中枢为少数人所据有的结果。

---

1. 寺地遵：《秦檜の南北構想試論》，《史学研究》150号，1981年。
2. 笔者在《五代北宋政治史概说》一文中，曾就五代时后晋石敬瑭、桑维翰路线，与后周世宗柴荣路线的对抗关系加以整理，以讨论北宋政治史的基本论理。由此对抗关系来看，秦桧是追随桑维翰的路线，岳飞则是站在柴荣这一边的。详见寺地遵：《五代北宋政治史概说》，《中国へのアプローチ——その歴史的展開》，劲草书房，1983年。
3. 龚延明：《岳飞坚贞不屈，高宗下诏赐死》，《岳飞》，1980年，第198页。本书虽采通俗演义之写作方式，却可以说是现代中国记述岳飞其人史事，最忠于历史过程的作品。

四、历来对收兵权暨绍兴十一年和议的看法

绍兴十一年（1141），南宋政权一举解决了自我存立的基本课题。同年四月，不服皇帝统制的诸家军解体，整编为皇帝御前禁军，确立了对内集权体制的基础。十一月间，向来否定赵氏政权的金国，与宋签订和约，外部的压力也随之消解。十二月，坚持对金战争，力主收复中原、河北故地、失地，迎还徽、钦二帝，消极阻碍皇帝兵权一元化的岳飞被赐死。岳飞之死往往被认为是收兵权与第二次宋金和议的牺牲品。"秦桧——坏人、卖国贼"对"岳飞——好人、民族英雄"这种超历史性的图解人物论姑且不言，与岳飞之死有关的政治过程、历史经过，的确是以绍兴十年、十一年为基轴，以下即就历来有关岳飞之死、收兵权、第二次宋金和议的见解，进行检讨，指出其问题点，并且试着从历史方面理解。

如果暂时先将岳飞个人的主观意图与态度搁置不论，单从政治史的立场来考察，则首先要处理的问题，当是岳飞之死的背景结构，也就是十一年和议与收兵权这两件悬案，皆于绍兴十一年获得解决，究竟只是偶然，还是互有其关联之必然结果？换句话说，这能否看作是根据一定构想，加以具体化而有的事情？

明末清初的王船山曾对此问题提出他的意见："故和议不成，则岳飞之狱不可起。（中略）高宗之为计也，以解兵权而急于和。而桧之为计也，则以欲坚和议，而必解诸将之合。交相用，而曲相成。"（《宋论》卷十《高宗》）

王船山认为，高宗与秦桧对和议与收兵权的看法有别。其中秦桧的想法较易理解，他既以和议为目的，为实现和议，必须镇压杀害反对者、抵抗者，故岳飞成为牺牲者。这是为了要清除找麻烦的人，此种看法若推之于极端，就变成是奉金人指示所为[1]。"兀朮（宗弼）遗桧

---

1. 很多人都深信，秦桧的言语举动系受金人指挥。如朱熹作《张浚行状》称："方约和时，誓书有不得辄更易大臣之语"（《朱子文集》卷九五下），提到秦桧为保地位，封锁了张浚复位的所有可能。但《要录》作者李心传对此有不同看法，《要录》卷一四六绍兴十二年九月乙巳条案语称："《绍兴讲和录》有金国主书三，乌珠书七，并无此语。"也就是在史料中找不到金人对秦桧的指示，也看不到秦桧忠实执行的记录。

书曰：汝朝夕以和请，而岳飞方为河北图。必杀飞，始可和"（《宋史》卷三六五《岳飞传》）即其代表性说法。这样的看法就历史发展而言并不妥当[1]，然若主张岳飞之死、立和议、收兵权三事具有一体性，则可视为当然。

王船山还提到高宗的想法，即以消解兵权为其最大目标，且以此尚急于和议的说法，也是自南宋以来即已可见。南宋中叶的叶适曾说："而秦桧以为，国权不可外假，兵柄不可与人。故屈意俯首，唯虏所命，以就和约。废诛诸将，窜逐名士，使兵一归于御前。督府结局，收还便宜，使州郡复承平之常制。"（《水心别集》卷一四，纪纲四）又道："（秦桧）急于求和，以屈辱为安者，盖忧诸将之兵未易收，浸成疽赘，则非特北方之不可取，而南方亦未易定也。"（《水心别集》卷一二，四屯驻大兵）总之，叶适的理解是，之所以会坚持与金议和是为了要收兵权，以恢复集权主义，故收兵权为目的，和议为手段。王船山与叶水心虽一以和议为目的，一以收兵权为目的，但双方皆认定和议与收兵权之间为一种目的与手段的关系，或者说是因果关系。

主张和议与收兵权间有强烈相关性——不问何者是目的——的看法，皆认为这削弱了南宋的军事力量。如中国学者邓广铭作《岳飞传》[2]，第十七章为"赵构、秦桧收兵权"，继第二节"赵构、秦桧收夺三大将兵权"之后，第三节的标题即为"秦桧进一步摧毁南宋的国防力量"。也就是把和议、收兵权、岳飞之死，都等同于是削弱南宋军事力量的意思。

可是，这种对绍兴十一年（1141）的理解方式，也就是认为收兵权与建立和议削弱了南宋军事力量的看法，是否合于绍兴十一年的历史过程，尚待考虑。

首先，正如范同所言，收兵权的工作本身，乃是对金强硬论者张浚、慎重论者赵鼎都曾努力过的事，这绝不是主张和议者独有的想法。因此，

---

1. 据《要录》所言，岳飞迈向死亡，始于绍兴十一年七月壬子（十六日）右谏议大夫万俟卨之弹劾。史称："先是，飞数言和议非计，桧大恶之。飞自楚归，乃令卨论其罪，始有杀飞意矣。"（《要录》卷一四一，绍兴十一年七月壬子条）这样看来，秦桧决意要对付岳飞，始自绍兴十一年七月，这时宋、金两国尚在交战状态，彼此并无接触。是以若谓秦桧系受金将宗弼指示而杀害岳飞，并不妥当。
2. 邓广铭：《岳飞传》（增订本），人民出版社，1983年。

将和议与收兵权视为一体的看法,并不符合历史经过。

其次,收兵权与和议应视为个别的政治过程来理解,这点可以在以下所引高宗绍兴十一年九月、十月的谈话中得到确认。四月底收兵权成功后半年(九月中旬),第二次宋金战争开始前两年正月间,任迎护梓宫使奉使金国,却为金国拘执的莫将、韩恕等人忽然返国,高宗获报时曾说:

> 上谕大臣曰:此殆上天悔祸,敌有休兵之意尔。朕料所以致此者有二。今春乌珠提兵南来,谓我可陵,而淮西、濠梁之败,有所惩创,一也。始谓将帅各自为家,莫相统一,今闻尽归朝廷,纲纪既立,军政必修,望风畏惧,二也。朕每欲与讲和,非惮之也。(《要录》卷一四一,绍兴十一年九月戊申条)

他直观地认为金之提出和议,是因为十一年二月的柘皋之捷与兵权已收。但就在此同时(十一年九月),"宗弼引兵犯泗州,破之。淮南大震"(同前),故战备亦属必要。

> 上曰:(中略)更令张俊益修守备。今莫将还,虽遣报使,然勿以议和为意,但当作不讲和处之耳。(《要录》卷一四一,绍兴十一年九月乙丑条)

> 上又曰:敌人议和,熟思所以应之。若彼我之势,强弱相等,如是而和者,彼有休兵之意。我强彼弱,足以制其命,如是而和者,彼有惧我之意也。是二者于和为易。若乃彼强我弱,压以重兵,要盟而和,则必有难从之事,邀我以逞,当思所以应之者。可预戒诸将,厉兵秣马,以为待敌之具。事或难从,岂得避战。(《要录》卷一四二,绍兴十一年十月庚午条)

高宗认为,兵权既收,宋军归于一统,就具备了对金作战的实力,而达成和议的基础虽已趋成熟,但继续战争的可能性也仍然存在。南

第八章　绍兴十年至十二年之政治发展（下）

宋权力中枢无法决定要和要战，乃有这种和、战皆可的态度。这表示收兵权与和议二事，绝不是像王船山、叶适等人所认定的那样，具有排他的、因果的一体关系。自四月收兵权以后，到十一月达成和议的这段期间，主战抑主和，一直摇摆不定，收兵权与和议间有着距离，不能视为是因果关系或目的、手段关系，二者之间以何者为主体，尚有选择的余地。

同年七月——金尚未有任何议和表示之时——御史中丞何铸对四月间已罢参知政事的孙近提出弹劾：

> （何铸）以为，（孙）近自罢政以来，每对客谈，即云：缘与陛下、与秦桧议边事不合，遂致丐祠而去。一时好事之人，往往传为口实。(《要录》卷一四一，绍兴十一年七月甲辰条）

这件事在十二年正月时又被重新提起，当时的御史中丞万俟卨重又指责"及（孙）近执政，或得禁中密语，往往漏之"(《要录》卷一四四，绍兴十二年正月庚申条）。这意味着居于权力中枢的高宗与秦桧在边事——国防、军事问题上意见不一，秦桧既是一贯的主和论者，此处所谓的不一致，当是皇帝与秦桧在如何继续对金战争的问题上，有不同的想法。高宗原本依违于和、战之间，是不是这时较倾向于后者了呢？

高宗认为，收兵权有助于宋军战力的强化，史称："上谓韩世忠、张俊、岳飞曰：（中略）卿等宜共为一心，勿分彼此，则兵力全，而莫之能御。顾如乌珠，何足扫除乎。"(《要录》卷一四〇，绍兴十一年四月乙未条）在兵力统一且一元化的背景下，高宗有着强烈的自信。总而言之，收兵权成功后，高宗与秦桧在十一年七月间曾对国防、军事问题有不同意见，我们不能把收兵权与和议视为直接相关的一件事。

如上所言，就政治过程的发展看，十一年四月的收兵权、十一月的订立和议、十二月的岳飞之死，都是个别性的事件，不能以因果论或目的论，先验地联结其关系。不过，在研究十年、十一年政治过程时，将这些事情间的关系全部切断，也会发生问题。政治决策不就是如同一道潮流，容许某种程度的可能性？个人以为，这个问题当然不能以目的论、因果论来总括，而应视为是秦桧处理十年、十一年战争的战争计划或战争构想，从这个角度来看，这些事象不又可以再重组成一道必然的潮流？

之前已一再言及，在秦桧的构想中，这次宋金战争乃是防御性的战争，其战争指导原则亦完全由此出发。他一方面抑制岳飞、刘锜等冒险主义主战派将领的进击行动，一面靠组织、联络家军军团阻止金军侵寇江南，更解散家军，将之重整为皇帝的军队以收兵权，这些充分表现了秦桧强势的政治力与指挥能力。而此全部过程在开战以后一年间即告完成，更显示出秦桧卓越的政治力。宋军一元化后，中央指挥权确立，作战的有机性提高。金军夺回河南时，宋方面并未作强力抵抗，秦桧的战争宣言虽以诛宗弼为目标，其实是要金罢免宗弼或是放弃宗弼的对宋战争政策，复归绍兴八年的和议体制。秦桧的防御战既有效果，宋军的战力也因军队一元化而加强，结果，金方面不得不放弃战争政策，提出和议。收兵权与和议之立的确是一连续过程。《中兴圣政》引史臣曰"乌珠求和，畏我之强也。故兵可以合，兵合而朝廷之势重，将帅之权轻"（《要录》卷一五五，绍兴十六年九月己丑条附注引)，正概要说明了此一过程。笔者以为，从前述的关系来看，收兵权可以说是和议——金改变其战争政策——的前提或是契机。

五、战时财政与江南民力涵养论的放弃

前面已从南宋初期政治课题中收兵权与宋金和议等两方面，来检讨绍兴十年至十二年的政治过程。以下将再追溯此一时期有关国家财政方面的动向及其特质。

绍兴十年（1140）五月由于金片面毁弃盟约，重开战事，战时财政状态因之重现，为了征缴战费，国家的敛夺更为强化，而寄生于国家敛夺的"倚法营私"之人，当然也趁此机会敛财，加强对江南在地地主的压迫。十年六月甫一开战。政府即发出诏敕如下：

> 诏。敌人侵犯河南，已决策用兵，所宜经理财用，以赡军旅。

> 帅守诸司，自当体国，协济大计，可将应见管钱物，量留经费外，
> 尽数起发。有能率先应办，当加褒擢。如隐占不实，必置于法。
> （《要录》卷一三六，绍兴十年六月壬戌条）

接续上文还有"并谓在官钱物，不得因缘扰民"之语，虽然已表示为人民考虑，但皆有名无实，徒成具文。《要录》于此下付注引朱胜非《秀水闲居录》称："绍兴十年，秦桧为相，下令云：奉兵击敌，须备犒赏。计亩率钱，遍天下五等，贫民无得免者。所敛号激赏（钱）。"秦桧发挥了他的实务能力，连五等户也列入征敛战费的对象。十年七月，"户部请州县出纳官物，每千增收头子钱十文，赴左藏，为激赏之用。许之"（《要录》卷一三七，绍兴十年七月乙丑条）。为了支付兵士战时赏金，激赏钱开始列入临时附加税。

宋、金重行开战后，在国家财政方面当然会有强化敛夺以应付战时财政的问题产生。而在政治方面，自绍兴八年（1138）以来所行的息民、裕民政策也因此而被迫中止或废弃。如前所述，和议可以带来休战，苦于战费征敛的人民，遂得从战时财政下稍有纾解，尤其是江南的在地地主们更可以因此得到休息，令民生富裕。而此因休战而有的息民、裕民论，也就成为拉拢江南在地地主支持和议势力的王牌。

可是，现在事态又发生了变化，战争一旦再起，息民、裕民政策的大前提即告崩溃，与江南在地地主间的合作体制也告破产。绍兴九年（1139）十二月李光罢职，十年五月战争再开，总之，与江南在地地主间的合作体制无可继续。绍兴十一年八月，高宗正面表明了不愿减税，"上曰：省刑罚，薄税敛，王道之本。国步方艰，未能弭去，斯民税敛，无术可以薄之"（《要录》卷一四一，绍兴十一年八月甲午条）。绍兴十二年六月，由于私盐之禁过严，"惨酷冤滥"，或请"少加裁损"，"上曰：古今异事。今国用仰给煎海者十之八九，其可以损以与人。散利虽王者之政，然使人专利，亦非政之善也"（《要录》卷一四五，绍兴十二年六月壬午条）。再次表明无意缓和盐专卖。这与绍兴八年时尽速改革赋税、专卖弊害的态度有着极为显著的变化。

故这种倾向与其说是为了战时财政临时起意，不如说是与政权指

导者秦桧的本来性格有关。秦桧曾指责张守在江西减免赋税是损国，秦桧政治的特质，就是依法定额征税，将地方财货集中于中央。《要录》卷一三七绍兴十年九月辛酉条临安官仓遇火记事项下引《秀水闲居录》言："赵鼎淮上用兵，以三百万缗入三省激赏库。秦桧继相，用术尤精。九年，金人还河南故地。桧托言计备使礼，凡常赋之入，多归此帑。"秦桧对赵鼎创设的战时财库及其经营表示了极大的关心。进入战时财政，对于一心想把财货汇集中央的秦桧而言，并非坏事，反倒是实现他财政政策的大好机会。

绍兴十年至十二年间国家财政政策的最大特征，当是前述收兵权的成果及其影响。绍兴十一年（1141）夏、秋间，高宗与秦桧成功地克服家军体制，编组皇帝直辖禁军，而这个问题无论在国家财政支出或收入方面都有相当大的影响。

高宗曾夸语"朕以天下财赋，养天下士大夫"（《要录》卷一四七，绍兴十二年十二月甲子条），这种见解当然也适用于军人。绍兴十年十月，"上谓大臣曰：用兵惟在赏罚。若用命者必赏，不用命者必罚，何患人不尽力。比闻，大将奏赏，往往任私，不当人心。朕若亲提一军，明赏罚，以励士卒，必可擒取乌珠"（《要录》卷一三八，绍兴十年十月壬辰条）。乌珠就是金军总司令宗弼，士卒因赏罚而受驱使，即能剿灭金军，高宗真是非常地有自信。在高宗的这番大话中，值得注意的是，高宗认为对金战争的胜利可以藉赏罚而有，具体而言，就是能用金钱买到。尽管士大夫间高唱复仇论，以收复故地、失地为号召，可是真正被认为可以推动战争者，并非道义情谊，而是金钱，其间意味着实深远。这与华北、中原民间自卫组织的指导者——在地地主们，为守祖先墓地而有的考虑方式截然不同。在高宗眼中，兵卒原则上乃是佣兵，根本不可能有志一同。高宗既把兵将关系限定在赏罚关系、金钱与法关系（罚是法所规定）、雇佣关系上，为使兵卒能秉其意而行，当然必须不断有庞大的资金支应。收兵权后，原在家军之下的兵员全都成为皇帝直辖的御前军，更需要巨额的资金，国家财政乃随之急剧地膨胀。

不过，收回兵权之后，国库也接收了各家军所经营的各项财源。绍兴十一年（1141）五月，韩世忠甫受命为枢密使，他的财库就为国库所收纳。其内容计现钱百万贯、米九十万石,镇江府、扬州、真州等地之公使、回易、激赏等酒库十五处。岳飞军之利源则有:(1)鄂州并公使、激赏、备边、回易等十四库,岁收钱百六十五万五千余缗;(2)鄂州关引、典库、房钱、营田杂收钱、襄阳府酒库、房钱、博易场,共收钱四十一万五千余缗;(3)营田稻谷十八万石。总而言之,随着兵权之收回,诸军所经营之财源亦归国家所有,南宋之财政规模乃大为扩张。南宋政权成立初期的国家财政样貌虽不甚分明,然据曾我部静雄之研究[1],高宗初年岁人还不到一千万缗。绍兴末年则急遽增加到六千四百万缗。财政膨胀的原因固然必须多方面考虑,至少这里可以看到的是:绍兴十年至十二年间收兵权与宋金战争所造成的影响不小。尤其不可忽略的是,当时的皇帝甚至认为,只要有钱,敌将之首亦非不可得。

在这样的背景下,实务、财务官僚因着秦桧的支持与推荐而再度复活。战争的再起、家军的整编、皇帝禁军的建立、急遽的财政膨胀,都需要一批能忠于职务并能切实胜任所交代任务的官员去处理。他们都是由秦桧评选、拔擢,自然效忠于秦桧。这类秦桧系实务官僚的出现与出头,也是这时期政治的特质。之后直到绍兴二十五年(1155)冬秦桧过世,这些官僚都是秦桧权门体制的主要成员。

秦桧系实务官员之所以发迹,具体而言,即是秦桧乘着绍兴十年(1140)宋金战争开始,重新起用那些以往着有实绩、当时投闲置散或已引退的人物,让他们担任重要据点或主要地方的长官。绍兴十年六月,"长于吏治"的梁汝嘉由提举江州太平观转知平江府,兼任浙西沿海制置使(《宋史》卷三九四《梁汝嘉传》)。梁汝嘉者,曾于绍兴四年十月间,因行都月费需钱百万缗,而军马费用尚无着,"初令江浙民悉纳折帛钱","折帛钱自此益重"(《要录》卷八一,绍兴四年十月甲午条)。人称其"为秦桧所厚"(《要录》卷一三一,绍兴九年八月庚申条)。

此外,风评素有"为人刻急"(《要录》卷一四〇,绍兴十一年六月癸未条)之称的仇悆也被起用为知明州兼沿海制置使。

---

1. 曾我部静雄:《南宋の财政状态》,《宋代财政史》,大安出版社,1966年。

在此人事调整中，最重要的应是身为两淮战线后备的建康府首长之职，盖淮南一旦被突破，此地即成为最前线。任其责者即叶梦得，建炎三年（1129）三月他曾得高宗评为"深晓财赋"（《要录》卷二一，建炎三年三月辛巳条），建炎二年十月，也就是南宋建立甫一年余，他与吕颐浩同任财务、实务官僚，为了安定财政、增加收入，曾积极地导入附加税、临时税。他主张实施附加税，以此不为民害。史载："（叶）梦得言，如卖契纸、头子等钱，皆出于民之所欲。故酒价虽增，未尝驱民使饮。税额虽增，未尝迫民为商。他皆类此。（中略）可以暂济急阙，不至害民者，愿取行之。"（《要录》卷一八，建炎二年十月癸亥条）就是这位叶梦得，于绍兴十一年（1141）二月柘皋捷报传抵之次日，得高宗褒奖，"初建康屯重兵，岁费钱八百万缗，米八十万斛。榷货务所入，不足以赡。至是，禁旅与诸道之师皆至。梦得被命，兼总四路漕计，以给馈饷，军用不乏，故诸将得悉力以战。由是，朝廷益嘉之"（《要录》卷一三九，绍兴十一年二月丙申条）。亦即当大军集结于战略要地建康府时，对于所需之大批钱米，叶梦得皆能支应。高宗既然认为只有赏罚才是役兵之道，则柘皋之捷自可说是得利于叶梦得的财政手腕。至于在高宗初立之时，以卖盐钞征得百余万缗军费的梁扬祖，虽亦蒙中央相召，但他因有病而无法就任实职。

这里所举的人物皆是有经验有能力的财务官僚，但却不完全是与秦桧同时，与秦桧如手足相交，按照秦桧意思行事之人。真正值得注意的，是比这些人物年轻一辈，既有能力又被秦桧视为心腹，在此时突冒头角的新型实务官僚。其代表人物可举鲍琚与李椿年二人为例。

在绍兴九年（1139）十一月奉诏推荐侍从官的名单上，鲍琚的官衔已是干办行在诸司审计司。他之得以充分发挥长才，则在绍兴十一年九月奉命赴鄂州整顿宣抚司钱物之时。鄂州宣抚使原为岳飞，岳飞兵权被夺后，如何调查其财源以收归国库，厥为一重要任务。岳飞军之资产据说高达二千万缗，故皇帝指示他，如以其半数入岁计以充军费，即已有助于民力。绍兴十二年二月，他终于完成岳家军财库的调查与接收，遂总领鄂州大军钱粮，统筹长江中流一带的财政、军事。

至于李椿年，他日后成为秦桧心腹，负责企划并实施经界法，极有手腕。绍兴八年（1138）三月，他任台州常平官时，曾有匿名书信上告中央，言其"刻薄"。十年十月，他任司农寺丞时，曾为历任镇江府、信州、池州三地知事刘岑妄用官费之事，前往三郡调查。次年七月，他奏称刘岑确曾滥支六十七万缗，并侵占马匹、银器。同年八月，他奉命往鄂州接收岳飞军之钱货。鲍琚、李椿年皆以财务官僚接收岳飞军钱物事而得以蹿升。对秦桧而言，将家军财源收纳为国库所有，乃是因收兵权而衍生的后继问题，他一定要找到具有处理此事能力之人。

绍兴十年至十二年的收兵权问题与宋、金战事再起，不但使得宋朝不得不放弃以往妥协性格浓厚的息民、裕民财政政策，更导致财政规模的扩大与膨胀化。在这样的局面下，秦桧一方面重新启用经验丰富但已闲置的财务官僚，以担当军事财政，同时也为了调查并接收各家军之财库、财源而起用新一代的财务官僚。

第九章

南宋政权的基本特质

绍兴十二年（1142）是南宋史或南宋政治史上划时代的一年。总结前述各政治过程来看，南宋政权当系于此时方才确立。建炎元年（1127）诞生的赵氏继承政权至此始成为掌握国家主权的政治权力体。南宋政权的确立，一因对外方面已与金成立盟约，再者在对内方面亦经由以下政治过程而完成。此即：（1）绍兴五年以镇压钟相、杨么为终结，完全平服了全国各地的叛乱、对抗势力；（2）多达数百起的叛乱势力中，一直不曾有当时居政治主体的士人参加，换句话说，这些叛乱活动都只停留在个别行动，并没有结构性地形成全面否定继承政权的运动，士人层——地主阶层的绝大多数仍是支持继承政权的。

高宗曾于绍兴十一年（1141）冬"谓大臣曰：人主之权在乎独断"（《要录》卷一四二）。又说："礼可以立国，君臣上下，如天地定位，不可少乱。"（《要录》卷一四三）这表现出他已克服摇篮期，具备了身为一人专制君主的自信与权威。他早已不是过去曾下"罪己之诏"的高宗，自责："一曰昧经邦之远图，二曰昧戡难之大略，三曰无绥人之德，四曰失驭臣之柄"，"仍命出榜朝堂，徧谕天下，使知朕悔过之意"（以上，《纲目》卷二，建炎三年（1129）六月下罪己诏条；《要录》卷二四，建炎三年六月辛酉条）；也不是哀告金将、中止远征的高宗，"是天地之间皆大金之国，而尊无二上，亦何必劳师远涉，而后为快哉"（《要录》卷二六，建炎三年八月丁卯条）。建炎三年（1129）是南宋初建时最不安定的时期，经过十余年后的绍兴十二年，继承政权在其新划定的领土上已拥有稳固的权威与权力。

自建炎元年（1127）至绍兴十二年（1142）的政治过程，其历史意义并不止于以高宗为中心的政治权力体的确立。我们应该注意到，以后的一百五十余年间，贯穿南宋朝的基本架构与国家营运大纲，都已在绍兴十二年前的南宋政权确立过程中整备完成。首先可以指出的是：对于南宋政权基本特质具有根本影响力的外部环境，也就是南北均衡共存的状态至此已然确定。南宋人叶适以为："绍兴十一年之前，中原之号令犹可接，后始截然矣。"（《水心别集》卷一五，终论六）即以绍兴十一年和约为分界，宋与华北、中原的关系完全断绝；而"自绍

第九章 南宋政权的基本特质

兴十一年之后，不惟我之所欲者，专在和好，而女真之族类亦皆以和为利"（同前，终论四）。同为南宋人的吕中也说："绍兴之和者二十年，隆兴之和三十年，嘉定之主和者三十年，亦享成功而无后患。"（《中兴大事记》，中兴规模论）宋或金虽也曾破坏和约，但在蒙古族崛起之前，南、北（宋、金）双方基本上都维持着均衡共存的状态。这点是绍兴十二年南宋政权得以确立，并决定其基本特质的一大根据。

其次，出现于此时，亦堪称是南宋国家体制者，即其军事编制，也就是四屯驻军、总领所体制。南宋将北宋以来的禁军——殿前司军、侍卫司马军、侍卫司步军之三衙军体制——调整为四屯驻军制，这些远比三衙更为重要，是南宋军事力量的根干。四川、湖广（鄂州）、淮西（建康府）、淮东（镇江府）等四屯驻军的设置经过，其实就是绍兴十一年（1141）前收兵权的经过，也就是原有各军事势力为家军所吸收后，家军被编组为三宣抚使军，三宣抚使军又被解体重整后成为御前军的全部过程[1]。在地理位置上被隔绝于一边，独立色彩浓厚的四川军暂且不论，李心传曾于《建炎以来朝野杂记》卷一八"绍兴内外大军数"条下，就其他三屯驻军的隶属变化予以整理："由是三衙外，但有韩（世忠）、张（俊）、岳（飞）三军。今镇江大军，韩氏部曲也，建康大军，张氏部曲也，鄂州大军，岳氏部曲也。（中略）故东南惟以润（镇江府）、昇（建康府）、鄂三军为根本。"三宣抚使军转换为三屯驻军后，为调度军粮、维持军团，并参划军政、监察武将诸事，乃于绍兴十一年四月在镇江、建康、鄂州之地设置淮东、淮西、湖广三总领所。四川利州则于绍兴十五年十月设四川总领所，四屯驻军、四总领所的体制自此确立，直到南宋灭亡。

于南宋政权确立时期出现，并沿为南宋一代国家体制的第三点即财政制度。《要录》卷一九三绍兴三十一年（1161）十月癸丑条曾综括绍兴时期的国家财政称："渡江之初，东南岁入犹不满千万，上供（两税之收入）才二百万缗，此祖宗正赋也。吕颐浩在户部，始创经制钱

---

1. 山内正博：《南宋建国期の武将勢力に就いての一考察——特に张、韓、劉、岳の四武将を中心にして》，《東洋学報》38-1，1955年。

六百六十余万缗。孟庾为执政，又增总制钱七百八十余万缗。朱胜非当国，又增月桩钱四百余万缗。绍兴末年，合茶、盐、酒算、坑冶、榷货、籴本、和买之钱凡六千余万缗，而半归内藏。"

南宋叶适曾上奏请减轻或撤废经制钱、总制钱、月桩钱等附加税，他认为皇帝若有救天下苦难之意，"必先罢去经、总制钱之半。（中略）罢去其半，稍稍苏息天下，然后州县之月桩、板帐罢矣"（《水心别集》卷一五，终论一）。通南宋一代，这种附加税本身，以及基于此税赋而建立的国家财政，曾遭多人反对，但始终无法有所改变或予撤废。至于积极推动此一办法者，即前述之吕颐浩、孟庾、朱胜非等建炎三年至绍兴七年间的宰执（大臣）。综而言之，凌驾于正税——两税之附加税、加值税、专卖收入等，得以成为南宋国家财政收入重点——这也是国家敛夺体系——其规模在绍兴十二年（1142）以前已然完成。

绍兴十二年（1142）不但是南宋政治权力体的确立时期，也是南宋国家大纲预备时期。以下即先就历经此过程始得确立的南宋政权基本特质稍作讨论。事实上，南宋政权的确立确实与此政权基本特质的决定、南宋政权历史个性的形成有着极深的关联。南宋政权是北宋的继承政权，单从其标榜"中兴"，即可理解其基本特质中必带有北宋政权的色彩，这不能从理论或抽象层面分析，必须用历史的方法考虑。

与朱熹同时期的叶适，曾历述自北宋末至绍兴十二年的历史过程："自是宣和之末至绍兴十年之后凡二十年之间，中国实无溃叛之形也。然终不免于罢兵增币，分裂南北以和寇仇，大则无东汉戡复之勋，小则无晚唐羁縻之政。"（《水心别集》卷一五，应诏条奏六事）就叶适看来，自北宋政权崩溃以至南宋政权成立的二十年间，是一段中国本身无叛乱，却失去华北、中原控制权，与金形成共存局面的历史过程，在这段历史过程中，"民虽不为变，而终以分裂，（中略）虑事不尽，使百七十载之天下，不因民之怨叛，而直失其大半，隘处江浙，以为南北之成形"（同前，卷一〇，始议一）。其端的则是"爱虏而不敢爱中原"（同前，卷一五，应诏条奏六事）的政治过程。于是原本应该"有天下者以天下取，以天下守，故尽天下之势"（同前，卷一〇，取燕三）的宋朝，虽仍得人民信服，却放弃了中原，放弃作为民族护卫者的任务，

第九章 南宋政权的基本特质

以及代表全体的自我定位。继承政权是以中国南北分裂为当然，再据此自我定位而出发，这是与北宋政权极大的不同，南宋政权的基本特质之一于此显现。

此外，叶适也指出，宋政权的基本特质乃是彻底的集权主义。"而本朝之所以立国定制，维持人心，期于永存而不可动者，皆以惩创五季，而矫正唐末之失策为言，细者愈细，密者愈密，摇手举足辄有法禁。"（同前，卷一二，法度总论二）[1]这种性格完全为南宋所继承，叶适继前文续论道："况靖康以后，本朝大变，乃与唐末五季同为祸难之余，绍兴更新，以至于今日。然观朝廷之法制，士大夫之议论，堤防扃钥，孰曰非矫唐末，而惩创五季也。"（同前）这种对集权主义的继承，一方面支持秦桧收兵权，一方面则反对李纲等人行藩镇政策。"而秦桧以为，国权不可外假，兵柄不可与人。故屈意俯首，唯虏所命，以就和约。废诛诸将，窜逐名士，兵使一归御前。督府结局，收还便宜，使州郡复承平之常制。"（同前，卷一四，纪纲四）又论称："夫徒鉴五代之致乱，不思靖康之得祸，故李纲请裂河南为藩镇，范宗尹尝割边面为镇抚，皆随以废格。陛下循守旧模，而欲驱一世之人以报君仇，则形势乖阻，诚无展力之地。"（同前，卷一五，上殿札子，淳熙十四年）总之，以克服唐末五代藩镇割据状态为目的的北宋集权主义，亦为南宋所继承，并成为南宋政权的基本特质之一。

就叶适看来，南宋政权虽然继承了北宋的集权主义、君主独裁体制，但是北宋政权中基于民族整体，与北方民族相对抗的汉族主义，非但未为南宋所继承，而且被全然地放弃了。

对于五代之后周与北宋等政权而言，对抗契丹之民族保卫战，实与克服割据分裂之集权工作无可划分，二者的关系既是目的与手段，也是互补的[2]。后周与北宋虽然对于"先北后南"（对契丹战争当先于内部

---

1. 又叶适也说："国家（宋）因唐、五季之极弊，收敛藩镇，权归于上。一兵之籍，一财之源，一地之守，皆人主自为之也。欲专大利，而无受其大害，遂废人而用法，废官而用吏，禁防纤悉，特与古异，而威柄最为不分。"（《水心文集》卷一〇，始议二）。
2. 参见寺地遵：《五代北宋政治史概说》，第三节《契丹族の台頭と中国の対応の倫理》，收入今堀诚二编：《中国へのアプローチ——その歴史的展開》，劲草书房，1983年。

统一战争）或"先南后北"（内部统一战争结束后再对契丹作战），有着不同的选择[1]，但宋太宗"恢复旧疆（五代后晋割让给契丹的燕云十六州），此朕之志也"（《续资治通鉴长编》卷二七，雍熙三年五月丙子条）之语，正是后周、北宋共有的国策与基本方针。因此，若从北宋的建国理念来观察南宋，则南宋政权已然放弃防卫民族整体的自我角色定位，单只继承了集权主义的部分。南宋时期的集权主义本身就是目的，集权主义的自我目的化，使得其整体性为之稀薄化，结果使得特定政治势力与国家权力相结合，政治权力的组成遂更为狭隘。

如前所言，在南宋政权确立过程中，李纲曾主张将标榜"怀土顾恋，以死固守"（《大金吊伐录》卷二）的在地地主自卫团体予以组织，但遭到排斥；高呼"中原地尺寸不可弃"（《宋史》卷一二四《岳飞传》）的岳飞则被赐死；在江南、四川等地负有声望的领袖人物如李光、张浚，又因权力斗争而被逐出权力中心。拥立高宗、占据初期南宋政权中枢、掌握主导权的势力，乃是自北宋末延伸而下的权门系官僚，黄潜善、吕颐浩及其所起用的实务、财务官僚，多出于北宋末权门如蔡京、王黼者流。关于这点，下章讨论自绍兴八年（1138）起在政治过程中扮演决定性角色的秦桧时，将再作处理，此处仅就必要者加以说明。促使李光被罢的郑亿年之父郑居中，系徽宗朝宰相，他曾极力推荐王黼，史称："（王）黼因投郑居中党中，而居中前后数于上前称荐黼有宰相才。"（《会编》卷三一，靖康元年正月二十四日条引《宣和录》）秦桧妻王氏为神宗朝宰相王珪孙女，据称其叔父王仲嶷受到蔡京并北宋末权臣童贯之庇护，史言其"久依（童）贯，闻是而自诣。（中略）贯大喜。故王氏于政和以后恩数及褒诏悉贯之力。大抵不轨凡若此"（《会编》卷五二，靖康元年八月二十三日条）。又秦桧之妻王氏祖王珪的从子王仲闳亦是朱勔系得力之实务官僚，他在平江府"济其恶，空竭县官经常，以为应奉，类以亿巨万计"（《东都事略》卷一〇六《朱勔传》）。

秦桧与北宋末开封权门的关系颇深。蔡京、王黼、童贯、朱勔等

---

1. 这个问题尚可参看吴泰执:《宋辽金史:"关于宋初专制皇权重建的历史作用及宋太祖的历史功过问题"》,《中国历史学年鉴（1981年）》,人民出版社,1981年。又可参照徐规、方如金:《又评宋太祖"先南后北"的统一战略》,《宋史研究论集》,1984年。

北宋权门之中心人物，虽然随着北宋政权的崩溃而消逝，其体系内之官僚群与政治势力，却在政治斗争中胜过了在地地主系势力，占据了政权中枢，在南宋政权的确立过程中扮演主导性的角色。和北宋政权相比，南宋政权失去了民族整体性，只继承了集权主义；不以一定地域为政治基础的北宋末权门势力，借着拥立高宗掌握政治主导权的事实，其实正与此相呼应。寄生性的中央权门势力排除了地方性的在地立场与论理，稀释了民族整体性，使之沦为次要的意义；而以中央支配地方、收括地方财富的集权主义为当然。由此看来，南宋政权的确立过程确实是北宋末政治过程的延长。

　　保卫民族整体的想法淡薄，之所以会成为南宋政权基本特质之一，实与南宋政权确立之时，需要金之支持、协助，取得金之谅解有关。追根究底，金确实是南宋政权的一大支柱。王船山就一语道破宋、金两国既是相互对立又是相互依存的关系，他说："是则宋之为宋，一女真也，女真之为女真，一宋也。"（《宋论》卷一一《孝宗四》）只要想到高宗的权威来自金的支持，应该就会同意王船山的意见。相对于北宋政权立于其支持基础的自我完结性，南宋政权则必须靠着金的支持，以补足其支持力的弱质性、有限性与狭隘性。在这种特有的历史条件下，南宋政治史的开展过程具有以下诸形态：相对于以集权主义为自我目的的权门，以及有赖金间接支持之权门；在确立过程中被排斥的在地地主系势力则要求恢复民族整体性，主张收复故地之对金强硬论，并且要求实行反集权主义的政策。这正是源自于前述之历史经过与结构。要言之，绍兴十二年（1142）确立的南宋政权，乃是由北宋末之权门势力掌握了主导权，得到金之支持与谅解，放弃了北宋的民族整体性，却继承其集权主义的政权。与北宋政权的固有性质相对照，其反动性极强，而其政治权力体由特定政治势力组成的情况也更严重。

第二部
秦桧专制体制的建立与变迁
—— 维持绍兴十二年体制的政治结构

第十章

秦桧研究的各有关问题

一、研究秦桧的困难所在

绍兴七年（1137）至二十五年（1155）的政治史，在宋史、南宋史上占有极重要的地位。可是要研究此一时期有很多困难，也就不易有好的研究成果出现。其理由之一，即研究者往往陷入岳飞（忠臣、民族英雄）对秦桧（奸臣、卖国贼）的制式思考模式中。同时由于原有的历史记录、史料多经删削、窜改，欲重建当时各事确有相当困难[1]。何况，删削、窜改历史记录者正是秦桧本人。《要录》卷一六五绍兴二十三年十月丁丑条记载秦桧在太平州的私圩被大水冲溃，户部侍郎徐宗说出官钱，驱州民为之修复事，附注称："臣谨案，桧擅政之日，凡涉私事者，于《时政记》及《日历》中一切削去，而桧又严禁私史。故其劳民为己如此等事，后人皆不得知。今当因事书之，以见其实。"身处秦桧后半世纪的王明清则于所撰《挥麈录》后录卷一，记载历任校书郎、吏部尚书的徐度之语道：

> 自高宗建炎航海之后，如日历、起居注、时政记之类，初甚圆备。秦会之（桧之字）再相，继登维垣，始任意自专。取其绍兴壬子岁，初罢右相，凡一时施行，如训诰诏旨，与夫斥逐其门人、臣僚章疏、奏对之语，稍及于己者，悉皆更易焚弃。繇是亡失极多，不复可以稽考。逮其擅政以来十五年间，凡所纪录，莫非其党奸谀谄佞之词，不足以传信天下后世。（徐）度比在朝中，尝取观之，太息而已。

---

1. 以此时代的基本史料《要录》为例，《要录》采编年体，原本是以一月一卷为原则编集，绍兴十二年秦桧专制以后，该原则即不再适用。绍兴十六、十七、二十、二十一、二十二年皆为一年一卷，绍兴十四、十五、十八、十九、二十三、二十四年则一年两卷，分量大幅减少。可是，记载分量的多寡当然不是缘于重要事项的有无。如绍兴十九年底李椿年被罢，二十年初经界法突然停止施行的问题，今日之所以无法正确地追踪出事情始末，就是因为史料太过缺乏。

总之，绍兴七年至二十五年间的政治史，颇有缺漏与歪曲之处，因为秦桧时代的历史记录、历史叙述，在秦桧本人的压力之下，遭到严重的扭曲。

二、王船山笔下的秦桧

一般都认为秦桧是奸臣、恶臣，是卖国贼、民族的叛徒。可是明末清初的思想家王夫之（船山）并不单只从这样的架构来观察秦桧，他注意到秦桧拥有强大的政治力量、领导能力，南宋既是在秦桧压倒性的影响力下重建，他乃借着考察南宋朝权力的基本特性来检视秦桧其人。王船山晚年，除《读通鉴论》外，还曾就宋史作出卓越的历史评论，写成《宋论》十五卷。从他所写的《黄书》等著作看来，他的历史观中带有强烈的民族主义，并由此着眼，探讨饱受契丹、女真、蒙古、党项各民族威胁的宋代历史。但他绝非狭隘的华夷主义者，对于秦桧的评价，也就不是单只以卖国贼相责，而是从"可畏之才"（《宋论》卷十，高宗十四）的角度来讨论。

王船山虽将秦桧、韩侂胄、史弥远、贾似道等人并列为南宋之大奸，但是却将秦桧与其他三人放在不同的层次论说。韩侂胄、贾似道不过是"狭邪之小人耳"，史弥远亦只要明君统御得宜即不成奸邪，"恶不及于宗社，驭之之术，存乎其人而已"。至于秦桧，王夫之则有不同说词：

> 秦桧者，其机深，其力鸷，其情不可测，其愿欲日进而无所讫止。故以俘虏之余，而驾者旧元臣之上。以一人之力，而折朝野众论之公，唯所诛艾。藉其有子可授，而天假以年，江左之提封，非宋有也。此大憝元凶，不可以是非概论者也。（以上皆出《宋论》卷一三，宁宗六）

王船山论秦桧，骨子里已经隐含着赵氏王朝原有可能被秦氏王朝取代的强烈暗示在，故在他眼中，秦桧自不能与其他三奸同列。

此外他也指出，秦桧极可能步上后晋（受契丹军事援助取代后唐）、伪齐（女真之傀儡政权）的后尘，故说："（秦桧）外有女直以为援引，内有群奸以为佐命，赵氏宗祊在其心目之中，易于掇芥"，或谓"考之于其所行，不难为石敬塘、刘豫之为者"（以上同前，卷十，高宗十四）。不过，秦桧是否真有弃赵氏而另立新王朝的打算，实非今日所能确定。但无论如何，我们可以透过王船山的秦桧论得知，南宋王朝既在秦桧压倒性的影响力下再兴，则此一重生的政权也就不得不与金维持着一定的关系，靠着金的承认与支持立足。王船山看出秦桧可以靠金的支持与帮助篡位，这样一来，无论秦桧是否篡位，都已显示，在秦桧指导之下重建的政权，其权力的支柱之一乃是与之相对抗的金。

再者，王船山也看出，这种宋、金关系并不是单方面的，而是一种对抗与依存并立的相互依附关系。王船山于《宋论》卷一一论孝宗时代之宋、金共存体制——秦桧死后宋、金间重开战端，并于隆兴二年缔结第三次宋金和议——之时曾言："宋与女直相枕而亡，其几兆于此矣。"又说："是则宋之为宋，一女直也，女直之为女直，一宋也。"由于秦桧政权下的第二次和议与隆兴时期的第三次和议，在基本内容上并无变更，故在秦桧和议中，中国中兴王朝宋固然是受金朝所左右，金朝的国家运作与统治形态、机构，也有赖宋加以补足。我们从王船山书中读到的重要问题，即此一时期因王朝权力确立而有的国际关系，以及秦桧篡位的可能性。

对于秦桧的可畏之才——即其足可成为篡位者的能力，王船山所特别注意者，乃是秦桧如何压制当时政治有力人士，尤其是将领们的过程。王船山将此整理为以下五项：

靖康之变，秦桧与何㮚、孙傅、司马朴同为金军逮系，独未见杀；洪皓、朱弁等奉使至金，为金所拘执，桧则可带同妻子归国。他能亲凶狠之骄虏，换得自身的自由，是其"可畏之才"一也。

张浚、赵鼎、李纲、胡寅等人虽与高宗共患难，且为朝野兵民众望之所归倚；然而秦桧一旦掌握政权，彼即屏息、窜逐而莫敢与争，此其"可畏之才"二也。

岳飞收群盗，力战中原，将兵且乐为飞而死；然其削之，斥之，甚而囚之，杀之，人无非难之声，此其"可畏之才"三也。

韩世忠率数万之众，平苗傅、刘正彦之乱，救高宗，广得皇帝、民众之信赖；独于桧不能反对一言，甘舍兵权保一身之安全，是其"可畏之才"四也。

张俊位望最高，与桧协力杀岳飞，握军谋事；桧违约，反夺其兵，俊伏耳帖首，知其"可畏之才"五也。（以上同前，卷十，高宗十四）

王船山从秦桧的可畏之才，不但看出绍兴十二年（1142）和议体制形成以后高官遭排斥放逐的情况，也发现在此之前的活动在抑武将、收兵权——这其实意味着秦桧努力继承北宋以来的集权制。他以为，"兵权不可假人"（同前，高宗八）原是北宋政权的基本原则，从这个角度来评价秦桧，其可畏之才即在于能从将领手中夺回兵权，使之完全归属于皇帝；这表示在秦桧指导下的中兴王朝，继承了前朝的集权主义。经由和议体制而确立的政权，其之所以成为继承政权，并不是因为先帝之嫡子继承了帝位，而是由于在体制方面有所继承与重生。

正如王船山所论："故和议不成，则岳飞之狱不可起，韩世忠之兵不可夺，刘光世、张俊不戢翼而效媚以自全。"（同前）在南宋的确立过程中，和议之立（国际关系）与收兵权（集权主义）乃是不可分离的一体之两面。

总之，透过王船山的秦桧篡位论，我们可以看出，南宋政权之确立，（1）必须得到金的了解与支持，（2）为彻底继承集权主义而收兵权，（3）上述两者在绍兴十一年（1141）时合而为一并为之具体化。本书的目的既在追索南宋政权之确立过程与维持体制的过程，以把握其历史意义，自然不是以秦桧、岳飞等人物论为问题重心。不过在此期间，秦桧既是最具影响力，也是奠定南宋政权基础的重要人物，也就不妨从王船山所论的秦桧可畏之处，及其所导出的课题与视角，重组南宋初期的政治过程与政治形态。问题的焦点不在秦桧的心性奸邪，而在于其政治力量，及其在宋史全盘中所占的角色位置。就这点而言，王船山所论至今仍有其意义。

三、秦桧与秦桧集团研究回顾

无论是在中国还是在日本，提到秦桧，往往都是用来与岳飞作对比。能够跳脱此种看法，从秦桧为政方面与秦桧集团组成本身进行讨论的研究者，则有山内正博与衣川强二位可以介绍。

首先要谈的是山内正博的秦桧研究，山内并不是从秦桧与岳飞的角度着眼，而是将秦桧研究视为南宋初期政治史中最重要的一环加以关心。可惜由于无专论问世，也就难以确实无误地继承其研究成果[1]。

山内首先自军事力量的编制着手。北宋末年，中国方面的军事力量，先是因童贯领军的征辽部队——当时最精锐的禁军——溃败而削弱，接着又在与金军相接的首都攻防战中失利而崩散，延至南宋初年，各种军事力量遂成散居各地之态势。如何将这种散乱的军事势力集结起来，重归一元化的过程——当军事力量重新集结为一整体之时，也就是南宋确立之日——正是山内所关心者。

接着，山内又将目光放在维持军团的物力基础——财力上，即王朝方面如何藉财力以统制军力，以及政府如何确保财源等财政问题。山内认为，中央政府内部原有加强征收（此与对金强硬路线有关）与反对增税（武将抑制论）两路线的对立，而欲统制诸军事势力必须有强大的财力作后盾，秦桧既未采取增税路线，只有对金交涉以解决财政问题，结果竟一举解决了财政问题与抑将问题，这就是山内所描绘的秦桧像。

---

1. 山内正博已有多篇论文讨论南宋初期的军力编制、与财政、政治问题。至于与秦桧有关的文章则有下列三篇：（1）《秦桧の财政政策についての一考察》，《史渊》89，1962年；（2）《秦桧罢兵の财政史的意义》，《史学杂志》70-12，1961年；（3）《南宋初期の兵の给与と秦桧の武将政策》，《史学杂志》72-12，1963年。但这三篇全是在学会中口头报告的摘要，第一篇所收的《史渊》该辑更未得阅读。不过，山内这几篇口头报告仍有其学术上的价值，故《岩波讲座世界历史》所收之《南宋政权の推移》一文，仍将之列入附注与参考文献。又本书所使用之（2）、（3）篇，并非取自《史学杂志》该号所刊之"大会报告记事"，而是利用各次《史学会大会议程》中所载论文。

第十章　秦桧研究的各有关问题

山内这种从国家财政负担着眼，以分析政治势力对抗关系，进而组构南宋政权成立时期政治史的手法，后来又再运用于1970年所写的《南宋政权之移转》[1]（收入《岩波讲座世界历史》），并且扩而贯穿南宋史整体。也就是将江南在地地主与以皇帝为首的北方南移地主间的对立、妥协、抗争，作为南宋政治史的脉络，从"旧·南方地主"对"新·流寓地主"在财政问题上的纠葛，来观察南宋政权内部的权力斗争，并将秦桧定位为南方旧地主们的代理人。

山内于1970年所写论文之意义与问题，序章第二节第二项中已有论说，此处不再重复。以下仅就其自1960年开始的秦桧研究稍作检讨。

首先是其有关秦桧不曾增税，或将财政负担减至最小的看法并不妥当。的确，在各种史料中皆有秦桧政权下'蠲免'各种税役负担的记录。但实际上秦桧是否曾轻减税负，仍大有问题。邓广铭在《南宋对金斗争中的几个问题》[2]中，曾举《宋史》食货志中赋税之文，称秦桧"密谕诸路，暗增民税七八"，故"民力重困，饿死者众，皆桧之为也"，指秦桧不但不曾轻减人民负担，反而加重之，批判了山内及其同性质的议论或看法。安蘓幹夫在《秦桧财政态度之考察》[3]一文中，曾列举南宋初期国库收入如下：

　　南宋初年，1000万缗弱；
　　绍兴四年，3342万余缗；
　　绍兴五年，3060万余缗；
　　绍兴七年，3667万余缗；
　　绍兴末年，6004万余缗。

绍兴共三十二年，秦桧死于绍兴二十五年，绍兴末年或即秦桧晚年。安蘓氏也对秦桧如何实施减税政策提出疑问，他指出："尽管采取了减

---

1. 山内正博：《南宋政権の推移》，《岩波講座世界歴史 第9》，岩波书店，1970年。
2. 邓广铭：《南宋对金斗争中的几个问题》，《历史研究》1963年第2期。
3. 安蘓幹夫：《秦檜の財政姿勢における考察点》，《広島経済大学研究論集》10，1974年，第79—90页。

税政策，但就整体而言，国库的收入一直都在增加。换言之，秦桧如何进行减税政策以实现其政治目标，是一项重要的问题。"（第92页）至少从数字上看来，山内所提秦桧曾实施减税措施的说法无法成立。

其次，山内将统合军事力量的问题与对金和议并论，并从财政的角度将两者统一把握，确有其独到之处。可是由此而浮现的秦桧其人，就成为得意于财政的能吏型人物；而王船山所谓"大憝元凶"，所谓"可畏之才"的秦桧，则无法由此理解。换言之，南宋政权的历史性无法因秦桧研究而鲜明呈现，将问题限定在财政的范围内，也使得南宋国家论无法展开。这又影响到北宋史与南宋史的关系，我们将无从追问：南宋政权自北宋政权所继承的特质为何？其所修正或所放弃者为何——这不只是支配领域的广狭而已？这正是我们必须将秦桧研究从人物论中带开的关键所在，而其缺失处则是今日所应继续追究者。

日本近年有关秦桧的研究成果，尚可举衣川强著《秦桧的讲和政策》[1]。该文详实地讨论了绍兴八年（1138）宋金第一次和议之前的秦桧经历，以及秦桧第一次为相时（绍兴元年八月至二年八月）的秦桧集团、第二次为相时（绍兴八年三月至二十五年十月）的秦桧集团与反秦桧系的成员。作者抛开了以往奸臣、卖国贼论的秦桧研究方式，转而关心宋代官僚社会的动态，着眼于秦桧独特的政治手法——尤其是藉由御史、谏官等心腹言官弹劾驱逐政敌等方面——成功地描画出南宋初期官僚社会的横断面。论文中制作了一系列人物表，如受秦桧推荐的官僚群以及其中支持和议之官僚群、反对的官僚，同时还以《宋元学案》《宋元学案补遗》为基础，将这些官僚所属儒学学派列出。可是这项研究除就官僚社会进行分析外，有关对抗之诸政治势力间之斗争过程或政策决定、路线选择过程，以及中兴政权的基本性格皆尽付阙如。对于秦桧"可畏之才"的动态刻画，与秦桧政治构想力等问题的考察也就无暇顾及。

衣川的论文止于绍兴八年第一次宋金和议，之后并无续篇，对于绍兴八年至十二年间如何走向第二次和议的过程、岳飞之死与收兵权

---

1. 衣川强：《秦檜の講和政策をめぐって》，《東方学報》45，1973年，第245—294页。

问题，以及绍兴十二年至二十五年秦桧专制期之概况，他持何种看法，皆无从得知。有关秦桧全貌的研究也就不够完整。

四、秦桧专制期的设定与分析角度

秦桧死于绍兴二十五年（1155）十月。死时身居左仆射（首席宰相），由于他自绍兴十年六月迁居此职后即无人任右仆射，故其专制期的终期非常清楚。至于其专制由何时开始的问题，或许是因为南宋初期政治史向来乏人关心，故从未引起注意。

秦桧曾两次出任宰执，进入权力中枢。第一次是建炎四年（1130）十月自金归国后，于次年之绍兴元年二月就任参知政事（副相），随即于同年八月改任右仆射（次相）兼知枢密院事（国防大臣）。翌年八月他因不敌吕颐浩、朱胜非之联合势力而罢任去职，有关这段时期的秦桧动向，前述之衣川论文，及本书第一部第三章第五节皆已言及。

秦桧第二次入中枢，为绍兴七年（1137）正月出任枢密使，次年三月转右仆射兼枢密使，十年六月即为左仆射兼枢密使，此后一直居斯位至死。其间并于绍兴十二年九月受封为最高位之正一品官——三公中之太师。宋人撰《宋中兴三公年表》（《二十五史补编》第六册）记其事称："桧以宰相生拜太师，此中兴以后所未有。"作者对秦桧之获此位衔表示惊异，因为依例非但武臣死后不得赠此位，文臣生前虽位居宰相亦无人受此封赠。其实这应该是宋、金共存体制确立后论功行赏的结果，因为八月间，第二次宋金和议中宋所力争的徽宗梓宫与高宗生母韦后还朝了。

绍兴十二年（1142）十一月张俊辞枢密使职，这意味着继岳飞死、韩世忠引退后，秦桧政敌中的大将势力已完全被压制住了，此后再也没有可以威胁他的对手。由此看来，或可将秦桧专制期或独裁期的开始定为绍兴十二年冬季。

此外应加以考虑者，尚有下引不寻常之事。秦桧死后半年之绍兴二十六年三月，起居郎兼权给事中吴秉信表示：现在中外之事皆由皇帝宸断，"合古便今"，全不同于秦桧专制之时。又说：

> 臣职在记注。窃见本省修注旧本，方进至绍兴八年六月，新本至十三年四月，其后久阙正官，遂至积年时事，阙然不书。欲乞自绍兴二十五年十月为始，先次修纂，庶得圣神谟训，不致少有散逸，可诏天下万世。（《要录》卷一七二，绍兴二十六年三月己巳条）

起居注乃皇帝每日言动之记录，是日历的根据，并由此编纂实录、国史、正史，是王朝历史记录的基础。负责记录的起居郎缺官不补，致无起居注之事，从中国史的常识论，厥为异常之事，这暗示自绍兴十三年（1143）起，政治不由皇帝决定，全秉秦桧之意而行。这样看来，以绍兴十二年冬定为秦桧专制时期的开始，应该是妥当的。

秦桧专制是以和议体制为其最大政治资产，将绍兴十二年冬至二十五年冬秦桧死这段期间作为秦桧专制期，称为秦桧的时代，当非过言。而若从政治上来看，所谓秦桧的时代，或许尚可包括后继政权之沈该、汤思退政权，也就是绍兴三十一年秋金军败盟、重启战端之前的时期。

秦桧时代的政治史特征究竟为何呢？绍兴七年（1137）以后，秦桧即在权力中枢扮演政治领导者的角色，发挥其影响力。这期间，他曾于绍兴八年推动和议，同时也是政治斗争中一方的领袖，绍兴十年、十一年战争期间，制定防卫性战略，策动收兵权者，当然也是他。从这样的观点来看，自绍兴十二年秋至二十五年冬的十余年时间，他又做了些什么事呢？一般而言，应是南宋王朝的中兴与重建事业吧！诸如官衙与各制度、文物的整备，大抵于绍兴末年完成，史称："定都（绍兴八年）二十年，而郊庙、官省之制亦已具备矣。""息兵（绍兴十一年）三十年。而礼乐文物亦备矣。""渡江以来，庶事草创，皆至桧而后定。"（以上皆出《要录》卷一四八，绍兴十三年二月乙酉条引《中兴圣政》《吕中大事记》）故中兴王朝的典制、器物、建筑确是在秦桧主持下整备完成。不过，这些都是行政方面的工作，与中兴政权基本政策的决行无关。除了绍兴十二年至二十年间，在统一基准下搜检全国田土、绘制图册

第十章　秦桧研究的各有关问题

的经界法（本书第十四章将讨论）外，秦桧虽于绍兴十二年后持有压倒性的政治力量，但从未施行如经界法一般行于全国的政策。欲检讨秦桧时代，这点绝不能忽略。

故在这段期间，秦桧所最着意者，乃是专制体制的构筑与保全，且以暴力彻底镇压、排除反对势力。史书记载：绍兴二十五年十月，他临死之前，尚不忘拷问赵鼎之子赵汾，计划兴狱将张浚、李光、胡寅等贤士五十三人一举成擒，只是他连在案牍上签名的力气也没有了（《宋宰辅编年录》卷一六，绍兴二十五年十月条引《遗史》）。最初他所弹压的是张浚、赵鼎等政见相左之人，随后连李光、孙近、范同等与他同任宰执，曾经帮助他的人也被排斥，及至晚年，就连他自己的追随者、服从者也都难逃罢逐，半年、数月一更换。为何会这样呢？以下各章即将就秦桧的时代，也就是绍兴十二年以后秦桧专制暴政体制如何构成，其各构成要素形成之契机、状况，并历史变动等问题，依次检讨。

如前所述，南宋政权是在金的同意与谅解下建立，任何势力若不能认可此点，即不得存在。在这层意义上，南宋政治史原本就存在着分裂、对抗的关系，而专制体制之得以再造，亦以此为基础。权力基础的狭隘性可以说是秦桧权力的特征，为补强此狭隘性之弱点，就不得不更加强其战斗性，压制他人，倾向专制。而秦桧专制的限制，当也可以从这个方面进行检讨。

以往研究秦桧，多是与岳飞相对比的人物研究，少有将其置于南宋初期政治史架构中处理者，至于绍兴十二年（1142）以后秦桧专制的问题更鲜有人关心。笔者拟将之作为南宋初期政治史之一环，分析此十数年间，具有决定性影响力的专制者及其集团，其政治手法特征，特别是秦桧所构组的政治体制及其运作概况并其限制所在。

第十一章

秦桧专制的实行过程

一、绍兴十二年、十三年的政治取向与秦桧专制的开始

绍兴十二年（1142）八月徽宗梓宫与韦太后还朝，落实了宋、金两国前一年的约定，双方建立了正式的国家关系，作为继承政权的南宋朝得以确立。为迎接这种划时代的新状态，政治上出现了两个新走向。其一，尽力策划并实现宋金和议体制的秦桧，将继续掌握政权；和议体制的持续原是秦桧个人的政治资产，结果自然会走向秦桧专制之路。其二，诸势力得以相互融合、联合，在此之前，这个问题完全不能与建立和议体制、秦桧专制等话题相提并论。和议体制成立前激烈的政治斗争，因为和议成立而有变化，各政治势力相联合，并将反秦桧势力包摄在内的可能性大增。如前所言，大家在和议问题上虽有歧见，但自张浚以至秦桧，所有的政治领袖都积极支持收兵权，所有的政治势力既然有意见一致之处，则未始不能相互联合。

政和初年与秦桧在建康同学的魏良臣[1]，于绍兴十一年七月被提拔为吏部侍郎，十三年九月他以同学之谊进言，却遭罢职。史载其事称：

> 良臣与秦桧里旧，一日言于桧曰：昨日不寐，偶思得一事，非晚郊祀，如迁客之久在遐方者，可因赦内徙，以召和气。桧曰：足下今为何官。良臣曰：备员吏部侍郎。桧曰：且管铨曹职事，不须胡思乱量。（《要录》卷一五〇，绍兴十四年九月甲子条）

当时已经预定，将自十月底至十一月冬至间举行一连串的祭祀活动，这包括将太祖、太宗以下至徽宗神御迎入新落成之景灵宫的太庙之祭，以及十一月冬至南郊合祀天地，配祀祖宗，七百七十一神从祀的祭仪。这是将高宗身为宋朝正统继承者之事，上告天地、祖宗、内外的最重要仪式。为完成祭事，徽宗梓宫不可缺，方能确保祭祀对象的连续性、

---

1. 南宋洪迈撰：《夷坚志》丁志卷一〇，建康头陀条。

第十一章　秦桧专制的实行过程

一贯性。在这样的过程中，当然要对天下有所恩赦，所以魏良臣提议将秦桧的政敌与被放逐之人，一并列为恩赦对象，借着中兴王朝最重要的喜庆仪事，"召和气"，以求政治之融洽。魏良臣的提案，被秦桧借口非其吏部侍郎职掌加以否决，他自己也因李文会的弹劾而左迁池州。不过，所谓"召和气"本身，应仍是当时重要的政治考虑与大力支持的方向。

然而事情却朝着与此相反的方向行进，异议分子与反对秦桧之人纷纷遭到肃清。出身江南又是秦桧身边有力人士所提出的政治融和策略，遭到封杀，原因之一，是高宗对这些年来士大夫间对立争论国事的情况感到厌恶。他对于中兴王朝的未来非但无积极理想，反倒摆出退缩的态势。他在绍兴十二年（1142）十月间，韦太后返国后不久，曾有下列言论：

> 上谓大臣曰：天下幸已无事，惟虑士大夫妄作议论，扰朝廷耳。治天下，当以清净为本，若各安分不扰，朕之志也。（《要录》卷一四七，绍兴十二年十月乙丑条）

此处所谓大臣，系指当时宰执群之秦桧及其心腹之参知政事万俟卨、王次翁等人，而所谓论争与政治斗争、权力斗争的中止，也就意味着要将政权全面委任秦桧。

台谏与言事官肃清执拗派和议异论者的意图，是积极推动秦桧专制的第二股力量。绍兴十二年（1142）十一月，左散郎黄达如有以下建言，两日后，他就任监察御史，负责实行自己所提的意见。

> 黄达如言：太后回銮，梓宫还阙，兹为盛事。望宣付史馆，仍令词臣作为歌诗，荐之郊庙。然后褒功罚罪，大明黜陟。将前日异论沮谋者，明正典刑，其力主和议者，重加旌赏。庶上慰徽宗、二后在天之灵，少纾太母留滞抑郁不平之气。（《要录》卷一四七，绍兴十二年十一月壬辰条）

他所要求的不单是对促成和议之人论功行赏,而且还要处分过往反对和议之人,以求上慰徽宗、二后在天之灵。他这种藉"明正典刑"以慰先帝的论调,将全面惩治反和议者之事正当化并绝对化。

于是,"明正典刑"论积极展开,成为当日之急务,这不只是以反和议者为对象,而是将所有对国政——秦桧政治有异见者皆列为处分对象。黄达如建言后十数日,右谏议大夫罗汝檝入对,又直接向高宗表示:"陛下近可臣僚之奏,以前日异论者明正典刑。此诚今日先务。"并说:"在宰执则赵鼎、王庶,在侍从则曾开、李弥逊,是四人有同心并力,鼓率其党,必欲沮是事而后已,是宜明正其罪可也。"(《要录》卷一四七,绍兴十二年十一月丙午条)

次年三月,起居舍人兼侍讲兼中书舍人程敦厚极力陈说,以皇帝已为社稷而弃前日反对和议之人,然其党仍众,分布中外,"故今朝廷一有所成,尚相与诋曰:是堕邻谋也,是非国福也。一有所作,又相与诋曰:是不节财也,是重困民力也。曾莫知悛,至于甚者,辄更肆险诐,以中伤善类,欲惑移上意"。"臣益愿陛下谨察其微,而大明赏罚焉,庶使异议绝息。"(以上引自《要录》卷一四八,绍兴十三年三月丙辰条)这不仅是将反和议者当作罪犯惩处,也意图禁绝一切有关当前政治——秦桧政治的反对言论,开启日后秦桧走向独裁、暴力暴政化之契机。罗汝檝于绍兴十年(1140)四月出任御史中丞,此与先前黄达如之擢升监察御史,皆可视为是秦桧驱使言事官、监察官的政治手法。

绍兴八年(1138)十一月,为了瓦解原本居多数的反和议阵营,中书舍人勾龙如渊进位御史中丞;绍兴十一年秋、冬的岳飞之狱,则靠着起用谏议大夫万俟卨。此后秦桧政治的权力斗争便以对反对派进行人身攻击为必要手段。这种由言事官或台谏(御史中丞、侍御史、殿中侍御史、监察大夫的台官群、给事中,谏议大夫、司谏、正言的谏官群)进行监察、弹劾,并奖励官僚间相互密告的恐怖政治,自此(绍兴十二年、十三年)成为秦桧政治的特色。之后,所谓秦桧专制,就与恣意弹劾、流放反对者的恐怖政治成为同义词,同时这也意味着监察官的全能化。至少在绍兴八年时,重用监察官的政治经营,尚被限定为是一种实现政治目的——和议——的方法，并作为少数派瓦解多数派的补强手段，有其一定的必然性与其意义。可是绍兴十二年以后，这种方式之被强化，只以贯彻专制支配为目标，完全失去了应有的政治目的，遂标识出秦桧专制的腐败性与退步性。

要言之，绍兴十二年和议体制的确立，乃是秦桧政治构想的胜利，同时也显现秦桧政治手法内含的监察、暴力性，之后直到他死，这种暴力政治皆无可抑制。南宋政权在建立之初，就已放弃融合、联合各势力的取向，在这方面，其政治权力体显较北宋政权为退步。

二、秦桧专制的形态——就吕中所论而言

以往研究秦桧者多与岳飞相对比，将其视为宋金和议的主角加以处理，所以少有就秦桧政治全面进行分析者，也不关心和议成立后的秦桧专制体制。自绍兴十二年（1142）至二十五年（1155）间的政治体制，究竟以何种结构组成？具有何种历史特征？所谓独裁、专制有何特色？以往皆未有所整理。不过，南宋中期人吕中在《皇朝中兴大事记》卷一有关秦桧死亡记事的部分，附论秦桧死后废绝其政八项的情形，倒是呈现出秦桧政治的本色。

（1）首先是以"除学官台谏"为题，说明"此革秦桧沮抑台臣之弊也"。并历述自推动和议起用勾龙如渊以来，为攻击异议人士，"台谏皆桧之私人"，伺皇帝之动息，窜逐诸贤；而今高宗亲政，台谏增员，起用陈俊卿、杜莘老等为言事官，"凛然有庆历、元祐之风，则台谏之纪纲正矣"。意味着秦桧专制体制原本端赖台谏拱卫，他死之后，陈俊卿、杜莘老等知名学者官僚既得出任台谏之职，无异是自根本上瓦解了秦桧体制的长城。

（2）其次是"严告讦罚"，吕中附注曰："此收还秦桧所排沮之人物也。"以往"桧之在位，上自执政，下至守令，非桧之亲，即桧之党也"；而今秦桧亲党——告讦者全部流放远地，被秦桧放逐之人则恢复名誉，以召和气。所谓告讦者，即举发他人，以密告求取官位，史言："秦公方斥异己，大起告讦。此其势欲杀贤者。"（《要录》卷一六三，绍兴

二十二年六月是月条）总之，秦桧全面采用密告制一事，已足以显示秦桧的政治手法乃是恐怖政治。

（3）以"严失举罚"为题，注称："此革前日荐举任官之弊也。"并谓"桧所引荐，非以亲党，则以贿赂"，指摘秦桧专制时期起用王之望、郑仲熊、徐宗说之事，严控秦桧当权时徇私举选，以及秦桧专制体制的腐败性。

（4）关于"再除给舍"，及其注言"此革前日废三省之弊也"者，必须稍作说明。秦桧死后，吴秉信始于绍兴二十六年（1156）五月除中书舍人，之前十年中书舍人从未除人，而在二十七年辛次膺受命给事中之前，给事中亦已有七年无人在位。中书舍人、给事中乃是与起草敕书直接有关的官职，秦桧专制时期，此二官职长期缺员，暗示了秦桧独裁与皇帝权力间的实际关系，秦桧的专制使皇帝的制敕权形同虚设。故"讲和之后，用事者专任私意，废弃成法，诏旨重颁，敕札随降，但书押已行之事。故舍人不除者十年，给事中不除者七年，甚非祖宗分省设官之意。自上亲政，复命令经两省之制，复给舍分审制敕之法，而三省之纪纲正矣"。

（5）又称："彗星见，诏求言。日食、风雷、雨雪、久雨（以下缺文）"，一扫"曩时彗星见，康与之以为不足畏，雪亦贺，日食亦贺"的"谄谀之弊"，以指斥秦桧之时压抑言论、政治批判的作风，也显示传统天变地异之际的政治批判已又恢复。

（6）以"严赃吏法"为题，注称："此惩前日贪赃之弊。贪相开贿赂之门，监司郡守到阙动以数万贯；腊月生朝（桧之生日），州县送物献寿，岁数十万。由是赃吏肆行，百姓愈困。"这是藉秦桧假羡余之名遂私意侵夺之事，揭发秦桧权力的腐败性。

（7）"科举直言"，吕中注称："此惩秦桧子孙、馆客并取巍科之弊也。法之至公者莫如选士，名器之至重者莫如科举。曩时有司以国家名器，为取媚权臣之具。高宗所以求直亮、鲠切之言也。"这批判了绍兴二十四年（1154）科考时秦桧亲党子弟不识文字、乳臭未干者亦可及第之事，直斥科举制的腐败。

（8）最后是"严内侍罚"，"自古权奸用事，未尝不与内侍交通者,（中略）桧踵其（蔡京、王黼、童贯、梁师成）迹，交通内侍，阴结王继先，

第十一章　秦桧专制的实行过程　　257

阖上微旨，以为固位之资"。秦桧与宦官张去为、侍医王继先、皇后吴氏等相交结——吴皇后、王继先、秦桧三者藉姻戚关系结为一体——而得以掌握皇帝周边，这种借着皇帝周边为媒介，以统御皇帝意思的做法，也正是秦桧政治的最大特色，皇帝周边遂成为秦桧专制统治的重要支柱。

　　以上即是根据吕中的整理，检视秦桧专制体制的各方面。据吕中所论，自绍兴十二年（1142）开始，至绍兴二十五年（1155）秦桧死而告终的秦桧专制，可归结如下：（一）其权力编组以言事官为中心（第一项），并掌握了皇帝周边人士（第八项）；（二）其政治手法即奖励密告（第二项），实行恐怖政治，控制言论（第五项）；（三）其专制之腐败性表现在科举（第七项）、任官（第三项）以及非法征敛财货（第六项）等事项上；（四）内外官多有缺员，中书舍人、给事中均不除人（第四项），破坏了宋朝传统的官僚体制。

　　吕中所论，几乎网罗了秦桧专制的各方面，对于秦桧专制形态的分析，基本上已曲尽其事。但是我们必须指出，他的观察角度，与秦桧死后活跃于绍兴末年的陈俊卿与辛次膺同一立场，同时缺乏历史性。据笔者看来，他所说的八项几乎都是秦桧晚年，也就是绍兴二十年代的事情，自绍兴十二年开始的问题全貌并未由此呈现。因此，在吕中整理之外，从历史年代来追踪、检讨秦桧权力、秦桧专制的进行过程，并设定其阶段，仍为今日必要的课题。亦即必须在吕中平面式的整理上，加入时间之流，再予重组，并藉此究明南宋初期政治史，特别是绍兴十二年以后的政治动态——政治过程。

三、秦桧专制的各阶段

　　绍兴十二年（1142）秋，韦太后还朝，曾尽力于缔结和议的秦桧声望高涨。同时自同年冬开始，要求处分反和议论者的声浪突然间成为"今日之急务"的最优先政治课题，并扩大为封杀一切反秦桧言论的要求。由于高宗不希望再见到数年前士大夫对立的政争复活，秦桧政权遂得安然无恙。绍兴十三年九月魏良臣请召和气的建议，与反秦桧势力和解的呼吁既未见采纳，秦桧专制体制"绝对集权化"[1]、暴政化的局势遂迅速地形成。

不过，我们很难说，绍兴十四年（1144）时专制体制已然确立。自绍兴十一年冬岳飞之狱后即以秦桧心腹活跃于朝廷上，出任副宰相参知政事的万俟卨，于绍兴十四年二月罢职，其罢职理由之一，即惹恼秦桧——"先是，卨使金还。太师秦桧假金人誉己数十言，嘱卨奏于上，卨不可。"（《要录》卷一五一，绍兴十四年二月丙午条）据说，金人曾指示不得更易秦桧宰相之位，并令其杀岳飞，然所谓金人指示或许只是秦桧假托。这也是秦桧政治手法的典型例子，即藉操作情报以保全自己的地位。这也可以看出，秦桧如何将有利于己的情报流入主上高宗的耳中。这是他还未登上专制者（tyrant）宝座前的情况。

根据前述吕中之言，秦桧体制的支柱之一，乃是捍卫秦桧权力的台谏群，另一项则是其所交结的内侍。为了对秦桧专制体制作历史性的掌握，必须先了解这两者分别在何时出现，又若二者的综合乃是秦桧专制的完成，则此又发生于何时。秦桧专制体制之得以完成，乃是秦桧单独为相十数年间各项活动相辅相成的结果，要将这些活动予以区划，找出阶段性，并非易事。不过，根据吕中的整理，以及笔者个人的看法，吕中提出的第一项，即以言事官为中心的官僚统制方式，约在绍兴十四、十五年形成，第二项藉掌握皇帝周边以控御皇帝的做法则在绍兴十八年（1148）时落实，综合两者以确定绝对专制体制，应是绍兴二十年左右的事。

简单说来，秦桧专制有其阶段性，秦桧之得以在绍兴二十年代前半期成为专制者，就是因为经过了这样的阶段。以下即勾画其相关历史事件。

（一）绍兴十四年时期——宰执制的空洞化

将分期定在绍兴十四、十五年，是因为秦桧专制的特征之一，正形成于此时。原本他是左仆射（宰相），应与参知政事（副宰相）、枢

---

[1]. 参见猪木正道：《独裁の政治過程》，《独裁の政治思想》，创文社，1961年，第255页"Monolith"之译语。又所谓"绝对集权化"即由单一统治者所行之暴政（Tyranny或Despotie）。

第十一章　秦桧专制的实行过程

密使或知枢密院事、签书枢密院事（国防大臣）共为宰执，一起决定政策以及重要官僚之人事，如今他超越了一切，掌握了全权，全然无视于宰执间藉协议、合议以调整政策的固有机能。吕中故谓："而政府之权在桧矣"（《要录》卷一五二，绍兴十四年十二月丁酉条引《吕中大事记》），执政"不使预事，备员、书姓名而已"（同前）：

> 桧两居相位，凡十九年。每荐执政，必选世无名誉，柔佞易制者，不使干与政事，备员而已。百官不敢谒政府，州县亦不敢通书问。（以下，列举自孙近至郑仲熊等众大臣）皆不一年或半年，诬以罪罢之，尚疑复用，多使居千里外州军，且使人伺察之。是时得两府者，不以为荣。（《会编》卷二二〇，绍兴二十五年十月二十二日秦桧薨之记事引《遗史》）

同时，他以台谏等言官监视控制执政们，因此必以心腹充任，如绍兴十四年（1144）九月记事称："时，秦桧用事久，职台谏者皆其耳目，每荐进必先谕以己意。"（《宋宰辅编年录》卷一六，绍兴二十五年十月秦桧致仕条）

值得注目的是，至绍兴十四年时，执政因受言官弹劾、罢免后，其空缺往往由提出弹劾的言官继任，而弹劾者本人又多在半年至一年以后，受到新任言官的攻击而再去职。自绍兴十二年八月（秋）至二十五年十月（冬），出任大臣之职者共计二十二名，其中九名出身言官（御史中丞八、谏议大夫一），余出身翰林学者四，吏部侍郎、礼部侍郎者各二，即以出身言官且出身御史中丞者为最多。这当然是因为已有一固定模式形成，也就是由御史中丞弹劾执政大臣，再由该御史中丞升进继承被弹劾者之位，而其未几即又遭新任御史中丞弹劾去职。此一模式正始自绍兴十四年。

《要录》卷一五一绍兴十四年五月甲子条记："资政殿学士、签书枢密院事兼权参知政事楼炤罢。御史中丞李文会、谏议大夫詹大方论。"五月乙丑条又记："是日，拜文会端明殿学士、签书枢密院事兼参知政事。自是，执政免即以言者代之。"后者并附《吕中大事记》注称：

> 自如渊擢中丞，而巫伋、郑仲熊、李文会之徒，除授悉由密启。欲窜逐诸贤，则使之露章而论其罪。欲斥去执政，则使之弹击而补其阙。而台谏之权，在桧矣。

半年之后，即绍兴十四年（1144）十二月，李文会又受到御史中丞杨愿、殿中侍御史汪勃、右正言何若等人之弹劾（《要录》卷一五二，绍兴十四年十二月丁酉条），三日后"御史中丞兼侍讲杨愿充端明殿学士、签书枢密院事"（《要录》卷一五二，绍兴十四年十二月庚子条）。早在绍兴八年冬强行推动和议之时，秦桧就曾起用勾龙如渊为御史中丞，以压倒性的优势瓦解了反对的势力。当时尚未完全成熟的此一方式设计，到了绍兴十四年时终告完成；而在其完结的同时，也只凸显出秦桧一人的地位，其余的同辈执政大臣均成为无意义的存在。所以绍兴十四年被视为秦桧专制的重要阶段之一。

将绍兴十四、十五年作为秦桧官僚统制——专制的分期，也缘于其时在思想、言论控制方面愈发地强化。他开始对赵鼎、李光等昔日对手再施重压，此时所用的告讦制，是必须注意的焦点。

绍兴十四年四月，"秦桧奏乞禁野史。上曰：此尤为害事"（《要录》卷一五一，绍兴十四年四月丁亥条）。这是绍兴十九年十二月"禁绝私史"的前奏（《要录》卷一六〇，绍兴十九年十二月壬子条）。亲身经历过靖康之变后各项政治变动的士大夫们，通过记录的方式对秦桧展开政治批判，而利用国家权力去压抑这种活动，根本就是明目张胆的言论与思想控制。绍兴十四年九月、十一月，秦桧的政敌赵鼎、李光分别被移送海南岛的吉阳军与琼州。一向被认为是秦桧死敌的岳飞后代，反而比较受到照顾，据称："秦桧既杀岳氏父子，其子若孙皆徙重湖、闽、岭。日赈钱米，以活其命。"（《玉照新志》卷五）

不过，他在压制赵鼎、李光、张浚、王庶、吕颐浩等文官系政敌时，手段绝不稍有轻缓，就连其次代子弟也不放过，必至一家残破而后止。绍兴十四年时，赵鼎由潮州移吉阳军，"上曰：可迁之远地，使其门生、故吏知不复用，庶无窥伺之谋"（《要录》卷一五二，绍兴十四年九月辛未条）。

第十一章　秦桧专制的实行过程

绍兴十四年十一月李光自藤州转配琼州，御史中丞杨愿奏称："比年以来，犹令子弟亲戚往来吴越，教人上书，必欲动摇国论而后已。若非明正其罪，恐海内之患有不胜言。"（《要录》卷一五二，绍兴十四年十一月癸酉条）潮州（广南东路）与藤州（广南西路）都已经是僻远之地，却还要将二人移往海南岛，以完全断绝他们与其他人的来往，这已说明秦桧所恐惧的究竟是什么。这是对秦桧政敌领袖所下的死刑宣告，并藉以威吓其追随者或其同伴。

至于在李光的问题上，则是利用密告的方式，"先是，知藤州周某者，诱光倡和。其间言及秦桧和议，有讽刺者，积得数篇，密献于桧。桧怒，令言者论之"（《要录》卷一五二，绍兴十四年十一月癸酉条）。此外，绍兴十七年（1147）时，秦桧因怀恨吕颐浩之旧事，将其子吕摭自台州流放梧州（广西），而致一家残破，也是以密告为手段（《要录》卷一五六）。

自绍兴十四年起，秦桧对思想、言论的统制趋于严格，他采用密告制、告讦制"再窜"政敌的手段，更加强了秦桧政治的暴力性与恐怖性。

（二）绍兴十八年时期——掌握皇帝周边人士

其次，将就秦桧专制进行过程中另一分期之绍兴十八年（1148）进行检讨。

如果说绍兴十四年乃是驱策言官以掌控宰执——官僚集团最上层，则绍兴十八年就可定位为是对皇帝周边人士的掌握了。《会编》卷二三〇绍兴三十一年八月十一日"继先依旧致仕"条引《中兴遗史》谓："大抵，上以国事委之（秦）桧，以家事委之（张）去为，以一身委之（王）继先。"张去为是宦官，"去为与秦桧、王继先俱用事，升延福宫使，累迁至入内内侍省都知，恃恩干外朝谋议"（《宋史》卷四六九《宦者传》）。据《宋史》卷一六六《职官志》所言"入内省尤为亲近"之语，所谓入内内侍省者，当是以皇帝最亲近的宦官头子身份大张权势之人。

其实这位张去为远不及王继先。前引《中兴遗史》言道："绍兴中，（王继先）富与贵冠绝人臣。诸路大帅承顺下风，莫敢忤。其权势之盛与秦桧相埒，张去为以下尤不足道。而通关节，肆诛求，强夺妇女，侵渔财利，则桧所未尝为也。"从这些记述可以看到，宰相、宦官、侍医相互勾结，占据皇帝周边后，随意操弄帝意、恣意弄权的情况。

居于此顶点的秦桧与王继先，又于绍兴十八年时，因着王继先与秦桧之妻王氏结为义兄妹的关系相联合。秦桧在绍兴十二、十三年时，拒绝与士人势力相融合，之后数年，他却与皇帝周边人士结为一体。这是秦桧权力的新开展，却也是其变质腐烂的开端。绍兴十八年三月，"时（王）安道之父继先有宠。秦桧使其夫人王氏与之叙拜为兄弟，往来甚密"（《要录》卷一五七，绍兴十八年三月甲申条）。

至于居处皇帝周边的另一环节，也就是与皇后吴氏的姻戚关系，至迟在绍兴二十二年（1152）时也已形成。绍兴二十二年十二月，秦桧子女得到加恩，"（秦桧）孙女夫将仕郎吴益为右承务郎"（《要录》卷一六三，绍兴十二年十二月丙戌条）。吴益是皇后吴氏之弟，这件记事说明秦桧之子熺的女儿嫁他为妻。这桩婚事成于何时无法推考，不过应该是距此时不远。

皇后吴氏与吴益的父亲吴近乃是开封的珠宝商。吴近之女吴氏于绍兴十二年（1142）四月封为贵妃，十三年闰四月立为皇后。吴氏进封贵妃之际，曾有推恩，王继先因而受封为凤宁军永宣使，妻郭氏封郡夫人。如此看来，绍兴十三年时，侍医王继先与珠宝商吴近已有姻戚关系，绍兴十八年秦桧妻王氏与王继先结为义兄妹，秦桧、秦妻王氏、王继先、皇后吴氏就都成了姻戚。总之，秦桧不但与当时皇帝身边最有影响力的王继先结成义兄弟，也与皇后吴氏结有姻戚关系，又与中官首领张去为合作，成功地掌控了皇帝的周边。这表示秦桧的专制基础在皇帝权，以及为了支配皇帝的意思，他用了怎样的手法。而这也显示绍兴十八年确为秦桧专制的重要分期。

关于掌握皇帝周边一事，尚有绍兴十七年的《要录》记事值得注意：

右正言巫伋兼崇政殿说书。自秦熺兼侍读，每除言路，必与经筵。朝廷动息，台谏常与之相表里焉。（《要录》卷一五六，绍兴十七年四月辛丑条）

第十一章　秦桧专制的实行过程

秦桧之子秦熺于绍兴十五年（1145）十月兼侍读以后，言官即出入经筵——皇帝讲学之所，与护卫秦桧权力的台谏一起监视皇帝的动静。吕中对此曾有解说："人君起居动息之地，曰内朝，曰外朝，曰经筵三者而已。执政、侍从、台谏皆用私人，则有以弥缝于外朝矣。又阴结内侍及医师王继先，阐微旨于内朝矣。独经筵之地乃人主亲近儒生之时，桧虑其有所浸润，于是以熺侍读，又以巫伋为说书，除言路者必预经筵，以察人主之动息，讲官之进说。"（《要录》卷一五六，绍兴十七年四月辛丑条引《吕中大事记》）这让我们认识到，秦桧已将监视范围扩及皇帝周边，甚至包括皇帝知性生活圈的讲学之所。

（三）绍兴二十年时期——江南枢要地区的统治

从历史的发展来看，所谓秦桧专制，乃是逐步形成的。先是他超越了宰执群，由言官支配中央官僚机构；接着，他又联络内廷宠臣与皇后，与他们建立姻戚关系，掌握皇帝周边——统制皇帝的意思。此一综合体制，固已足以显示秦桧权力的专制相貌，唯紧接其后的，尚有绍兴二十年（1150）的第三阶段。当然，这与其他两个阶段同在一连续过程中，难以明确地划分时期，只有大致整理如下。

第三阶段的要点，既在于秦桧专制的更加腐败化，也在于私的关系、私的权益向公权或整体渗透，亦在于秦桧的亲友以权势为背景，对江南枢要地区——也是富裕之地——进行彻底的支配与掠夺。

掌握国家财政营运的最高负责人、户部侍郎李椿年于绍兴十九年（1149）十一月突然下台；有能吏之名，又被视为秦桧庄客的徐宗说，与秦桧子妇兄长曹泳分别受命的局面，已可说明当时大势之所趋。李椿年一手草创经界法，并付诸实施，他将原本混乱的版籍整顿妥当，矫正国家税役收取之弊，力求负担的公平化，具有整体的公平性。李椿年毫无理由地被罢免，取而代之负责国家财政营运者，则是以权势为背景，恣意于私利之辈。这样一来，这不仅是专制走向腐败的开始，也显示专制的内在起了变化。

这种因私权性浸润以致公权性、全体性崩坏的现象，首先表露在江南枢要、富裕地区的长官人事上。秦桧既拒绝与异议论者联合，当然得不到士大夫们的协助，只有由亲友中补充所需人员。其兄秦梓曾为金安节、辛次膺等道义派官僚评为"人品凡下"（《要录》卷一一七），却历仕台州、太平州、常州、湖州、道州等地知州，于绍兴十六年二月亡故。弟秦棣历任明州、宣州知州，死于绍兴十八年（1148）二月。《夷坚志》乙志卷一六"何村公案"记其曾以权势并非法暴力害死当地从事酿酒业的土豪。秦桧妻王氏一党的王鈇乃财政官僚，他曾任户部侍郎，又知湖州、知广州，卒于绍兴九年六月。秦桧妻兄王㬇亦为一能吏，曾任知泰州、淮东转运副使、知临安府、工部侍郎、知平江府等要职，亦死于绍兴十七年八月。这些人都是秦桧体制下第一代的亲戚。他们与秦桧有姻戚关系，但也都是能处理实务的能吏。

继之而起的第二代，只能靠秦桧权势出任地方长官。一般而言，他们都有掊克、贪酷、聚敛、贪财之名，是秦桧暴政的尖兵分子。下表即为其主要成员之职历。史料则出自《要录》《续鉴》《纲目》《南宋制抚年表》，及有关之宋元地方志。

表3　秦桧系地方长官主要成员职历

人　名	职　　历	与秦桧的关系
徐　琛	知平江府（绍兴二十年五月至二十三年五月）	桧妻王氏之甥
王　会	兵部侍郎（绍兴十九年十二月，二十年十二月至二十一年四月）、知湖州（绍兴二十一年四月至二十五年四月）、兵部侍郎（绍兴二十五年七月）、知建康府（绍兴二十五年十月）	桧妻王氏之兄、王㬇之弟
王　晌	知平江府（绍兴十九年三月至十九年七月）、知建康府（绍兴十九年七月至二十二年二月）、知宣州（绍兴二十二年二月）、知太平州（？至绍兴二十五年十一月）	桧妻之弟
王　曬	起居舍人（绍兴二十年三月）、礼部侍郎（绍兴二十一年四月）、知衢州（绍兴二十一年八月至二十四年六月）	王㬇之从弟
曹　泳	两浙转运判官（绍兴十七年十一月）、知明州（绍兴二十年四月）、知绍兴府（绍兴二十二年三月至二十三年九月）、户部侍郎兼知临安府（绍兴二十三年九月至二十五年十月）	秦熺之妇兄
李　璆	知成都府（绍兴十三年九月至二十一年五月）	桧之姻亲

第十一章　秦桧专制的实行过程

我们可以明显地看出，其中除了成都府知府李璆在绍兴二十年代以前即已长久在任外，江南——两浙路、江南东路——的首长多是于二十年左右开始起用的秦桧亲友。之后，王晓（温州）、王历（抚州）、王輵（秀州）、王著（温州）、王晌（吉州）、王伯庠等也相继恣意支配地方。在前述众人中，以王会的特权性格最强。《要录》卷一六〇绍兴十九年十二月壬子条的记事与《纲目》卷一一绍兴二十年十二月的记事，差了一年时间，后者在"冬十二月，以王会权兵部侍郎"条下注称：

> 会，秦桧妻之弟也。桧执国柄，厚其宗族与妻党，然未尝自进拟除命，惟时时升迁王继先父子，及吴益、吴盖。自是继先尝延誉诸王，而中宫亦时时为之陈请。故王氏入宫，中宫问：会除侍从未。王氏曰：秦桧以亲戚之故，不敢进拟。中宫默然，退白于上，故有是除。

据此，秦桧就以其本人回避亲友人事，却常予王继先及吴氏兄弟升进机会，交换到以王会出任兵部侍郎的机会，故秦桧、王继先、吴后等之联手左右人事，实无可置疑。秦桧死后半年，绍兴二十六年（1156）六月，秘书省校书郎黄中的上奏文有云："自顷大臣（秦桧）用事，屏弃忠良，私昵憸人，布在群县，不复以民为意。"（《要录》卷一七三，绍兴二十六年六月甲戌条）这群亲友"专恃权势，肆为贪酷"（《要录》卷一七〇，绍兴二十五年十二月乙未条记王会事），分占临安（杭州）、平江、绍兴、建康、湖州、明州等南宋政权基本地域，也是最枢要、最富裕地方的首长之职，几乎都始自绍兴二十年左右。在这些地方起用私昵之人，任他们非法、无法甚或超法地在地方征敛，展现出秦桧专制体制的腐败性。

绍兴二十年（1150）正月四日，秦桧在入朝途中遭到暗杀。犯人是近卫军殿前司后军将校，目的在要求改善军人待遇。这次事件发生后，秦桧外出之际都有五十人的护卫团相从，不但想要会见秦桧绝无可能，就连处理政事，他也只许亲信参与，史书乃称此为密室政治（《宋宰辅编年录》卷一六，绍兴二十五年十月秦桧致仕条引《遗史》）。

宋代历史上无例可比的宰相暗杀未遂事件，其实是一象征，表现了施行恐怖政治、密室政治，彻底与舆论绝缘的秦桧权力、秦桧专制之实相。秦桧专制在历经超越百官统制，并掌握皇帝周边以支配皇帝意志等阶段后，已然失去其政治目的，同时也不再有具规制力量的对抗性政治势力存在，这次事件其实象征着秦桧权力已到达暴政的阶段。

第十二章

秦桧专制体制的构造

前文已就绍兴十一年（1141）和议以后秦桧专制之一般特征、变迁过程加以介绍，以下拟将秦桧政权的成员，区分为宰执群、侍从人员、皇帝周边人员以及秦氏、王氏亲属，再就其各项特征，及其在秦桧专制体制中所扮演的角色与所能发挥的意义，作进一步的分析，以勾勒出秦桧专制的组织架构特色。

一、宰执（大臣）[1]

秦桧为江南东路建康府人，其父秦敏学任官仅至信州玉山县、静江府古县知县等地方官。秦桧死时（绍兴二十五年十月丙申），则已官居太师、尚书左仆射、同中书门下平章事、兼枢密使、益国公。在这一连串头衔中，太师、益国公并非实职，实任者为尚书左仆射（首席宰相）与兼官之枢密使（国防大臣）。总之，秦桧也不过是最高官僚群——宰执中的一人而已。

可是，自绍兴十二年（1142）至二十五年（1155）间，前后宰执虽多达二十四名，秦桧却都只是他们形式上的同辈；事实上，他远在他们之上，在南宋人的眼中，秦桧之外的宰执不过是"奴隶"罢了（王明清撰：《挥麈录》后录卷七）。相对于其他的宰执，秦桧才是支配者。秦桧何以能超越官制上的同辈，成为独裁者，又何以能在其同辈源源补充之后，仍一直维持其超越的优势？换言之，以秦桧为独裁者的宰执制[2]为什么不会被否定，被废弃？——事实上，宰执制早已没有意义了。

---

1. 南宋时代通称尚书左右仆射、同中书门下平章事为宰相，参知政事及枢密使、枢密副使、知枢密院事、同知枢密院事、签书枢密院事、同签书枢密院事为执政。故可并称宰相与执政为宰执，至于大臣则非官制上的用语。清万斯同编《宋大臣年表》将宰执等同于大臣，佐伯富编《宋代文集索引》（1970年）、《宋史职官志索引》（1974年）中"大臣"的用例却相当少。大概大臣乃是俗称，至于宰相或首相的用法则已为一般人所接受。
2. 宋代为皇帝专制体制，就国家体制上而言，只有皇帝才能作出政治决定，个别官僚亦皆直属于皇帝统辖。可是史书既称"大抵（皇帝之）独断当以兼听为先"（《宋史》卷四〇六《崔与之传》），则君主在自己独断之先，当然必须先询访臣下，垂听臣僚之启奏、百官之合议。故有皇帝参与之"朝议"、宰相主持之"廷议"、百官会商之"朝堂集议"等最高官僚群或各机关内部之会议，再据其所得结论，向皇帝提出建议。在各会议中，宰执往往居（转下页）

第十二章　秦桧专制体制的构造

以下即根据此问题观点，分析秦桧专制下的宰执。

本书第十一章第三节（一）宰执制的空洞化，已就秦桧之所以较其他宰执突出，及其如何进行支配等问题作了概括性的讨论。秦桧从未自己直接攻击其他执政，而是让其属下的台谏等言官提出弹劾，再由弹劾者继承被弹劾者的宰执之位，同样的过程在一年之中反复进行，乃形成模式。而这样的模式大致在绍兴十四年时完成。

宋人徐自明所编的《宋宰辅编年录》卷十六，在绍兴二十五年十月秦桧致仕（死亡）项下记道："桧为左仆射（十一年六月），不除右仆射。应执政升迁，皆桧一力成就之。既为执政，亦不久，必斥去。皆是台官承桧指意，方敢上章疏。第一章带职官祠，数日间，再一章落职。例皆如此。故得执政者，亦自以为不久必去，莫不束装以待。"从这段文字可以了解，秦桧已经完全掌握了宰执的人事。而在这种人事统制方式下，为秦桧所编组、运用的宰执们，最后出现下述的状况：

> 桧薨，年六十六。桧两居相位，凡十九年。每荐执政，必选世无名誉，柔佞易制者，不使干与政事，备员而已。百官不敢谒政府，州县亦不敢通书问。若孙近、韩肖胄、楼炤、王次翁、范同、万俟卨、程克俊、李文会、杨愿、李若谷、何若、段拂、汪勃、詹大方、余尧弼、巫伋、章夏、宋朴、史才、魏师逊、施钜、郑仲熊等，皆不一年，或半年，诬以罪罢之。尚疑复用，多使居千里外州军，且使人伺察之。是时得两府者，不以为荣。（《会编》卷二二〇，绍兴二十五年十月二十二日条引《遗史》）

> 秦得志之后，有名望士大夫悉屏之远方。凡龌龊委靡不振之徒，一言契合，自小官一二年即登政府。仍止除一厅，循故事伴拜之制，伴职充位而已。盖循旧制，二府一员伴拜，

（接上页）指导地位，"事干国体，则宰相执政官合奏"（《宋史》卷一六二《职官志二》），即在国家重要问题上，宰执间必须达成一致的合议结论。总之，所谓宰执制，即是宰执间经由协议后，将其所得结论上奏之职务形态。又可参照杨树藩：《宋代中央政治制度》第二章《政务机关》第七节《议事》，台湾商务印书馆，1977年，第161—177页。

不可阙也。稍出一语，斥而去之，不异奴隶。皆褫其职名，
恩数奏荐，俱不放行，犹庶官云。(《挥麈录》后录七）

在秦桧专制下，宰执不能对政治决定有任何意见，不过是"备员"而已，故只是"伴食"大臣，完全无异于"奴隶"。

于是，秦桧破坏了宰执成员之间因同僚关系与运作形态而有的合议制，也就是不让宰执成员参与政治决策，结果造成了只有少数几位侧近人士得被咨询的密室政治、侧近政治。绍兴二十年（1150）正月发生暗杀事件后，"士大夫赴阙求见桧者，皆不见之，以防刺客"(《宋宰辅编年录》卷十六）。这时秦桧的健康也出了问题，故绍兴二十年以后，"秦桧以病在告，独签书枢密院巫伋一人"（同前）。"秦桧病不出，唯日与曹泳议事。"（同前）不过，在绍兴二十年以前这种情况也不是不曾发生过，例如"故杨愿未为执政时，士大夫号其为内简牌，言愿传桧旨意为多也"(同前）。杨愿于绍兴十四年十二月就任签书枢密院事，故前述情况当自十四年以前已有所见。总之，秦桧专制制造出传达秦桧意向的传声筒，以及少数可参与政治决定的侧近，并摧毁了宰执之间的同僚性、合议性。

这样的宰执制度自然不再有任何意义，只剩下一副空架子，国家政策的营运也就发生种种问题。正如前面所引《中兴遗史》之言："百官不敢谒政府，州县亦不敢通书问。"百官与宰执（中央政府）、州县与中央政府之间的情报传达、交换关系因此中断。"时秦桧用事久，监司、郡守以事达朝廷者，止申尚书省取指挥。"(《要录》卷一六七，绍兴二十四年七月壬申条）本来上奏皇帝、应得皇帝裁可的待决案件，只送到尚书省，由尚书省（秦桧的官衔为左仆射，即尚书省长官）指示，也就是根据秦桧的意思来处理。

其次，在法律方面，尤其是刑法的运用上，也有浓厚的越法性与恣意性，所谓："秦桧柄任之久，法寺禁系公事，并不遵用法律，唯视桧一时之私意。死则死之，生则生之，笞杖徒流，一切希望风旨。故桧权益重，势益盛，天下之人，益畏而忌之。"(《宋宰辅编年录》卷一六，绍兴二十五年十月条引《遗史》）这也可以说是作为最高统治集

第十二章 秦桧专制体制的构造

团的宰执间丧失同侪性、合议关系的具体例证。

然而秦桧在自己亦为宰执一员的情况下，一面使宰执制无意义化、形骸化，却又不完全破坏，不断进用"伴食"、"奴隶"式的官僚为宰执，其理由到底何在呢？这必须与给事中、中书舍人长期缺员的问题一并考虑。

所谓秦桧专制，事实上是只有秦桧这位宰相，透过尚书省、尚书六部（吏、户、礼、兵、刑、工各部）的实务官僚群与地方的监司、郡守，支配全国，宰执并不是必要的构成分子。这样一来，问题就变成"奴隶"执政的存置根据何在。这里并不准备全面性地解答这个问题。唯就笔者看来，这与科举官僚的基本性格有关，秦桧虽可使之无意义化，却无法将之废绝。

前面已然讨论过，科举制"亦所以收天下豪杰之心。苟无科举以取之，学校以养之，则士之不知爱重者，不入于敌（金），则入于盗"（《要录》卷一四八，绍兴十三年二月己卯条引《（何俌）龟鉴》）。北宋崩溃后，南宋得以重建的最大根据，就是因为士人层仍信赖宋朝，而这几乎与信任科举制同义。作为国家统合基本方式的科举制全然不曾动摇，秦桧自己固然十分嚣张地任凭亲缘子弟大量登第，却也不会想要否定科举制度本身，或有所变更。只要科举制（依个人能力考试选拔的制度）继续存在，就不能废毁科举官僚中位阶最高的宰相、执政之职。科举官僚所追求的最终目标就是宰执之位，即令是秦桧也不可能放弃这个职位。

然而若直接观察秦桧专制下的宰执群，则其原来的职务虽然已无意义化，但若转就其他方面来看，却仍发挥了一定的作用。若从宰执与其出身地域的关联性[1]来看，即非常地明显。已知的例子有参知政事李光，他在中央政府时，如何维护家乡会稽府（越州）的利益，前文已有述及，并且屡次提及他与吴越人士来往。又如宰相张浚，也有类似的现象："（张浚）初到阙时，荐引蜀士。"（《宋宰辅编年录》卷一七）"自张浚罢黜，蜀中士大夫皆不自安。"（《要录》卷一一五，绍兴七年十月

---

[1] 科举制使天下各地人民皆心向中央政府，详见加藤繁：《科举の政治的意義》，《支那学雑草》，生活社，1944年。

庚子条）宰执绝不可能与其出身地的士大夫毫无瓜葛。因此，秦桧底下宰执群是由哪一地方包揽到何种程度，其实关系着秦桧专制下的南宋政权得到哪一地域支持的课题。

根据清人万斯同所作之《宋大臣年表》（收入《二十二史补编》），绍兴九年（1139）至二十五年（1155）之十七年间——这期间为秦桧独相——参知政事、枢密使、枢密副使、知枢密院事、签书枢密院事等执政合计三十二名。其中除军人三名（韩世忠、张俊、岳飞）、因奉使金朝而得任者二名（韩肖胄、王伦）、任命而不及就任者一名（秦熺）等，尚余二十六名。

这二十六名中两浙路出身者九名：

孙近（常州）　　　施钜（湖州）
李光（绍兴府）　　何铸（临安府）
史才（明州）　　　汤思退（处州）
楼炤（婺州后迁明州）　詹大方（严州）
郑仲熊（衢州）

又有十名出身江南东路：

范同、段拂、何若、巫伋、魏师逊（建康府）
章夏（宣州）　　　宋朴（太平州）
程克俊（饶州）　　余尧弼（信州）
汪勃（徽州）

此外，出身江北、华北、中原者四名：

孟忠厚（外戚、洛州）　王次翁（济南）
万俟卨（开封）　　　　杨愿（淮东）

第十二章　秦桧专制体制的构造

其他三名为：

李文会（福建·泉州）　　　　董德元（江西·吉州）
李若谷（广西·藤州）

对秦桧而言，除了绍兴八年（1138）时为了和议应付世论而任命的参知政事李光，十年时为挽回自己政治生命而引进的王次翁，十一年时收兵权与岳飞之狱的中心人物范同与万俟卨，其他全是'伴食'大臣。值得注意的是，二十六名伴食大臣中，有十九名出身两浙路、江南东路，其他各路出身的人数都很少，至于四川人士则根本没有。等到秦桧去世、高宗退位、孝宗登基，才在四川出身的宰相张浚领导下，衍生出四川、福建系联合势力占据宰执层的生态局面，不过这必须被理解成是为反秦桧体制而有的逆转现象。

在秦桧眼中，所谓执政者，只是选拔一些非名门出身、容易控御的柔佞之人为伴食大臣，并无实用。可是在另一方面，科举官僚制又有联系地方人心的作用，正如张浚任、罢之时所发生的连锁现象——宰执的任、免，会连带引发其出身地士人的期待与不安。从这一点来看，秦桧专制的执政群以两浙、江东系出身者居压倒性多数的事实，不也就显示出秦桧专制下的南宋政权是以那一块地域为其基础地盘了吗？

这也与绍兴十二年（1142）至十九年间，经界法实施重点地域落在两浙路、江南东路的事实恰相符合。秦桧专制期间，给事中、中书舍人并未长时期专任某人，其职务本身也不曾受到肯定，可是尽管如此，执政在实质上不断地无意义化，却又不断以两浙、江东系士人补任的做法，正是因为这两处既是南宋当时直接支配的领域，也是基本的地盘。

其次，从前述宰执名单来看，其人物选择范围相当狭窄。秦桧拒绝与所有的敌对势力融和或联合，所以只有起用容易驾驭的人物，执政也就少有出身名门者，更无法将江南社会有力之士一概网罗在内。李光是越州士人的代表人物，却被他视为终生的政敌，拼命地加以打击，以致家破人亡。秦桧出身的建康府虽有五人出任执政，内中范同、段拂、何若、巫伋等四名，其实是北宋末年政和年间他在建康府学的同学，至于当地的名望之家并未见用。于是，尽管以两浙、江东为基本地域，尽管必须得到彼等对政权的支持，秦桧权力的片面恣意性与超越性仍由此狭隘性展露无遗。正如终章所将指出者，秦桧死后，继承秦桧路线——对金均衡共存路线，并对秦桧体制加以修正者，乃是在江南当地拥有强力支持势力的汤思退、沈该等人，他们之所以仍能维持政权数年，其缘由亦由此可见。

秦桧无视于同僚关系、合议制的宰执操控方针，与其限定执政出身江南、支持江南政权的做法，其实是相互矛盾的。秦桧始终采暴政、强权政治路线，即是因为他一直无法将两者间的鸿沟填平，这也意味着我们很难将秦桧权力定位为江南利益的代言人或代理人。

本节只触及秦桧与宰执的问题，就职位看，秦桧不过是宰执中的一员，但是他高踞执政群之上，剥夺了宰执原有的政治权限，破坏了其同僚关系与合议机能，统制、支配了执政，使得其他宰执成员无法形成与之相对抗的政治势力。可是，秦桧并未否定，亦未破坏宰执制度。二十六名执政中，两浙、江南东路出身的官僚占了十九名，他或让南宋政权直接支配的两浙、江东地方士人加入政权，或加以笼络利用。不过，前者（秦桧之专制性格）与后者（将各势力包摄融和于政权内部）最终未能调和成功。结果，前者取得压倒性的优势，就江南在地势力看来，秦桧专制是极度强势的存在。这点正表现在对李光的彻底镇压上，而在秦桧死后数年间，修正秦桧政治并继承秦桧路线者，则是以江南在地势力为背景的沈该、汤思退。

二、侍从（实务官僚）

（一）秦桧专制下的侍从角色

如上所言，原为科举官僚最高职任的宰执，在秦桧专制下只剩一副空架子，并不是秦桧专制体制的实质支持力量。相对地，真正在秦桧专制体制中占有关键位置者，乃是这里将要讨论的侍从们。

所谓"侍从"，是沿用南宋赵升《朝野类要》卷二之说："翰林学

第十二章　秦桧专制体制的构造

士、给事中、六尚书、侍郎是也。中书舍人、左右史以次，谓之小侍从。又在外带诸阁学士待制者，谓之外侍从。"除了外侍从，这里将自小侍从以上者，视之为南宋初期的权力中枢、权力中核，应该是可以的。所谓权力中枢本身，原是由宰执、侍从拟定政治方针，就关键性政策与重要问题作出决定。建炎三年（1129）十二月，金军向江南发动攻击，当时的宰相吕颐浩计划护着高宗逃往浙东海上，并许扈从百官各从己便——即任其各自逃散，整个官僚机构一时间几乎解体。可是在这危急之时，侍从仍与皇帝同进退。

不过在秦桧专制下的侍从们，虽说也应按照前述规定，包纳了给事中、中书舍人等负责起草敕书的重要官职在内，但这两项职位却分别空悬了七年、十年之久。至于《朝野类要》提到的"左右史"与起居郎，原是在君主身边记录其言动，以编集《起居注》的人，也分别自绍兴八年（1138）六月、绍兴十三年（1143）四月开始，二十六年零三个月未曾派任一人。起居郎的缺员，意味着此一职位连存在的意义都没有了。而这样一来，秦桧专制时期的侍从就只剩下翰林学士与六部尚书、侍郎。

翰林学士在秦桧时代也没有什么存在价值。秦桧任职宰相期间的翰林学士（其职务为起草天子亲下之诏书，即内制）可见表4（据宋人何异所撰之《宋中兴学士院题名录》，收入《武林掌故丛编》第十集）。所谓承旨则在学士之上，升转即入宰执之列。自绍兴八年（1138）以迄绍兴二十五年（1155）冬秦桧过世，翰林学士全部只有七人，其中还有两人与秦桧有亲，在任最长者（也只有十个月）是其养子秦熺。其他都不过在职数月而已。总之，从此表看来，秦桧体制下的翰林学士，与宰执一样无意义化，不受重视。这显示秦桧专制时期的侍从集团也不包括翰林学士在内。

结果，秦桧体制下的侍从，也就是权力中核的成员，自然就只剩下六部尚书、侍郎了。南宋初期的尚书省，无论其名目如何，已然包摄了中书、门下两省的机能，除了不能任命中书舍人、给事中之外，百官皆统合在尚书省长官左仆射之下。所谓六部尚书、侍郎，即是隶属尚书省的吏、户、礼、兵、刑、工六部之长官（尚书）与次官（侍郎）。

表4　秦桧任职宰相期间的翰林学士

人　名	在　职　期　间
孙　近	绍兴八年十月至十一月（承旨）
楼　炤	绍兴九年二月至十月
范　同	绍兴十一年五月至七月
程克俊	绍兴十二年九月至十月
秦　梓	绍兴十三年闰四月至六月
秦　熺	绍兴十五年正月至六月（承旨）、六月至十月
段　拂	绍兴十七年三月

尚书或有或无。侍郎则一般必带兼官。六尚书、侍郎位居实务官僚之首。秦桧专制时期的侍从，也就是最高统治集团，或权力中枢，即是六尚书、侍郎，亦即实务官僚中最高位者。

秦桧推展国政的办法是："时秦桧用事久，监司郡守，以事达朝廷者，止申尚书省取指挥。"（《要录》卷一六七，绍兴二十四年七月壬申条）"然自桧专政，率用都堂批状，指挥行事。"（《宋史》卷一九九《刑法志一》）前者所言，即地方监司、州长官不经皇帝裁可，奉尚书省（其长官即秦桧）指示办事；后者所谓的都堂即尚书省正厅，亦是尚书省的代称。批状是尚书省对下级机关处理案件所发布的方针指令。至于指挥行事，则是尚书省对下级机关指示的法律、敕文的解释，在当时其效力超越成文法，并凌驾于敕令格式之上[1]。相对于前朝蔡京的滥发皇帝亲笔，秦桧的专制手法干脆遮断了皇帝与官僚机构的关联，直接指挥、驱使、统制尚书省长官辖下的六部尚书、侍郎。在这种政治手法之下，侍从中六尚书、侍郎的角色自然重要起来。

绍兴十四年（1144）正月，后来的孝宗、当时的普安郡王之父赵子偁去世，秦桧为了普安郡王应如何服丧的问题，召集主持了一项会议。南宋第二代皇帝孝宗并非首代高宗皇帝的亲生子。但他既已是皇帝的

---

1. 上海社会科学研究院政治法律研究所编：《宋史刑法志注释》，群众出版社，1979年，第49页。

养子，即在形式上以皇帝为父，就礼制而言，其生父之丧应如何处理，就成了问题。自北宋英宗濮议（英宗为仁宗养子，即位后，生父过世，为了礼法的问题，引发两派朝论激烈的争执）以来，这项礼制上的争论同时也带有浓厚的权力斗争意味，就连秦桧也不能不加以审慎处理。于是他严禁当时的执政对此有所谋议，召开了以侍从为中心的会议，试图解决此一难题。换言之，其成员是绍兴十四年时权力中枢的成员。根据《要录》卷一五一绍兴十四年正月戊寅条所载，参加会议的十一人为：张澄（户部尚书）、李文会（试御史中丞）、秦熺（礼部侍郎）、周三畏（刑部侍郎）、王唤（工部侍郎）、刘才邵（中书舍人）、詹大方（右谏议大夫）、张叔献（知临安府）、段拂（礼部侍郎）、何若、游操（皆为监察御史）。这批人明白展现了秦桧权力的性格。尚书、侍郎五人，言事官（这是秦桧权力在官僚机构内另一条支柱）四人，侍从一人，以及首都长官，在这些人中，王唤是秦桧妻王氏之兄，秦熺是桧之养子，两人可说是秦桧的分身，至于段拂、何若则是秦桧的同乡（建康府）、同学。在秦桧周边与权力中枢内部，尚书侍郎系的实务官僚与言事官之监察官僚几乎相埒，这也表明了秦桧权力在官僚社会内部的支持来自何处。

（二）六部尚书、侍郎

绍兴九年（1139）至二十五年（1155）间，秦桧任命的六部尚书、侍郎如下表所列。此表数据出自《要录》、《续鉴》、《纲目》、《中兴小纪》。六部之中，为首的吏部最为详尽，尚可知所带兼官，其他则无从得知。不过，扮演秦桧专制政治关键性支持力量的实务官僚与各部之趋势动向，已可由表5知其大概。

表5 绍兴九年至二十五年六部尚书、侍郎一览表

吏 部	户 部	礼 部	兵 部	刑 部	工 部
晏敦复（〇绍兴九年三月）	梁汝嘉（〇绍兴九年三月）	冯檝（绍兴九年正月）	萧振（绍兴九年二月）	刘岑（绍兴九年二月）	楼炤（绍兴九年五月）
刘岑（绍兴九年三月）	晁谦之（绍兴九年八月至绍兴十年六月）	吴表臣（绍兴九年三月）	赵彬（绍兴九年四月）	周聿（绍兴九年二月［兼陕西宣谕使］）	张澄（绍兴九年三月）
范同（绍兴九年三月）	周聿（绍兴九年十月至十二年二月）	苏符（绍兴九年九月至十年十二月至十二年二月）	胡交修（绍兴九年六月）	陈橐（绍兴九年五月）	王次翁（绍兴九年八月）
同丘昕（绍兴九年五月）			梁扬祖（绍兴十二年正月）	苏携（绍兴九年十月）	
张焘（〇绍兴九年六月［兼兵部侍郎］,十月）			程瑀（绍兴十二年五月至十三年八月）		莫将（绍兴十年正月至十一年十二月）
周纲（绍兴九年七月）	张澄（绍兴十年六月至十一月至十二年四月）	陈橚（绍兴十年二月至十二年三月）	郑朴（绍兴十三年八月）	周三畏（绍兴十二年十二月至十四年六月至十八年八月［兼吏部尚书］）	廖刚（绍兴十年二月闰六月）
吴表臣（绍兴九年十月［兼礼部侍郎］）		施钜（绍兴十二年三月）			晁谦之（绍兴十年闰六月）
郑刚中（绍兴九年十一月）	周聿（绍兴十一年五月）	王赏（绍兴十二年九月）	米友仁（绍兴十四年五月）		郭孝友（绍兴十年十二月）
		钱时敏（绍兴十五年十一月）		钱周材（绍兴十五月九月）	王晞（绍兴十三年八月）
					王师心（绍兴十三年八月）

第十二章　秦桧专制体制的构造　　279

续表

吏部	户部	礼部	兵部	刑部	工部
魏良臣（绍兴十一年七月）	李椿年（绍兴十四年八月至十二月）	秦熺（绍兴十三年五月）	王会（绍兴十九年十二月至二十一年十一月[?]四月）	韩仲通（绍兴十八年八月至二○二十四年十一月至十月[兼知临安府]至绍兴二十六年三月）	李若谷（绍兴十四年二月）
杨愿（绍兴十二年九月）	王鈇（绍兴十四年十二月至十六年二月）	杨愿（○绍兴十三年十一月）	徐宗说（绍兴二十一年十一月）		詹大方（○绍兴十四年十一月）
江邈（绍兴十三年正月）	李若谷（绍兴十五年六月）	段拂（绍兴十三年十二月）	王会（绍兴二十五年四月）	张柄（绍兴二十五年七月）	钱时敏（绍兴十五年八月）
罗汝檝（○绍兴十三年九月）	段拂（绍兴十五年三月至五月）	高闶（绍兴十四年三月）	沈虚中（绍兴二十五年七月）		严抑（绍兴十五年九月）
陈康伯（绍兴十四年二月至十五年五月）	李朝正（绍兴十六年二月至十八年十一月）	宋之才（绍兴十四年八月）	（沈虚中[绍兴二十五年没时]）	（韩仲通）（秦桧没时）	徐琛（绍兴十六年十一月）
林保（绍兴十四年八月）	边知白（绍兴十六年十一月）	王㬇友（绍兴十五年十一月）		周三畏（○绍兴二十六年三月至六月）	赵不弃（绍兴十八年八月至十八年八月）
赵子厚（绍兴十四年十一月）	李椿（绍兴十七年正月）	周执羔（绍兴十六年八月）			
林乂（绍兴十五年八月）	宋贶（绍兴十八年十二月）	沈该（绍兴十七年八月）			詹大方（绍兴十七年八月至十八年八月）
王㬇友（绍兴十六年五月）		陈诚之（绍兴十八年八月）			
周执羔（绍兴十六年十一月[兼礼部侍郎]）		王瓛（绍兴二十一年四月）			

续表

吏部	户部	礼部	兵部	刑部	工部
边知白（绍兴十七年三月至十八年五月）	徐宗说（绍兴二十二年十一月至二十四年十一月）	汤思退（绍兴二十二年六月至二十五年六月）			秦埙（绍兴二十四年十一月）
周三畏（○绍兴十八年五月［兼刑部尚书］至十年八月）	曹泳（绍兴二十四年十一月至二十五年十月［兼知临安府］）				丁娄明（绍兴二十五年六月至二十六年正月）
张杞（绍兴十九年八月至二十年五月［兼太常少卿］）		王珉（绍兴二十五年六月）			（丁娄明）(秦桧没时［绍兴二十五年十月］)
李如刚（绍兴二十年正月至二十年五月）		秦埙（绍兴二十五年七月）			
林大鼐（○绍兴二十二年九月至二十三年二月）	（曹泳）(秦桧没时[绍兴二十五年十月])	(王珉)(秦桧没时［绍兴二十五年十月］)			
	钟世明（绍兴二十五年十一月）				
陈相（绍兴二十四年九月至二十五年五月）	韩仲通（○绍兴二十六年三月）				

第十二章 秦桧专制体制的构造　281

续表

吏部	户部	礼部	兵部	刑部	工部
施钜（绍兴二十四年五月至二十四年十一月） 郑仲熊（绍兴二十四年十一月） 陈夔（绍兴二十四年十一月至二十五年五月[兼太常少卿]） 董德元（绍兴二十五年六月至七月）（缺员）(秦桧没时[绍兴二十五年十月]) 徐嚞（绍兴二十五年十月）					

说明：○记表尚书；无记号者即侍郎。

十七年间，共有九十九名长官、次官。如果扣除其中因奉使金朝临时加添名目者，还有曾转任数部重复计算的人员外，支持秦桧专制的实务官僚集团大概有七十多人。内中升转至执政者共十九名，在秦桧政权下就任执政者则有以下十二名：

> 吏部出身者，范同、杨愿、施钜、郑仲熊、董德元；
> 户部出身者，段拂、李若谷；
> 礼部出身者，秦熺、汤思退；
> 工部出身者，楼炤、王次翁、詹大方。

此外，虽有部分重复，亦有九名执政出身言事官、台谏，所以，秦桧手下的执政几乎无例外地出自尚书、侍郎与台谏，此项数字亦显示秦桧专制的支持力量所在。

如果把表中绍兴九年（1139）至十一年（1141）阶段（秦桧尚未专制时期），与绍兴二十四、二十五年间（秦桧晚年，亦可说是暴政期）作一比较，当可察知秦桧专制的变质程度。前者的名单中，至少有九人后来成为秦桧的政敌，受到镇压，即：

> 吏部，晏敦复、张焘、吴表臣、郑刚中、范同、魏良臣；
> 礼部，苏符；
> 兵部，萧振；
> 工部，廖刚。

后者之中，当然是完全没有反秦桧者，倒是四位秦桧的亲戚应该注意，他们是：

> 曹泳，户部、桧子熺之妇兄；
> 秦埙，工部、礼部、桧之孙；
> 王会，兵部、桧妻王氏之弟；
> 丁娄明，工部、桧侄秦烜之妻父。

第十二章　秦桧专制体制的构造　　　　　　　　　　　　　　283

秦桧专制之前，实务官僚的顶层中尚有与秦桧意见相左者在内，到了晚年，就只剩下顺从秦桧之人。而其亲友位居六部的现象，更表现出秦桧政权的权门化、腐败化与狭隘性。再加上皇帝周边与江南枢要之地亦皆由其亲信掌握、支配，我们不难由此得知秦桧晚年专制暴政的内在实质与界限所在。

(三) 吏部尚书、侍郎

接着，即就六部尚书、侍郎逐一考察，其中尤以吏部、户部、刑部最值得注意。因为这三部乃是尚书省核心部门，而其理由则如宫崎市定所指出者，盖尚书省六部之中以吏部、户部、刑部的事务最为繁剧，他如礼部、工部、兵部皆为闲散之地，其长官不过是伴食大臣而已[1]。所以从吏、户、刑各部长官之各有来历，即可知秦桧专制并不是均质的一元化。

首先就吏部来看，吏部职掌百官人事，地位相当重要，其尚书、侍郎乃是得升转宰相、执政（参知政事）的名誉之职。自绍兴九年以来，任职者即远较其他部门为多，若含兼任在内共有二十八人。这样的单位，其长官人事可以说是忠实地反映了秦桧政权的方向。具体而言，吏部尚书、侍郎大致可整理为四期。

第一期为绍兴九年（1139）至十一年（1141），即自晏敦复至魏良臣之时期。此一时期相继发生了绍兴八年和议之成立与破裂，宋、金再次交战，收兵权，以及绍兴十一年和议等政治大事。也就因为如此，秦桧起用吏部尚书、侍郎人选之时，并不是以对自己的恭顺程度为唯一标准，只要是在宋、金两国均衡共存问题或收兵权工作上与之一致，即积极地加以起用。是以其中颇多硬汉型的异类人物，并在日后成为其政敌，遭其迫害。这正是此一时期的特征。

第二期为绍兴十二、十三年时杨愿、江邈、罗汝檝的时代，他们以言事官、监察官的身份发挥吏部的作用。随着绍兴十一年和议的确立，

---

1. 宫崎市定：《宋代官制序説——宋史職官志を如何に読むべきか》，《宋史職官志索引》，同朋社，1974年，第19页。

反对和议之人皆被视为罪犯受到处分，一切反秦桧政治的言论也都受到压制，这是秦桧专制形成时期。也是杨愿经御史中丞而为执政，罗汝檝以"明正典刑"为"今日之急务"的时期，吏部高阶层不过是监察系统的一部分而已。

第三期始自绍兴十四年（1144），终于绍兴二十四年（1154），为林保至陈相的时期。这一时期已是秦桧专制时期，吏部——人事部门已无用武之地。于是任此要职者尽是凡庸之人，而且往往以兼官或甚至任其缺员。如绍兴十八年五月至八月以刑部尚书周三畏为兼官，周三畏辞职后，自十八年八月至十九年八月皆未再有任命。十九年八月，张杞以太常少卿兼吏部侍郎，他于二十年五月去职后，直至翌年正月，又为缺员状态。这可以说是实务官职伴食化、备受轻视的特别时期。

第四期为秦桧晚年之绍兴二十四年、二十五年，即施钜至董德元之时期。不过，秦桧死时之绍兴二十五年十月，亦无人在位。这时期之特征在于，吏部又再度表现其言事官、监察官之机能。施钜、郑仲熊、董德元三人都在极短的时间内升进为执政，他们在进入吏部之前皆为监察御史，因为告讦、弹劾之功而被拔擢为吏部侍郎。尤其是董德元，他在绍兴二十五年三月时还只是侍御史（正七品官），同年七月即一举跃升为吏部侍郎（从三品官），可算是特例中的特例。秦桧在此一时期中为何起用监察系统的官员为吏部侍郎，甚且立刻举为执政，揣测之言颇多。或谓此缘于晚年的秦桧意欲消灭其五十三名政敌。无论如何，由这两年吏部侍郎的状况，可以看出秦桧专制的腐败与末期的衰态。

以上概括性地考察了作为秦桧权力支柱的吏部尚书、侍郎之四期人事变迁，我们可以得出这样的结论：对于秦桧而言，这个重要的职位，乃是作为打倒政敌的前锋，在这层意义下，又可以将之区分为（1）与言事官等质以实现并维持专制之时期，以及（2）无为、无目的之时期。

（四）户部尚书、侍郎

户部为尚书省实务部门，负责国家财政，以支持王朝之重建。以下即从人的方面，就户部与秦桧专制体制之关联性进行检讨。关于国家财政与秦桧专制问题，现已有专论可见，在秦桧专制的财政背景方面，

第十二章　秦桧专制体制的构造

特别是有关御前桩管激赏库、左藏南库之运用，梅原郁的研究相当卓著[1]。可是就秦桧专制时期财政——关于财货之聚敛与操作——进行全面性的研究，则尚未之见。秦桧及其侧近、亲友如何自全国尤其是江南富裕地方收纳庞大财货的实际状况；安蕻幹夫所谓秦桧积极蠲免税赋，然其收入又与北宋最盛期国库相匹敌的矛盾；还有兵权收回之后，四屯驻军（淮东、西、湖广、四川）与财政机关四总领所制对南宋国家财政的影响等，皆是亟待解决的问题[2]。

这里仅就户部尚书、侍郎层之人事变迁，也就是人的问题整理讨论。

自绍兴九年（1139）至二十五年（1155）间出任户部尚书、侍郎者共有十五人。其中虽有李若谷与段拂者进升为执政，但他们原是与户部固有职任无关之人。在十五人之中，专精于户部业务、国家财政运用的活跃人物，只有张澄、李椿年、王鈇、李朝正、徐宗说、曹泳六人。故我们亦可就此将时期区分为：（1）张澄，绍兴十年至十四年；（2）李椿年、王鈇、李朝正、李椿年，绍兴十四年至十九年；（3）徐宗说、曹泳，绍兴廿二年至廿五年。在此户部长官职位变迁中，我们可以看到秦桧政治的变动及其专制的腐败；如果说吏部尚书、侍郎是以变动为其特色，则户部方面应该可以单线来把握。

第一期的张澄，先任侍郎，后为尚书，他的时代，正是为重建南宋政权、财政课题多如山积、户部无法实行一贯政策的时期。张澄为河南荥阳人，娶宗室女为妻，他见知于张浚，出任利州路转运使后，即以财务、实务官僚与长于地方行政知名，"澄有治剧之才，甚得时誉"（《要录》卷一二一，绍兴八年八月丁卯条）。他历任建康府、临安府、绍兴府、洪州、福州首长，绍兴六年（1136）二月任尚书员外郎、主管都省行在财用、提领市易务时，又提案于行在设交子务，发行交子——虽然交子仅发行六月即止。他自绍兴十年至十四年间任户部长官，与

---

1. 梅原郁：《宋代の内藏と左藏——君主獨裁制の財庫》，《東方学報》42，1971年。此外亦参见曾我部静雄：《宋代财政史》，大安出版社，1966年；安蕻幹夫：《秦檜の財政姿勢における考察点》，《広島経済大学研究論集》10，1974年。
2. 安蕻幹夫：《秦檜の財政姿勢における考察点》，《広島経済大学研究論集》10，1974年。又总领所制可参见内河久平：《南宋総領所考——南宋政権と地方武将の勢力関係をめぐって》，《史潮》78、79合并号，1962年，第1—26页。

工部尚书莫将合作，开浚临安运河，整建新都，修筑皇城，又创制各项仪物，虽然将实务官僚的手段发挥得淋漓尽致，却全与国家财政大纲无关。

接下来即是绍兴十四年（1144）至十九年（1149）间李椿年→王鈇、李朝正→李椿年的时期。这段时间，户部虽因主事者之更换以至于重点有所变动，但在经界法的企划与实施方面，则是始终一贯。尚书省的中心部门，为实现特定政策如此一贯尽力的局面并不多见。所谓经界法，是根据统一的标准进行全国土地测量，并制作籍账、图帖的事业，国家主导性极强。其所以实施，是因为有下列理由与情事发生：如因为战争与政府之南渡，官府文书在混乱中散佚；或因为土地所有者、耕作者的逃亡与更替，以致现状与版籍不符，税役负担不均。由于在理论上，经界法可以定民产、定民籍，并进而定税赋，故一般多将之理解为是整备国家财政的基础事业。

可是就笔者个人看来，经界法的施行，不应该只从税制、财政的观点把握，而应该将之理解为南宋政权在自我确立过程中不能不实施的重要政策。对金和议的完成与收兵权之成功，固然可使南宋成为中兴王朝。可是，要如何才能掌握新定版图所涵括的乡村，特别是新基础地带的江南村落，还是未定之天。因此，根据统一标准实施土地测量，以确定全部的耕地，且使其所有者、耕作者皆为国家所掌握，正是中兴王朝南宋政权自我确立过程中剩余的基本课题。在这项意义上，当对外关系与军力编制课题大致解决之后，如何把握乡村就成了最优先的政治课题。于是秦桧之下的户部也就理所当然地必须承担起这个内政上以及国家存立上最重要的大问题。

李椿年身为财政官僚，原即以能干见称，绍兴十二年（1142）十一月，他在平江府（苏州）时就已实验性地试行经界法，十四年四月他被提升为两浙路转运副使，八月受任为户部侍郎。其时"仍旧措置经界"（《要录》卷一五二，绍兴十四年八月庚寅条），即其名义上是户部侍郎，其实专任经界法，这种职务指定的方式并非常例。在这段期间，李椿年实施经界法，乃是秦桧政权与南宋国家全体的意志。自绍兴十四年至十九年的一连串过程中——李椿年因母亲过世，服丧辞职，与秦桧有

第十二章　秦桧专制体制的构造

关系的王铁代其职，王铁再推荐李椿年，李椿年复职，经界法实行全国——基本意志皆是一贯的，基于这点，我们应该可以认为，这乃是秦桧政权此一时期的基本政策。同时经界法的实施并不只是单纯地由中央户部做些企划与指示，而是由中央派遣人员全面性地协助各路转运使、提点刑狱等监司、州县长官参划、发令，与秦桧政权相配合（经界法实施经过、状况等有关事宜，详见本书第十四章）。这当然有相当大的强制性在，却也表现出这的确是为确立南宋政权而有的最终课题。

可是，绍兴十九年（1149）十一月，李椿年突然罢去户部侍郎之职，经界法也告终结。其时，南宋政权基础地带的两浙、江东一带固然都已实施，至于其他地区则为之中断，高宗即于绍兴二十六年明言"今诸路往往多中辍"（《要录》卷一七一，绍兴二十六年正月甲子条）。经界法的中心人物、户部侍郎李椿年之遭罢免，与经界法之中辍，究竟代表什么意思，今日已很难重寻真相。其理由可指说为是秦桧政治体质发生了变化，复与王继先等权门重修旧好。故当我们根据户部侍郎的变动来追究时，也就可以从另一个角度着眼，将李椿年之罢免看作是秦桧权力体质变化的表现。

李椿年被罢免后，统辖、领导第三期户部的徐宗说、曹泳又是什么样的人物呢？他们都是适合在户部这种财务机关主事的干练之士。据说徐宗说"素有心计，于天下经费出入、盈缩之数，莫不通知，老吏为之敛手"（《要录》卷一五九，绍兴十九年四月庚午条）。可是又有人说"宗说颇有心计，吏不能欺。然附秦桧，以至从官。常为桧营田产，时人因目宗说为庄客"（《要录》卷一六三，绍兴二十二年十一月丁巳条）。这种徒有财务营运能力，却不为国库所用，专事秦桧私产管理的现象，相当引人注目。

至于身为秦桧体制最后一任户部侍郎的曹泳，乃是宋建国时名将曹彬的五世孙、秦桧养子秦熺之妇兄，绍兴十三年（1143）九月他通判秀州，由武官职转文臣职，自此成为财务、实务官僚。绍兴二十四年十一月，"时徐宗说久病，故以泳代之。泳倚势妄作，又甚于宗说"。据说"时秦桧晚年，怒不可测，而泳其亲党，凶焰炽然"（《要录》卷一六七，绍兴二十四年十一月甲寅条）。更甚者，"国家财赋自有常经，泳巧计百出，必为额外，多方聚敛。较利之锱铢，割民之脂膏，怨嗟之声满于道路"(《要录》卷一六九，绍兴二十五年十月丁酉条)。

总之，徐宗说已沦落为秦桧的庄园管理人，曹泳既为秦桧亲党，遂更放肆地运用财政措施以求聚敛。这与李椿年的做法自是大相径庭。李椿年的强硬手段固然也受到批评，但仍是站在国家全体的立场行事，尚具有公的性质。而其继任之人奴事秦桧，与前述全体性的、公的立场相比，私的意味极为浓厚。同样是支持秦桧专制的成员，却有如此大的不同。秦桧专制的变质，或是腐败化的倾向，明白地由户部侍郎的人物变化表现出来。如前所言，秦桧与南宋初期的财政问题、与经界法有关的各项问题——尤其是李椿年之被罢免，尚有许多不能解决者，然而有关秦桧体制下户部侍郎们的变迁，庶几可由上述内容尽之。

(五) 刑部尚书、侍郎

前面讨论了支持秦桧专制体制的实务官僚，也就是尚书省主要部门之吏部、户部尚书、侍郎与秦桧专制的关系。这里将继续讨论另一主要单位刑部，重点则在其尚书、侍郎与秦桧体制的关联性，特别是其与吏、户两部不同之处。

绍兴九年(1139)至二十五年(1155)间的刑部尚书、侍郎共有八人。首应指出的特色，即在于与其他五部相较，人数最少，既未从中产生执政，也无一人与秦桧有关系。不过，刑部长官最大的特色，还是在秦桧体制下其长官实质上只有两人。此即绍兴十二年十二月任侍郎，十五年六月升为尚书，十八年八月始去职的周三畏，以及绍兴十八年八月出任侍郎，二十四年十一月升任尚书，二十六年三月去职的韩仲通。这两人在秦桧死后，秦桧系势力一扫而空的绍兴二十六年三月以后，仍然作为实务官僚，政治生命亦未告终。如周三畏于二十六年三月重任刑部尚书；韩仲通虽于绍兴三十一年坐秦桧党，但第二年即知明州，并于隆兴元年就任户部尚书。

周三畏曾历任刑部员外郎、大理少卿、大理卿及刑部侍郎，一直都是法务官僚，绍兴十一年(1141)十一月他任大理卿时，曾与御史中丞何铸一同主持岳飞父子狱，这意味着他是秉秦桧之意办事的法务

第十二章　秦桧专制体制的构造　　289

官僚。可是绍兴二十年三月他知平江府时，常同去世，其祭文又有"奸人在位，公弃而死"的文字（《要录》卷一六一，绍兴二十年三月庚子条），结果这件事被人密告秦桧，他也因此被罢免。秦桧死后的绍兴二十五年十一月间，高宗以"三畏廉谨守法，中间被黜无辜，与复职知平江甚当"（《要录》卷一七〇，绍兴二十五年十一月乙丑条）。则其仍是与秦桧有别的人物。

韩仲通也是由大理寺丞、大理卿升任刑部侍郎，后曾历任知临安府、户部尚书（两次）、知广州、知建康府、知明州等主要州府的长官与侍从官。他与周三畏不同的是，绍兴十八年（1148）八月他升任刑部侍郎之际，曾有传言称"或谓仲通与秦桧之给吏丁禩有深交，禩引之也"（《要录》卷一五八，绍兴十八年八月甲寅条）。故他乃是与秦桧侧近有人脉关联之人。可是这项人脉在他的生涯之中并无决定性作用，秦桧死后，他仍居户部尚书等显职。

无论如何，周三畏与韩仲通这两位法务官僚都分别在秦桧体制中效劳了六年时间，不过当秦桧体制发生变质甚而崩坏之际，他们都以超然的态度置身事外，而未与之同一命运。尤其是周三畏，他与岳飞之狱牵连极深，绍兴十四年（1144）审议普安郡王丧服形式之时，又兼吏部尚书之职，则他确实是在秦桧体制内居于中枢地位。这样的法务官僚为何会与秦桧专制体制之更替无所牵连？这里尚无法对此有所解答。我们只能指出，在尚书六部中，堪称最繁剧并且是秦桧体制中重要部门的首长，竟然不曾因秦桧专制体制变动而受到影响。

以上是将支持秦桧专制的实务官僚，限定在尚书省中位居中枢且又号称繁剧的三部作了整理。其中吏部长官一职，最能反映秦桧政治方针的变化与动向；户部长官则忠实反映了秦桧专制结构的变质；至于刑部长官，虽亦为秦桧体制的左右手，却未曾受到秦桧政治变化或结构变质的影响。所以在秦桧专制之下，不一定需要执政，而是以实务官僚为其主要支柱。不过，透过以上的检讨，我们也了解到，这些不可或缺的实务官僚，参与专制的方式非但不尽相同，而且还具有多样性。

三、秦桧的社会、政治立场及其对皇帝周边的掌握

秦桧位居百官之上，身任尚书左仆射之职，他如何组成其专制体制及政治进程的有关问题，已如上论。然而秦桧既是一独裁者，则其除了是官僚的最高指导者之外，当还有其他面向可以捕捉。本节即欲描绘身为官僚集团首领的秦桧面目，及其如何支配另一权力核心之皇帝并其周边的问题。因为在宋代，专制独裁者不仅只是要掌握住官僚群，也必须统御君主周边（内廷）。

同时，若再加上赵氏政权乃是在异民族侵略与内部叛乱中重建的根本问题，则在论及秦桧所要维护的究竟是什么，又是站在谁的立场上办事之时，就一定会触及开封的名门、外戚。以下即从此意义出发，以郑亿年的保护问题为具体实例，检讨位居百官之首的秦桧及其他。

（一）秦桧对郑亿年问题的态度

郑亿年的遣返问题曾经成为绍兴十一年（1141）和议焦点之一，他究竟是个怎么样的人物呢？本书第六章第四节"李光罢参知政事"中已曾提及，现再简述之。郑亿年之父即北宋末宰相郑居中。郑居中与徽宗皇后郑氏为堂兄妹。郑皇后之父郑绅在开封经营酒肆。郑居中之妻王氏是神宗时宰相王珪之女，其弟王仲山之女又嫁给秦桧。故秦桧与郑居中、亿年父子是由妻子王氏这边而来的姻戚关系。后来秦桧之子秦熺又娶了亿年之兄修年之女，秦桧与郑亿年遂又结成二重纽带的姻戚关系（参照第295页图）。郑亿年本人并没有什么特别的才能，只是外戚、名门子弟，完全不具社会性。

北宋末年，他因靖康之变避难山间，建炎元年（1127）正月被金军俘获，宗弼将他送往北地。建炎四年九月，金之傀儡政权齐建立，他即在齐出仕，历任工部侍郎、工部尚书、知开封府、吏部及礼部侍郎等要职。绍兴七年十一月，金废齐，八年宋金和议，九年春，挞懒根据和议结果将他送还宋朝。

可是在绍兴十一年和议的交涉过程中，金方面又强烈地要求将郑

亿年、张中孚、张中彦诸人，还有杜充、宇文虚中、张孝纯、王进等人的家属送回金朝，后来还曾数度催索。金的意思是，原在金或齐出仕、其家族现留止金地之人，宋应将其本人送归金地；至于本人现在金出仕、家族滞居于宋者，即应将其家族送至金，理由是当"合其骨肉，使之团聚"（《会编》卷二〇八，绍兴十二年八月条，金人元帅第七书）。可是，这只是表面的理由，实际上是将留居金朝的家属作为人质，要求其本人帮助金朝，在金出仕；至于家属尚留在宋朝者，则将其家属接至金地，以断绝其人与宋之间的关系，令其全心协助金朝[1]。

所以，这种要求归还金之在宋士人与在宋家族的争执，不但是和议交涉的重点，就连缔约之后，也一直继续着，而其目的当然不是为了要让特定士人家族团圆。这就好像是冰山之一角，因为对于金来说，其根本要解决的问题，其实是如何阻止金与旧齐之人口不断向南方大量流出。所以金强烈地要求宋不得收纳叛亡，并且强制遣返原叛亡之人。面对金送还士人及家属的要求，宋的处理方式无异是表现其如何曲从金之意向的试金石。

《要录》卷一四二引"皇朝讲和誓事节文"称："淮北、京东、西、陕西、河北自来流移在南之人，经官陈理，愿归乡者，更不禁约。其自燕以北人，见行节次遣发。今后，上国逋亡之人，无敢容隐。寸土匹夫，无敢侵掠。其或叛亡之人，入上国之境者，不得进兵袭逐，但移文收捕。（中略）上国云云，敝邑亦乞并用此约。既盟之后，必务遵承。"（《要录》卷一四二，绍兴十一年十一月庚申条引《绍兴讲和录》）其交涉经过虽然不明，但两国之间确已达成四点协议，即：（1）自淮北以至河北地区所来移民，愿归北地者不禁。（2）燕以北（旧辽之地）所来之人分批送还。（3）今后金亡命而来者皆不收纳。（4）遇有由宋叛亡入金之人，宋以文书请金逮系，不发兵越境追捕。

此后，金方面曾屡次要求送还淮北人之在南者。例如绍兴十四年（1144）三月，泗州文书告执政称"金人复索淮北人之在南者"，高宗答

---

1. 外山军治：《熙宗皇统年間における宋との講和》第五章第二节《南北士大夫の送還》，《金朝史研究》，东洋史研究会，1964年，第374—378页。

以"盖誓书所载，淮北人遣归者，取其情愿也"。即以淮北人之归金与否取决于其自由意志，秦桧也同意谓"如此甚便"（《要录》卷一五一，绍兴十四年四月甲午条）。可是这段文字之后的附注引《中兴遗史》道："今年四月。俞州县刷遣前后归明人发还金国。乃与秦桧奏对之语全不同。"则秦桧在高宗面前固然同意皇帝的话——亦即誓书之言——另一方面。却令州县强制送还亡命、移居之人，这就是《中兴遗史》所说的矛盾。

绍兴十五年（1145）三月，《要录》卷一五三在"时金人来索北客之在南者"记事项下注引《林泉野记》称："桧命尽发前后所得大金、契丹及归明人五万还于大金，内弱兵势，绝后来归降之心。"从前引《中兴遗史》与《林泉野记》的记述看来，秦桧不但不管誓文——尊重移民意思——还欺骗皇帝；他只是遵照金的要求，将大批来自北方的移民（这里应是以军人为主）送回。

除了秦桧屈服于金人压力，不顾宋金两国正式条约，将兵士送还北方的例子，前述第三点决议也被严格执行。据《纲目》绍兴十二年十二月"陕西大旱"记事之附注所载，陕西因连年不雨，五谷焦槁，秦民遂争西向入蜀，川陕宣抚副使郑刚中"以誓书所禁不敢纳"，致秦民或饿死，或为北人买作奴婢。（《纲目》卷九，绍兴十二年十二月条，又见于《要录》卷一四七，绍兴十二年十二月是岁条）

在协助金人制止人口流出的问题上，秦桧既是相当积极地在政治上、权力上予以帮助，则在送还金之士人及其家族问题上，自是没有不帮忙的理由。除了郑亿年以外，其他人全都按照金人要求加以遣还。绍兴十二年（1142）八月皇太后还宋，十月，当皇帝及其周边正欢喜庆祝之时，"秦桧以张中孚、张中彦归于金国"（《会编》卷二一二，绍兴十二年十月条）。《要录》卷一四七，绍兴十二年十月丙子条则谓"凡士大夫之北留者，家属悉遣。惟亿年得留焉。"对于同年五月"金人元帅第六书"中指名要求送还的郑亿年，"朝廷答书"表示："郑亿年虽系汴京人，但亿年初自上国（金）来时，称鲁公恩造放归，今亲加体问更不愿前去。其母亦以此中亲属不少，只欲留此养老，诚出恳切。"（《会编》卷二〇八，绍兴十二年五月三日条）总之是以尊重郑母与亿年的

第十二章　秦桧专制体制的构造

意思为理由，不予送还。这是极为特别的事例。例如，同为金人指名索取的宇文虚中之子——宇文师瑗就有完全不同的遭遇：

> 先是，宇文虚中因王伦使还，附奏：若敌人来取家属，愿以没贼为言。至是都元帅宗弼来索虚中家甚急，上遣内侍许公彦往闽中迎之。（福建路提点刑狱司干办公事赵）恬，虚中子婿也，与其徒谋，欲留师瑗一子为嗣，守臣显谟阁直学士程迈持不可。师瑗乃使恬以海舟，夜载其属之温陵，而身赴行在。迈惧，遣通判州事二人，入海邀之。（中略）已而师瑗至行在，上疏恳留，秦桧不许。虚中妻安定郡夫人黎氏请以所赐田易钱以行，乃赐黄金百两焉。（《要录》卷一四六，绍兴十二年八月戊辰条）

在金的要求之下，宇文虚中留居福建的儿子宇文师瑗及其亲友，虽想尽办法要留下一子，却被秦桧与地方官强制遣送。这时节，由于太后韦氏尚未归返临安，故秦桧亦必须应承金的所有要求。

宇文虚中是于建炎二年（1128）奉派使金而留滞北地，宇文氏世为四川成都名门，其弟宇文时中之女嫁给秦桧政敌张浚为妻，这或许也是宇文家之所以有此遭遇的背景因素。总之，郑亿年之母能以养老的理由留居宋地，完全是拜秦桧特权庇护之赐。宇文师瑗与郑亿年的命运不同——绍兴十六年五月虚中、师瑗父子遭金人诛杀——与个人的资质、能力无关，完全在于他是不是开封权门，是不是外戚，是不是权力人士的亲友。正因为如此，秦桧在政治上是站在哪一阶层，在混乱争执中最维护哪一阶层的政治利益，也就在这种特权保护的行动中暴露无遗。

再者，秦桧对郑亿年的特别保护，除了留居或遣还问题外，还有为他复齐旧官资政殿学士之事。为了这件事，载誉于江南士人间的李光辞去了宰执之职，秦桧—李光联合政权因此破产，这点本书第六章已作详细讨论。简单说来，即是秦桧要为归国的郑亿年复齐之旧职，遭到众多士人反对。理由是亿年曾为金之傀儡政权齐之高官，亦曾在齐参与谋划灭宋大计，让这样的人物出任高官，是由根底破坏宋士大夫之道义。结果秦桧以强硬手段解决了这个问题，这又是秦桧对郑亿年的特别保护。

要了解秦桧所对应的社会阶层、所支持的人物背景，并不容易。可是，这里再次透过郑亿年的处遇问题了解到，无论在政治上、社会上，秦桧都是北宋末期开封权门层与皇帝周边层的利益代表，我们很难说他得到自己出身地建康府或江南方面的支持。为了郑亿年的问题，他与江南舆论的代表李光对立，罢免李光正是最直接的表示。从江南的立场来看，他绝不是江南在地地主层的代表，他所代表的大概只是流寓特权中的部分人士。

（二）与王继先等富商层之勾连

将秦桧对郑亿年之处遇问题，放在大局上检讨后，就可以看出，秦桧与出身地江南、建康秦氏的关系，远不如他与开封之姻戚王氏或外戚郑氏关系之密切，而秦桧的政治、社会立场亦由此可见。这样一来，以开封名门、外戚层为后台的秦桧，意图在新条件之下，重新编组以他自己为中心的高宗周边——外戚、宠臣群，原是很自然的现象；而对于已经位居官僚之首的秦桧来说，欲于此再建一强力政治支柱，亦属当然。

秦桧与皇帝周边人士的联系——使其成为自身权力支柱的工作，于第十一章第三节（二）项已有触及，他先与内廷实力人士之首侍医王继先建立合作关系（结为义兄弟），又与皇后吴氏联姻。前者完成于绍兴十八年，后者则至绍兴二十二年方得成就，正如以往藉秦桧妻王氏为媒介而建立起郑皇后—徽宗的关系，这次也成功地建立了妻王氏—王继先—吴皇后—高宗的关系。这层关系之所以能够编成，线索应该全在王继先身上（参见下面所附"秦桧姻戚关系"图）。

王继先家世代业医，祖父在开封时号"黑虎王家"。宋室南渡后移居福州，据说王家之富"甲一郡"（南宋岳珂撰《桯史》卷九，黑虎王医师）。他担任高宗生母韦太后的侍医达二十余年。又侍高宗于侧近，致高宗曾自道是"以国事委之桧，（中略）以一身委之继先"（《会编》

卷二三〇，绍兴三十一年八月十一日条引《遗史》）。而他也仗着自己是皇帝侧近宠臣的身份，在湖州、临安等地占官地、官宅，兴建大屋，经营解库（金融业），买卖官物，贩卖布匹，获取巨利，还诈取户绝田产、宅舍（《要录》卷一六三，绍兴二十二年五月丙申条；卷一九二，绍兴三十一年八月辛亥条）。表现出浓厚的特权大商人性格。

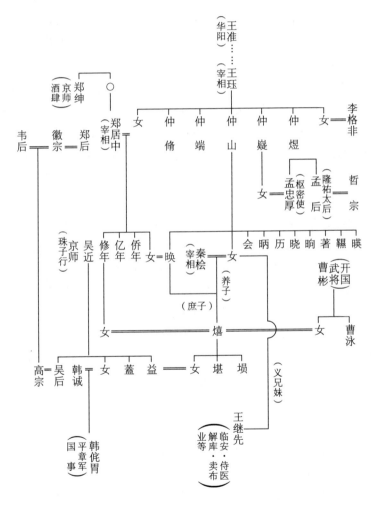

秦桧姻戚关系图

又因为"诸大帅率相与父事"(《桯史》卷九《黑虎王医师》),故他与将军层亦有联系,可左右将军的人事。再者湖州海外贸易商人金蕭也曾以海舟、金品相赠,而获得阁门宣赞舍人的官位(《要录》卷一八九,绍兴三十一年三月辛卯条)。故王继先的确是将政治权力与大商人结合起来的人物。

就连秦桧也要仰赖这位南宋初期的特权大商人代表王继先。前面提过的《桯史》卷九《黑虎王医师》即认为:"初秦桧擅权而未张,颇赂上左右以固宠,继先实表里之。"秦桧原本缺乏强力的人脉支持,无法像李光之有江南人士,张浚之联蜀人,或如赵鼎之结伊川系士人。他虽然在和议过程中得到高宗信赖,攀上权力的高峰,但却不是联合各势力的领导者。故其权力的最大源泉乃是皇权本身。确立和议体制、收兵权等工作既是秉承高宗之意的政策,在推行过程中,秦桧的地位自是安泰,不过,当这些问题成就之际,秦桧的地位反而开始不稳。而秦桧之所以要如《桯史》所言,靠着王继先大肆贿赂皇帝周边人士,正表现出当时存在着这样的问题。

总而言之,秦桧是与王继先联合起来了,绍兴十八年(1148)桧妻与王继先结为义兄妹,又因着王继先与吴近的关系,将孙女嫁给吴近之子吴益,建立姻戚关系,至此,秦桧专制体制可以说是大功告成了。这意味着他已掌握了官僚群与皇帝周边两方面,并且成功地将两者编立为自己专制的支柱。这也意味着他已卷入皇帝周边的各式特权关系,秦桧政权的权门化、腐败化乃由此急速展开。"秦桧宗族与其妻党皆贵盛者,非桧荐举之力。乃桧请升迁继先宗族及吴益宗族官职,故继先及宫中亦请升迁秦氏、王氏之官职也。"(《会编》卷二三〇,绍兴三十一年八月十一日条引《遗史》)随着这种循环的展开,秦桧专制也就在一定程度上偏离了全体性,失去了公的这一面。

另一方面,王继先既如前述,一面出任侍医,一面又是经营解库的特权商人;皇后之父吴近也是珍珠巨商,如资料所言:"宣靖王(吴近)即今以为京师珠子吴员外是也。以蠙珠为业,累赀数百万。王,长者也。"(《四朝闻见录》丙集,《慈明》)秦桧在结合皇帝周边人士的同时,也与开封、临安的豪商与特权商人粘连纠结。这种倾向具体而言,可以

第十二章　秦桧专制体制的构造

王继先身边湖州巨商金鼎与秦桧的勾结为例。金鼎"尝造海舟，以献王继先。其直万缗，舟中百物皆具"（《要录》卷一八九，绍兴三十一年三月辛卯条）。因此他在王继先的荐举下得为阁门宣赞舍人，或谓："鼎以财雄东南，因纳粟授官。交结故相秦桧，以看阁子为名，使专任南亩出纳之责，累官正使，人所不齿。"（同前）

总之，当秦桧在皇帝周边确保并构筑其权力支柱之时，也是他与特权大商人结合的开始，秦桧政权中新加入了一批旧京师、新行在以及江南的商人。由这点来看，秦桧不能算是特定地域的在地地主代表，反而是摆脱了在地地主，以更大规模的形态走向专制。从乡村的立场来看秦桧专制，其超越性可以说是越来越强了。

四、秦桧亲友在江南统治上的角色

以上是有关秦桧专制体制的组成。在绍兴十二年（1142）宋金体制确立之前，秦桧的权力来自皇帝。"上见江左小康，以为桧力，任之不疑。"（《会编》卷二二〇，绍兴二十五年十月二十二日条引《中兴姓氏录》）自绍兴八年强力推行和议以来，两者的一体性即其根底。

可是和议体制确立后，秦桧不再只以皇帝为其权力基础，而是超越皇帝，独自朝向所规制的方向。绍兴八年（1138）强力推行和议之时，他曾利用台谏、监察官进行人身攻击，驱逐反对者，现在又再次采用这一手法。先由言官弹劾宰相与国政最高负责人之执政，再由弹劾者继任被弹劾者之位，这样的更动大概以半年到一年为周期，反复地进行。宰执制因此空洞化，在官制上，遂无人能对抗宰相——左仆射秦桧。

其次，原本为权力中心重要成员、与皇帝制敕权有关的给事中（门下省）、中书舍人（中书省）、翰林学士等人都不再任命，使其有名无实化；并将政府机能集中于尚书省，掌握住尚书六部的长、次官员（尚书、侍郎）。于是，尚书六部长官与先前的言事、监察官共同构成中央政府中秦桧权力的有力支持者。

掌握了中央官僚群之后，秦桧又试图掌握并支配皇帝周边人士，其最终目的则是让身为权力来源的皇帝也受其支配。"桧阴结内侍及医师王继先，窥微旨，动静必具知之"(《会编》同前引《中兴姓氏录》)。正是描述这样的状况。原本他是从属于皇帝之下——绍兴八年（1138）的和议完全是由高宗主导进行——绍兴十二年以后，他能否保持并再创造自己的权力，亦端视高宗的意向而定。因此他向宦官领袖张去为买好，令妻子与皇帝身边的有力人士侍医王继先结为义兄妹，并将孙女嫁入皇后吴氏门中。绍兴二十年前后，他的愿望差不多都完成了。又因为皇帝侧近人士多为京师地的特权大商人，秦桧的权力也就与特权大商人相黏连。这也就成为秦桧权力的第四根支柱。总而言之，绍兴二十年代初，中央官僚社会中挺立着秦桧权力的四大支柱:（1）言事、监察官,（2）实务官僚,（3）皇帝侧近,（4）旧京师、行在的特权大商人。这就是秦桧专制的组合构造。

本节所要讨论的则是在此四大支柱之外的第五根支柱，也就是以其亲戚为主，统御着江南特别是两浙路、江南东路的地方长官们。

秦桧于建炎四年（1130）十月由金归国，第二年（绍兴元年八月）即出任右仆射（次相），二年五月设修政局，由秦桧亲自主持，以审议、制订省费、裕国、强兵、息民之策广召知名之士。可是当时首席宰相吕颐浩联合朱胜非攻击他，秦桧辞职，修政局也为之解散。之后被视为是秦桧典型的政治手法，就是起用近亲，提拔并保护其亲友。郑亿年之不必归返金朝、李光之罢免等事，皆表现出这种倾向的偏执。《要录》卷五七绍兴二年八月壬子条附注列举了同时遭罢的秦桧与党，如胡安国、程瑀、胡世将、刘一止、张焘等十二人，又举王鈇、王晚、王昞等秦桧妻王氏之亲戚。因此，秦之偏袒亲戚虽然早就有征兆可见，但尚未凌驾于前述"知名之士"。

正如一般所言："秦桧除吏多亲故，间亦用同乡、同榜之士。"（《宋宰辅编年录》卷十六，绍兴二十五年十月秦桧致仕条）同乡、同学，甚至他曾任职的永嘉（温州）出身之人皆为他所起用。可是这些都只是主人与佣人的关系，绝不能成为秦桧集团的中心分子。他也曾拔举建康府学的同学，如范同、段拂（参知政事）、何若、巫伋（枢密院事）、魏良臣、钱周材（侍从），但都为期甚短，而若范同者甚且成为他强力弹压的对象。

第十二章 秦桧专制体制的构造

绍兴九年（1139）末，参知政事李光为了郑亿年复职事件，与秦桧在御前争论，他虽因放言"桧之所用皆亲戚，略无公道"，而遭罢职，但这的确道破了秦桧专制的一大特色。下表之一、二栏为秦桧末年的地方实务官僚，也就是路之监司部分，如转运副使、判官、提举常平茶盐公事、安抚使干办公事，以及府州长官、副长官（知州、通判）。绍兴二十三年的部分系根据郝若贝（Hartwell）之调查，二十四、二十五年部分则将秦桧一派自二十五年秦桧死后至次年十月之一年间罢免、辞职之人，连同郝若贝的资料一并列出。郝若贝的研究要旨原在把握实务官僚的存在形态，而非秦桧系官僚的存在形态。不过，绍兴二十三年至二十五年既是秦桧晚年专制达于极点，几成暴政的时期，这种利用方式或许也是可以的。

检视下表可知，（1）秦桧与党任非监司、地方官职位者，合计有三十多人，相对地，监司、地方官则多达七十多人。（2）在监司人员的配置方面，既是自淮南至广西全国平均分布，则秦桧专制几已遍及全国。（3）地方长官只限于两浙路、江南东路。这一方面显示秦桧专制的地方支配圈范围所在，同时也表明了此一阶段南宋政权所能掌握的地方范围。正如史料中所言，"秦桧专国，朝士为所忌者，终身以添倅或帅幕处之，未尝有为郡者"（《续鉴》卷一二八，绍兴十八年正月丁丑条）。只有秦桧系能信赖的直系人物才能成为"为郡者"——知府州事。所以其一大特征即在于：地方长官中有相当多人出于秦桧之亲友。在表中，秦桧亲友在两浙、江东地方长官中占有相当数目。这种由秦桧亲戚包办江南——生产力高又富裕的南宋政权基本地域——统治的做法，也是秦桧专制的特色。表7为秦桧亲戚任知州、通判之府州名一览。

表6 绍兴二十三年（1153）至二十五年（1155）秦桧系官僚一览

	绍兴二十三年	绍兴二十四、二十五年		绍兴二十三年	绍兴二十四、二十五年		绍兴二十四、二十五年
户部侍郎	徐宗说	曹泳 钟世明	常州		杜师旦 △秦埙	参知政事	董德元
同员外郎	李涛		婺州		李椿年	中书门下检证诸房公事	曹冠 陈岩肖

续表

	绍兴二十三年	绍兴二十四、二十五年		绍兴二十三年	绍兴二十四、二十五年		绍兴二十四、二十五年
度支员外郎	曾 怡		台州		刘 景	尚书右司员外郎	△林一飞
仓部员外郎	?		江东转运副使	州 石	州 石	枢密院编修官	△薛仲邕
金部员外郎	?		江东转运判官	赵公智	赵公智	资政殿大学士	△郑亿年
工部侍郎	△丁娄明	丁娄明	江东提举常平	?		端明殿学士	郑仲熊
同员外郎	杨 愿		江东转运主管文字		龚 鉴	敷文阁学士	徐宗说 曹 筠 △徐 琛 俞 俟
屯田员外郎	△林一飞		江东安抚使参议官		△王 历		
司农寺丞	钟世明	王 炎	江东提点刑狱公事		黄 然	诸王府大小学教授	朱三思
同主簿	盛师文	△林一鸣	建康府		宋 贶 △王 会	吏部侍郎	徐 嘉
大府寺丞	△欧阳逢世	欧阳逢世 苏 振	宣州		王 铸	礼部侍郎	王 珉
太府卿	符行中						
同少卿	?		太平府		△王 晌	兵部侍郎	沈虚中
同主簿	?		广德军		郑时中	刑部侍郎	钱周材
将作监丞	钱端英		江西转运副使	张宋元		监察御史	王 葆 王 复
同主簿	孙祖寿		江西转运判官	卢 奎	张常先	大理寺卿	张 巘
军器监丞	黄 然		江西提举常平		张常先	大理寺丞	石邦哲
行在杂买务杂卖场提辖官	?		江西安抚使干办公事		徐 樗	鸿胪寺少卿	朱郭儒
提举茶马	汤允恭		江西安抚使参议官		王墨卿	宗正寺	张 修
江淮荆浙、都提点坑冶铸钱	沈 调	王彦傅	江西提点刑狱		刘长源	宗正寺丞	郑 柟

续表

	绍兴二十三年	绍兴二十四、二十五年		绍兴二十三年	绍兴二十四、二十五年		绍兴二十四、二十五年
京西转运判官	魏安行		抚州		张子华	光禄寺	△秦垣
淮南转运副使	△郑侨年	楼璹 蒋璨	湖北转运副使	王珏		国子监祭酒、侍讲	张扶
淮南转运判官		龚鉴	湖北转运判官	吴垌		少府监文思院	△林一鸣 曹纬
淮东提举常平茶盐公事	孟处义	齐旦	湖北提举常平	?	△汪召锡		
淮西提举常平茶盐公事	?		江陵府		孙汝翼	温州瑞安县	慎知柔
淮东总领		苏振	湖南运·判	周堃	周堃	四川双流县	冯光邦
盱眙军	龚鉴		湖南提举常平	王之望		明州鄞县	王肇
楚州		卢适	湖南安抚使干办公事		△王晞	潭州湘潭县	雍端行
庐州	曾惇	△郑侨年	邵州		林机	右朝散郎	范洵
无为军		△张永年	武冈军		李若朴	左从政郎	莫汲
两浙运·副	张汇	钟世明	成都转运判官	?			
两浙运·判	李庄 韩珏	阎彦昭	总领四川	符行中	郑霭	两浙马步军副总管	丁禩
两浙提举市舶	郑震	陆升之	成都府		符行中	两浙兵马都监	朱珪
两浙提点刑狱		谢邦彦	眉州		王扬英		
浙东提举常平	△高百之	△黄克	福建转运副使	?			
浙东安抚使干办公事		方云翼	福建转运判官	?			
浙西提举常平	?	杜师旦 司马倬	福建提举常平	王柜	王渝		
临安府		△曹泳（兼户部侍郎）	福建提举市舶	傅自修	张子华		
绍兴府		赵士彪 陈之茂	福建安抚使干办公事		王洧		

续表

	绍兴二十三年	绍兴二十四、二十五年		绍兴二十三年	绍兴二十四、二十五年	绍兴二十四、二十五年
平江府		宋贶 △王伯庠	福建安抚使机宜文字		康与之	
明州		方 滋	广东转运判官	郑 鬲	郑 鬲	
温州		△高百之 △王 著 △王 晓	广东提举常平	陆 浼	邵及之	
严州		郑 震	广东提举市舶		胡 浩	
秀洲		△王 韍	广西转运判官		王利用	
湖州		郭 瑊 余 佐	广西提举常平		田如鳌	

说明：（1）绍兴二十三年部分据 R. H. Hartwell, "Demographic, political, and Social Transformation of China 750–1550", *Harvard Journal Asiatic Studies*, Vol.42, No.2, 1982；（2）府州乃通判以上；（3）△表示秦桧亲友。

表7　秦桧亲戚任知州、通判之地州名

人 名	历任府、州名	人 名	历任府、州名
秦 梓	台州、太平州、常州、湖州(二回)、宣州(二回)、袁州、秀州	王 曦	衢州
		王 晌	建康府、宣州、太平州、平江府
秦 枕	湖州	徐 琛	平江府
秦 棣	明州、宣州	王 晓	温州
曹 泳	秀州、明州、绍兴府、临安府	王 韍	秀州
王 晚		王 著	温州
王 会	泰州、临安府、平江府	王 晒	吉州
王 鈇	湖州、平江府、建康府、湖州、广州	王伯庠	平江府

　　至于江南地区最富庶的苏州即平江府地方，可据南宋时所编《吴郡志》列其知州在任表如下。从表中可以看出，自绍兴十三年至二十五年的秦桧专制期间，知事之职几乎有七年时间是由秦桧一门独占。在这段期间，秦桧系以外的人物根本不可能就任这种枢要地方的知事。

第十二章　秦桧专制体制的构造

表8　绍兴十三年至二十五年苏州知州在任表

任　　期	人　名	备　考
绍兴十三年一月至十四年一月	周　葵	
绍兴十四年三月至十七年一月	王　晚	桧之妻兄
绍兴十七年三月至十八年五月	郑　滋	
绍兴十九年三月至十一月	王　晌	桧之妻弟
绍兴十九年十二月至二十年三月	周三畏	
绍兴二十年五月至二十三年三月	徐　琛	桧妻之中表
绍兴二十三年四月至二十四年十一月	李朝正	
绍兴二十五年正月至七月	汤鹏举	
绍兴二十五年八月至十月	王　会	桧之妻弟

秦桧专制时期，全国监司与江南府州长官之职皆由秦桧系人士独占，江南地方更由秦桧亲人把持的局面已如上述。然则为何会有这种情况发生呢？以下即就此问题作历史性的说明。

秦桧专制的特色也可说是"羡余"（对皇帝、权势者的财货献纳）颇盛。史料中有关羡余盛行之说颇有可见，如绍兴十五年（1145），"时监司郡守多献羡余，以希进"（《中兴小记》卷三二，绍兴十五年十二月条）。或绍兴二十二年十一月，"时守臣、监司不输常赋，专以进奇羡相尚"（同上，卷三五，绍兴二十二年十一月条）。还有全国监司、地方官为秦桧祝寿聚敛财货的记载：

> 监司、帅、守到阙，例要珍宝，必数万贯，乃得差遣。
> 及其赃污不法，为民所讼，桧力保之，故赃吏恣横，百姓愈困。
> 腊月生日，州县献香送物为寿，岁数十万。（《纲目》卷一一，绍兴二十五年十月秦桧薨条）

所谓羡余，原本始自绍兴十二年（1142）四月皇太后韦氏自金归宋之时，淮东转运副使兼太后奉迎一行事务提举王晚（秦桧妻兄）献上本司银五万两、钱十万缗，充当归国费用。而奖励此"献助"的结果（《纲目》卷九，绍兴十二年四月条），是立刻引发各地方于税额之外献金的风潮，随着秦桧专制的展开，"秦桧专政，士方求媚，以取要官"（《要录》卷一五六，绍兴十七年十一月丁丑条）的现象也普遍起来。虽有手诏称"致或刻削苛细，进献羡余，失朕爱民本旨"（同前，正月己卯条），却几乎无甚效果，羡余仍往专制者秦桧名下集积。于是有基层官僚上奏道：

> 今若罢去献羡余，除放民间积欠，（中略）及慎择守臣，戒饬监司，奉法循理，则吏称其职，民安其业，仰称明天子宽恤爱民之意。（《要录》卷一七一，绍兴二十六年二月甲戌条）

从羡余的压力与负担下解放，对于一般地方官而言确为必要，无怪乎秦桧死后立即有人提出这样的要求。

此外，在秦桧专制时期，两浙、江东之监司、府州（额外收夺），尚有超过规定额度进行非法征敛者，所谓"初见财用不足，密谕江浙监司，暗增民税七八，故民力重困，饿死者众"（《纲目》卷一一，绍兴二十五年十月秦桧薨条）。

上述这些额外收夺，或因监司、郡守（州知事）献纳而汇集到秦桧手中的羡余，在皇帝及其周边人士身上也发挥了政治资金的作用。"桧阴结内侍及医师王继先，伺微旨，动静必具知之。日进珍宝、珠玉、书画、奇玩、羡余。上宠眷无比，赐珍玩酒食，无虚日。"（《纲目》卷一一，绍兴二十五年十月秦桧薨条）秦桧为了获得皇帝周边层的恩宠与支持，必须有大量财货，此或为羡余，或为额外收夺，亦有由地方上纳中央的正规物品。

在这种以羡余形式汲取地方财富的过程中，扮演帮浦者，应该就是秦桧的监司们，还有江南的府州长官。所谓羡余，前面已经交代过，乃是始自秦桧妻兄王晚，献官钱以为皇太后奉迎费用；之后皇帝虽曾下禁令，却随着秦桧权力的结构及其运作逻辑的扩大而愈形严重。当王晚式羡余献纳已成一般趋势时，也曾有人逆流而行，与之相抗拒，史载："潼州路转运杨椿，独无所献。常曰：今疮痍未瘳，愧不能裕民力，其肯掊克以进身耶。故一路无横敛之扰。"（《纲目》卷九，绍兴十二年四月奖献助条）

第十二章　秦桧专制体制的构造

不论是为了皇帝，还是为了秦桧，对于地方而言，所谓羡余就是掊克，也就是加强征敛。此所以杨椿情愿牺牲己身之荣显，也不愿掊克小民。不过这并不是一般性的事例，下面就是另一种情况：

> 户部侍郎曹泳，桧之姻党，藉势妄作。荆南府流民积逋二十余万缗，泳责逋甚急，曰：不且有谴。（中略）帅臣孙汝翼，欲赋于民，以塞己责。通判范如圭力请而止之。（《宋宰辅编年录》卷一六，绍兴二十五年十月秦桧致仕条）

秦桧的姻戚曹泳虽视征敛地方为当然，在绍兴八年和议中持强硬反对论的范如圭却出面阻止。反过来说，这意味着在类似的局面中，秦桧的亲友都像曹泳一样积极地行事。大致说来，出任江南地方官的秦桧亲戚们都以掊克为能。如史载湖州、平江府知事王会之事称：

> 会专恃权势，肆为贪酷。其知湖州也，民间私造酒醋，斗升之犯，即拘没家财。逮移明州，益严其禁，加之违法横敛，托名羡余，贮之别库，谓之措置。曹泳尝倡之于前，已不堪其弊矣。至会复增其数，岁至三十万缗。于是多置税场，以掊克商旅；增造酒额，以抑配贫民。以为未足也，则又侵夺诸司正额之钱，悉充措置之数。及其还朝，席卷而去，帑藏为之一空。凡典三州（湖、秀、平江），皆二浙膏腴之地。其去之日，公库所有，多择以自随。所至萧然，恬不知恤。治第平江，极其华侈，皆出于三州兵民之力。（《要录》卷一七〇，绍兴二十五年十二月乙未条）

这里毫无保留地描绘出秦桧亲戚搜刮的情状。无可否认，他是仗恃着秦桧的权势，才能如此恣意地取夺，满足其私人的欲望。不过在满足私欲之余，我们也不能忘了，秦桧在江南的亲戚们是以小秦桧或秦桧分身之势君临该地，其夺取民间财富实有其结构性的原因，这也就是秦桧专制体制中不可或缺的"羡余"结构。

秦桧为掌握皇帝及其周边人士而花费的财货，可以说尽夺取自以江南为中心的民间财富。无论是遍布于全国的监司，还是出任江南府州的长官，秦桧亲戚仗恃权势、横行无道、征敛财货的事情虽然不能于此一一列举，然就前此所述，亦足以显露其结构性的特质。

总之，系属秦桧之下的全国监司，以及由其亲戚出任的江南地方官，都充分表现了汲取民间财富的帮凶角色，善尽其秦桧专制尖兵的职责，堪称是其枢要支柱。也就是因为这一点，我们终究无法将秦桧及其专制体制视为江南在地地主群或江南在地势力的代表或代理人。

第十三章

秦桧专制体制的界限

一、秦桧集团的特质

正如前面所言,绍兴二十年代前半期的秦桧集团,是一股具有压倒性、绝对性的政治势力。曾是权力源泉的皇帝及其周边也为其所掌握,皇帝早已无法统制并运用官僚机构[1]。从官僚组织来看,自宰执、侍从等权力中心成员,以迄地方监司[2]、江南枢要府州首长的人事既为其所左右,则秦桧自然是南宋的实质统治支配者。

自绍兴二十五年(1155)十月秦桧死后的一年间,因系秦桧亲党而遭弹劾、罢免之人,总计前示表6各栏共有一百零二名。如果再加上绍兴二十九年、三十年间继承秦桧路线的沈该、汤思退政权崩溃时列名秦桧亲党之人,还有当时未遭弹劾、至高宗退位之后始被称为秦系的人士,经秦桧约集组成的秦桧集团,大概是两百人左右,配置于宰执以迄地方长官的位置。

从权力中枢到路、州等地方末端,皆由秦桧系官僚占据的事实,正意味着独裁之"绝对集权化"[3]的完成,同时也是统治支配集团等质性的实现与统一性的贯彻。而这种权力自中枢至末端之一体性以及意志统一性的实现,正是确立南宋政权的必要条件。在金不断侵略施压、内乱又持续发生的状况中,王朝的重建与确立,其实就是要克服分裂

---

1. 关于皇帝丧失制敕权的问题,见本书第十一章第二节。至于需经皇帝裁可的案件由尚书省指挥的问题,则见本书第十二章第一节。又秦桧死后之绍兴二十六年二月,右正言凌哲上言称:朝廷号令虽皆付邮传播告天下,但比年以来,"官吏迎合(秦桧)意旨,多是删去紧要事目,止传常程文书,偏州下邑往往有经历时月,不闻朝廷诏令"(《要录》卷一七一,绍兴二十六年二月庚辰条)。总之,确实有一些皇帝意思、诏令不下达的情形发生。
2. 所谓监司,《辞源》(1982年修订本,第3卷,第2190页)解释为各路转运使,《辞海》(1981年,历史分册·中国古代史,第177页)则以为是转运使及提点刑狱。本书系以路所置漕司(转运使、转运副使、判官)、宪司(提点刑狱公事)、仓司(提举常平茶盐公事)、帅司(经略安抚使、干办公事)皆作监司。此与近刊(1985年7月)梅原郁《宋代官僚制度研究》第三章《差遣——职事官的诸问题》第四节《监司》所言相近。详见梅原郁:《宋代官僚制度研究》,同朋社,1985年,第266—288页。
3. 猪木正道:《独裁の政治過程》,《独裁の政治思想》,创文社,1961年。

第十三章　秦桧专制体制的界限

或难以统一的离心化倾向，同时也要实现以统合与重建集权体制为当然的向心作用。现在姑且不问版图的大小，如何取得金人的谅解以求赵氏王朝之存续，并划定赵氏王朝的统治支配领域，固然是要确立南宋政权的重要条件之一，至于在对内方面，组成等质的、一元的统治支配集团，维持均衡的共存状态，更是不可或缺的要件。

可是，秦桧粉碎了各政治势力，强行推展而成的秦桧集团（或政治体制），并不一定就与时代要求的等质、一元统治支配集团组合相一致。秦桧自绍兴八年以一种政变的权力形式登场以来，一贯地排除、排斥其他政治势力，终于在绍兴二十年代完成其攻击并排除政敌的过程，形成政权独占的状态。这种与其他势力不相融的反联合性，使得秦桧集团的组成基础狭隘化。秦桧集团的主要成员限定在秦氏、秦妻王氏或其亲戚之间，秦桧虽也起用同乡、同学甚至他在永嘉（温州）时结识之人，但他们都被当作是"伴食"或只是"奴隶"看待。秦桧政治一贯可见的排他性、非妥协性，限制了秦桧集团的成员，也促生了秦桧政权的狭隘性。这成了秦桧集团的最大特色，秦桧专制体制也受此框架限制。同时这种狭隘性不仅是其专制的外貌，也成为其内在的界限，是秦桧专制体制脆弱的根源。

至于秦桧集团的第二特质，则在其组成取向的片面性。也就是以秦桧为最高权力者，由上而组成的集团，既非李光、张浚之类有地方士人强力支持的集团，亦非赵鼎之流受伊川学派士人支持并参加的集团。其虽广及宰相以迄路、州之监司、长官，取向却一本于秦桧，秦桧集团并不是由底层之路、州所结合而成的集合体或组织体。绍兴二十年（1150）七月，大理少卿李如冈主张当由监司、守臣举县令之有治迹者加以旌赏，高宗却对大臣说："昨已有旨，但未见具名来上，可戒令奉行。"（《要录》卷一六一，绍兴二十年七月己卯、辛巳条）皇帝当然不会不想从下级官僚中拔举有能之人，但臣僚（秦桧）却不依其意图行事，由此可见。

总之，在秦桧集团中，地方官与秦桧的亲戚系受秦桧权势支持、庇佑而得有任命，故这不是因拔擢地方上名望之士或下级有能之人所组构而成的团体。这意味着，就连位居秦桧集团底边的地方官，也丧失了其与地方间的亲近关系，形成极浓厚的超越性、片面性。

本节起始处曾提及之表6，是绍兴二十五年十月秦桧死后一年间被弹劾人物的一览表。南宋三级统治支配体系为：(1)国家级的中央各机关衙门，(2)路、府、州等国家中央与末端（县）间的中间、中级机构，(3)国家机关最末端的县。若由此来观察，秦桧可以说是完全掌握了(1)之中央官衙。

至于（2）之中间、中级地方统治机构方面，亦在百余名中占了七十名。南宋的中间、中级统治机构计有十五路，一百八十五府、州、军。各路皆置监司数人，再加上府、州的正、副长官（知府州、通判），监司、守臣大约有四百人左右。秦桧系官员在四百人中，只占七十名，或许会被认为不够有力。但是后面将会提到，地方官的缺员问题其实相当严重。同时若再仔细核对前列人物表，则不但监司方面几乎全国皆配置了秦桧系人物；在知州、通判等守臣方面，我们更不能忘了前文已一再提及者——秦桧系人员乃是集中配置在南宋政权最主要的基地，也就是两浙、江东一带。一旦综合考虑上述现象，则中间、中级的统治机构，也可以说是尽在秦桧集团掌握之中。虽然从数字上看，他在应有员额的四百人中，只不过掌握了六分之一。但在实质上，秦桧既把握住全国监司与江南枢要府州，则其在事实上，已可支配全部的中间、中级地方行政机构。

最后再来看看位处行政机构最末端的县，在秦桧专制体制的成员中，知县仅有四人，说明知县层[1]乃是相当少数的存在。由此可知，自绍兴十二年（1142）开始的秦桧专制，前后虽长达十四年之久，却仍来不及组织知县这个层级。这是由上而下发展的秦桧权力尚不及渗透之处，关于这点将于次节再详细检讨，这里只求确认秦桧集团之不及组织知县层。

总之，末期的秦桧集团已将中央机构的人员完全涵括在内，而在中间、中级的地方机构方面，府州守臣虽只集中于江南主要府州，监

---

1. 宋代统辖县的长官有县令与知县两种。据《朝野类要》卷二，"未改京朝官宰县"，即为县令，"已改京朝官"则为知丞，也就是已除京朝官者为知县，仍为选人者则为县令。但本书将县之长官一律称为知县。参照顾炎武：《日知录》卷九，知县条；宫崎市定：《宋代州县制度の由来とその特色》，《アジア史研究 第4》，东洋史研究会，1964年，第61页。又可参见梅原郁：《宋代官僚制度研究》第三章第一节，一"县令と知县"条，同朋社，1985年。

司则已遍布全国，只剩统治支配机构最末端的知县尚未组织起来。

二、秦桧专制体制的界限

从前面可以看出，在三级统治机构（中央、国家机关—中级、中间地方机构—末端地方机构）末端的知县部分，秦桧集团的成员非常稀少，无论是在结构上、组织上，秦桧都无法将知县层引入集团中。这个现象不仅表现在秦桧集团份子的组成上，也标示了秦桧专制体制的界限所在。本节所拟讨论者，即秦桧不能掌握知县层的这个问题如何成为其体制的致命伤。

秦桧死后的绍兴二十五年（1155）十二月，有诏敕称："行在百司阙官甚多。可令侍从共举一二十人。"（《要录》卷一七，绍兴二十五年十二月乙亥条）秦桧专制期间中央官衙缺员甚多之事由此可见[1]。但由于知县一职"于民尤亲"（《要录》卷一六九，绍兴二十五年八月丁丑条），且"县则众责所归"（《要录》卷一六三，绍兴二十二年七月甲寅条），故地方官——尤其是知县方面——的大量缺员，乃是与中央高级官员缺员有别且意义尤为深刻的政治问题：

> 州郡累月阙守，而以次官权摄者。彼惟其摄事也，自知非久，何暇尽心于民事。狱讼淹延，政令玩弛，举一郡之事，付之胥吏。幸而除授一人，民望其至，如渴望饮，足未及境，而复以他故罢去矣。（《宋史》卷四一九《曾从龙传》）

引文中所讨论的虽是知州方面缺官所引发的问题，而非知县，但在知县方面，问题其实也是一样的。南宋建国之时，国家统治的地方据点已由府州移至县级，而在秦桧生前，知县缺员的问题即已有人提起。绍兴二十一年（1151）三月，监察御史林大鼐在面对皇帝之时曾论道：

---

1. 这或许与前述有意让给事中、中书舍人等要职虚悬之事有关。

> 今，尚左知县阙一百三十五，侍左县令阙一百一十二。合入者既择禄而不愿，未应入者，愿宣力而无由。至于盐场侍左见有三十余阙，久榜不销，只为监司、郡守，差权官之奇货，愿并与破格差注一次。(《要录》卷一六二，绍兴二十一年三月丁酉条)

文官京朝官以上人事归尚书左选，文官初任至幕职州县官人事则归尚书右选。故据引文所言，绍兴二十一年三月时的缺官员额，以知县、县令计，共二百四十七名，连同盐场监督官则达二百七十余人。南宋共有七百零三县（北宋时则有一千一百六十二县），其中二百四十七县无首长在任，高达百分之三十五，事态实在是相当严重。

这种知县缺人的情况，在秦桧晚年——亦即其专制顶点的暴政时期——也未曾改变。秦桧死后不久的绍兴二十六年（1156）二月间，吏部侍郎许兴古提到："今铨曹有知县、县令共二百余阙。"(《要录》卷一七一，绍兴二十六年二月甲戌条) 铨曹即尚书省吏部，也就是负责百官人事的部门，亦即前引林大鼐所说的尚书左选、侍郎左选。而此处既然明言绍兴二十六年二月时共缺员二百余人，则绍兴二十年代前半期的知县缺额的确高达三分之一。知县、县令是下层的小官，即使是在战火余锋未尽之时，缺员多达三分之一，也属异常，更何况是国政平顺之日。知县一职位处国家机关与乡村社会的联结点上，其作用即在成为联系二者的纽带，对于建国未久的南宋政权而言，这种大量缺员的情况，实在是很严重的问题。这会在所谓上意下达与下情上达的机能方面，留下巨大的空白。而就秦桧这方面看来，则意味着其专制的影响力、支配力遇上了大阻力。

秦桧的确无法以他压倒性的政治力量正式任命配置南宋治下七百零三县的执事长官。到了绍兴二十年代，南宋已有至少二千七百名以上的科举合格者[1]——也就是有资格任官者，而秦桧却无法加以组织。

---

1. 累计建炎二年，绍兴二、五、八、十二、十五、十八等年进士合格人数，在首都正规考试合格者计二千一百零七名，四川等地方临时考试合格者六百三十四名，共计二千七百四十一名。据《皇宋十朝纲要》卷二十，高宗，进士项。

既然已有这么多有资格出任知县之人,为什么还会有这样的问题发生呢?以下试就此作若干检讨。

首先是秦桧特有的政治手法,也就是密告制度与强制征收羡余的做法,造成士人阶层的反感,不愿担任知县之职,结果演变成对秦桧专制的抵抗。绍兴二十五年(1155)八月,秦桧未死之前,知大宗正丞兼工部员外郎王珪曾向高宗上奏道:"县令之职,于民尤亲。近年以来,告讦成风,善于其治,或遭诬诉。有司极其锻炼,故作邑者惧祸之及,一切因循苟且,为自全之计。责其尽绥抚之方,势有不可。"(《要录》卷一六九,绍兴二十五年八月丁丑条)这虽未直接说明大量缺官的缘由,但的确道出秦桧专制之下知县的处境。科举合格之人极力避免就任地方知县之职,无疑与秦桧这种政治手法与告讦制度有关。

其次,羡余之弊也是造成大量缺官、逃避知县之职的原因。绍兴二十六年(1156)二月,秦桧死后不久,曾于绍兴二十二年至二十四年七月间任常州宜兴县知县鲁冲论郡邑弊事的书简,由太府少卿兼吏部侍郎许兴古提出。其中指出,宜兴县岁入计有丁盐钱、坊场课利钱、租钱、地钱、租丝租䌷钱等共一万五千余缗,至于岁出方面则有大军钱、上供钱、籴本钱、打䑽钱、军器物料钱、天申节银绢钱等三万四千余缗尚不止,"州郡督索拖欠,略无虚日"。故他引鲁冲的话说:

> 冲又论,今之为令者,苟以宽恤为意,而拙于催科,旋踵以不职获罪而去。颇能迎合上司,一以惨刻聚敛为务,则以称职闻。是使为令者,终日惴惴,惟财赋是念,祈脱上司之谴。朝不谋夕,亦何暇为陛下奉行宽恤诏书,承流宣化者哉。

到处都是行聚敛、惨刻之政的知县,相反地,行宽恤之政的知县皆无法在位而离职。接下来,许兴古提出自己的意见:

> 冲所论,诚中今日之弊。今铨曹有知县、县令共二百余阙,无愿就者,正缘财赋督迫,民事被罪,所以畏避如此。今若罢去献羡余,除放民间积欠,与夫以民事被罪之科,及慎择

守臣，戒饬监司，奉法循理，则吏称其职，民安其业，仰称明天子宽恤爱民之意。（以上皆引自《要录》卷一七一，绍兴二十六年二月甲戌条）

根据鲁冲与许兴古的看法，位于行政末端的知县们既苦于羡余与民事问题，则一旦除去这些问题，原先不愿就任知县的士人就不会再有所畏避了。而这其实也正意味着士人们对秦桧政治的反抗，对知县职任的抵制，可以说是他们抵抗秦桧政治的具体表现。

从以上所论看来，秦桧政治的手法如告讦、羡余等，实乃是造成知县一职严重缺员的主要原因，而这也正是秦桧专制的致命伤。

不过，这种知县一职大量缺员的问题，也不完全源起于秦桧的政治手法，以下将就其与秦桧专制体制组成原则本身，也就是所谓内在结构性因素的关系，进行讨论。

前面已经指出，秦桧集团、体制的特质是：（1）绝不与其他势力联合，毫无妥协性，排他性强烈，主要成员局限于亲族，权力基础狭隘；（2）片面、单向的组成方式，重要部门所配置者皆为秦桧所信任之人，也就是只有由上而下的编组，却从不就末端进行组织，由下而上地将其成员吸收进入上级机构，纳入体制之内。

存在于秦桧体制内的这两项基本特质，使得他在结构上就无法确保知县的多数。而其排他性与闭锁性，更使他不可能起用七百多位适任之人出任知县之职。只要秦桧集团是封闭的，只限于秦氏、王氏一党，就不可能在量的方面提供足够的官僚。这是第一个造成知县空缺高达三分之一的结构性原因。

其次，秦桧集团乃是由秦桧开始，渐次将其亲戚故旧摆放到必要职位所形成的团体，是一种单方面由上而始的编组。因此本来就不曾积极地自下层——即知县层——吸取人才。绍兴二十年（1150）七月，由于大理少卿李如冈要求对"县令之有治迹者，量行旌赏"，高宗向大臣（秦桧）表示了不满："昨已有旨，但未见具名来上，可戒令奉行。"（《要录》卷一六一）这显示高宗的意向与秦桧的意思颇有差距，秦桧其实无意拔擢知县。侍御史汤鹏举在秦桧死后不久曾批评宰臣（秦桧）："容

第十三章　秦桧专制体制的界限

私，公不行，非亲与旧，非奸与佞，安得与侍从之选。岂容曾任知县者，得除监司、郎官耶。"（《要录》卷一七一，绍兴二十六年正月甲子条）绍兴元年圣旨重新确认并要求付诸实行的事情，应该与此事对照来看："今后未历知县之人不除监司、郎官，非经外任之人不除侍从，立为永法，以革重内轻外之弊。"[1] 很明显地，这次讲话是缘起于对秦桧专制人事政策的反弹。

又因为秦桧专制下的人才起用偏私性极强，若为其腹心，朝夕可至公卿，毫无公开标准可言。如绍兴二十二年（1152）十月就任佥书枢密院事兼参知政事的宋朴，只花了一年半的时间，就由抚州州学教授进为诸王宫大小学教授，再升转至最高官职。而他之所以得此拔擢，乃是因他好左道，交游方士，"枢密院总领丁禩，荐之秦熺，力加引拔。于是桧骤用之"（《要录》卷一六二，绍兴二十一年三月癸巳条）。丁禩是秦桧自金还宋之时担任护卫的下级将校，此后"以（秦桧）通家为狎客"（宋陆游纂《避暑漫抄》引《中兴笔记》），乃是秦桧心腹之人。丁禩与左道交游，不但引介结识秦桧之子秦熺，还经由熺向桧推举，得以位至显官。这类例子还有不少。在秦桧专制之下，起用或拔擢人才全是根据私的关系行事。

在这样的秦桧专制体制之中，（1）编组乃是单面向地由上而下，（2）从不曾积极地由统治支配机构末端的知县中起用或拔擢人才，（3）必要的人才亦全经由私的关系举用。因此，秦桧集团若要吸收知县中有资格者成为集团成员，并将之融入体制之中，确有其结构上的困难，这也是秦桧体制之下会产生知县大量缺员的重要原因。

以上所讨论的，是绍兴二十年代知县缺员多达三分之一——这也显示秦桧体制的界限所在——的历史背景。这不仅是起因于告讦、羡余等秦桧政治手法所引发的士人恶感与反抗，也缘于秦桧集团或体制构造本身的问题。以下除了就前此所触及的各项原因作一归结，同时

---

1. 绍兴二十八年三月之内外官吏更迭法规定，未经外任——即无地方官之经历者，不得出任中央高级官僚，故南宋之中央高官必须具备知县、知州、监司之履历。参见《中兴大事记》卷一，"诏侍从台谏举人久任"条；《纲目》卷一二，绍兴二十八年三月"立内外官更迭久任法"条；《要录》卷一七九，绍兴二十八年三月丙子、戊寅条。

也要就高宗、秦桧等人不重视知县一职,轻忽位于统治机构末端县级单位的有关问题稍作讨论。

绍兴十七年(1147)十月,高宗曾说:"今天下无事,民事最急。"(《要录》卷一五五,绍兴十六年十月己酉条)类此的言论史籍中常有所见。如何充实内政,实为当时最大的政治课题。而此内政之振兴,系以监司、守臣为中心、为主体,其看法是,一旦监司、守臣整备完成,自能统帅知县行事。前引史文即接着说:"监司、郡守须是择人,监司得人,为县者自不作过。"绍兴二十八年七月左正言何溥进言:"臣独惜夫士大夫之才,有长于为邑(即指县)者,而置之无用之地,(中略)甚可叹也。"高宗回答道:"朕谓天下事,治其末者不若治其本者。县令末也,监司、郡守本也。若监司、郡守尽得人,则县何患不得人。卿等为朕择监司、郡守足矣。"(《要录》卷一八〇,绍兴二十八年七月辛未条)

总之,在高宗构想之中,与皇帝共治的官僚群只到监司、郡守(知州、通判)的层次,既然有此区划,知州之下的知县就在知州为本的情况下位居末节,知县与皇帝间的联系也以知州为媒介。在高宗眼中,知县的人数众多,增加了掌握知县的困难性。故"上曰:知县乃铨注,员多难辨真否。但治行者优擢,恶罪者重责,则咸知惩劝,因此可以得才矣"(《要录》卷一五八,绍兴十八年十月庚午条)。

南宋的地方行政单位计有十五路、一百八十五府州军、七百零三县,上述看法即是认为,皇帝一人目力所及,不过是以路之监司、知州为要的二百五十人至三百人,要想完全监督七百多个知县是不可能的。值得注意的是,这种以监司、郡守为本,知县为末的看法,恰与秦桧所行,以全国监司及主要府州长官作为权力体组织成员的做法完全对应。南宋中兴的两位主要人物——高宗与秦桧,皆只注意统治集团中的监司、郡守,而将知县排除在外,不曾积极地控制、掌握知县级人员。这种以府州为地方统治中心主轴的政策,原是宋初以来的基本政策[1],换句话说,高宗、秦桧不过是忠实地奉行宋的基本路线。

---

1. 参见《宋史》卷一六七《职官志七》,府州军监条。并称"(府州)兵、民之政皆总焉","凡属县之事皆统焉"。

第十三章　秦桧专制体制的界限　　　　　　　　　　　317

但是，正如郝若贝所指出的，从宋到明，中国史上的主流，乃是将地方行政的中轴由府、州移换到县，路与府、州等中间、中级的政府机关则转向无意义化[1]。郝若贝并未确切说明，是何种历史缘由造成这种州的无意义化与空洞化，并提高县的重要性。但是自北宋瓦解到南宋再建的这段政治过程，其契机不就是在于原为国家末端机构的县之重要性渐增，以及县机能的活泼化吗？例如依单一标准进行的全国土地调查工作，以及为掌握中兴王朝乡村全体的李椿年经界法之实施，皆是以知县为其主体，当其实施之时，已明言其实施要项在于："今来措置经界，全藉县令、丞用心干当。"（《宋会要辑稿》，食货六之三八）如果没有知县为主体的支持与襄助，单凭着中央单方面的指示，是不可能完成经界法的。

绍兴二十二年（1152）七月，殿中侍御史宋朴表示："今日郡县有便文之弊。（中略）县则众责所归，文移尤峻且数，号为纸鹞。"（《要录》卷一六三，绍兴二十二年七月甲寅条）显示县位于国家机构的最末端，是所有政策集中收敛之处。在南宋初年的混乱期与秩序恢复时期，行政机构最末端的县曾被课以多少任务，齐觉生《南宋县令制度之研究》（《国立政治大学学报》第九期，1996年）一文有详细研究。知县的任务原本有明文规定：

> 掌总治民政，劝课农桑，平决狱讼。有德泽、禁令，则宣布于治境。凡户口、赋役、钱谷、振济、给纳之事，皆掌之。以时造户版及催理二税。（《宋史》卷一六七《职官志七》县令条）

即其主要业务在裁判与征税。可是南宋初年的知县职任已与上述规定有别，齐觉生将之整理为：（1）为守土、防盗、安民而组织、指导民兵。（2）营田、屯田之经营。（3）兼管常平仓。（4）兼督县学。（5）含经界法在内之各项调查事业等。中央各机关个别企划、编订的政策，重

---

1. Hartwell, Robert M, Demographic, Political, and Social Transformations of China, 750–1550, *Harvard Journal of Asian Studies*, Vol. 42, No.2, 1982, pp.394–396。又南宋后半期出现"强县州弱"之说，值得注意（《后村先生大全集》卷七九《按信州守臣奏状》）。

新在末端的县会集，并成了知县的职责。在这层意义上，所谓职务范围的扩大，其实与重新确认县的存在意义有连带关系，并为前述郝若贝的见解提供历史的根据。

此外，南宋初年指定四十大邑（县）的制度，也可以由国家与县越过路、州制直接相连的方向来思考。绍兴六年五月，秘书少监吴表臣曾提案选平江府常熟县、秀州华亭县等"邑（县）大而事剧""素号难治者"，"择有风力"堂除（不经吏部，直接由宰相任命者）知县任命，待遇依通判（府州副知事），许其陛对，三年一任，任满如有异政即不次拔擢，大加宠褒（《要录》卷一〇一，绍兴六年五月辛未条）。这项提议获得采纳，同年十二月即诏选浙西十四、浙东九、江东八、江西四、福建四、湖南一邑，合计四十邑[1]。在四十县中，两浙、江东就有三十一县，这时我们已可看出，南宋将以何地为其权力基地，将在何处建立南宋政权。从两浙、荆湖、福建共三百零六县中指定四十大县，设置与府、州通判相匹敌的知县，意味着中央政府将与有力大县建立直接相连的关系。这件事具体地表现出，在中央—路、府、州—县三级制中中间的中级地方统治机构支配力衰退的趋势。

位于行政机构末端的县及其首长知县的重要性，在南宋成立的混乱状态以及之后的收拾期中，不断地增高，结果当然使北宋以来以路、府州为中心的地方行政编组方式有了改变。可是，高宗与秦桧等人并不曾体认这种新的变化，也不想重新整编统治机构。"州为本，县为末"，他们的看法是保守的。而这种保守性也就限制了他们，让他们不会想到要将知县们组织并纳入自己的权力基础中。

---

1. 今日已无法确知四十大县全部之所在。只能从《要录》卷一〇一绍兴六年五月辛未条、卷一〇七绍兴六年十二月辛酉条及《宋会辑稿》职官四八之三八中，找出十五县。即：浙西临安府钱塘县、仁和县、余杭县、富阳县，平江府常熟县，秀州华亭县；浙东绍兴府会稽县、山阴县、诸暨县，婺州东阳县，温州平阳县；江东江宁府上元县、江宁；江西洪州南昌县、分宁县。梅原郁之近作《宋代官僚制度研究》第201页据南宋中期嘉定八年（1215）敕中之"繁难大县四十"，列举了三十八县。但是绍兴六年之"四十大邑"未必与嘉定八年之"四十大县"完全相同。如此处所举之临安府钱塘县、仁和县，即不见于嘉定八年之敕文。

三、秦桧专制时期江南知县的动向

绍兴二十年代前半期全国知县缺员三分之一以上的现象，前面已经有所说明；并且将此视为秦桧专制体制或秦桧集团支配力、组织力的界限，检讨了产生此一事态的各项原因，特别是秦桧体制内部的问题。知县缺员的现象，在南宋治下应该尚有地域性的差异存在。不过，今天我们固然已不可能正确地探知缺员地域的个别状况，但我们仍可推测出知州、通判、知县等地方官缺员现象，当以湖北、广东、广西、四川等非中心地带、边境地带较多。如以下记载：

> 上曰：广东、西缺官，自来多是权摄。（《要录》卷一五六，绍兴十七年十二月乙未条）

> 知复州刘畸代还，言湖北县今有七八年无正官，而以寄居待阙官摄之者。事多旷弛，民受其弊。（同上，卷一五九，绍兴十九年三月丙申条）

> 军器监丞孙祖寿面对，论川、广守令有阙。违法差官，俾之久摄，妨公虐民。（同上，卷一六九，绍兴二十五年十月己卯条）

> 通判肇庆府黄公度引见曰：（中略）有至十年不除守臣者。（同上，卷一七一，绍兴二十六年正月庚午条）

由以上所载可知，湖北、广东、广西、四川等边境地区都有地方官缺员的现象。至于秦桧专制体制下的南宋政权基本地带——江南地方知县的状况如何，当然更是重要的课题。江南地方的知县是否充足、江南知县对秦桧权力是采取协调态度抑或对抗之势，都是具体考察秦桧专制体制与江南关系时的历史重点。

追溯江南知县动向的历史，和了解全国知县缺员状态一样困难。现在只能从现存宋元地方志中，查知绍兴十二年（1142）到二十五年（1155）底秦桧专制时期有关知县上任、交替、离职等人事异动状况。结果在这段期间，两浙、江东共一百二十二县中，只寻得二十六县一百五十九名知县、县令的资料。此即：

　　平江府常熟县（《重修琴川志》）
　　秀州华亭县（《绍熙云间志》）
　　建康府上元县、江宁县（《景定建康志》）

（以上四县皆在"四十大县"之中）

　　严州建德县（《严州图经》）
　　建康府句容县、溧水县、溧阳县（《景定建康志》）
　　镇江府丹徒县、丹阳县、金坛县（《嘉定镇江志》）
　　常州晋陵县、武进县、无锡县、宜兴县（《咸淳毗陵志》）
　　明州鄞县、奉化县、慈溪县、定海县、昌国县、象山县（《乾道四明图经》《宝庆四明志》）
　　台州临海县、黄岩县、天台县、仙居县、宁海县（《嘉定赤城志》）

由于只有全部的二成左右，论断之时自须特别慎重，不过若就其结构性的大概趋势看，应该也不是全无意义。

此处检索出的一百五十九人中，有五十人可以根据《建炎以来系年要录人名索引》（梅原郁编，1983年）、《宋人传记资料索引》（昌彼得、王德毅、程元敏、侯俊德编，民国六十三年至六十四年，全五册）、《宋元方志传记索引》（朱士嘉编，1936年）、《宋会要辑稿人名索引》（王德毅编，民国六十七年）等书，查对各种史书，知其出任知县、县令前后的经历。由于自绍兴十二年至二十五年底的十四年间，可知者共有二十六县、一百五十九位知县，即每县平均六人。又两浙、江东本

第十三章　秦桧专制体制的界限

有一百二十二县，则原本当共有七百至七百五十位知县。其中虽只有五十人，即百分之六至七，可以知道履历，我们仍想从这五十人以及前述二十县一百五十九位知县的身上，找出几点秦桧专制时期江南知县层值得注意的动向。

（1）在前节中一直提到的江南知县、县令缺员现象，在此完全消失了。这里所调查的平江府、建康府、镇江府、秀州、常州、明州、台州、严州等地，皆是两浙、江东地方的主要府州[1]，我们或可由此推定，两浙、江东的主要府州这时并无知县缺员的问题。这说明南宋政权确立之时，有一些较早确立国家统治支配机构的地区和一些比较落后的地区。

（2）在江南知县中，能够被确认是秦桧系人物者非常之少。曾于绍兴二十二年（1152）至二十四年（1154）间任明州象山县令，又转任温州瑞安县令直到绍兴二十六年三月为止的慎知柔，可以确定是"曹泳、王会（皆为秦桧之亲戚心腹）鹰犬也"（《要录》卷一七二，绍兴二十六年三月戊辰条）。而于绍兴十九年至二十二年间任台州仙居县令的杜师旦，于绍兴二十四、五年间就任浙西提举常平茶盐公事兼同权提点刑狱公事兼知常州，是江南地方最有力的地方官（《宋诗纪事补遗》卷四三），绍兴二十五年十月，秦桧死后第二天，他就因为是曹泳门下而被罢免（《要录》卷一六九，绍兴二十五年十月丁酉条）。

能够被认定为是秦桧系者只有前述两人。至于曾谄事秦桧，暗示其间有特别关系者亦有两人。绍兴十六年（1146）七月献上《神宗·哲宗御集》一百八十册的陈泰初，靠着秦熺的关系，于绍兴十七年、十八年出任明州奉化县令（《要录》卷一五五，绍兴十六年七月乙酉条）。张莘则于绍兴十六年十月至十八年二月任严州建德县知县，随即转任绍兴府会稽县知县。多半的知县在任期满了之后会有一段休职，他却立刻转往四十大邑之一、紧邻行在的会稽县上任，这是这段时期秦桧系以外人士不可能有的异动。

---

1. 如以最富裕之人聚居之地视为主要府州，则南宋政权初立之时，浙西平江府、湖州、秀州、江阴军，浙东绍兴府、衢州、温州，江东建康府、广德府等皆是。如绍兴六年四月，当时的宰相张浚，为向北方开战，提议当向怀忠体国之富豪筹募军费，就特别提到这十府州军，"最系豪右大姓数多去处"，故当专由此数地调发。见《要录》卷一〇〇，绍兴六年四月乙卯条。

能够确认为是秦桧系的知县只有二人，再加上推测可能是的二人，共计四人。和中央机关以及路、州等中间的中级行政机关中秦桧系人物充斥的情况相比，这个数字可以供作对比。反过来看，在绍兴十二年（1142）至二十五年（1155）间，因反秦桧系而被罢免、弹劾的江南知县也有六人。他们都受到秦桧直系监察官员的弹劾，分别是绍兴十九年六月建康府溧阳县县令冯迪德、同年九月通判汀州李璹（绍兴十三年至十六年常州武进县知县）、绍兴二十二年四月信州上饶县吴芑（绍兴十三年，建康府上元县县令）、同年十月台州黄岩县令杨炜、绍兴二十四年六月淮南路转运使干办公事陈祖安（绍兴十九年至二十二年秀州华亭知县）、同年十二月明州鄞县知县程纬。其中杨炜与陈祖安是秦桧政敌李光系的人，故受李光之狱牵连，至于李璹则属胡铨系，都是受到权力中心政治斗争波及。

总之，单从这里所能看到的资料，我们很难说秦桧系人士已掌握住江南知县，也无法推定反秦桧系占了大半位置。

（3）概观绍兴十二年至二十五年的江南知县，值得注意的，还是两种流派并存的现象。这两种倾向一并表现在下述两表中。表9所见人物特色为：（1）在秦桧专制之前已经担任过地方官，秦桧死后则未再为官。（2）原为中原、两淮地方官，因避难江南而再就任江南地方知县之职者约占半数。（3）无法确认有科举进士及第之人。（4）吕颐浩、刘大中、张浚等反秦桧系宰执所推荐者各有一人。

表9　绍兴年间江南知县人物表（1）

人　名	任职县名	任　期	前后经历	备　考
张　莘	严州建德县	绍兴十六年十月至十八年二月	绍兴府知会稽县	左宣教郎（从八品）→左奉议郎（正八品）
吴　枢	建康府上元县	绍兴十年二月至十三年三月	建炎三年三月迪功郎（从九品）	右朝奉郎（正七品）

第十三章 秦桧专制体制的界限

续表

人 名	任职县名	任 期	前后经历	备 考
臧 梓	建康府江宁县	绍兴十一年至十二年	绍兴五年四月严州寿昌县令，绍兴六年四月湖南安抚使干办公事	宣教郎。绍兴五年四月赵鼎、绍兴六年四月吕颐浩推荐
荀 绅	建康府江宁县	绍兴十二年	绍兴三年四月和州历阳县令	奉议郎
解致明	常州晋陵县	绍兴九年八月至十一年二月	建炎三年七月知莱阳县令	右朝散郎（正七品）。盗用上供银入己
吴 竞	常州无锡县	绍兴十三年十二月至十五年十一月	绍兴三年六月会昌县令	左朝奉大夫（从六品）。刘大中推荐
王 莘	明州象山县	绍兴十年至十三年	绍兴五年正月光州权知州事，绍兴六年十月光州守臣	
谢 徽	明州象山县	绍兴十九年至二十二年	绍兴三年七月通判宾州罢免	
唐 开	台州临海县	绍兴十五年至十八年	绍兴五年闰二月特换武官保义郎→文官迪功郎	献《国朝会要》三百卷
江洵武	台州天台县	绍兴十一年至十三年	建炎四年五月滁州通判	
李 亦	台州天台县	绍兴十六年至十九年	绍兴四年二月泰州录事参军	右承务郎（从九品）
刘 宽	平江府常熟县	绍兴十一年四月至十三年三月	绍兴七年九月知无锡县令	右承政郎，张浚系
杨寿亨	秀州华亭县	绍兴十三年至十六年	绍兴五年二月濠州录事参军、濠州权知州事	

表10　绍兴年间江南知县人物表（2）

人　名	任职县名	任　期	前后经历	备　考
叶义问	建康府江宁县	绍兴十三年至？	绍兴元年二月临安府司理参军，绍兴二十五年十二月太常博士，绍兴二十七年十月殿中侍御史，绍兴二十九年二月吏部侍郎，绍兴三十年正月同知枢密院事	建炎二年进士
姚　邵	建康府江宁县	？至绍兴二十年九月	绍兴三十一年三月大理寺丞，绍兴三十二年四月知鄂州	宣教郎
龚　璹	建康府句容县	绍兴二十四年至二十六年	绍兴二十九年三月知蒋州，绍兴三十年六月知庐州，绍兴三十二年二月两浙转运使	
周　琮	建康府溧阳县	绍兴二十年十月至二十二年六月	绍兴二十二年六月江东安抚使干办公事，绍兴三十年正月知滁州，绍兴三十一年六月知盱眙军，绍兴三十二年四月两浙转运副使、知临安府	右通直郎（正八品）
赵学老	镇江府丹徒县	绍兴十六年至十八年	绍兴三十一年八月通判秀州	右通直郎
赵公称	镇江府金坛县	绍兴十七年至二十年	绍兴二十六年八月浙东提举常平茶盐公事，绍兴二十七年三月知赣州，绍兴三十年七月知镇江府	八年进士
张大年	常州晋陵县	绍兴二十年二月至二十三年十二月	通判琼州、通判道州	政和年间进士

第十三章 秦桧专制体制的界限

续表

人名	任职县名	任期	前后经历	备考
魏杞	常州晋陵县	绍兴二十三年十二月至？	绍兴三十二年五月太府寺丞、乾道二年三月同知枢密院事、乾道二年十二月右仆射	绍兴十二年进士，绍兴三十年十一月钱端礼推举
胡舜举	常州无锡县	绍兴十五年十二月至十九年十二月	知建昌军	建炎二年进士，胡舜陟之弟
林珣	常州无锡县	绍兴十九年十二月至二十年九月	绍兴六年八月滁州军事判官、福州通判→绍兴三十年十一月知黄州、绍兴三十一年二月知江州	右宣教郎
王傅	常州无锡县	绍兴二十二年十二月至二十六年二月	绍兴二十六年三月通判临安府、绍兴三十年十一月知建州、绍兴三十一年十月知太平府	左朝散大夫（从六品）。绍兴三十年十月王淮推举
郑知刚	常州宜兴县	绍兴十七年三月至二十年六月	绍兴二十七年四月通判邵武军，绍兴二十八年正月太府寺丞、知严州	建炎二年进士，绍兴二十八年正月周麟之推举
张汝楫	明州奉化县	绍兴十二年至十四年	绍兴二十七年十一月福建提举茶盐公事	左奉议郎（正八品）
陈良翰	明州慈溪县	绍兴十七年至二十一年	绍兴二十五年八月大理少卿，绍兴二十九年十一月江东提点刑狱、知建康府、兵部侍郎、谏议大夫、给事中	绍兴五年进士，张浚系
李彭年	明州慈溪县	绍兴二十一年至二十七年	镇江府教授	绍兴八年进士
陆淞	明州天台县	绍兴二十二年至二十五年	守辰州	荫补。陆游之弟

续表

人名	任职县名	任期	前后经历	备考
韩元吉	明州天台县	绍兴二十五年至二十七年三月	绍兴二十九年五月司农寺丞	荫补。韩维之玄孙
陆静之	明州宁海县	绍兴二十二年至二十四年	通判陆兴府、浙东安抚使参议官	荫补。陆佖之孙
孔璠	平江府常熟县	绍兴十五年四月至十七年八月	绍兴二十九年五月知和州	
任古	平江府常熟县	绍兴二十二年十二月至二十五年正月	绍兴二十七年十一月监察御史，绍兴三十二年八月谏议大夫	建炎二年进士，绍兴二十七年十一月王俣推举

表10的人物特色是：（1）秦桧死后渐次升进为高级官僚，其中进入宰执、侍从等权力中枢者有四人（叶义问、魏杞、陈良翰、任古）。（2）科举进士出身者多，是此一系列的一大特色。从北宋末政和年间开始，建炎二年（1128）与绍兴五年（1135）、八年、十二年各年进士科及第者共八人。此外有两人的寄禄官名带有"左"字[1]。（3）这一系列的士人在秦桧死后极为活跃，他们在南宋初年科举及第，中举时多半还很年轻，江南知县可能是他们第一个职位或是前几个职位。（4）这群人在秦桧死后渐露头角，而在打倒秦桧继承政权——沈该、汤思退政权（绍兴二十五年至二十九年）时，也就是第二次逐退秦桧有关人士的运动中，他们多半成为主导人物。

例如，在讨论绍兴二十八年（1158）十一月冬至南郊恩赦问题时，叶义问表示："顷岁傅会及告讦之人，岁月未深，情理难恕。不应一例移放。"他的意见得到皇帝的同意（《要录》卷一八〇，绍兴二十八年十一月己卯条）。于是喻樗、汤鹏举、李长民、朱冠卿、龚釜、龚鉴、周方崇、徐宗说、史才、陈孺、沈虚中、宋朴、汪勃、李纮、林徐皆

---

1. 《朝野类要》卷二开口官条称："旧制，及第人带左字。余皆带右字。以左字象开口也。今并不带左右字。"这样说来，此处记王傅为左朝散大夫，张汝楫为左奉议郎，即表示他们都是科举进士及第之人。又可参见《建炎以来朝野杂记》卷十二寄禄官分左右条、《宋史》卷一六九《职官志九》绍兴以后阶官等条。

第十三章 秦桧专制体制的界限

以原属桧党或曹泳系遭到弹劾、罢免。

其次，任古自绍兴二十七年（1157）十一月因王俣推荐就任监察御史以来，即弹劾多名秦桧系人物，其中最轰动的是绍兴二十九年五月与左司谏何溥、右正言都民望一起攻击宰相沈该"天资疏庸，人品凡下"，"在州县谄谀秦桧"（《要录》卷一八二，绍兴二十九年六月乙巳条），沈该因此辞位。至若陈良翰则于孝宗初年痛责秦桧在对金政策上的罪过，并极力论说曾忠实执行秦桧路线的宰相汤思退"奸邪误国"（《宋史》卷三八七《陈良翰传》），还强力支持主战论者张浚复归显职。

总之，在江南的知县中，有因战乱自两淮、江北避难江南而就职者，但日后均未见他们在权力中枢活跃；至于在南宋初年科举及第后就任或再任的江南知县，则在秦桧死后步上高官之途。后者之中颇有指导反秦桧战役的领袖人物，而他们之所以攻击、排斥当时占据中央官衙，还有中间的中级统治机构的秦桧系人士，根本就是与他们要夺取地位，改由反秦桧系官僚出任其职有关。

本节所讨论的秦桧专制期江南知县动向，究竟谈出什么问题呢？由于江南是南宋政权的基础地带，边境地区那种长期缺官的现象这里看不见。可是，我们也看不出，曾有大量的秦桧系人物被重点配置于知县职位上，以作为秦桧专制体制的膀臂。这是秦桧不重视县与知县职任的当然结果。故其从来不曾积极地尝试将知县层编入秦桧集团、纳入体制。在这层意义上，江南虽未如边境地区之缺员，却被置放在一种不关心与放任的态势下，这也形成秦桧体制的某种界限。

即便如此，江南知县之中仍有两种流派，这就是由江北而来的避难官僚派与进士科出身的新锐派。前者对秦桧体制或许有所帮助，至少他们没有积极的抵抗行动。另一方面，日后驱逐秦桧系官僚的主要人物如叶义问、任古、陈良翰等也出身自江南知县，他们概属于后者。在这群人中，既有前述反对征收羡余的鲁冲，也有属于李光、胡铨系、遭秦桧派监察官弹劾的杨炜、陈祖安、李璹等积极反秦的知县，故在秦桧体制之下，江南知县中应当有相当部分是反对秦桧或是不合作者。至少我们可以确认，此间情况混杂，不像中央机关或中间的中级行政机构那样，清一色地以秦桧系为主，其中还孕育了一些战斗性强盛的反秦领袖。秦桧专制虽然持续了十四年时间，却仍有其界限，甚至未能统制掌握其基本地区江南的知县。江南虽然不像边境地区那样缺员，却也被放任不顾，造成知县的反感，甚且孕育了强烈的反对者。位于统治机构末端的县与知县，无论是在边境地区或中心基本地带，也无论其表现形态如何，都展现出秦桧专制自身的局限性。

第十四章

秦桧专制体制与国家的一般政策——经界法

一、经界法在秦桧专制中的位置

前面分析了秦桧专制体制中有关人的组合及其变异,以说明其历史诸特质。本章则拟检讨自绍兴十二年(1142)至二十五年(1155)间长期运用其压倒性政治力量的秦桧,与国家内部一般性政策间的关系。盖宋代政治史自王安石改革以下,或溯自庆历变法,权力斗争一直都与政策之决选纠葛不清,几乎成了同义词。除了收兵权,及与此相关的兵制、财政之整备,并建立安定的对金关系之外,在秦桧专制之,还进行了什么样的国家政策呢?这是南宋初期政治史上当然的课题。

不过要想一网打尽上述期间秦桧所推行的国家一般政策,追踪其实施状况、成果,洵非易事。只有根据编年大事类的史书,概略地列举其主要项目。现在即依《中兴两朝编年纲目》(简称《纲目》),排除了(1)天变、天灾,(2)使节往来之一般对外事项及外国事务,(3)皇帝祭祀、仪礼及与皇室有关之言动,(4)各种仪器制作及宫殿、官衙营造,(5)以皇帝为中心的记录编纂之事,(6)各种人事关系,(7)特定地方之事,仅就一般性国政记事,按年月顺序编列成表11。

表11　绍兴十二年至二十五年秦桧当政时推行的政策

年　月		政　治　大　事
绍兴十二年	四月	亲试举人 奖献助
	五月	置榷场 停给僧牒 复教官科
	九月	大赦(母后归还)
	十月	置车辂院
	十一月	经界法

第十四章　秦桧专制体制与国家的一般政策——经界法

续表

年　月		政　治　大　事
绍兴十三年	正月	更科举法
	二月	命宰执措画弭盗
	四月	擢用循吏
	六月	严监司失按罚
	十一月	禁私铸钱
	十二月	建秘书省、求遗书、复置三馆 申严铜钱出界禁 旌孝行
绍兴十四年	三月	减坑冶虚额 饬奉行宽恤诏
	四月	禁私史
	十一月	申严遏籴禁
	十二月	惠贫民
绍兴十五年	正月	王鈇申行经界法 试博学宏词科
	三月	亲试举人
	四月	大赦（彗出）
	五月	置六部架阁官
	六月	令监司察汰县令
	七月	蠲民租
	八月	命提举茶盐官兼领常平
	闰十月	访遗书
绍兴十六年	正月	毁淫祠
	二月	罢明法科
	三月	建武学

续表

年 月		政 治 大 事
绍兴十六年	五月	诏择监司
	十一月	复居养院等 置御书院
绍兴十七年	正月	禁献羡余 除力胜钱税 遣官覆实经界
	五月	诏举制科
	六月	诏盗贼毋招安
	八月	诏以宽剩钱充月桩
	十一月	禁前期催科 班常平免役
绍兴十八年	四月	亲试举人
	闰八月	增殿前司军 定岁籴额
	十二月	赈饥民
绍兴十九年	二月	定岁赐诸军马额
	三月	四川经界
	六月	下宽恤诏
	七月	诏诸路提刑诣所部决狱
	十二月	申禁野史
绍兴二十年	正月	禁科罚
	四月	置力田科
	五月	诏举制科
绍兴二十一年	二月	苗米禁折估 置诸州惠民局 禁额外吏

第十四章　秦桧专制体制与国家的一般政策——经界法　　333

续表

年　月		政　治　大　事
绍兴二十一年	闰四月	选诸州卒补三衙 亲试举人
	七月	除柴米税
	九月	以绝产院田赡学
绍兴二十二年	六月	赈水灾
绍兴二十三年	五月	诏举制科
	六月	赈水灾
	十一月	燕经筵官
绍兴二十四年	二月	试博学宏词科
	三月	亲试举人
	八月	申严中书论对法
	十一月	作龙图等六阁
绍兴二十五年	二月	申严监司巡历法
	五月	罢免役钱
	八月	出内帑绢代输户丁
	九月	置茶场
	十月	（秦桧薨）

　　此中可以注意的是，相对于秦桧所掌控的庞大政治权力，他在实施、推进政策时的贫弱与消极。如果先从表中略去与科举有关的选举记事、官制更革、灾害救恤等事项，余下的二十几件，多与财政有关，大概都是实施蠲免政策的诏敕或指令。可是，如果我们考虑到：标榜蠲免的秦桧专制，其国库收入反而比秦桧专制以前倍增，秦桧的财政措施向以收夺为取向，秦桧并未将诏敕递交地方，一切政治裁决皆取决于秦桧及其侧近而非皇帝等种种情况，就不会认为这一连串宽除民课租赋的蠲免政策曾被付诸实施。在这样的认知下重新审视所列表中事项，

可以发现，经界法——全国实施检地、检田并整理土地账册图籍——乃是其间唯一的例外。这使得因战争及北宋政权瓦解而陷入混乱状态的乡村与国家关系重新建立起秩序，在讲求无为、消极性明显的秦桧政治全体中，是方向明确并具积极指导意义的政策。

从平江府（苏州）开始，历两浙路而遍及全国的经界法，或由官府进行土地测量，或由人民各自就所有土地申告，是为求使两税负担公平化的办法。据提案者李椿年说："经界既正，则民有定产，产有定税，税有定籍。"（《宋会要辑稿》，食货七〇之一二四）故这可以说是南宋政权与乡村农户建立基本关系的一项媒介。

南宋政权既是北宋政权的继承者，为重新确立集权支配体制，就必须将新的统治根据地江南乡村置于一元化的路、府州、县机构掌控下，也就是根据一元的、统一的标准，重新掌握对金条约划定领域内的所有村落。北宋末、南宋初的各种政治性、社会性变乱，都因着绍兴十一年末的和议而差不多结束了。因此，在这个时候，实施全国土地测量，重新确认并掌握土地所有与耕作状况，是南宋政权自我确立的最后也是最大的课题。国家与乡村的关系表现在税役负担上，经界法即是计算税役负担的基准，国家承认私的土地所有关系，然而为了表现其公的一面，南宋政权必须在一定时期实施经界法。

总之，在秦桧专制下所实施的政策中，经界法相当例外地表现出积极的意图，而这也正是继承政权所必须处理的政治课题。以下即就此种情况，并秦桧专制下一般国家政策的开展事例，探讨经界法之企划、试办与全面实施过程。

关于经界法，已有多位学者发表研究成果。如早在昭和十三年（1938）曾我部静雄即以《南宋之土地经界法》[1]为题就制度作全面性的考察。近年王德毅发表了《李椿年与南宋土地经界》[2]，着重于经界法中心人物李椿年的角色，以解明李椿年与经界法之间的关联。周藤吉之也从研究南宋乡村制度的角度讨论经界法[3]。至于和田清编《宋史食货志

---

1. 曾我部静雄：《南宋の土地経界法》，《宋代政経史の研究》，吉川弘文馆，1974年。
2. 王德毅：《李椿年与南宋土地经界》，《宋史研究集》第7辑，1974年。
3. 周藤吉之：《南宋郷都の税制と土地所有》，《宋代経済史研究》，东京大学出版会，1962年。

第十四章　秦桧专制体制与国家的一般政策——经界法

译注（一）》则几乎将有关文献、史料的介绍、解说网罗殆尽[1]。由此看来，对于经界法的讨论可以说是已无所遗余，但是既然就政治史角度探究经界法者几乎完全没有，故以下的考察与检讨应该还是有其意义吧。

二、经界法实施前的各种情况

具体而言，经界法始自绍兴十二年（1142）十一月，左司员外郎李椿年上奏"经界不正十害"，并在平江府试行。他所提出的十害是不是使当权者如高宗、秦桧等人决定实施经界法的主要原因呢？应该不是的。以往研究经界法者全由李椿年的建言中寻找实施经界法的必然性，再由此展开论说。可是这种历史理解并不完全，很难说是解明了实施经界法的历史必然性。因为李椿年的建言，并不是就北宋末、南宋初的政治、社会混乱状况作全盘观察所得。为了理解经界法乃是南宋政权确立过程中不可或缺的政治课题，以下将以经界法最初施行的平江府为中心，从各个角度考察与经界法有关的一般状况。

首先所要指出的是自北宋以来一直都存在着的弊端，即土地所有者变更后，新所有者往往结托地方官不变更其名义，以致"有田者未必有税，有税者未必有田"（《宋会要辑稿》，食货六之三六，李椿年上奏）。金之傀儡政权齐于阜昌四年五月（宋绍兴三年五月）由冯长宁、许伯通拟定什一税法，其序文即综括北宋末期诸种弊恶：

> 宋之季世，税法为民大蠹。权要豪右之家，交通州县，欺侮愚弱。恃其高赀，择利兼并，售必膏腴，减落税亩，至有入其田宅，而不承其税者。贫民下户，急于贸易，俯首听之。间有陈词，官吏附势，不能推割，至有田产已尽，而税籍犹在者。监锢拘囚，至于卖妻鬻子，死徙而后已。官私摊逃户赋，则牵连邑里，岁使代输，无有穷已。（《要录》卷六五，绍兴三年五月己巳条）

---

1. 和田清编：《宋史食货志訳註 第1》，东洋文库，1960年，第134—161页。

土地所有者在税籍上与实际分离的现象，在北宋末期愈演愈烈，不但有损社会的公正，也侵蚀了国家的统合力量，新建立的南宋政权当然期待匡正此一弊害，以恢复国家的凝聚力。

其次所要指出的是，原有的户口、租税账册簿籍等官方文书都已因战乱而散佚，这使得国家的乡村掌控散漫化，特定阶层乃乘此混乱取利。如江淮路经制判官霍蠡于绍兴九年（1139）二月的上奏中提到：

> 军兴以来，上自朝廷，下至州县，案籍焚毁，纲目散亡。老胥猾吏，出没其间，而掌邦记者，但以调度不足为忧，苛刻隐欺之患，不暇复省。（《要录》卷一二七，绍兴九年三月乙未条）

他并要求改正因这些事态所引发的弊害。

第三点则是地主或原耕作之人因战乱避难、逃亡他处以后田地的处分问题。那些田地或被弃置成为荒地，或交给从来不认识的人耕作，也有被邻近地主或耕作者侵夺者。在这样的情况下，地方官该如何处理呢？又该如何征收赋税呢？是加以豁免，还是由现居者承担旧税？这些都是战乱所留下来的问题。绍兴三年（1133）四月，工部侍郎李擢以其前年知平江府时见闻作"民间利病五事"上奏，其中说到：

> （第一项）东南有逃田，皆湖浸相连，塍岸久废，无人耕垦者。且以平江言之，岁失租米四万三千余斛。愿委官相视，可以疏导耕垦者，招诱东北流徙之民，给本施工，与免三岁之租。其决不可施工者，监司复案，除其旧额。
>
> （第二项）平江陷敌之民，所弃田三万六千余亩，多有旧佃户主之。诸县悉已立定租课，除常赋外，余以三分为率，一给佃户，一以上供，一拘籍在官，俟其归业，并田给还。二年不归，即依户绝法，今三年矣。陷敌之民，岂不愿归，顾力未能脱耳。望且更展二三年，以俟之。（《要录》卷六四，绍兴三年四月丁未条）

第十四章　秦桧专制体制与国家的一般政策——经界法

在五事之中，有两件与因战乱废弃的湖田有关——每年租米估计约损失四万三千余石，以及因金军占领、地主逃亡所弃三万六千余亩田地的处理问题。这里暂且不论其处置方式是否恰当，值得注意的乃是在当时，就连以生产力相夸的平江府，也有如此大量弃置荒废的田地。在此上奏文后，《要录》特注称："擢此奏，见平江田租事甚详，着此，为李椿年经界张本。"（同前）《文献通考》卷五田赋五也注道："此经界张本也。"换句话说，我们必须注意到，宋元时代的著名史家也都认为南宋经界法之所以成立，是因为战乱之后有大量逃田、弃田存在的缘故。他们并不视其为北宋末年方田均税法的继承。[1]

第四点待指出者，是江南在南宋初期曾有显著可见的地主变动现象。南宋初年人口因北方避难者众而膨胀。在这些人中，皇族、官僚、名门、武将多移住于两浙路、江南东路，不难想象，他们会经由赐予、购买、侵夺等各种方式取得土地。甘肃天水出身的南宋初年大将张俊，其子孙张子颜、张子正、张子仁、张宗元等曾于绍兴三十一年（1161）二月宋金战争再起之时，向朝廷献纳"私家所积粮米一十万石"。其粮米则来自湖州乌程县乌镇庄、思溪庄，秀州嘉兴百步桥庄，平江府长州县尹山庄、东庄，同府吴县横金庄、儒教庄，常州无锡县新安庄，同州宜兴县善计庄、晋陵县庄、武进县石桥庄、宣黄庄，镇江府丹徒县乐营庄、新丰庄，太平州芜湖县逸恭庄等十五座庄园（《会编》卷二三七，绍兴三十一年十月二十九日条）。这些都是当时的富裕地区，而更该注意的，是随宋朝南渡移至江南的张俊竟可在如此短的时间内取得这些田地。由特权阶层在江南快速大地主化，可以推知一定是有大量土地从原有地主手中释放出来。

最后应该一提的是新田的开发。虽有前述湖田弃废的现象，但这时期在特权阶层、军队、官府的主导下，填湖、填海以开拓新田的行动也积极进行着。如史才就曾谈到太湖周边的情况：

---

1. 周藤吉之称，南宋经界法乃继承北宋方田均税法而来，参见和田清编：《宋史食货志訳註 第1》，东洋文库，1960年，第135—136页。

> 浙西民田最广，而平时无甚害之忧者，太湖之利也。数年以来，濒湖之地，多为军下兵卒侵据为田。擅利妨农，其害甚大。队伍既众，易于施工，累土增高，长堤弥望，名曰坝田。旱则据之以溉，而民田不沾其利，水则远近泛滥，不得入于湖，而民田尽没矣。(《要录》卷一六五，绍兴二十三年七月庚戌条)

动员军队建设圩田的结果是造成民害，故史才希望能善加处置，然此事即如前述般发展成为秦桧系特权分子与李光间有关"废湖为田"抑"废田复湖"的对抗关系。而无论其结果如何，太湖周边的平江府、湖州之地都被特权地主开发为圩田、围田。

以上列举了因战争而起的混乱现象、因王朝迁移而起的变动现象，这些现象集中在江南的结果，自然是造成旧有记载土地所有及耕作关系的文书簿籍空洞化。南宋政权要想在这种现实的大变动中立国，并建立统治关系，当然必须用统一的一元标准掌握土地所有并耕作状况。

三、李椿年的经界法

绍兴十一年（1141）底宋金签订第二次和约，第二年八月皇太后韦氏还朝，实现了宋人在缔约时最大的要求，也使和约得以稳固。长期以来一直悬而不决的收兵权问题也在十一年时成功解决，南宋政权从此确立。对高宗、秦桧而言，接下来最重要的政治课题，就是如何建立能让继承政权南宋安定的统治能力。在此外交、军事方面已大致安定，目光转向国内统治问题的时刻，应权力中枢期盼而登场的人物正是李椿年。

李椿年是实施经界法的主要人物，也是被各地方痛恨至极，甚至造墓咒诅他早死的人物（《朱文公文集》卷四九《答王子合书》）。就因为这样，尽管他也是南宋初期的重要人物，其个人生平、思想却都隐晦不明。不过他既然是南宋法律、财政方面代表性的实务官僚，又是秦桧所起用，则他也是因秦桧而断送政治生命的代表性官员。

他出身于江西浮梁县，以产瓷器闻名的景德镇亦隶此地，政和八

第十四章 秦桧专制体制与国家的一般政策——经界法

年（1118）进士及第，绍兴三年（1133）九月知宁国县时，得刘大中赏识。刘大中是赵鼎的左右手，当时为江南东西路宣谕官，他赏识李椿年"练习民事，稽考税额，各有条理"（《要录》卷六八，绍兴三年九月甲戌条）。这是《要录》有关李椿年最早的记录。值得注意的是，他第一次见诸史册记事，就被评价为是敏于任事的实务官僚。

之后他因刘大中推荐任洪州通判（绍兴五年四月）。之前他曾于三月入对，向皇帝具奏民间利病。绍兴八年三月，台州向三省匿名投书指称"常平官李椿年刻薄等事"（《要录》卷一一八，绍兴八年三月壬辰条），他的铁腕作风造成了问题。从这件事可以看出实务官僚李椿年与地方上有力人士、地主间的紧张关系，而他也绝不是以当地利益为优先的官僚。绍兴十年十月他任司农寺丞，被派往镇江府、信州、池州，查访刘岑知三郡时妄费官帑之事，十一年七月他上报其额为六十七万缗。或许是这次调查行动得当时宰相秦桧好评，八月，他以度支员外郎前往时已解散的岳飞军"拘收钱物"。

在这些有限的资料中，李椿年是位有能力的实务财政官僚，然对在地地主而言，则可说是刻薄。在这一方面，对于意图一元化掌握乡村的秦桧来说，他倒是适合起用的人物。绍兴十二年（1142）十一月，李椿年列举经界不正十害，上奏乞自平江府试行经界法，再扩及全国，"望考按核实自平江始，然后行之天下，则经界正而仁政行矣"（《要录》卷一四七，绍兴十二年十一月癸巳条）。这项建言得到高宗、秦桧，还有参知政事程克俊等人的支持，遂有诏敕专委李椿年负责经界法，通告平江府及诸州皆如其奏行事，这使得李椿年的提案转变成国家政策。

李椿年的实际作为，尤其是检田与制作图籍账册等事，既有研究成果如王德毅之论文已十分详明，但为配合本稿的论述，仍概略介绍如下。李椿年的经界法是以每乡都制作地籍图与土地账册为中心。首先勘定经界，绘制图籍，然后在各都保集合田主、佃客，计各坵亩角使押字，都之保正与保之大保长则于图之四至押字，随即送措置经界所，措置经界所再遣官按图核实。又每乡所作砧基簿，乃使官户、民户据田产数目自行制作，令其依田形、坵段绘图，注记亩步四至，原系典卖或租产，投纳本县，本县以之与措置经界所之经界图相对照，确认之后，一份给付人户保管；县亦作成每乡砧基簿，一本留县，一本送州，一本送转运使。总之，李椿年经界法之中心内容即是每都制作由官测量检认之地籍图，每乡制作土地账籍。

李椿年制作图帐的目的何在呢？他在奏文总论开头即说：

> 臣闻孟子曰：仁政必自经界始。井田之法坏，而兼并之弊生，其来远矣。况兵火之后，文籍散亡，户口租税，虽版曹尚无所稽考，况于州县乎。豪民猾吏，因缘为奸，机巧多端，情伪万状，以有为无，以强吞弱。有田者未必有税，有税者未必有田。富者日以兼并，贫者日以困弱，皆由经界之不正耳。

（《宋会要辑稿》，食货六之三六）

孟子云云者姑且不论，这里应该注意的是，李椿年是从文籍之散亡与豪民猾吏之奸恶，看到实施经界法的必要性。前节已列举实施经界法的五项前提条件或是背景状况，其中第一、二项即可与此相对应。据笔者私见以为，因豪民横暴造成赋税分配的不公平与官府文书散乱原是不同的问题。可是，李椿年却认为豪民系乘文书散佚而得逞奸狡，也就是将两者视作因果关系。这是因为他站在国家主义的立场，基于法令至上主义，故以抑制豪民——也就是妨害国家权力浸透末端的中间阶层——为首要问题。如果把文书之散亡与豪民之奸邪视为因果关系，则经界法的目的当然是在揭发并阻止豪民逞其奸恶。

李椿年在总论之后接着列举了"经界不正十事"，此即：

（1）"侵耕失税"——人户侵耕、冒佃他人田地却不纳租税。

（2）"推割不行"——买卖田地却不办推割（所有权移转手续），租税仍由原持有人负担。

（3）"衙前坊场，虚供抵当，侵没官钱"——衙前与坊场户提供抵押之物有名无实，官钱短缺时无法用之赔补。

（4）"乡司走弄税名"——乡司即里正、户长、保正、保长等人，他们往往任意变更账册上纳税人姓名、数目。

（5）"诡名寄产"——把自己的田地寄在他人名下。

（6）"税籍难信，争讼不息"——兵火之后税籍不可信，争讼不时发生。

（7）"倚阁不实"——租税缓征多名目不实，奸宄与强占之事横行。

（8）"隐赋日多，公私俱困"——州县常赋多有欺隐，岁计不足，公私皆为弥补所困。

（9）"猾民自陈，税籍不实"——州县版籍因兵火焚失，民或求自陈，然豪猾户之申告百无一真，税籍多伪。

（10）"逃田税重，民不敢耕"——豪猾或将己身税负转嫁至不耕之田，田少税重，不耕之田无人敢耕。

李椿年认为，上述十项弊害可以借着经界法的施行，也就是前述土地测量与图帐的测绘，完全地防止，恢复社会的公正，并确保国家常赋。可是细观十害的内容，造成弊害的主体皆是豪户、有力户，所谓奸恶并非农村中小农户。是则李椿年的立场乃是国家、王朝的立场，其目的则是由此立场出发，抑制并排除那些妨害官权力发动并浸透地方的中间阶层——豪强户。前节已讨论过，在南宋政权确立初期，江南农村所面临的问题是多方面的，李椿年从他实务官僚的关心出发整理问题，试图将江南农村完全地纳入王朝的统治，并将中间阶层安置在此结构之内，经界法的目的所在亦可由此看出。这点在以往的研究中皆未曾触及，然此确实是考虑李椿年经界法时不得不提的重要因素。

那么，李椿年经界法在试图由国家掌控江南农村之际，其具体措施又是如何呢？李椿年曾说：经界法之实施"要在均平。为民除害，更不增税额"（《要录》卷一四七，绍兴十二年十一月癸巳条）。可是他虽未明言增税，却仍想提高国库的收入：

> 臣尝闻于朝廷，有按图核实之请。其事之行，始于吴江知县石公辙。已尽复得所倚阁之数外，又得一万亩。盖按图而得之者也。以此知臣前所请，不为妄而可行，明矣。（《宋

会要辑稿》，食货七〇之一二五）

故李椿年希望皇帝能痛下决断，施行经界法，即以吴江县所行行于一郡，再由一郡而一路，一路扩而为天下。总之，按图核实的经界法，不只是要掌握江南农村，其打从开始就尚有增加国库收入的意图在。石公轍（原文误为辙）所得之一万亩，显然是摘发欺隐田地，这正是经界法之实益，也是李椿年所以要将之施行于全国的关键。于是由石公轍而李椿年，他们相继证明了经界法中摘发隐田、增加国库收入的可能性，也藉此说服了皇帝。绍兴十三年（1143）六月，高宗与王循友之间有下列问答之语：

> 仓部员外郎王循友言：国家平昔，漕发江、淮、荆、浙六路之粟六百二十余万石，和籴之数，又在其外。而近岁上供之数，才二百八十余万石。除淮南、湖北凋残最甚，蠲放之外，两浙号为膏沃腴衍，粒米充美，初无不耕之土，而较之旧额，亦亏五十万石。此盖税籍欺隐，豪强巨室，诡名挟户，多端害之也。比者，两浙漕臣建议，欲正经界，朝廷从而行之。若使尽究隐田，庶几供输可足旧额。欲望训敕诸路漕臣，各令根检税籍之失。上谓辅臣曰：所论可行。盖农桑衣食之本，然须有所劝惩，勿为具文。（《宋史全文》卷二一，绍兴十三年六月戊子条）

王循友认为两浙之所以收入亏欠，是因为豪强巨室有所欺隐，故当藉经界法摘发隐田，这明白表现出石公轍、李椿年等实际参与经界法工作官员的本心。

李椿年的经界法一面想制作正确的地籍图，以及记载土地所有、耕作状况的账簿，另一方面，也试着摘发隐田，渐次恢复长久以来缺欠的税额。对于此一南宋政策，江南地主们是否接受，又如何对应，是以下所要检讨的问题。

在北宋灭亡，继承政权诞生、南渡并定居江南的一连串过程中，

第十四章 秦桧专制体制与国家的一般政策——经界法

江南本地地主是如何因应新局的问题，已散见于本书第一部分之相关各处。现在则就彼等所要求事项整理为以下三点：

（1）确立财政营运原则，并提出"量入制出"、财有"常数"之主张。

（2）轻减临时税、附加税等赋课额度，或竟免除之；同时要求整理、统合赋课制度。如许多士人遇有机会即要求轻减或免除月桩钱、经制钱、总制钱等项目。

（3）希望就财政机构本身进行整理，有所兴废或加以整合。北宋末期在蔡京专制下已然散漫化的财政营运，由于战乱的缘故，不论中央、地方，官府多更趋于无用化、形骸化；例如有部分官衙仅余名目，却仍配置官员而造成冗员，官府之间亦时有纷争，人民也苦不堪言等，这些都成为他们要求整理的理由。

必须注意的是，他们所要求的并不是均税。着眼于此，则李椿年等人的意图，在增收税入方面，固然是以王朝为考虑中心；面对江南地方不断提出的减税并改正战时财政问题的要求，其所采取的公平负担解决方式，也完全是国家主义、王朝本位的。李椿年的经界法虽然在江南平江府着有绩效，但那并不是因应江南期望而加以政策化的办法，反而带有浓厚的超越性。

绍兴十四年（1144）五月，李椿年与当时的平江府知事周葵有如下之问答，结果李椿年将此奏知秦桧，周葵遂遭秦桧罢职。必须注意的是，周葵为常州宜兴人，绍兴九年十二月李光罢职后七日，他以党羽的罪名亦遭落职，故为李光同路之人。

> 初两浙转运副使李椿年，置经界局于平江府，守臣直秘阁周葵见椿年，问之曰：公今欲均税耶，或遂增税也。椿年曰：何敢增税。葵曰：苟不欲增，胡为言本州七十万斛。椿年曰：若然，当用图经三十万数为准。时秦桧怒葵不已，椿年因奏葵在郡锡宴北使，饮食臭腐，致行人有词。葵坐落职，主管台州崇道观。自是投闲十一年。（《要录》卷一五一，绍兴十四年五月甲戌条）

如果说绍兴九年（1139）底秦桧与李光的政治斗争是中央级的问题，这次或可说是秦桧、李椿年与李光、周葵在平江府的第二次对决，而且又是李光与周葵失败。可是从周葵方面看来，却是另一种情况：

> 初，绍兴十三年，部使者得廪人刻，弗深考，建请出隐剩，益秋赋为七十万。诏即州创经界司，行之。将推其法于天下。会简惠（周葵之谥号）自湖移守苏，难之，且辨其所以然。部使者屈，使仍图志之旧，为三十四万。至今所在犹言经界方略之为后便，而不见增赋之为永患者，实自简惠争之始也。则其为德，岂止是邦而已哉。然公卒坐论，斥余十年。而龙图徐公稚山，亦自里居，议使者括田，谪矣。余（本文作者周南——笔者按）少时，长老尤能道简惠之事，而歌思之者。今去之七十年矣。（《山房集》卷四《长州主簿厅壁记》）

这篇文章提到，周葵与部使即李椿年相争执，结果将李椿年原拟增收的七十万石减为三十四万石，打消了经界法中增税的部分，这件事被平江府长老——在地地主们视为大德。周葵在与秦桧、李椿年的政治斗争中，与李光一样失败了，离开知平江府的显职，十余年投闲置散，但他成功地为平江府轻减了租税负担。而我们也可以从这里看出，经界法在实施之际，曾与对抗的在地地主们有所妥协。

李椿年之经界法与增加国库收入的策略，在秦桧眼中评价如何，他曾经表示过什么态度，乃是以下所要检讨的问题。从前引周葵抵制李椿年而以接待金使不当之名遭罢免的事例看来，秦桧对李椿年的支持不遗余力。至于秦桧对李椿年之经界法是否有何意见，史料上并不清楚。绍兴十二年（1142）十一月李椿年建议实施经界法时，他只说："其说简易可行。"（《要录》卷一四七，绍兴十二年十一月癸巳条）绍兴十五年正月则说："若不行经界法，则差役不行，赋役不均。"（《要录》卷一五三，绍兴十五年正月戊辰条）及至绍兴十九年论职役之弊时更说"民之所病，莫大于此。革而去之，其利不减于经界"（《要录》卷一五九，绍兴十九年四月己未条），也就是将职役制度与经界法等量其观。可是正如后面所将讨论的，经界法并未全依李椿年的方式进行，则秦桧对李椿年的支持究竟到何种程度恐怕还是问题。依个人看法，秦桧对李椿年的确是全力支持，李椿年的经界法则是照着秦桧的意思在进行。这不是根据秦桧的发言，而是明白表露在他的行动与政治决定中。

周葵的情况正是典型的例子，凡是反对、抵制李椿年经界法的人士，皆为秦桧所罢免，并从中央的政治世界中放逐出去。如绍兴十三年（1143）四月，"左朝议大夫提举洪州玉隆观胡思、左朝散郎直显谟阁徐林并勒停。思南剑州、林兴化军居住。两浙转运副使李椿年言二人广为谤讪，必欲沮经界之政，故责之"（《要录》卷一四八，绍兴十三年四月庚辰条）。徐林事迹见《吴郡志》卷二七人物，传称其为平江府名士，也就是前引周南记周葵抵抗事迹文章中提到的人物。至于胡思，他之得于绍兴二十六年正月秦桧死后复归左朝议大夫，系因魏良臣向高宗奏称"胡思先因沮坏经界得罪"之不当（《要录》卷一七一，绍兴二十六年正月甲子条）。胡思本身的事迹虽未见记载，然魏良臣既系以江东出身得至参知政事的有力人士，又由他出面为胡思平反，则胡思当也是有一定声望之人。

其次所要指出的是，李椿年无视于民间情况，一力以强权强制进行经界法，他将诏敕绝对化，违犯者或不合作者皆处以流刑等重罚。这如果不是得到当时掌权者秦桧的认可与全面支持，根本就不可能办到。《要录》卷一四八绍兴十四年闰四月壬寅条即称："诏，人户应管田产，虽有契书，而今来不上砧基簿者，并拘没入官。用两浙转运副使措置经界李椿年请也。时，椿年行经界法，量田不实者，罪至徒流。"

这种强制性的措置方式，当然可能与李椿年的个性有关，然而这也可以理解为是当时完全掌控政治权力者秦桧之江南乡村统治策略的具体展现。至少公布诏敕的决定，犯罪的认定，还有处罚的执行，这诸般权力都只能由秦桧来行使，而非李椿年所能左右。

绍兴十三年四月，居住在乡村地区、结托地方官反对秦桧的士大夫们遭受到全面性的镇压：

>　殿中侍御史李文会论：寄居士大夫，干扰州县，又监司郡守类皆亲故，莫敢谁何。望严加戒约，傥或不悛，令监司郡守密具姓名闻奏，重寘典宪，不以赦原。从之。时士大夫与秦桧异论者，多奉祠里居，或侨寄他郡，自是以次被罪矣。
>（《要录》卷一四八，绍兴十三年四月庚辰条）

这已不是只以反对经界法者为对象的弹压政策。不过在绍兴十三年（1143）夏日之际，所谓干扰州县之事、抗拒秦桧行政之事，当然包括了反对实施经界法，也就是当时正在积极进行中的检地、检田、制作图帐、摘发欺隐田亩等事。地方上的士大夫联合地方官抗拒秦桧等人所订的政策，秦桧等遂发动强权加以排斥，至少可以从法上制裁经界法的反对者，这是一项大有利于强制推行经界法的措施。

最后，最能表现秦桧对李椿年经界法全面支持的证据，是在他将平江府知事周葵罢免之后，调来他最信赖的亲戚王晚襄助。李椿年在经界法实施要领中曾特立一项谓："一、今来措置经界，全藉县令、丞用心干当。如无心力，虽无大过，许于本路踏逐有心力强敏者对移。"（《宋会要辑稿》，食货六之三八）这项指示认为，经界法之能否实施全赖县令、知县之努力，故若有无力执行之县令，准其与路内有能者互换。由这点看来，经界法之成功与否，地方官是重要关键人物；周葵在地主间素有人望，又是直接指挥、监督知县、县令的知州，秦桧将他罢免后，让心腹王晚接任，正是强力支持李椿年在平江府实施经界法的意思。

王晚是秦桧妻子王氏之兄，祖父是神宗朝宰相王珪，父亲王仲山，他的庶子熺是秦桧养子。绍兴二年（1132）九月，王晚因秦桧于月前罢相而以"秦桧亲党"罢提点江淮等路铸钱。他也是实务、财务型官僚，随着秦桧的重新掌权，他以淮东转运副使任太后奉迎一行事务提举，后知临安府，再知平江府。他一直任职到绍兴十七年正月，此后到秦桧逝世亦是由王晌、王会等王氏一党轮流出任平江府知事职。秦桧一党独占当时最富裕地区首长之职，自有其私利私欲在，王晚的任命适开启其端。无论如何，罢免在地地主所信任的周葵，起用心腹王晚，既是对李椿年的强力支持，也表现了镇压反对势力的决心。这也可以说是表明了要借着李椿年经界法，将江南——尤其是平江府的所有乡村，一元且超越性地尽置于中兴政权之下。

四、王鈇、李朝正的经界法

本节所试图追索者，是绍兴十五年正月以后负责实施经界法的王鈇[1]，以及王鈇起用李朝正，并在李椿年经界法中加入其他内容的问题。但在此之前，尚有若干有关李椿年经界法本身的问题须作补充。

在李心传《建炎以来朝野杂记》（以下简称《朝野杂记》）甲集卷五经界法项下记着绍兴十三年（1143）六月，"诏颁其法于天下"。这到底是什么意思呢？是颁布经界法的条文，还是下令施行？由于别无他种史籍载述此事，当如何理解李心传这段文字，更成困境。据笔者个人以为，经界法系于绍兴十九年三月颁行全国，之前只在平江府与两浙路内试办。而若从李椿年的官职名称加以追考，则他是在绍兴十二年十一月癸丑日，以尚书左司员外郎的身份提出经界法，次日即受命为两浙路转运副使。当时是把之前石公揆在平江府吴江县施行过的经界法，扩大在平江府六县办理。正确地说，其职乃是两浙路转运副使措置经界，意味着他只负责经界法，并不担任一般转运使所负职务。（《要录》卷一四七，绍兴十二年十一月癸巳、甲午条）

这时是否已在平江府设置经界局了呢？《要录》卷一五一绍兴十四年五月甲戌条记录了前述知平江府事周葵与李椿年间互不相让的争执，附注称："案葵行状，其罢平江在此年，而日历、会要皆不见，未知在何月日。"据《吴郡志》卷一一《牧守》项所记，周葵罢于绍兴十四年正月。周葵被罢既与李椿年设平江府经界局有关，则平江府经界局极可能设于绍兴十三年夏天。先前提到的吴郡（平江）名士徐林，因阻碍经界法而遭放逐是在绍兴十三年四月，或许那正是平江府经界局设置并开始活动的时候。

---

[1]. 王鈇在史书上或记为王鐵，或记为王铁。然其正字应为王鈇，详见王德毅：《李椿年与南宋土地经界》注11，《宋史研究集》第7辑，1974年，第477页。

同年闰四月，由于李椿年对量田不实者处以流刑，汪大猷提出抗议，他指出，若每保作图，则十保即有二百张所成之一大图，当置于何处展视之？（《要录》卷一四八，绍兴十三年闰四月壬寅条）这明白提到经界措置局的业务，而更值得注意者，这是他到衢州龙游县覆视经界时的事情。故我们可以认为，平江府之外的两浙路各府、州、军也都实施了经界法。绍兴十七年正月，因服丧休职的李椿年复职时，明白表示："两浙经界，已毕者四十县。"（《要录》卷一五六，绍兴十七年正月己卯条）两浙路在南渡后共八十县，自绍兴十三年以来的四年中，刚好实施了一半。

绍兴十四年（1144）八月李椿年由两浙路转运副使转任户部侍郎。由于他这时"仍旧措置经界"（《要录》卷一五二，绍兴十四年八月庚寅条），故虽为户部侍郎，却仍专任经界法事宜。他的专职既由两浙方面升转至中央机关，似乎表示经界法将由两浙路试办阶段转为全国性事务。从上述脉络看来，《朝野杂记》中绍兴十三年"颁其法于天下"的记述实在是有混淆视听之嫌。

绍兴十四年十二月底，发生了一件对李椿年个人，或对他背后全权掌握国政之秦桧而言，皆无法逆料的大事，那就是李椿年的母亲过世了。按照当时的社会习惯，李椿年必须休职服丧。

> 秘阁修撰两浙转运副使王铁权尚书户部侍郎。铁与秦桧有连，故骤用之。权尚书户部侍郎李椿年以忧去官。（《要录》卷一五二，绍兴十四年十二月丙午条）

比起李椿年，秦桧所遇到的问题更大。经界法既已被列为南宋朝确立过程中重要的一环，起用了有能之人，方向也大致确定，而今就在即将实施于全国之际，主要负责人却未能如预期般交代。于是，秦桧决定起用心腹之人王铁，如《要录》所言，他也是秦桧的亲戚，事情因此而得解决。《要录》卷四四绍兴元年五月丙申朔条记道：

> 通直郎王铁为枢密院编修官。铁南昌人，父本，仕至显

第十四章 秦桧专制体制与国家的一般政策——经界法 349

谟阁待制,秦桧舅也。鈇通判邵州,为帅臣程昌寓所劾,桧
遂荐用之。

王鈇的经历大致都属实务官僚,在秦桧的支持下,他一开始就有某种
程度的影响力。不过猜想对秦桧而言,他真正令人放心之处,还是在
于他会对秦桧忠实,不会偏离秦桧原定的方针。秦桧为推动李椿年的
经界法,罢免了李光系知平江府的周葵,代以心腹、亲戚王晚,与此
人事平行者,即是以王鈇出任两浙路提点刑狱司(绍兴十二年十一月
至次年八月),继又以他为两浙路转运副使,作李椿年、王晚的后援。
也就是在李椿年实施经界法时,用亲戚出任相关地方官要职。这种安
排也表现在李椿年的继任人选上,此番再次起用亲旧王鈇自是当然。

可是,或许是王鈇觉得责任太过重大,或许是在秦桧影响之下,
彼此见解有别,王鈇推荐李朝正专任其事,自己则愿专心于户部侍郎
的本职。史载:

命权户部侍郎王鈇措置两浙经界。李椿年既以忧去,秦桧
请用鈇。(中略)鈇言:本部员外郎李朝正,尝知溧水县,均
税不扰,请与共事。(《要录》卷一五三,绍兴十五年正月戊辰条)

王鈇虽是要求于两浙路实施经界法时,与原江南东路建康府溧水县
知事李朝正共为其事。事实上,王鈇是想专意于户部侍郎之职,由李
朝正负责经界法。之后的经过即全如王鈇所希望的。绍兴十五年(1145)
十二月,"诏右司员外郎李朝正仍旧同措置经界"(《要录》卷一五四,
绍兴十五年十二月甲子条)。次年,即十六年二月底,王鈇因病自请出
知湖州,李朝正权户部侍郎措置经界(《要录》卷一五五)。结果代李
椿年出管经界者就成了李朝正。

李朝正是开封人,《景定建康志》卷四九《治行传》载其转任之时,
溧水县民曾诣府求其留任。推荐他的王鈇称其"昨任知建康府溧水县
日,曾措置均税,简易而不扰。至今并无词诉,乞同共措置"(《宋会
要辑稿》,食货六之四〇)。李朝正在溧水县所实行的公平税制到底情

形如何，今日已无法获知。可是，既是均税之法，则其在掌握税赋标准所系的土地所有状况上一定花了不少心思。可以猜想得到的是，王鈇之起用李朝正，可能是想对李椿年的方式有所变更，那大概就是李朝正在溧水县所用的办法了。现在只有《朝野杂记》简单记述其办法是："令民十家为甲，自陈，不复图画打量，即有隐田，以给告者。"（甲集卷五，经界法）也就是由人民自己申告所有土地，不必经由繁杂的作业程序制作经界图，也不必由官确认，进行土地测量，若有虚欺即以其田给告密者。李椿年所订定的办法则是：由经界局据民所申告者进行测量确认，不实申告者处以刑罚，隐田由国家没收。两者相当不同。如果说李椿年经界法的强权性格很强烈，那么李朝正的方式就可说是立足于乡村、民间自治机能，带有浓厚的自治性了。这样的倾向，正如绍兴二十四年（1154）十一月，他被罢知平江府时，弹劾理由所言："与土豪往来故也。"（《宋会要辑稿》，职官七〇之三九）显示他与在地有力人士维持着一种调和的关系。

总之，继李椿年之后，被起用负责两浙路经界法的李朝正，颇能与在地势力相协调，恰与李椿年浓烈的强权性格形成对比。就这点来看，必然对李椿年的经界法作了相当的修正。

推测绍兴十五年（1145）至十六年这两年间，两浙路的经界法实施计划曾大幅停滞，或几乎未曾施行。绍兴十七年正月，李椿年丧服期满复归旧职之时，史籍道："椿年既建经界之议，会以忧去，有司因稍罢其所施行者。"（《要录》卷一五六，绍兴十七年正月己卯条）正可与前文之推测相印证。李椿年与李朝正的无法相配合，使得当地暨下层机关均陷入混乱之中[1]。绍兴十九年三月，高宗与秦桧一致对李朝正的

---

1. 《宋会要辑稿》，食货七〇之一三一，绍兴十七年九月二十日，户部措置经界所之言十分混乱。即"九月二十日户部措置经界所言：今措置两浙经界，昨来，依（一作系）打量、画图造砧基簿，从本所差官按图覆实，稍有欺隐，不实不尽，断罪追赏。中间，王鐵（此据原文）申请，止令人户结甲供具，更不差官覆实。近承指挥，依旧打量、画图置造砧基簿，并同自首，从本所差官覆实，若不实不尽，方行赏罚。未降指挥以前，先被人陈告欺隐亩角，减落土色，诡名挟户之类，有司为见所降指挥，内即无已在官明文，见行追证。今欲乞行下结甲，州县将见在官追证，未结绝之人，并依已降指挥施行。内已打量，用砧基簿分许令结绝。缘为未曾差官覆实，致有隐匿亩角，土色不实不尽，诡名挟户之类，已申降指挥，许人户限一月，赴县，自陈改正，与免罪赏。如限满，人户自陈，官司不得受理"。

自陈法表示了不满:"秦桧曰:当时献议,欲使逐户自陈,岂无失实。上曰:李椿年通晓次第,中间以忧去,他官领之,便有失当处。"(《要录》卷一五九,绍兴十九年三月己酉条)

五、李椿年的复职与罢职

绍兴十七年(1147)正月,服丧二年期满的李椿年重回旧职权户部侍郎,再次专一措置经界。他当然反对王鈇、李朝正的修正路线,强烈主张重归自己原拟的办法。

> 及是,椿年免丧还朝。复言两浙经界已毕者四十县,其未行处,若止令人户结甲,虑形势之家尚有欺隐。乞且依旧图造簿[1],本所差官覆实。若先了而民无争讼,则申朝廷推赏。如守令慢而不职,奏劾取旨。从之。(《要录》卷一五六,绍兴十七年正月己卯条)

所谓两浙路八十县中已毕者四十县,乃是指在李椿年主管之下,按照他所订的方式执行妥当的县分而言。至于"其未行处","人户结甲"云云者,则是明白表示,李朝正的办法难以摘发隐田,故须像李椿年以前一样作经界图、砧基簿,并且由官府测量确认,也就是必须中止李朝正的方式,重新启用李椿年的办法。而由"从之"可知,高宗、秦桧同意改用李椿年的做法。

李椿年的这段发言,见于《宋会要辑稿》食货六之四七绍兴十七年五月三日项下。如果《会要》的记事正确,则《要录》的记载就是将李椿年的复职与请复经界法之要求合并记录[2]。不过《会要》并无李椿年复职的记事。根据笔者个人的看法,若从休职(绍兴十四年十二月末)

---

1. 据南宋熊克撰《中兴小纪》卷三三《要录》之"乞且依旧图造簿"应作"乞且依旧画图造簿"。由文意来看,《小纪》所言较为妥当。又《小纪》文末作"丁卯,诏从之"。按绍兴十七年正月朔日为乙丑日,故丁卯乃第三日。而《要录》作己卯,即第十五日。曾我部氏采丁卯三日之说(曾我部静雄:《南宋の土地経界法》,《宋代政経史の研究》,吉川弘文馆,1974年,第415页)。又《宋会要辑稿》记李椿年之发言于十七年五月三日条下。
2. 曾我部氏误五月为正月,见上注,第414—415页。

的原委来论，则复职之日当在绍兴十七年正月，而请复经界法也应在那时方才自然。

绍兴十八年（1148）十二月壬申日，《要录》卷一五八记道："是日，宰执进呈经界事讫。"这究竟是什么意思呢？实在令人难以理解。《宋会要辑稿》并无绍兴十八年记事。这是呈报两浙路经界事已毕，还是有关次年三月经界法将实施全国的程序事宜？绍兴十九年三月，知晋州王辅上奏称：仁政必自经界始，蜀地因偏远故，难免谬误；高宗则激励他说："正经界，均赋税，极为便民"，初臣僚间虽多异论，"平江税毕，纷纷之议始息"（《要录》卷一五九，绍兴十九年三月己酉条）。以平江府与两浙路经验为基础的李椿年经界法，究竟是何时实施于全国呢？据《宋会要辑稿》食货六之五二"十九年三月十二日指挥"之语，应是三月十二日。王辅与高宗的对话，《宋会要》记于三月十七日，两人的对话既与四川实施经界法有关，则指挥的确是出于三月中旬。《要录》卷一五九绍兴十九年五月壬午朔条载："时初行经界法于诸路。"汪澈在绍兴三十年十二月时也说："十九年，经界初行。"（《要录》卷一八七，绍兴三十年十二月癸丑条）此外，《淳熙三山志》卷十版籍亦记称："绍兴十九年，行经界法。"以往研究经界法，皆未严密检讨李椿年经界法从平江府、两浙路试办到全国实施的过程。若从以上经过看来，这应是绍兴十九年三月至五月间的事。

至于实施地域，根据前引史料，两浙、四川、福建（《三山志》即福建地方志）皆确实施行过。又据秦桧亲戚王晌"尝谄事李椿年，辟充江东经界官"（《要录》卷一七三，绍兴二十六年六月丁丑条）的资料可知，江南东路也曾施行。南渡后，宋朝共有一百八十五府、州、军，其中五十八府、州、军未施行经界法，余下一百二十七府、州、军皆纳入施行范围，除两浙路有半数已告竣事外，其他地方皆自绍兴十九年夏开始实行经界法。

李椿年的经界法自绍兴十二年（1142）建言以来，经过足足六年的波沂，终于在绍兴十九年夏施行于全国。为了确立弃故地而南迁的南宋统治体制，这是必要的事业，与缔结和约、划定国界——确定统治领域，皇帝重掌军权等事，同样具有重大的意义。可是，主持经界

第十四章　秦桧专制体制与国家的一般政策——经界法

法的李椿年却在绍兴十九年十一月突然被罢免了。

"尚书户部侍郎兼权直学士院李椿年罢。椿年首陈经界之议，及是始毕。"(《要录》卷一六〇，绍兴十九年十一月辛丑条）正如《朝野杂记》所言："十九年冬，经界毕。"（甲集卷五，经界法）随着李椿年的被罢，经界法也结束了。李椿年之后虽有宋贶，但就如《宋史》本纪简单却实在的记录："绍兴二十年正月癸卯，趣诸路转运司及守臣毕经界事。"二月壬子"罢经界所覆实官吏"（《宋史》卷三〇《高宗本纪七》）。

李椿年的突然被罢与经界法之停顿——高宗所谓"今诸路往往多中辍"（《要录》卷一七一，绍兴二十六年正月甲子条）——到底有什么样的关联呢？这实在是个难解的困局。以往研究经界法者皆未从政治史的角度探讨，既不注意李椿年被罢的理由、背景，当然更不关心此与经界法终结的连带关系。可是，本书所关心的问题正在于此，以下即就此加以检讨。

首先是李椿年遭罢免的罪名问题，《要录》继其被罢记事后列举了他遭弹劾的理由：

> 会民多诉经界不均者。殿中侍御史曹筠因劾椿年求荐刘大中，阴交赵鼎，皆窃其权柄，漏其昵谈。今游旧将之门，倾危朝廷，尤为可虑。兼经界已定，若不别委他官覆实，则椿年私结将帅，曲庇家乡之罪，无以厌塞公议。诏与外任。(《要录》卷一六〇，绍兴十九年十一月辛丑条）

《宋会要辑稿》也说：

> 十一月二十三日，权户部侍郎李春[椿]年，与外任。臣僚论春[椿]年人品凡下，躐等侍从。当时经界，一时误蒙委使。今经界已定，若不别策他官核实，则春[椿]年私结将帅，曲庇家乡之罪，无以压塞公议。故有是命。（职官七〇之三四）

除了人品卑下的人身攻击之外，其他理由可归纳为：（1）反经界法的舆论力量很强。(2)李椿年属刘大中、赵鼎系人物,并与旧将交结。(3)经界事既已大致就绪,即应将李椿年及其党人驱离权力核心。这之中(2)纯系借口,也是驱逐罢免反秦桧系士人常用的手法。所谓刘大中之荐云云者,原是自始就很明白的事,其实真正积极举用李椿年者乃是秦桧。如此一来,应该检讨的就是(1)与(3)了。先就(3)来论,这在某种程度上显示秦桧阵营内部发生了新的权力斗争。

绍兴二十年(1150)三月,任太常少卿、吏部侍郎等要职的张杞,因"附会李椿年"(《要录》卷一六一,绍兴二十年三月庚寅条)而遭弹劾罢免。张杞与李椿年皆为江西浮梁人氏。从宋代政治史的惯例以及秦桧的性格来考虑,在企划与实施经界法过程中所培养的李椿年系官僚尚未真正掌权之前,秦桧很可能会令曹筠先行弹劾之。既然升进显职是因为将有大任,则罢免亦可视为是秦桧的意思。可是这只能解开李椿年罢职之谜,经界法为何亦告中止的问题仍然存在。

因此接下来所要考虑的问题,就是经界法实施后,引起大量不满与反对声浪,也就是(1)之理由。的确,如秀州因行经界之法,"其害者三百六十九事,其七千二百二十七户尤为病",王安石之曾孙王珏提举两浙西路常平茶盐公事,乃奏除之(《要录》卷一六〇,绍兴十九年十月己未条)。已有的研究也指出,李椿年经界法实施当中,确有不公平、法令不周或负担苛酷的现象[1]。又如"上宣谕辅臣曰:经界人户多诉不均,当与受理。若下田受重税,将无以输纳"(《宋会要辑稿》,食货六之四九)。则高宗也了解经界法的不完备与人民的痛苦。所以要罢免李椿年,用别人补正法之不备,以求"均税"。但即使李椿年是因为"不均"而遭罢免,这也不能成为经界法中辍的理由。那么,为什么李椿年之罢免会导致经界法的中止呢?这个问题不能从很多人反对这个理由直接得出。

反对的声浪高涨,令人联想起经界法在两浙、平江府预备实验阶段也曾遭到批评。李椿年与秦桧以强权、暴力压制反对论者,是经界

---

[1] 事例详见王德毅:《李椿年与南宋土地经界》第三节《李椿年力行经界之检讨》,《宋史研究集》第7辑,1974年。

第十四章 秦桧专制体制与国家的一般政策——经界法

法得以在绍兴十九年（1149）成就的关键。所以反对论之得以高扬，从而使经界法中辍，或许是因为包括试行阶段反对势力——江南在地中小地主——在内的反秦桧势力，已获得一定程度的政治胜利。可是，事情全非如此。绍兴十八年时，秦桧的势力更为强化，其独裁体制也更为强固。与秦桧相抗的李光、周葵等人，都必须等到秦桧死后才有机会平反；因阻害经界而被放逐的胡思，也要到绍兴二十六年（1156）正月秦桧死了之后，才在当时副相魏良臣的力保下，复归旧职。总之，在绍兴十九年、二十年时，反对李椿年经界法的运动，不足以让经界法中辍。李椿年在秦桧的支持下，以秦桧专制宠儿的身份相当活跃。反经界法就是反秦桧，而这时的秦桧正在权力的顶点。

其次，李椿年之被罢与经界法之终止，也有可能是因为经界法所预期达成的目标已大致完成。这就等于是在问绍兴十九年经界法的完成率有多少。要明确地解答这个问题实在很难。在所实施的一百二十七府、州、军地区内，究竟完成了多少呢？李心传说："然诸路田税，由此始均。今州县砧基簿半不存，黠吏、豪民又有走移之患矣。"（《朝野杂记》甲集卷五，经界法）如果说13世纪初时砧基簿已散失半数的说法，是表示在此之前曾经相当完备，那么我们就可以说，经界法大致已然完成。可是，高宗在秦桧死后不久的绍兴二十六年正月间，就表示要再实施经界法，他曾对辅臣说："经界事，李椿年主之。若推行就绪，不为不善。今诸路往往中辍。愿得一通晓经界者，款曲议之。"（《宋史》卷一七三《食货上一·农田》）随后，高宗即听取王之望陈述蜀地状况事，并提拔他行经界之事（同上）。这都是秦桧死后的事情。我们可以由此推论，绍兴十九年底、二十年初决定结束经界法时，高宗与秦桧的意见不同，高宗希望改善并继续实行经界法——罢免李椿年也是不得已。这样一来，绍兴二十年突然结束经界法，就不是因为既定目标已经完全达成。

从绍兴十九年（1149）李椿年的突然被罢，到绍兴二十年匆匆决定结束经界法，其背后可能发生的种种事态都已做了检讨。然而还是无法找出秦桧在此时决定罢免李椿年并中止经界法的决定性理由。反对经界法的意见自试行之初即已存在，之所以能够压制住反对意见，颁行全国，全赖秦桧的政治力量。姑且不论李椿年之罢免问题，秦桧自己如果明白经界法本身与南宋统治体制间的连带关系，何以还会加以中止真是令人费解。据说"秦桧晚年，怒不可测"（《要录》卷一六七，绍兴二十四年十一月庚戌朔条），再加上绍兴二十年正月他在进宫途中遭到殿前司后军将校暗杀的事件。则秦桧当也已深深感受到人民的不满，他如果因此而改变全无人情味的政策，或许也不是不可能。可是为了这种理由而终止经界法，就历史发展言，似乎未尽妥当。以下即改由结构性因素来检讨秦桧决定废法的缘由。

六、经界法的终结与秦桧专制体制的变质

个人以为，造成经界法中辍的最大原因乃是秦桧体制的变质。不过，由于能够澄清此一课题的历史性史料，目下尚未发现，因此不得不依赖推论。从现象上说，经界作为一项政策，却与推行此政策的主体（秦桧集团）渐次疏离，以致对秦桧而言，经界法成了不适合、不必要的东西。若从秦桧专制体制、秦桧集团的角度对整件事情作一整理，则我们或可将事情设想为是：推行经界法的李椿年、希望继续此政策的高宗，与决定结束一切的秦桧间发生了裂痕，当后者之势凌驾前者之时，也就是经界法终止之日。

关于这一点，我们可以从户部侍郎一职——受秦桧役使的实务官僚之首——自李椿年而徐宗说而曹泳等人的异动加以确认。李椿年本是能吏，在实施经界法，抑制当地豪民——也就是妨害国家权力渗透基层的中间阶层——的问题上，则是国家主义性格强烈的官僚，他站在公的立场，体现了一定程度的全体性。而在另一方面，继承李椿年的徐宗说则如前述一般，"于天下经费出入、盈缩之数，莫不通知"（《要录》卷一五九，绍兴十九年四月庚午条）。他虽是与李椿年不相上下的能吏——财务官僚，但他也被人批评道："然附秦桧，以至（侍）从官。常为桧营田产，时人因目宗说为庄客。"（《要录》卷一六三，绍兴二十二年十一月丁巳条）他虽有不多见的才能，却只是用来为秦桧管理家产。所以对秦桧而言，罢去李椿年，是放弃并逃避李椿年所表现的官僚之全面整体性格。这正显示出秦桧体制的变质，即其私的恣意

第十四章　秦桧专制体制与国家的一般政策——经界法

性与腐败倾向之扩大。

再者，正如前面所言，绍兴十八年（1148）前后也是秦桧集团转向权门化之时。秦桧结纳宠臣王继先与皇后吴氏，使他们成为新的权力支持者，秦桧体制的变质原已随着他对实务官僚的掌握，以及宰执的形骸化而具体化，如今则更为明显。既是南宋初期最大富豪、巨贾，又是秦桧义兄弟的王继先，据史书记载："凡有两浙路户绝田产，继先则为诡名扑置。"（《会编》卷二三〇，绍兴三十一年八月十一日条）如果我们想到，经界法的最大目的在均税，并因此而有防止"诡名寄产"、摘发之事，则秦桧与王继先的义兄弟关系——政治性的联系，自然会促成经界法的中辍。

总之，身为秦桧体制中能吏的李椿年被罢斥、徐宗说的见用，与王继先、皇后吴氏的联合，以及曹泳等亲属的起用，既形成了权门化，也更加强了专制性，同时也意味着其政治基础的狭隘化。而政治基础的狭隘化，又更强化了政治决定、政策执行过程中私的恣意性，且使一般性的全面整体政策狭窄化。秦桧体制于绍兴十八年左右急速转向权门化的事实，使得一般性课题政策如经界法者遭到撤废，之后的秦桧体制即进入无政策状态。

绍兴二十五年（1155）十月，秦桧死时上给高宗的遗奏中说道："（1）益坚邻国之欢盟，深思宗社之大计。（2）谨国是之摇动，杜邪党之窥觎。（3）以治乱为蓍龟，以贤才为羽翼。（4）事有未形而宜戒，言或逆耳而可从。（5）缓刑乃得众之方，训本乃富民之术。凡此数端，悉留圣念。"（《宋宰辅编年录》卷一六，绍兴二十五年十月丙申，秦桧致仕条。又数字系笔者为方便解读所加）当我们想到他长期以来的专制时，实在不能不对遗奏的没有实质内容感到惊讶。在所列五项中，（3）以下者根本毫无内容可言，（2）也只是适当地表现出秦桧的暴力专制与暴政。结果，秦桧留下的唯一政策，也可说是他晚年始终无法或忘的唯一政策，就只有（1）这一项了，亦即秦桧所依仗的政治资产，排除一切与其他政治势力妥协、联合之可能，以暴力专制贯彻推动的基本政策，只是要继续维持和金之间的共存关系。

秦桧长期的专制支配，其实是一段政治基础狭隘化、政策狭窄化的过程。表面上看来，是其专制之不断伸张，实质上则是其不断走向孤立与脆弱。这种孤立性与脆弱性，本是秦桧专制的局限所在。由这点看来，绍兴二十五年十月秦桧死后，令其专制体制一举瓦解的，当正是这种孤立性与脆弱性。

终　章

绍兴十二年体制之结束与乾道、淳熙体制之形成

一、秦桧死后的政治发展——沈该、汤思退政权及其特质

绍兴十二年体制——秦桧专制体制，是由宋、金两国分领中国，并以宋隶属金为其基本关系。随着最大威胁者金变更其路线承认宋朝，不干涉宋内政，归还徽宗梓宫、太后韦氏等事的发生，赵氏政权得以安堵，高宗也可以正正当当地做皇帝。可是宋在名分上从属于金，又放弃了华北、中原等中国固有领土、人民，传统的天下世界遭到了分割。如若直接来讲，则南宋王朝之所以可能自存，正是因为放弃了原有三分之一的天下世界。高宗后来也说："向日讲和，本为梓宫、太后故，虽屈己卑辞，有所不惮。"（《续鉴》卷一三六，绍兴三十二年正月己丑条）又张浚也在绍兴二十六年（1156）十月上奏道："向者讲和之事，陛下以太母为重尔。幸而徽宗梓宫亟还。此和之权也。"（同前，卷一三一，绍兴二十六年十月丁酉条）绍兴十一年底的和约，系以赵氏存续为第一义，对于这点，君臣之间并无异议。这也正是绍兴十一年和议的本质吧。

这样的情势，一定会引发反十二年体制的问题，反高宗、秦桧的力量当然更强。绍兴十二年体制与秦桧专制体制原非同义词，却因为秦桧自绍兴十二年以后采取以暴力方式彻底镇压反对势力的方针，遂使得所谓绍兴十二年体制，即意味着秦桧专权体制。秦桧拒绝与其他政治势力联合，以暴力消灭反对势力的做法，随着秦桧体制专制化的进展，导致了秦桧权力基础的狭隘化，而其支持基础的狭隘化，又再造成政策的狭窄化、政治权力的腐败，并提高了私的恣意性。

绍兴二十年以后的秦桧专制，其自闭性、闭塞性更为显著，甚且走向孤立化。不过其在外观上虽显示出专制强化与暴政的样貌，其实却已丧失了政治权力的全面整体性，从而削弱了对末端、基层社会的掌握力，官僚体制国家统合机能亦显著受损。前文讨论过的宰执制空洞化，诏敕不能下达地方或遭迟延，因知县就任忌避所引发的大量缺官现象，阻害了科举官僚——当时政治主体——参与国政，在"上意

终章　绍兴十二年体制之结束与乾道、淳熙体制之形成　　361

下达"无法贯彻的同时，"下情上达"也失去了作用。秦桧晚年，也就是绍兴二十年代前半期的政治状况，其实与外观有别，陷入了停滞的状态。

就在这样的政治状况中，秦桧于绍兴二十五年（1155）死了。自绍兴八年以来，居相位长达十八年之久，在王船山眼中，连篡位亦无不可的秦桧，他的死亡本身就是一大政治事件。这对国内政治固然有所作用，在对外关系上也有所影响。"自秦桧死，金国颇疑不坚前盟。会荆、鄂之间，有妄传召张浚者，敌情益疑。"由于在绍兴十二年体制——宋金关系的维持上发生重大疑虑，参知政事沈该特请降诏书，诏书称："是以断自朕志，决讲和之策。故相秦桧但能赞朕而已，岂以其存亡而有渝定议耶。"（以上见《要录》卷一七二，绍兴二十六年三月丙寅条）这是一份周告内外，无论秦桧存殁，绍兴十二年体制都不会变更，并将继续延长的宣言；但发出一份这样的诏书，却也是秦桧在世之时不会发生的大事。

秦桧死后，参知政事董德元、魏良臣、签书枢密院事汤思退等执政，并奏请高宗亲政，"天下之事，皆人主总揽，人臣不过奉行而已"（《要录》卷一七〇，绍兴二十五年十一月庚午条）。之后，即由高宗亲政，称："其间，通下情，正纪纲，修正事，皆出于上。"（《皇朝中兴大事记》卷一，桧死后擢用参政宰相条）但是秦桧死后，政治运作上再看不见超越一切的最高领导人物，只是由高宗、宰执们组成集团领导体制，继承绍兴十二年体制路线。

从《宋大臣年表》（收入《二十五史补编》）来看，从绍兴二十六年到三十二年六月（高宗退位），计有万俟卨、沈该、汤思退、陈康伯、朱倬等五人为相。其中前三人，是此处检讨秦桧死后高宗政权性格时必须提及的人物，后二者既是绍兴末年宰相，当留置后文再论。

万俟卨为开封府阳武人，秦桧整肃岳飞时，他任右谏议大夫、御史中丞，出力甚多，后进升参知政事，是秦桧党羽中有力人士；然而却在绍兴十四年（1144）时，因与秦桧对立而落祠职。秦桧死后，与他对立之人，或重回政权，再得起用，或虽死殁，亦得平反恢复名誉。万俟卨亦在此反专制的潮流中得以复归，并于绍兴二十六年五月与沈该一起就任相职。但次年三月他就过世了，在秦桧之后的政治过程中，并未留下明显的政绩。

其次是沈该，秦桧死后未几，他就于绍兴二十五年（1155）十二月复职参知政事，次年五月，升任左仆射即首相之职，他与汤思退同为权力中枢重要人物，直到绍兴二十九年六月，他才在新抬头的反秦桧路线人士弹劾下去职。他与秦桧发生冲突，是在他任参知政事之时，高宗并曾垂询："秦桧何忌卿之深？"（《宋宰辅编年录》卷一六，绍兴二十五年十二月，沈该参知政事条）由于他早岁在四川潼州府时，"专以商贩取利"，知夔州时又"营利尤甚"，故当夔州方面得知他受命参知政事时，人人大惊（同前）。他出身江南富裕之地吴兴（湖州），是吴兴有力人士在权力中枢的代言人。绍兴二十九年弹劾他的文章中列举称：沈该天资、人品皆属凡庸，又盛取贿赂，"常令亲随人及其子弟，用官舟，载川货，公然贩卖"，且多登用近亲与有关系之人，并道："近观大理评事八员，而寄居霅川者五，类皆富室右族，岂无因而致哉。"（以上全引自《要录》卷一八二，绍兴二十九年六月戊申条）就连法务高级官员的起用，也是靠他的私人关系，而且还是霅川也就是吴兴地方的有力人士。又据《嘉泰吴兴志》卷十七《贤贵事实》下，他本是归安县著姓，参知政事任上，因"旧吴兴丁身，岁输三十有奇，公奏减五分之四，乡人德之"。总之，沈该出自江南吴兴名门，代表其有力阶层，这层背景自与他在权力中枢的位置有关。

至于汤思退，他在绍兴二十五年（1155）六月秦桧尚在世之时，即以签书枢密院事处执政之列，秦桧死后，他立刻升转为参知政事，并于绍兴二十七年六月进位宰相，此后皆在左、右仆射（宰相）之位，直到绍兴三十年十二月，他才在陈俊卿等年轻官僚的攻击下去职。他是两浙处州括苍人，据称："至若青田之潘集、平江之张窠、会稽之詹承宗、括苍之潘景珪辈，率家计巨万，厚以财贿，肆行交结。思退或与之连姻，或与之补吏。"（《要录》卷一八七，绍兴三十年十二月丙午条）故汤思退也是以浙西、浙东有力人士为靠山，受其支持，与之维持密切的关系，并因此成为南宋政权经济最大据点的江南地域利害代言人。值得注意的是，汤思退经常掌握着一批官员，在这点上，他有

终章　绍兴十二年体制之结束与乾道、淳熙体制之形成

着与秦桧相近的特质。除了隆兴和议之际的一系列主和官员外,绍兴二十九年八月被归入汤思退宾客之列的有张孝祥、黄文昌、张松、郭世模、江续之、韩元吉、左鄯等;至于被归为其党羽者,在三十年八月陈俊卿所上弹劾文中,有张孝祥、王晞亮、邵大受、方师尹、祝公达、沈介等人。而汪澈的弹劾则举出林觉、沈介、叶谦亨、方师尹、张孝祥、邵大受诸人。他们概属版曹,长于治法,可见汤思退已大致掌握了实务、财务官僚群。而由时人称其为"养家宰相"(同前)看来,他在私财的营取方面,也颇有心计。当时经济力最富足的地区就是江南,特别是太湖周边地域,沈该与汤思退等人在权力中枢四年,一面以这些南宋先进基本地区为靠山,一面将这些地域的利害反映在政权中。

秦桧死后的政权,几乎可以称作是沈该、汤思退政权,而他们的国家营运方针,尤其是外交、军事政策,则极忠实地奉行秦桧所设定的大纲。秦桧于绍兴二十五年所上遗表第一项称:"愿陛下益固邻国之欢盟,深思宗社之大计。"(《要录》卷一六九,绍兴二十五年十月丙申条)希望能继续宋、金共存路线。《要录》卷一七二绍兴二十六年三月丙寅条引《吕中大事记》,将沈该、万俟卨、魏良臣等人皆列为秦桧一党。《要录》卷一七〇并谓:

> 上谓魏良臣、沈该、汤思退曰:两国和议,秦桧中间主之甚坚,卿等皆预有力。今日尤宜协心一意,休兵息民,确守无变,以为宗社无穷之庆。良臣等唯唯奉诏。(《要录》卷一七〇,绍兴二十五年十二月乙未条)

此外,"张浚主复雠,汤思退祖秦桧之说,力主和"(《宋史》卷三八九《张孝祥传》)的记事,亦可见汤思退等人的国政路线,的确是忠实地继承了秦桧对金友好的宋、金共存路线。

总而言之,秦桧死后数年间,掌握南宋政权的沈该、汤思退等人,在政策面上,仍是秦桧路线的忠实继承人。从这点来说,可将其定位为秦桧次政权。但在另一方面,他们也有与秦桧异质之处。如前所言,秦桧是站在北宋末年开封权门层这一边,全力维护其特权利益;相对

地，沈该、汤思退等人皆是以江南为其社会基础。在秦桧专制体制下，被形骸化且无意义化的宰执成员中，江南出身人士大概都是形式性地以半年为任期，在这样的情况下，沈该、汤思退的见用自然具有一定的历史意义。江南出身人士得以实质地就任宰执，不但为秦桧之后的南宋政权在江南建立了根据，并且得到江南舆论的支持。因此，高宗的这项选择与决定，使南宋政权在自我定位上更进一步地向江南政权化迈进。其政治路线虽以继承秦桧为标榜，但在宰执制的活化、实体化，以及取用江南有力人士出任宰执等事情上，则明显地表现出后秦桧南宋政权的历史个性，在权力的编组上，也一改秦桧专制时期的闭塞性与孤立性。

二、反秦桧势力的复权与得势

通观南宋初期的政治过程，笔者个人以为，绍兴十二年体制——秦桧专权体制的否定与结束，有两方面应该注意。其一与政策有关，秦桧政治原是以维持对金关系——遵守绍兴十一年和议为最优先事项，故当绍兴三十一年（1161）八月第三次宋金战争开始、十一年和约被毁之际，秦桧政治的根本架构也随之崩坏。其二则与支持秦桧专权体制运转的权力集团成员有关，绍兴三十二年八月高宗退位，孝宗即位，次年（隆兴元年）正月，张浚就任执政。绍兴十二年体制最大拥护者的退位与秦桧最大对抗者的复权暨掌权——张浚于同年底进位宰相——明白显示秦桧政治在人事方面的终结。两者一同谱下后秦桧政治过程的休止符。

不过在这两项契机中，前者是由金方面所决定，宋全无主导性，后者则完全出自宋国内政治的推移，故以下即拟就秦桧体制人事方面的终结问题，也就是反秦桧路线势力的抬头与掌权过程进行分析。高宗的退位与孝宗的即位，是经过高宗长时间考虑才做的决定，内情相当复杂。皇位的更替仪礼虽于绍兴三十二年（1162）八月举行，然而早在绍兴三十年二月，自身无子嗣的高宗就已养育在宫中的太祖七世孙"（普安郡王）瑗为皇子，仍改赐名玮"，"进封建王"（《要录》卷

终章　绍兴十二年体制之结束与乾道、淳熙体制之形成　　365

一八四，绍兴三十年二月甲戌、丙子条）。以普安郡王瑗为皇子，正如高宗所言"此事朕志素定，已九年矣"（同前，二月戊辰条）。也就是决定于绍兴二十二三年间。但高宗也说："第恐显仁皇后（皇太后韦氏）意所未欲，故迟迟至今。"（同前，二月甲子条）总之，帝位的交替现象，既未与后秦桧政治过程重合，或直接反映出什么问题，也就不能用来分析张浚复归权力中枢的问题。

张浚复权过程中应该注意的，恐怕不是他的政治力或政治工作等事，而是特定政治势力，也就是反秦桧路线势力与继承秦桧路线——在后秦桧时期掌握政权的沈该、汤思退势力间，一连串政治斗争的结果。让张浚得以复归的政治势力其实是二大势力的联合。其一是与秦桧差不多同时，但未如赵鼎、李光般被彻底镇压，只是与秦桧政见有别而被逐出政权中枢，在故乡或寄居之地过着隐退生活的人士。他们在秦桧死后渐次重回政坛，在标榜继承秦桧路线的沈该、汤思退政权中形成相当的势力。这批人从世代的观点来看，应是所谓旧世代。

相对于此，另一股反秦桧路线的势力就是新世代的人物了。如第十三章第三节"秦桧专制期间江南知县的动向"中所言，他们是南宋初期，尤其是于秦桧时代科举及第，在秦桧专制下就任江南知县之职，也就是在末端统治机构中任职的人物。秦桧死后约一年间，虽已有一百多名秦桧亲戚、心腹，因系"桧党"而遭弹劾、罢免、放逐；但是秦桧系官僚既已掌握国家权力几近二十年，其下人物自然不止于此。故这批新世代当然要继续不断地主张反秦桧路线，并弹劾秦桧之下的所有中、高级官员，而这当然也意味着他们参与政权中枢的机会可因此扩大。于是在表面上继承秦桧路线的沈该、汤思退政权中，就同时包含了新旧两世代的反秦桧势力，前者要求报复旧恨并恢复名誉、地位，后者则希望尽扫秦桧系官员以伸张自己的势力。

在这样的情况下，积极展开反秦桧行动的，乃是新世代官员。第十三章第三节中已然谈及，建康府江宁县知事叶义问于绍兴二十七年（1157）十月出任言官之殿中侍御史之职，平江府常熟县知事任古亦于绍兴二十七年十一月就任监察御史。如果我们以秦桧死后为第一次桧党弹劾行动，则绍兴二十七年十月、十一月就是第二次桧党弹劾行动的起点。叶义问等自绍兴二十七年底开始，即不断弹劾秦桧期高级官僚如史才、宋朴、汪勃等原执政群，以及徐宗说、汤鹏举、沈虚中周方崇等六部尚书、侍郎等人。而这次行动的总结，即任古之弹劾宰相沈该。

绍兴二十九年（1159）六月，知枢密院事陈诚之、左仆射沈该，因侍御史朱倬（福建闽县人，北宋宣和六年进士）、殿中侍御史任古（河南定陶人，建炎二年进士）、左司谏何溥（两浙温州人，绍兴十二年进士）、右正言都民望（福建德化人）之弹劾而相继辞任。弹劾的理由有二，一指彼等系秦桧系官僚，谓"诚之付会秦党"（《要录》卷一八二，绍兴二十九年六月己亥条），"（沈该）徒以在州县谄谀秦桧，遂蒙提挈"（同上，六月丙午条）；一论彼等与商业资本黏连，为官渎职，如言"又招集富商，出入门下，以置田之多寡为官资之高卑，使其谋国如家，见义如利"（论陈诚之，《要录》同上，六月庚子条），"顷在蜀部，买贱卖贵，舟车络绎，不舍昼夜。蜀人不以官名之，但曰沈本。盖方言以商贾为本"（同上，戊申条），"占籍吴兴，其门如市，百姓目之为湖州市"（同上，己酉条，皆言沈该）。

尽管这种局面明显地表示出秦桧系势力与反秦桧系势力的权力斗争、政治斗争，但却始终未见对秦桧政治根底之外交、军事政策有所攻击、非难，史料中所见，都是对沈该人品的批评，并自道义立场作人身攻击。对金从属论，以及因放弃华北中原而放弃民族全体性的主张，并不是此时否定秦桧继承政权的论点所在。这显示才刚抬头的新世代反秦桧势力，只具备了罢免当时宰相、执政的政治力量，却还无足够的政治能力去全面否定秦桧路线，更谈不上有何政治构想与展望。

反秦桧政治势力的力量不足，在继沈该之后弹劾汤思退的事件中，再次表现出来。要想让汤思退败下阵来，并不容易，他既受到江南有力人士支持，掌握实务官僚，继承秦桧路线，又与高宗站在同一立场，备受信任。。

沈该辞相后又过了一年半，汤思退才于绍兴三十年（1160）十二月下台。此一弹劾运动的中心人物有：右谏议大夫何溥、侍御史汪澈（江东饶州人，绍兴八年进士）、殿中侍御史陈俊卿（福建兴化人，绍兴八年进士）、右正言王淮（两浙金华人，绍兴十五年进士）等。他们以弹劾沈该的同一手法对付汤思退。亦即先指出他与秦桧的关系：说他"饰谀言以奉秦桧"（《要录》卷一八七，绍兴三十年十一月戊戌条），"思退起于微官，即登秦氏之门，一时耆哲，略无识者"（同前，庚子条）。接着又论其有渎职之事，如"思退则专市私恩，务姑息以媚下"（同前，戊戌条），"凡有举措，率背公营私，擅权植党，欺罔君上，凌玩缙绅"（同前，癸卯条），故要求将之罢免。可是这两点在弹劾沈该时虽然奏效，对汤思退却不起作用。负责主要攻势的陈俊卿就曾表示："思退未有大罪。虽非相才，比之沈该则有间。"（《宋宰辅编年录》卷一六，绍兴三十年十二月汤思退罢左相条）结果，还是靠着传统的天谴论才使汤思退去职，也就是以天变地异作为上天对政治的警戒，要求当政者辞职。

绍兴三十年十月癸亥日，"日方过中天，无云而有雷声"（《要录》卷一八七，绍兴三十年十一月庚子条），"时侍御史汪澈等欲论左仆射汤思退，方掎摭其过。殿中侍御史陈俊卿曰：为相无物望而天灾荐至，此固当罢，何以他为"（《宋宰辅编年录》卷一六，绍兴三十年十二月汤思退罢左相条）。于是遂引仁宗庆历八年枢密使夏竦因同一天象被罢之故事，攻击汤思退，汤遂辞相职。正由于汤思退只是形式性地辞去相职，故他与背后势力间的关系并未断绝，基础也都还在；而这也就成为他一年半之后得以重返宰执之位，并且是隆兴和议最有力领导人士的伏笔。

绍兴三十年底，继承秦桧路线的汤思退辞去了相职。这虽称不上是致命的一击，但在反秦桧的号召下，新旧两代的联合势力也足以与得到江南富裕地区支持的掌政者相对抗了。在这样的政治状况之下，张浚原本就是反秦桧的领袖，又可以结合新、旧两世代，组成一联合政治势力，其声望遂大幅提升，终于再次被推回权力的中枢。

绍兴三十一年（1161）正月，陈俊卿以自己平素虽不识张浚，却能知其忠义，兼有文武之能，于今更老于练事，已非昔日之张浚，"愿陛下勿惑谗谤。虽未付以大柄，且与以近郡，以系人心，庶缓急可以相及"（《要录》卷一八八，绍兴三十一年正月己亥条）。后又于同年六月再次表示："人皆以浚为可。陛下何惜不一试之。"（《要录》卷一九〇，绍兴三十一年六月壬寅朔条）知黎州冯时行也上书言道：今日当与贤士大夫、骨鲠谋议之臣共渡艰难，"愿陛下舍一己之好恶，勉用浚，以副人望，决能使军民回心，踊跃鼓舞。其效非亦小补"（《要录》卷一九二，绍兴三十一年八月甲辰条）。

高宗对于起用张浚一事，颇感踌躇，他曾说："浚才疏，使之帅一路，或有可观，若再督诸军，必败事。"（《要录》卷一九〇，绍兴三十一年六月壬寅朔条）可是正逢宋金战争又起，张浚遂得于绍兴三十一年（1161）十月复归中枢。他先受命为观文殿大学士判潭州，次月初即改判建康府，担任对金前敌最高指挥。这也是绍兴三十二年六月高宗退位、孝宗即位时，张浚再得起用的有利条件。高宗一直犹豫着是否该再任用张浚，孝宗则积极地起用他，隆兴元年（1163）正月他出任枢密使，同年底即拜相。这当中，孝宗的侍讲、侍读、教授，也就是组成皇帝身边侧近集团的黄中、杨邦弼、王十朋、张阐、陈俊卿等人自然也用力甚多。

本节最后所要讨论的，乃是在后秦桧之沈该、汤思退政权下成长，又紧紧追击，致二人相继罢黜的政治势力。他们也正是在绍兴末、隆兴初第三次宋金战争中负责指挥战争，并于隆兴和议论争中活跃的主战派人物。以下即就其中挑选十几人，分别描绘其在后秦桧时代重回政坛或参加政权的门路，及其身为政治领袖的特色所在。

首先就旧世代来看，秦桧生于元祐五年（1090），生于此一年代的人物有：张阐（元祐六年（1091），宣和六年进士）、辛次膺（元祐七年（1092），政和二年进士）、王大宝（绍圣二年（1095），建炎二年进士）、冯时行（？，宣和六年进士）、金安节（绍圣二年（1095），宣和六年进士）、黄中（绍圣三年（1096），绍兴五年进士）等。

张阐是永嘉人，他于绍兴二十七年（1157）八月提举两浙路市舶，二十九年入为御史台主簿。朱熹称赞他道："其言金人世雠不可和者，惟胡右史铨、张尚书阐耳。"（《要录》卷一七七，绍兴二十七年八月丁未条；《宋史》卷三八一《张阐传》）

辛次膺为莱州人，寓居鄱阳十六年，高宗亲政后，于绍兴二十六年二月复知婺州，同年闰十月，任礼部侍郎，二十七年正月就任给事中。曾以"父之仇不与共戴天云云"，上书请勿与金和，并与岳飞互有往来。值得注意的是，他任礼部侍郎后，考虑到邦国大计，以当时财政岁入、岁出紊乱，强调"朝廷一岁中出入之数"当立为定额。又隆兴元年（1163）任参知政事时，主张再逐汤思退，并请孝宗起用王十朋。（《要录》卷一七一，绍兴二十六年二月甲午条；卷一七五，十一月甲戌条。《宋史》卷三八三《辛次膺传》）

王大宝尝上呈《诗书易三经解》，颇合高宗意，绍兴二十五年十二月，除守国子司业兼崇政殿说书，二十六年十一月知温州。绍兴二十六年（1156）二月，任国子司业之时，曾列举江南诸州月桩钱、折帛钱弊害，请令诸路监司核实月桩名色，立为定额，又请停止贩卖度牒，而忤高宗之意。他出身潮州，与赵鼎、张浚父子在学问上互有往来，孝宗之世，他大力抨击汤思退，是对金强硬论者中最具战斗性的一员，也是张浚预定起用之一员。（《要录》卷一七〇，绍兴二十五年十二月丙子条；《宋史》卷三八六《王大宝传》）

冯时行因反对绍兴和议而为秦桧所厌，十八年间皆在野，绍兴二十七年三月复知蓬州。他是四川璧山人，绍兴三十一年七月力请高宗起用张浚，主张皇帝当与贤士大夫、骨鲠谋议之臣共渡艰难。在张浚隆兴初年所拟起用的名单中，他列在近臣项下。（《要录》卷一七六，绍兴二十七年三月丙子条；卷一九二，绍兴三十一年八月甲辰条）

金安节于绍兴二十五年（1155）十二月复知严州，二十七年二月提点两浙西路刑狱公事，同年九月，守大理少卿。他是休宁人，任殿中侍御史时尝弹劾秦桧之兄秦梓，为桧所憎，久废不起。他任大理少卿，谓治民之道当先德教，后刑法；他请申诏敕，令百官勿专用法令，而力行教化。他后来也是主战论者的中心人物，张浚称赞他说："金给事，真金石人也。"（《要录》卷一七〇，绍兴二十五年十二月辛巳条；《宋史》卷三八六《金安节传》）

在主战论者中，多与金安节采同一阵线的黄中，于绍兴二十六年六月以秘书省校书郎面对高宗，历陈百姓疾苦、财用蠹耗、官吏贪污之事；同年十月，转著作郎，渐露头角。他是邵武人，绍兴三十二年正月任礼部侍郎之际,因钦宗丧礼之事,逆高宗之意,宰相朱倬因言:"上意实然,臣子务为恭顺可也。"黄中却说:"责难于君,乃为恭耳。"他严礼制,对金一贯持强硬论。(《要录》卷一七三,绍兴二十六年六月甲戌条;卷一九七,三十二年二月丙寅条。《宋史》卷三八二《黄中传》)

其次是新世代方面的人物,如杜莘老(生于大观元年(1107),绍兴间赐同进士出身)、汪澈(大观三年(1109),绍兴八年进士)、虞允文(大观四年(1110),绍兴二十四年进士)、陈俊卿(政和三年(1113),绍兴八年进士)。

杜莘老为杜甫十三世孙,绍兴二十六年(1156)十一月经魏良臣推荐出任敕令所删定官。曾论时弊十事,其中特别强调肃正军纪、强化国防力量。他出身蜀之眉山青神,后又再三主张备御金人为当今之急务。在张浚预定起用之人物中,他与刘珙、王大宝都是应该召还之人。(《要录》卷一七五,绍兴二十六年十一月丙子条;《宋史》卷三八七《杜莘老传》)

汪澈是饶州浮梁人,绍兴二十六年八月,因万俟卨之推荐,由沅州州学教授出任秘书省正字,同月,兼实录院检讨官。绍兴三十年(1160)二月,为殿中侍御史,同年十一月,与陈俊卿联名弹劾汤思退。他一向主张对金强硬论,绍兴三十二年就任参知政事。陈俊卿、王十朋等人皆为他所推荐。他出身寒微,自言"所以报国,惟无私不欺尔",在宣明道义上,与张浚等有别。(《要录》卷一七四,绍兴二十六年八月丙申条;《宋史)卷三八四《汪澈传》)

绍兴二十六年,虞允文以蜀中人才,得沈该推荐,自彭州通判转知渠州,二十八年十月再移秘书丞。其间曾奏罢常赋以外附加税六万五千余缗。又上奏:君道者必畏天,必安民,必法祖宗。绍兴三十一年八月,以采石之役阻金军渡江,一跃而为民族英雄,也成为对金强硬论的中心人物。他出身仙井,是蜀地官僚的代表,孝宗时与陈俊卿同为宰相数年。(《要录》卷一七一,绍兴二十六年正月甲子条;《宋史》卷三八三《虞允文传》)

陈俊卿于绍兴二十七年(1157)六月以校书郎兼普安恩平郡王府教授,与秘书丞杨邦弼共事。绍兴三十年六月任监察御史,同年八月,转殿中侍御史,在罢劾宰相汤思退的事情上十分活跃。绍兴三十一年正月、六月,他两次恳请高宗任用张浚,令其重回权力中枢。他是兴化军莆田人,坚持对金强硬论,孝宗时居宰相之位,为福建官僚代表。最敬朱熹,朱熹也为他作行状。(《要录》卷一七七,绍兴二十七年六月壬戌条;《宋史》卷三八三《陈俊卿传》)

隆兴和议之时,主战论者形成强有力的联合阵线,中如温州乐清人王十朋、成都晋原人阎安中等人,皆是绍兴二十七年三月贡举时,根据拔举"鲠亮切直者"在上位的原则,而被举为第一、二名进士者(《要录》卷一七六,绍兴二十七年三月丙戌条)。又陈俊卿与张栻(浚之子)、朱熹等人是密友,属福建有力官僚;而因不得雪耻赍恨以殁的刘珙,原被秦桧贬放至台州崇道观,也在绍兴二十八年四月起复为知大宗正丞。(《要录》卷一七九,绍兴二十八年四月辛亥条)

以上即秦桧死后,始得归复政坛或新获起用,与继承秦桧路线者相对抗的人物经历。以下将再就他们共通的特色与性格稍作整理。

首先要注意的是他们的出身地,他们之中,少有支持当政者沈该、汤思退的江南——特别是太湖周边地域人士。绍兴六年时,豪右大姓聚居最多的地区,当系浙西的平江府、湖州、秀州、常州、江阴军,浙东的绍兴府、衢州、温州,还有江东的建康府、广德军等地[1]。这些地区都是生产力最高的地方,即所谓先进地区。在前面所列举的十三人中,除张阐、王十朋是永嘉(温州)人,此外即无两浙之人。冯时行、虞允文、杜莘老、阎安中等出身四川,黄中、陈俊卿、刘珙则是福建人。如果只是从这仅有的几件事例来下结论,我们当然必须慎重;不过从他们后来的活动来看,反秦桧政治路线的政治势力,的确可以说是四川、福建两地的联合体。总之,若再加上西北流寓一人(辛次膺)、广东一人(王大宝)、江东南部二人(金安节、汪澈),反秦桧路线势力——隆兴和议的主战论者——中的有力人士,概属经济后进地区出身者。隆兴元年底,张浚夺权计划(也可以说是一种政变)拟用人士十八人中,

---

1. 参本书第321页注释1。又此文并见于《要录》卷一〇〇,绍兴六年四月乙卯条;《宋会要辑稿》,职官三九之九,绍兴六年四月十八日条。

包括他自己（成都绵竹）在内，四川、福建系占了九人，江南方面则只有一人（莫冲——湖州）。这样看来，继承秦桧路线的沈该、汤思退等乃是以江南太湖周边所谓先进地区为背景，而与之对抗的张浚集团则以四川、福建为主力。

其次，他们的学问都很好，比起法律、财政等实务性问题，他们都是有修养的学者。他们因《春秋》之义，主张敌不可许，张浚、金安节通《易》，王大宝因《诗书易解》而得高宗赏识，黄中、陈俊卿、王十朋、张阐等人则是孝宗的教授、侍讲、侍读，包括张浚之子张栻在内，他们在学问上的来往十分密切，并与朱熹相结交。他们既都是有修养的人，重视德治，自然对汤思退等实务官僚反感。如《陈俊卿行状》录其上奏称："又言：州县之间，号为能吏者，往往务为急刻，专以趣办财赋为功，而视抚字、听断为不急。其间，又有聚敛以为羡余之献者。增市征则害商贾，督逋赋则病农民，甚或侵移常赋，贻患后人。朝廷不察，反谓有才。愿有以深戒敕之，则天下之幸。"（《朱文公文集》卷九六）

他们反对能吏，主张德治，这种倾向使得他们在官僚世界或权力中枢内部，重视礼官或言事之职，更甚于财政、法律等实务担当，并以此为重点、为基础就有关人事、政策发言，提出政治走向。这当然也与秦桧死后高宗为防止专制再现所采取的措施有关，"上监秦桧擅权之弊，遂增置言事官。（中略）察官具员，近世所未有"（《要录》卷一七一，绍兴二十六年正月丙寅条）。至少，为了对付秦桧专制而重视言官的取向，衍发出主张道义之官僚占据言官之职的现象。

再者，即是他们在这个阶段中对政治所表现的态度，也就是所谓的反能吏。所谓能吏，由前引《陈俊卿行状》看来，乃是强行征税、专卖，向中央进献羡余，求一己之荣华富贵、自私肥己的官僚们。至于以德治为目标的官员们，则固守地方乡村利益，抵抗集权主义，以求肃正官界之纲纪。前文所言，如王大宝摘发月桩钱弊害，主张立定额以为收放之标准；虞允文知渠州，反对于常赋外多加征敛；黄中论百姓疾苦、财用蠹耗、官吏贪污之事，全都是此一态度的表现。

绍兴二十五年（1155）十二月监察御史王珪请就地方之收纳数设立定额（《要录》卷一七〇，绍兴二十五年十二月丁酉条），二十六年二月刘才邵、许兴古、鲁冲等请废酷吏，停增盐税等税（《要录》卷一七一，绍兴二十六年二月癸酉朔、甲戌条），皆系承前述风尚；及至向伯奋、辛次膺等人，则请就地方财政、国家财政，各"以入制出"，"立为定数"（《要录》卷一七四，绍兴二十六年八月辛未条；卷一七五，二十六年十一月甲戌条）。绍兴三十年十二月，以过去十年之平均额为经总制钱之定额，可以说是这项意见的实现。（《要录》卷一八七，绍兴三十年十二月癸丑条）以往经总制钱是以绍兴十九年额为定额，由于这是秦桧、曹泳以过去之最高额为定额，故绍兴二十六年时，李邦献即要求厘正，其后贺允中、黄祖舜等又相继上言，再经汪澈强烈要求，与陈康伯的支持，才终告实现。

总之，这些人因为固守地方乡村的利益，而要求采宽放的财政措施，恢复祖宗旧制，政治上则希望确立一定的组织、制度。

最后要指出的是，这些人都是对金强硬论者，他们誓为被掳且死于胡地的徽、钦二帝复仇，视金为不共戴天之敌，必报其轻践君臣父子之道的大仇。如王十朋就论道："今日之师为祖宗陵寝，为二帝复仇，为二百年境土，为中原吊民伐罪，非前代好大生事者比。"（《宋史》卷三八七《王十朋传》）

于是，我们可以看到，在秦桧死后的种种士人活动中，出身四川、福建等地，尊重学术、传统，主张对金强硬论的官僚们，确实站稳了自己的地位而开始崛起抬头。此一集团不久就会成长为强大的政治势力，这在前述宰相沈该、汤思退之被弹劾事件中已然谈及。绍兴三十一年（1161）五月，由于对金战争势不可免，遂于御前召开会议，出席人员——也就是权力中心的成员名单是：凌景夏、汪应辰、钱端礼、金安节、张运、黄祖舜、杨邦弼、虞允文、汪澈、刘度、陈俊卿等。（《要录》卷一九〇，绍兴三十一年五月甲午条）其中金安节、虞允文、汪澈、陈俊卿等人，前文皆有介绍。至于黄祖舜，他是福建福清人，精通《论语》，曾奏请取消秦桧养子秦熺的太傅名号，并主张经总制钱应减额定制化。杨邦弼是福建建安人，与陈俊卿同为孝宗教授，亦与陈俊卿同一政治路线。汪应辰为江东玉山人，以学知名，从学于吕本中、胡安国，也是赵鼎的弟子，在张浚所构想的政权结构中位列执政。刘度是湖州长兴人，任台谏而有名望，以春秋之义迫孝宗复仇。出席会议的十一人中，既有八人是秦桧死后以反秦桧路线崛起之人，则汤思退下台后，权力中枢将由何种势力所把持，也就十分清楚了。

三、第三次宋金战争与高宗退位

金正隆三年即宋绍兴二十八年（1158）正月，金皇帝亮对宋之贺正旦使孙道夫问道："闻秦桧已死，果否？""尔国比来行事，殊不似秦桧之时，何也？"又说："且我不取尔国则已，如欲取之，固非难事也。"（《金史》卷一二九《佞幸传》，张仲轲条）暗示金已知宋之政情，并有废弃绍兴十一年和约，统一天下（征服宋）之意。

在宋方面，亦有士大夫以"敌情难信，请饬边备"者，但宰相沈该"不以为然"（绍兴二十九年六月），"遣大臣往探敌意，且寻盟焉"。使节即知枢密院事王纶、保信军承宣使知阁门事曹勋。其时制书尚称："将坚好以息民，申有永之欢盟，欲无易老成之旧德。"这完全是绍兴二十五年（1155）底秦桧之遗言，也是十二年以来南宋基本政策的表现。故沈该以孙道夫"数言武事"，是欲"引用张浚"，罢其礼部侍郎之职，出知绵州（以上据《要录》卷一八二，绍兴二十九年六月甲申朔、丁亥条）。孙道夫为四川眉州人，因张浚荐举而至秘书正字。绍兴二十九年九月，王纶、曹勋归国，其报告与孙道夫所料正相反，称："邻国恭顺，和好无他"，宰相汤思退乃言："遣使寻盟，和好益坚，皆陛下德威所致。"可是《要录》的编者李心传，在汤思退的话后写道："然金主亮已定寇江之计。纶所见盖妄也。"（《要录》卷一八三，绍兴二十九年九月乙酉条）史载绍兴三十年三月，参知政事贺允中等由金回国入朝，亦言："敌势必败盟，宜为之备。"（《要录》卷一八四，绍兴三十年三月辛卯条）不过，高宗等权力中心人物对此有何看法，史书上并未见记载。

秦桧死后数年，金皇帝亮即欲毁弃绍兴十一年（1141）和约，重启对宋战争。至于宋方面，如沈该、汤思退者并不希望再有战争，努力维持着十一年和约。可是绍兴二十九年六月与三十年十二月，沈该、汤思退相继被弹劾而罢职，显示以十一年和约为国家基本政策者的势

终章　绍兴十二年体制之结束与乾道、淳熙体制之形成

力后退，第三次宋金战争势不可免。

史载正隆三年（1158）五月，金帝向翰林院学士承旨翟永固、翰林直学士韩汝嘉询以对宋战争之事，永固等"对曰：宋人事本朝无衅隙，伐之无名"（《金史》卷八九《翟永固传》）。就金方面而言，这场战争原本难以大义名分为言，若南宋坚持秦桧路线，势将成为阻止战争开始的强力要素。从这点来看，反秦桧路线——当然也主张对金强硬论——势力在绍兴三十年（1160）十二月迫汤思退下台，不啻是开启了战争之路。如史所言："海陵（金帝亮）恃累世强盛，欲大肆征伐，以一天下。尝曰：天下一家，然后可以为正统。"（《金史》卷一二九《李通传》）第三次宋金战争乃是因为金皇帝亮想统一南北、支配天下而起。绍兴三十一年（金正隆六年）八月，金军以六十万号为百万，编成三十二军，自寿春、蔡州、凤翔、海道四面进军，九月初双方进入交战状态。

在金帝亮"天下一家"的野心驱策下，这次战争的计划规模很大，但是在动员、组织金的国力问题上却有着结构性的问题。其一，在实施对宋作战计划之前，即正隆六年（1161）四月间，金之西北方面已因征发南征所需壮丁，发生了契丹人反抗事件，金镇压无效[1]。其二，在政权中枢内部，反对发动对宋战争的势力相当强大，八月起兵之际，谏止南伐的母太后图克担氏遇弑，其党被杀，翰林直学士韩汝嘉赐死。其三，军卒中普遍有反战、厌战风潮。"金将士自军中亡归者相属于道。（中略）皆公言于路曰：我辈今往东京立新天子矣。"（《续鉴》卷一三四，绍兴三十一年月己亥条）

这种为南进而引起的争论，招致政权的分裂，宋金开战后的十月份间，叛亡士兵们的话应验了，东京留守完颜雍（曹国公乌禄）在众人拥戴下，于辽阳即位。此即金世宗。而在另一方面，金帝亮试图于十一月渡长江的计划，因虞允文指挥宋军奋力作战（采石之役）而告失败。同月月底，他因契丹人部将耶律元宜作乱，在军中遭到刺杀。金军向宋提出和议，引军北归。

---

1. 外山軍治：《金朝治下の契丹人》，《世宗即位の事情と遼陽の渤海人》，《金朝史研究》，东洋史研究会，1964年。

自八月底开始,于十一月底告终的金皇帝军南进行动,其实是金自行结束的。但是,宋在拟定对应措施时,竟完全无视于此一现实状况。

逼退沈该、汤思退的代表人物叶义问、朱倬,在绍兴三十、三十一年时,皆已身入宰执之列(叶义问为知枢密院事,朱倬为参知政事,后为宰相)。可是这时的最高领导人物当推陈康伯,高宗与士大夫们皆以他马首是瞻。他出身江南东路信州弋阳县,虽与秦桧在太学为同学,却与秦桧划清界限。秦桧死后的绍兴二十六年(1156)二月,他从知汉州调升试尚书吏部侍郎,之后又一再升进。绍兴二十九年二月,沈该被弹劾后,他就任右仆射,做了宰相。他当然不是秦桧系官僚,但也不曾拼命地抵抗秦桧政治,也就是居于中立的位置。

他在绍兴二十九年(1159)九月被起用为宰相时,史称:"上曰:自卿除用,朝野翕然,无间言。卿静重明敏,一语不妄发。真宰相也。"又称:"高宗叹其长者。康伯既以至诚为高宗所信。"(以上皆出自《宋宰辅编年录》卷一六,绍兴二十九年九月陈康伯右仆射条)很明显地,陈康伯是以其长者的人格、识见而得到重用,但是,高宗并不期望藉此以否定秦桧政治,从而实现基于人格主义、道义的政治。据《朝野杂记》乙集卷一《壬午内禅志》所记,绍兴三十年二月,在两位宰相中居首席的汤思退,以"陛下春秋鼎盛。上天鉴临,必生圣子",不赞成高宗立皇子与让位的决定,高宗乃"顾康伯曰:去年卿留身奏事,朕亦尝及此事,无甚难者"。此处所谓的前一年,是绍兴二十九年,由此看来,高宗之所以起用陈康伯为沈该后任,恐怕还是因为他可以作为退位、让位的顾问,同时也是能够将所承帝意转换为统治集团合意的"长者"[1]。史称"高宗倦勤,有与子之意,康伯密赞其议"(《宋宰辅编年录》卷一六,绍兴三十一年三月陈康伯左仆射条)。正是高宗与陈康伯关系的实情。

绍兴三十年底,汤思退下台,陈康伯就更重要了,随着绍兴三十一年(1161)秋开始的宋金战争,其政治领导实力开始展现。绍兴三十一

---

[1] 关于绍兴三十二年之高宗退位及孝宗即位问题,参见王德毅:《宋孝宗及其时代》之前言"孝宗由外藩入继大统的经过",《宋史研究集》第10辑,1978年。

终章　绍兴十二年体制之结束与乾道、淳熙体制之形成　　377

年十月中，金军渡淮河，攻庐州。负责的将军王权逃遁，宋之江北防卫组织全面崩溃，"中外大震"（《要录》卷一九三，绍兴三十一年十月丙辰条）。大将军杨存中与宰执们奉召举行御前会议。《要录》称："上谕以欲散百官，浮海避敌。左仆射陈康伯曰不可。（中略）遂定亲征之议。"（同前）至于《宋宰辅编年录》卷一六绍兴三十一年三月陈康伯左仆射条则说："时朝士有遣家（族）避寇者，康伯独具舟迎家属入浙（临安），人恃以安。虏益逼江，有劝车驾幸会稽，因入闽。日将晡，高宗命杨存中来议。（中略）（康伯）奏曰：闻有劝陛下幸越及闽者。诚用其言，大事去矣。曷若静以待之。忽一日，中使持御批来甚遽。康伯读之，及如更一日虏骑未退，且令放散百官。康伯取焚之。入奏曰：审如圣训，百官既退，主势孤矣。上问焚之何也。康伯曰：既不可付外施行，又不可辄留私家，故以焚之。上深以为然。时中外人情汹汹，康伯独不为所动。"

金军杀来的消息使临安陷入恐慌状态，虽有提议高宗退避并解散百官者，陈康伯却置之不理，决定以亲征决战为国策。绍兴三十年十一月底，金帝亮被刺，驻屯和州的金军北返，奏报入朝之时，"高宗目康伯曰：皆卿辅佐之力"（同前）。

若从政治史的立场着眼，这场发生于绍兴三十一年秋、冬的宋金战争——事实是金毁盟南进，对于前此之绍兴十二年体制——秦桧体制之结束，与乾道、淳熙体制之形成，确有其划时代之影响。

曾经是秦桧专制体制主要支持者，在皇帝身边活动的侍医王继先、宦官张去为等人，都在这段期间，因主战论、道义派官僚杜莘老的弹劾而遭贬逐。"时朝论汹汹。入内内侍省都知张去为阴沮用兵之议，且陈退避之策，或妄传有幸闽、蜀之计。"（《要录》卷一九〇，绍兴三十一年五月甲午条）高宗之退避既是张去为之意，待朝廷决定与金对决之后，"莘老执奏不已，竟罢去为御马院，致其仕"（《要录》卷一九三，绍兴三十一年十月戊辰条）。陈俊卿也向高宗进言："去为窃威权，挠成算。乞斩之，以作士气。"（《纲目》卷一三，绍兴三十一年六月以陈俊卿为兵部侍郎条）

王继先也反对与金战争，据《要录》卷一九二绍兴三十一年八月丁未条引《遗史》称，王继先曾向高宗提议："若斩（将军）一二人，则和议可以复固。"史籍并言其"自闻边警，日辇重宝之吴兴，为避贼之计"。杜莘老乃列举其自秦桧专制时期以来所为诸恶事十条加以弹劾。结果，王继先以昭庆军承宣使致仕，贬放福州，所掠良家子女为奴婢者皆予释放，财产没入御前激赏库（《要录》卷一九二，绍兴三十一年八月辛亥条）。与王继先有关之文武官员亦遭贬斥。秦桧之死，虽然对秦桧体制之内廷人士有所影响，却未造成直接的冲击。可是汤思退的下台——反秦桧系官僚占据权力中枢、对金关系的瓦解、战争的发生等一连串事件，终使得与秦桧有关的一批人无法再在内廷立足，全被一扫而空。

其次，宋金战争所带来的第二点影响是，秦桧头号政敌张浚之复职。如前所述，与张浚年岁相去甚远，如陈俊卿一辈的年轻士大夫们，曾强烈要求召回张浚而未得实现。但是面对着宋金交战已无可避的现实情势，冯时行于绍兴三十一年（1161）七月上奏高宗，进言今日当与贤士大夫、骨鲠谋议之臣共乘时艰，终于让张浚在同年十月间复掌政权。张浚一回到朝廷，不但反秦桧系官僚掌握了政权，第三次宋金战争亦随之开始。这与张去为、王继先之罢免、放逐，共同宣告了绍兴十二年体制即秦桧专制体制的结束。

再次，在人事方面，最能表现秦桧体制结束征兆者，是高宗的退位。《朝野杂记》乙集卷一《壬午内禅志》中记述了有关高宗退位与孝宗即位的种种事迹，但是关于经过的原委、内禅的情事、决定的条件却都不甚清楚。虽然其中说明高宗早在九年之前，即绍兴二十二、三年时，也就是秦桧专制期的最终阶段，即已下定退位的决心，但因太后反对未能实行；并称高宗身体、精神状况不佳是其退位理由，但问题暧昧不明处仍有许多。笔者个人以为，从大局方面来看，高宗退位的原因应是：（1）在确立南宋政权过程中，采取共同政治行动的秦桧已死，其集团成员也在此时全遭逐放；（2）金之毁盟败约，重启战端，亦破坏了高宗政策的根本部分。

由于皇帝乃是体制的代表，是象征性的存在，故其原不可能因政治责任而有所进退。但是对高宗而言，与其一体的秦桧及其所赖之近臣既皆不在，确立南宋根本之绍兴十一年（1141）和约又告瓦解，也就难怪"高宗倦勤，有与子之意"（《宋宰辅编年录》卷一六，绍兴三十一年三月陈康伯左仆射条）。所谓"德寿（高宗）建思堂落成。寿皇（孝宗）同宴，问德寿何以曰思堂。德寿答曰，思秦桧也。由是秦氏之议少息"（《贵耳集》卷上），这段故事或可支持笔者前述的看法。总之，一向被疏离在秦桧体制之外，却也是其最大支持力量与拥护者的高宗，其退位，显示了秦桧体制的完全结束。

最后由政策的观点来看，基于绍兴十一年和约建立的秦桧体制，因绍兴三十一年战争而破产。绍兴十一年和约是以宋对金之从属性、隶属性为基本内容，金之毁盟与开战，等于是将和约还原成一张白纸。金既毁弃十一年和约，不啻意味着宋可由对金之从属性解放。回避战争既不成，欲幸闽、幸蜀的企图又因陈康伯而打消，在以亲征——宋、金对决为国策后，南宋已摆脱了对金的隶属性。这点当然完全表现在此次的宣战文书中。

陈康伯于绍兴三十一年（1161）五月战争已无可避时谈道："敌国败盟，天人共愤。今日之事，有进无退，若圣意坚决，则将士之气自倍。"（《要录》卷一九〇，绍兴三十一年五月甲午条）这样的见解在十月一日的宣战诏书以及枢密院的檄书中也可以看到。又同月甲辰（五日）高宗先对宰执表示，"朕与金国讲好二十年，未尝有纤毫之隙"，接着即列举金之背信诸行说：

> 况篡弑君亲，诛戮残忍，天地所不盖载，禽兽所不肯为，神怒人怨，灭亡无日。今三道出师，置帅招讨，审彼己，量虚实，抚定我城邑，招集我人民，收复我寝庙。（中略）卿等赞朕成算，协以众谋，庶几恢复神州，以复两朝之耻。（《要录》卷一九三，绍兴三十一年十月甲辰条）

自北宋灭亡以来，国内议论不算，正式在诏书或皇帝公开发言中，也就是以国策形式提出要恢复神州，为徽、钦二帝雪耻者，这还是头一次。宋以这两点作为绍兴三十一年战争的大义名分、战争目的，实在是划时代的举措。而这也正意味着在权力中枢的编组中，秦桧系官僚已被扫除殆尽，新、旧两系反秦桧人士掌握了政权，至若张浚之得以起复，也正反映了此一事态。

四、符离之败与汤思退之复起

第三次宋金战争发生于绍兴三十一年（1161）秋至隆兴二年（1164）冬，双方固然断断续续地发生了一些战斗，但主要的战役只有两次。其一是绍兴三十一年八月至十一月底由金发动的渡江之役，其二是隆兴元年夏由宋军主导的两淮—符离（宿州）攻防战。

前者的结局是金帝亮在渡江作战的前线被暗杀，金军撤退。十二月一日的大金国大都督府牒中有谓："不意正隆（金皇帝亮）失德，师出无名，使两国生灵枉被涂炭。（中略）方议班师赴阙，各宜戢兵，以敦旧好。"（《要录》卷一九五，绍兴三十一年十二月己亥朔条）总之，金方面是希望能恢复绍兴十一年和约的局面，也就是要将金军此次南侵所得之江北之地归还宋朝。

在这种相对有利的状况下，宋、金开始交涉，结果却由于宋廷无法汇整出一致的对金要求事项，这次折冲遂无功而还。史籍载称："上谓宰执曰：朕料此事终归于和。卿等欲首议名分，而土地次之。盖卿等事朕，不得不如此言。在朕所见，当以土地、人民为上。若名分则非所先也。（中略）至如以小事大，朕所不耻。"（《要录》卷一九六，绍兴三十二年正月壬辰条）也就是说，皇帝以恢复旧境，尤其是中原与祖先陵寝之地为第一目标，至于对金采事大之礼并不介意。而在百官方面——秦桧系官僚当然完全被排除在外，则主张应以改正名分关系，建立宋、金两国的对等性为谈判首要目标。至于在现阶段之有利情况下，应对金提出何种要求，则颇多龃龉。绍兴三十二年（1162）春、夏之间，中枢内部即为此有所争论。如以左司员外郎任北使接伴使的洪迈上奏道："土疆实利，不可与；礼节虚名，不足惜也。"礼部侍郎黄中则说："名定实随，百世不易，不应谓之虚。"兵部侍郎陈俊卿亦论称："臣谓不若先正名分,名分正则国威张,而岁币亦可损矣。"（以上全出《要

录》卷一九八，绍兴三十二年三月丁未条）

关于这个问题，宋廷中始终无法达成一致的看法。总的说来，重名分的意见较占优势，而随着高宗的退位与孝宗的即位，这个难题转交到了孝宗的手中。

孝宗对金向持积极论，史称："上（孝宗）每侍光尧（高宗），必力陈恢复大计以取旨。光尧至曰：大哥，俟老者百岁后，尔却议此。上自此不复敢言。"（《四朝闻见录》乙录，孝宗恢复）绍兴三十二年八月，孝宗受禅即位，成为南宋第二代皇帝后，就对金关系而言，他有两个选择：一是继续交涉，缔结和约；一是由宋发动，重开战端。孝宗选择了后者。这当然是受到他的侍讲、侍读、教授，也就是黄中、杨邦弼、王十朋、张阐、陈俊卿等主战派、对金强硬论者的影响，而这项决定又使他们的发言更趋有力。同时，对于高宗一直犹豫不能起用的张浚，孝宗也积极地加以任用，于隆兴元年正月授其枢密使，年底任为宰相。史书记载孝宗、张浚于绍兴三十二年六月会面的情况道：

> 上手书，召判建康府张浚。既见，上改容曰：久闻公名，今朝廷所恃惟公。浚言：人主以务学为主。人主之学，以一心为本。一心合天，何事不济。所谓天者，天下之公理而已。必兢业自持，使清明在躬，则赏罚举措，无一不当，人心自归，强邻自服。上竦然曰：当不忘公言。浚见上天锡英武，力陈和议之非，劝上坚意以图事功。于是，加浚少傅，进封魏国公，除江淮宣抚使，节制屯驻军马。（《要录》卷二〇〇，绍兴三十二年六月是月条）

于是，自绍兴三十二年（1162）底至隆兴元年（1163）初，主战的孝宗，一贯主张对金强硬的张浚，还有逐走秦桧余党宰执、掌握权力中枢的道义派福建、四川官僚们，结合成所谓"堂堂之阵"，共同筹划着如何藉战争恢复中原。隆兴元年夏（四月至五月），以两淮为战区，由宋采攻势、金采守势所进行的战争，确是前所未有的局面。吕中评此役道："建炎以来，十四处战功，皆未有符离之一举者。盖向者因其来而后与之战，今则堂堂之阵，正正之旗，往而征之。所谓先人有夺人之心，非不得已而后战也。孝宗谓数十年无此克捷，胡铨谓四十年未有此举。金人缘此震慑，知吾君有大有为之志。"（《续宋编年资治通鉴》卷八，宋孝宗一）

不过，对于这种因权力中枢交替而有的战争进展，当然也不是没有反面的论调出现。两浙明州鄞县之闻人，孝宗为普安王与建王时期任王府教授、直讲，与孝宗关系密切，孝宗登位后即以之为参知政事，随后出任右仆射（次相）的史浩，就强力地反对张浚等人的对金积极路线。史浩主张慎重，他认为当先求强化、充实南宋国力，"惟当练士卒，备器械，固边围，蓄财赋，宽民力，十年而后用之"（《齐东野语》卷二，张魏公三战本末略，符离之师）。基于这样的立场，他劝张浚道："明公（指张浚）以大雠未复，决意用兵，此实忠义之心。然不观时势，而遽为之，是徒慕复雠之名耳"，"明公能先立规模，使后人藉是有功，是亦明公之功，何必身为之"。对此，张浚答以"丞相之言是也，虽然，浚老矣"，又以"史浩意不可回也，恐失机会，惟陛下英断"，催迫孝宗，"于是，不由三省、密院，径檄诸将出师矣"（以上皆同前引书）。史浩身兼右仆射与枢密使二职，也就是兼为三省长官与枢密院长官，孝宗与张浚却不经三省、枢密院，直接下令出动军队，史浩乃请辞相职以示抗议。他辞职时曾说："愿陛下审度事势，若一失之后，恐终不得望复中原矣。"（同前）宰相史浩既为抗议张浚之道义主战论而辞职，孝宗之下的权力中心乃告分裂。史浩所代表的是与汤思退有别的江南士人，他的辞职，以及他对宋金交战的慎重，意味着两浙系士人的不合作，也显示张浚权力基础的狭隘性。

就连对金强硬论者也不见得完全支持张浚的行动。身为江淮宣抚使参赞军事的唐文若、陈俊卿等人曾建议张浚"不若养威视衅，俟万全而后动"（同前），却不为其采纳，北进之计遂行。

可是，由于（1）金调来前年年底平定契丹人乱事之精锐部队仆散忠义、纥石烈志宁军南下为备，（2）宋军将领李显忠、邵宏渊互不相协，（3）时值溽暑，兵士厌战等多重因素，宋军于五月二十四日在符离（宿州）大溃。史言："隆兴初年大政事，莫如符离之事。而实录、时政记

终章　绍兴十二年体制之结束与乾道、淳熙体制之形成

并无一字及之。"(同前,引《何氏备史》云条)至于《金史》卷八七《纥石烈志宁传》则称:"杀骑士万五千,步卒三万余人。(中略)斩首四千余,赴水死者不可胜计,获甲三万。"又同年八月,陈康伯、汤思退、周葵、洪遵等宰执奏疏亦说:"窃见符离之师,将士失律,渡江以来,所造器甲委弃殆尽,战马十丧七八,士卒死亡莫知其数。"(《纲目》卷一四,隆兴元年十一月诏议讲和条)正如史浩所预料,孝宗、张浚的积极战争计划遭到极大的挫败。张浚自四百里外的盱眙逃往扬州,"窘惧无策,遂解所佩鱼,假添差太平州通判张蕴古为朝议大夫,令使金求和。僚吏力止之,以为不可。乃奏乞致仕,又乞遣使求和。孝宗怒曰:方败而求和,是何举措。于是下诏罪己。"(《齐东野语》卷二,张魏公三战本末略,符离之师)自南宋建国以来,第一次出击的"堂堂之阵",一下子就溃不成军,政治的焦点也急转为宋金第三次和议。绍兴三十一年(1161)秋、冬的金军南征固然失败,隔两年夏天的宋军北伐也未成功,宋、金双方的挫折体验,促成了隆兴元年以迄二年之和议。

符离败战之后,"初宿师之还,士大夫皆议浚之非"(《续鉴》卷一三八,隆兴元年六月癸亥条),遂免张浚枢密使都督江淮东西路军马之职,支持张浚的辛次膺也罢参知政事,汪澈则出居台州。先前弹劾史浩的王十朋,去吏部侍郎知饶州,参赞军事陈俊卿、唐文若降两官,孝宗亦下诏罪己,战争失败的责任非常明显。"至是,帝以符离师溃,乃议讲和"(同前),在政策上作了相当大的转换。时居闲职的秦桧系官僚领袖汤思退,在六月初还是醴泉观使兼侍读,七月初即起为右仆射(宰相)兼枢密使,原为江南李光系有力士人的周葵也就任参知政事。

如果说南宋政权自确立以来一直都是"秦桧派主和论"与"张浚派主战论"对立的局面,则现阶段不啻是二选一的结果;不过从另外的角度来看,汤思退与其派下官僚的复权,也可以说是战争所造成的结果。如前所言,汤思退是因受陈俊卿、汪澈弹劾而于绍兴三十年(1160)底辞去相职,其理由则是"前日无云而有雷声",就连弹劾的陈俊卿自己都承认"思退未有大罪"(《宋宰辅编年录》卷一六)。汤思退的下台原是相当仪式性的,其政治基础——与江南士人间的一体性,与实务官僚间的关系——并未受到打击。绍兴三十一年秋,宋金战争开始后,

必须得到汤思退派士人的合作，其复权已是迟早的事。更何况战争的进行需要筹措庞大的战费，如果没有长于此道的实务官僚帮忙，战争也不可能进行下去。绍兴三十一年七月，言者即曾要求汰换不适任者，其言谓："今之所谓郡太守者，平时援资格而来，簿书期会，仅足趣办。若一旦有征行调发之烦，供亿馈饷之扰，比闾纠集之政，在朝廷意虑之外，及约束之所未至者，求其机权足以应变，威信足以服众，强力足以集事，恺悌足以宜民，而能弭患于未形者，盖十无三四。"（《要录》卷一九一，绍兴三十一年七月戊寅条）而汤思退派的官员王之望，在四川财赋总领时代，"军书旁午，调度百出。之望区画无遗事"（《宋史》卷三七二《王之望传》），正显示这种人在战争期间的必要性。

先前因陈俊卿、汪澈弹劾而罢相职的汤思退，复为观文殿大学士，以醴泉观使兼侍读重新回到政坛，是在绍兴三十一年十月底，较张浚之见用还早了几天。高宗亲征后，他并负责掌管首都临安行宫留守事宜。有关他复起的理由，各种史书皆只字未提。不过战争开始后，既然连孝宗都不得不说："朕爱其警敏。"（《宋史》卷三八七《陈良翰传》）则我们当可由此推知，他处理实务之干练，确为当时所不可缺者。汤思退受任行宫留守后，立刻制订各种事务处理方式，并请起用赵子潚、吕广问、芮烨、郑樵、吴秖若、韩元吉等人——这意味着新的汤思退集团诞生。对于高宗受主战论者包围，欲往建康亲征之事，他以钦宗祔庙之祭尚未举行为由加以反对，与礼部侍郎黄中相争论。当时高宗虽以黄中之议为是，但是仅仅在建康停留一个月，即以钦宗祔庙为由，不顾亲征扈从集团——对金强硬论者的强烈反对，返回临安。

所以，汤思退的复权，不止意味着他个人政治生命的复活，也意味着汤思退集团，亦即以先进地区为其背景的财务、实务官僚们的复权。绍兴三十年（1160）十二月时，曾被汪澈一并论列为汤思退党人同遭弹劾的原吏部侍郎沈介（吴兴人）于三十二年闰二月知永州（《要录》卷一九八，绍兴三十二年闰二月乙亥条）；原起居舍人叶谦亨（括苍人）亦于三十二年一月任江南东路提点刑狱公事（同前，卷一九六，绍兴三十二年正月甲午条）。又历任刑部尚书、户部尚书、知临安府、知建康府等要职的韩仲通，原也在汤思退遭贬逐后（三十一年正月），被陈俊卿弹劾其"起于法家，专务刻薄，（中略）汤思退秉政，以其同出其氏（秦桧）之门，特引援之"（同上，卷一八八，绍兴三十一年正月庚子条），此时亦还知明州（同上，卷一九八，绍兴三十二年闰二月甲戌条）。而曾任户部侍郎，被弹劾免职的钟世明也复职为淮南路转运判官（同上，卷一九九，绍兴三十二年四月辛卯条）。这都是重新起用能吏的实例。

总之，宋金全面战争开始后，无论是军费的调度，还是各项实务的处理，都必须寻求原为道义派学者官僚所轻视、蔑视的能吏协助，结果遂极为讽刺地，不得不于开战前招回已自权力中心放逐、以汤思退为首的这批官僚。当然，面对着迎回复仇论者张浚，期待一扫宿年屈辱的孝宗，以及意气风发的强硬论者，汤思退等人很难再正面地挑起政治斗争。可是随着战争的开始，他们得到了活动的空间，也有机会重新掌握权力，而符离之败正是其得以掌握政权中枢的决定性因素。

五、隆兴和议引发之政治斗争

汤思退于隆兴元年（1163）七月上旬复任右仆射兼枢密使之职，在他主导之下，以同知枢密院事洪遵、枢密院计议官卢仲贤、户部侍郎王之望等人为主要成员，开始与金缔订和约，进行交涉。至于金的方面，则一贯秉持绍兴三十一年（1161）以来试图重归绍兴十一年和约的态度。新即位的金朝皇帝世宗也于大定三年（宋隆兴元年，1163）"以诏谕之曰：若宋人归疆，岁币如昔，可免奉表称臣，许世为侄国"（《金史》卷八七《仆散忠义传》）。也就是说，如果确认绍兴十一年之国界，则在名分关系上将有所让步。十月，金人仆散忠义递送给宋三省、枢密院的书简中，提出了四项条件：（1）以叔侄为名分，（2）宋归还绍兴三十二年以后跨越十一年和约定界所占土地，即唐、邓、海、泗各州，（3）岁币不变，（4）归还亡命叛逃之人。同时要求宋于十一月二十日前提出答复。

在宋这方面，不但孝宗本人反对归还四州，很多人也以此为难，史载："史丞相（浩）之在位也，尝与魏公（张浚）议，欲以弟侄之礼事之。至是颇合其说。（中略）执政皆贺。"（《朝野杂记》甲集卷二〇《癸未甲申和战本末》）据此，在隆兴元年春时，史浩、张浚等宰执即就名分之说有所讨论。再者如前所论，改善名分关系，早在绍兴三十一年和议交涉时，就是宋朝宰执所欲争取的重点，金在这方面的让步，自然具有相当的劝诱效果。更何况，宋发动此次战争的基本目的就是要摆脱绍兴十一年和约所造成的从属地位，成立对等关系，故此一由君臣关系转为叔侄关系，也就是转为"敌国之礼"的提议，也就愈发地具有吸引力了。

于是双方开始进行交涉，隆兴元年十一月，陈康伯、汤思退等宰执们乞孝宗"请召张浚咨访，仍命侍从、台谏集议"（《续鉴》卷一三八，隆兴元年十一月丙午条），以决定和议之是非，也就是作出对金关系的政策决定。他们并将前此之和议经过与有关条件整理如下（文中之数字，系笔者为整理方便所加）：

宰臣陈康伯等言，八月中，金国副元帅纥石志烈宁以第三书来，欲通和好。朝廷遣卢仲贤持书报之。其所论最大者三事，1. 我所欲者，削去旧礼，彼已肯从。2. 彼所欲者，岁币如数，我不深较。 3. 其未决者，彼欲得唐、邓、海、泗州，而我以祖宗陵寝、钦宗梓宫为言，未之与也。恭奉圣训，遣王之望、龙大渊为通问使、副，命下之日，议论汹涌。乞召张浚归国，特垂咨访，命侍从、台谏集议。(《纲目》卷一四，隆兴元年十一月诏议讲和条）[1]

从这段文字中可以确认，金最在意的是领土的复归原状，宋则要求变更旧礼。而更应注意的是，宋不再以归还钦宗梓宫为和议交涉的首要问题，这与绍兴八年（1138）、十一年（1141）和议进行时极为不同，也正因为宋不再以此为议题，金方面反而失去了有利的立场。

---

[1]. 关于隆兴和议的经过，特别是包括宰执在内之权力中枢成员的发言，当以静嘉堂文库所藏《中兴两朝编年纲目》(抄本）为最详。一般被用作基本史料的《建炎以来朝野杂记》甲集卷二〇《癸未甲申和战本末》，仅以注记方式插入"大略"。《中兴两朝圣政》又缺少最紧要的一段——绍兴十四年至乾道二年。

受到咨询的十三位权力中枢人士，表示了他们的意见，大致可别为：（1）赞成和议；（2）指出问题，可以说是慎重派的反对论；（3）绝对反对论。

主张（1）者有吏部尚书凌景夏、户部尚书韩仲通、权吏部侍郎余时言、刑部侍郎路彬、监察御史尹穑等人，他们以为"名分正，则应讲和"，并应以四州交换河南之祖宗陵寝、钦宗梓宫。从其职名看来，持此见解者概属实务官僚，也是推动和议如汤思退、周葵、洪遵等人的支持者。至于主张（2）者，则有礼部侍郎黄中、兵部侍郎金安节、侍御史周操、左正言陈良翰、给事中钱周材、起居舍人马骐等，他们不但指出宋前应加上"大"字，国书中应除掉"再拜"二字等问题，还反对割让四州，并坚持应征询张浚的意见。从他们发言的内容来看，这些人多半是张浚派官僚中的言官。

至于持绝对反对论的第（3）类人士，则有工部侍郎张阐、监察御史阎安中等人，他们主张继续对金作战，"今不如击之，既胜而后和"，这派与张浚立场最为接近。可是，"时廷臣多言应与之议和，而不应轻弃四州之地"，也就是倾向维持和议。（以上皆引自《纲目》卷一四，隆兴元年十一月诏议讲和条、召张浚条）

于是宰执们乃基于上述状况，综合出以下意见。同时，由于此一上奏文，颇能表现南宋政权在孝宗时期的基本立场与性格，为其他史书所难见，故将全文录出于下（文中数字系笔者为整理之便所加）：

> 宰臣陈康伯、汤思退，参政周葵，同知洪遵疏。略曰：
> 1.窃见符离之师，将士失律，渡江以来所造器甲，委弃殆尽，战马十丧七八，士卒死亡莫知其数。而诸路州县，招军买马，打造器甲，收买军需，转卖官告、度牒，科敛骚然，兵疲民困。而又自去年以来，急风暴雨，发作无时，飞蝗虫螟，伤害禾稼，星文相犯，天地震动，灾变如此，正休兵息民，以答天戒之时也。
> 2.臣等非不知国雠未复，义不戴天。而虏为夷狄，犹曰厌兵。假使非其本心，以是绐民，民必德之。我不量力，而与之战，未论胜负，先失民心矣。民心所在，即天意也，事不可忽。

3. 及于后殿,进呈虏书,陛下欣然谓：虏有善意,不可不答。臣等私窃妄议,陛下天资英武,痛祖宗未雪之雠,力图恢复,而一闻虏言,喜见颜色,真聪明睿知,而不杀者也。虏意欲和,天将以是赞我,使军民少休息,因得为自治之计,以待中原之变而图之,是万全之计也。使虏势诚弱,我势渐强,何求不得。

4. 而台谏官议论纷然,力诋臣等,以谓专欲求和,以苟目前之安。于是,侍从之间,以至百执事之臣,交章来上,谓今日之事,只当用兵,不当言和。是皆不量事力,争欲交兵,政以利害不切于己,放为大言。逮其误国,则将去之南山之南,北山之北,惟幸和议或变,乃皆轩然而来,争言我曾论此,以邀高爵美名。曾不思社稷之重,岂同戏剧,而生民肝脑涂地,谁与任其责哉。

5. 陛下今日议和,岂遽忘国雠之未复哉。政欲使军民各就休息,一旦中原有变,起而乘之,虽复旧疆,雪大耻,何有不可。然后知今日之和,乃所以为他日之恢复也。(《纲目》卷一四,隆兴元年十一月诏议讲和条)

这段文字的开头既称"略曰",自非全文。《宋史全文》卷二四《孝宗一》隆兴元年十一月壬子条之"陈康伯、汤思退、周葵、洪遵札子"项下所录,虽只有《纲目》所引之一半分量,却有《纲目》中所不见者,察其文脉,或应入于第4点之起首,其文为：

> 群臣纷纷,乃谓臣等意欲讲和,以苟目前之安。今窃以谓自今以往,尤当信赏必罚,以作成人材；选将励兵,以激昂士气；务农重谷,均财节用,以爱惜公私之力。庶几今日之和,乃所以成他日之恢复。惟在陛下无忘今日之纷纷,而力行其所以未至。使臣等得效其区区之愚,不专为苟安之事,以实议者之言。

终章　绍兴十二年体制之结束与乾道、淳熙体制之形成

从所谓"今日之和,乃所以成他日之恢复"的话来看,这是为求休息、安民的自治之计。故《宋史全文》指出这是将政治重心移往内政的表现。

总之,在以实务官僚为中心的政权中枢多数支持下,宰执们一致要求孝宗决断缔结和约。《宋史全文》卷二四隆兴二年尾引《中兴龟鉴》评道:"向者(绍兴三十一年之和议交涉)康伯犹不主和议,今则康伯亦附会而言和矣。"汤思退等主和派与陈康伯、周葵、洪遵等其他势力联合一致,成为此时的一大特色。孝宗也说:"虏能以太上(高宗)为兄。朕所喜者。朕意已定,正当因此兴起治功。"(《宋史全文》卷二四,隆兴元年十一月壬子条)这当是宋、金讲和之所以成立的原因所在。

可是江淮宣抚使张浚入朝后,热心地向孝宗开陈反对和议之说,又使孝宗为之动摇。结果,十一月间所作的决定就变得毫无意义,到了十二月,张浚并进位为相。原在主战论(张浚)与主和论(汤思退)之间扮演调停者的陈康伯又辞去了左仆射(首席宰相)之职,和战之争遂演变为严酷的权力斗争。汤思退与张浚间的政治斗争且留待后述,下面先来看看,在和议——自治之计的问题上,曾一致劝告孝宗的陈康伯、汤思退、周葵、洪遵等宰执群。因为在隆兴以后的乾道、淳熙年间营造南宋盛世的政治集团,就是此一系统的关系团体。

这四位宰执的政治势力,又可区分为(1)汤思退,(2)陈康伯、洪遵,(3)周葵三者。先从(1)来论,汤思退其人前已有所论述。他结合江南(平江府、越州、处州等)之有力人士,掌握了韩仲通等秦桧体制下的实务官僚,又受到凌景夏等拥护江南地主利益的士人支持,其中包括王之望(台州)、钱端礼(越州)等有力之士。

凌景夏为杭州余杭人,绍兴二年(1132)进士科第二名及第。可是他反对秦桧,遂闲居十余年(《要录》卷一六三,绍兴二十二年十一月癸卯条)。秦桧死后,他出任起居舍人兼权给事中的要职,绍兴二十六年七月,他指控在秦桧专制的巅峰时期(绍兴二十一年),为蠲除杭州流寓士人赋税,曾有加重土著负担之事,并强力抗议,要

求改正[1]。隆兴和议之时，他任吏部尚书，是侍从官、实务官僚中最重要的职位，积极地推行和议，这些已见前述。

王之望原是湖北襄阳谷城人，绍兴三年（1133）移居台州。绍兴八年进士。他长年总领四川财赋，以敏于行事著称，秦桧死后，他承高宗之意，办理四川经界法有成。他的实务处理能力极为卓越，"金人渝盟，军书旁午，调度百出。之望区画无遗事"（《宋史》卷三七二《王之望传》）。隆兴元年，为户部侍郎兼都督府参赞，主张南北共存论，因谓："人主论兵与臣下不同，惟奉承天意而已。窃观天意，南北之形已成，未易相兼。我之不可绝淮而北，犹敌之不可越江而南也。移攻战之力以自守，自守既固，然后随机制变，择利而应之。"（同上）隆兴二年他升任参知政事，史书评其"力附和议，与思退相表里，专以割地唉敌为得计"（《南宋书》卷三一《王之望传》），故他也是汤思退的左右手[2]。

钱端礼的行状称其本籍开封，然亦有言其为临安或余杭人者[3]。与史浩等论交，于江南颇有声名。他是五代吴越王钱俶六世孙，高祖是著名文人钱惟演，祖父钱景臻娶仁宗大长公主为妻，女儿则是孝宗皇太子妃，可算是头一等的名门。可是他自绍兴三年（1133）添差通判台州以来，一直都出任实务性官职，与所谓道义派官僚甚少交往。绍兴三十一年他任户部侍郎兼权知临安府时，曾实行东南会子官营化，也就是将民间发行的便钱会子改由临安府经营的一种纸币发行计划，行状称："公尝建明用楮为币。至是专委公经画，分为六格，出纳皆有法。"

---

1. 凌景夏于绍兴二十六年七月丁巳日曾有以下发言（《要录》卷一七三）："起居舍人兼权给事中凌景夏言，切见临安府自累经兵火之后，户口所存，裁十二三，而西北之人，以驻跸之地，辐凑骈集，数倍土著，今之富室大贾，往往而是。绍兴二十一年，有诏，临安府见推排等第，依在京例与免。命下之日，万口欢呼。有司乃以和买役钱，难以减放，止与西北人蠲除，其土著人户反成偏重。臣窃谓，土著、流寓皆陛下赤子，德泽之施，实先京师。今陛下施德泽，以幸斯民，而有司不能奉承，失信于下。（中略）伏望依已降指挥，并与蠲免，庶几德泽无偏，诏令有信，足以称陛下发政施仁之意。"在此之前，从来没有像这样明白为土著利益发言者。而绍兴二十一年间对流寓人士与土著所施行的差别待遇也值得注意。故山内正博虽以秦桧为江南旧地主的利益代表，在凌景夏眼中，却未必妥当。
2. 关于王之望，可参考《宋宰辅编年录》卷一七，隆兴二年九月"王之望参知政事"条。
3. 《南宋馆阁录》卷七，官联上；《宋史》卷三八五《钱端礼传》。

(《攻媿集》卷九二《观文殿学士钱公行状》)隆兴二年，他任户部侍郎，与户部尚书韩仲通联合对抗张浚，就战费问题展开激烈的论辩。同年年底升转为参知政事，史书虽言："时久不置相，端礼以首参窥相位甚急。"(《宋史》卷三八五《钱端礼传》)然亦可见其已为权力中枢的中心人物。他对宋金战争的看法是，"今日，和之为利，南北均矣"，而"金人必和"，故主张"欲和本出彼意，若必欲和，定无意外"(以上皆出行状)。这与虞允文等认为金人不可信的强硬论形成对抗之势，他将对金交涉的焦点集中在"正位号"、"定名分"、"减岁币"三项，以求完成和议。总之，钱端礼虽是吴越后裔，出身于外戚名门，却一直都出任实务官僚之职，并且希望南北共存，戮力推动和议。

其次是(2)的部分，陈康伯前亦已有论述，他出身江东信州弋阳，以静重、明敏见称，与秦桧及秦系人士泾渭分明，当时他已年近七十，以年高为人所重。以同知枢密院事列身宰执的洪遵，是江东饶州鄱阳县人，饶州与信州相邻，故他与陈康伯背景相同。洪遵祖父为洪彦先，彦先之兄彦章自饶州乐平县移居鄱阳。洪彦章为北宋元丰年间进士，任殿中侍御史，曾弹劾吕惠卿、蔡京。洪遵父洪皓奉使金国，被拘留十五年，归朝后又因忤秦桧而流放岭南南雄州。洪皓之子适、遵、迈于绍兴十二年(1142)、十五年(1145)进士科及第，以"三洪"知名于天下。之后洪氏定居鄱阳，数代皆有名士出，为江东西南之名门。三洪在政权中枢，颇为江东饶州地域的利害讲话，如乾道二年(1166)十月，洪迈奏上"减贡金札子"，遂有诏令减十分之七[1]。洪迈时为起居舍人兼权直学士院，据其札子(收入康熙二十三年《饶州府志》卷三十四，疏；康熙二十三年《鄱阳县志》卷十三，艺文)所言，饶州每年须于皇帝诞生之日献纳金一千两，麸金(沙金)十两。"民困官忧，已非一日"，洪迈因此论道："千金在朝廷，视之为甚少，在一州为甚多。况民力极敝，不堪支矣"，且"独此郡任之，与他不等，盖失敷陈"。最后他说："臣不敢以乡井自嫌，隐嘿不言。倘蒙圣慈，不以臣言为过愿，忽下有司，

1.《宋史全文》卷二十四，乾道二年十月己丑"先是"条；《纲目》卷十五，乾道二年冬十月减饶州岁贡金额条，皆作"十分之七"。《宋史》卷三三《孝宗本纪》乾道二年十月己卯条则为"减饶州岁贡金三分之一"。究竟以何者为正确，非此处关心重点。

径以御笔蠲减。"既有诏令减饶州贡金，则洪迈为饶州讲话的目的大致是达到了。而我们也得以确认，洪迈的确是饶州地方在中央的代言人。至于与陈康伯几乎是同乡党、政治路线一致的洪遵，其社会背景也就可以透过其弟洪迈的举措略知一二。

最后看看（3）之周葵，在讨论经界法时，已对他与李光有所介绍。他出身两浙常州宜兴县，当时已六十五岁，由于陈康伯年高有病，多由他折冲于宰执之间，史称"时参知政事周葵实行相事（宰相职务）"（《宋史全文》卷二四，隆兴二年十一月是月条）。绍兴九年（1139）底，李光因郑亿年问题罢参知政事时，他也"以言事忤秦桧"（《要录》卷一三三，绍兴九年十二月己巳条），落职起居郎。他又与知平江府事、实行经界法的李椿年敌对，遂为秦桧所罢。他始终"守自治之说"（《宋史》卷三八五《周葵传》），既非秦桧派下人物，也不是张浚那种对金强硬论者。他与李光皆因持自治之说，而和在孝宗左近、因与张浚对立而辞相的史浩站在同一阵线。李光是越州会稽人，史才、史浩等史氏一党则以其邻近的明州鄞县为大本营。

绍兴二十三、四年间，史才虽在秦桧之下任职宰执，但他与李光的关系一直都很密切，史载："李光，曩知温州。（中略）（史）才用其荐书以改秩。及今得路，遂与（孙）仲鳌及光门之厚者互相交结，密通光书于万里之外。"（《要录》卷一六六，绍兴二十四年六月癸巳条）绍兴二十三年七月，史才任右谏议大夫，他强力评击军队在浙西太湖开辟围田，称之为霸田，以其令太湖周边原有民田受害甚巨，要求还复太湖旧迹（《要录》卷一六五，绍兴二十三年七月庚戌条）。这与李光为江南在地地主之既得权益讲话，反对特权人士"废湖置田"，主张"废田复湖"的情况同出一式。就社会政治立场而言，李光与史才原是站在同一边。史浩是"（史）才从子"（《要录》卷一七四，绍兴二十六年九月丁未条）。史才的祖父史简，为史浩曾祖父。史浩的长子史弥大，三子则是在宁宗、理宗时独占相位长达二十六年的史弥远。史氏是南宋明州名门中的名门。如前所言，史浩基于所谓自治论，主张"惟当练士卒，（中略）蓄财赋，宽民力，十年而后用之"（《齐东野语》卷二，张魏公三战本末略，符离之师条），反对张浚轻举妄动的北伐策略。总之，李光、周葵、史才、史浩等人与汤思退之派属有别，但皆代表江南，特别是越州、明州等浙东在地地主。

代表江南、沿袭秦桧以来之南北均衡论，掌握政权中枢实务派官僚的汤思退，亦代表江南、然基于自治论的周葵，还有与秦桧、张浚皆有所分别的中间派，亦即代表江东的陈康伯、洪遵等人，在隆兴元年（1163）末，达成当继续维持和议的协议，其历史特征已如上述。绍兴八年、十一年和议，是在高宗、秦桧彻底镇压、排除反对势力后才得完成；相对于此，我们当可了解，隆兴和议在性质各异的诸势力联合、妥协下形成的意义所在。

隆兴元年十一月中旬，实务官僚与宰执所提缔结和议的建议，原已得孝宗谅解，将成为国家之政策。但十二月初，张浚入朝反对和议；同为四川系人物，并曾于采石力挫金帝亮渡江攻势，一跃而为民族英雄的虞允文，还有权力中枢的台谏们也都极力反对。结果，孝宗大为动摇，拔擢张浚为右仆射，和议受阻。史称："故思退虽为左仆射，而公（张浚）恩遇独隆，每奉事，上辄留公与语，又时召（张）栻（张浚之子）入对，赐公御书得圣主贤臣颂。"（《宋宰辅编年录》卷十七，隆兴元年十二月张浚右仆射条）中间派的长者陈康伯辞相任后，主和派的汤思退系士人与主战派张浚系士人，遂为争取政治主导权，在权力中枢展开激烈的政治斗争。

属于少数派的张浚，其政治工作大致有三：（1）迁都论，拥立孝宗于前进基地建康，离开临安，示天下以继续对金作战之决心。"公（张浚）自太上（高宗）时，即建议当驻跸建康，以图恢复。上（孝宗）初即位，公入对，又首言之。及抚师江淮，每申前说。至是复力言于上。"（同前）

（2）符离败战后，为重整南宋军队，组织了四个军团，即："所招来山东、淮北忠义之士，以实建康、镇江两军，凡万二千余人"；"万弩营所招淮南壮士及江西群盗，又万余人"；"山东豪杰悉领受节度"；"又以萧琦契丹望族，（中略）令琦尽统契丹降众"。计划以此四项势力，在军事上与金相抗（《纲目》卷一四，隆兴二年三月张浚复如淮视师条）。这里应该注意的是，他尝试组织忠义之士（亡命者）、群盗，并联络金国境内反金势力，如山东豪杰、契丹族，以期继续对金作战。这种联合诸军事力量的计划构想，固有可能成功，但其既缺乏强大的皇帝直辖军为主力，则此战争计划的实效性不能不令人怀疑。史浩曾批评张浚大言壮语而欠规模（计划性），或许正说中了问题所在。

（3）其计划是在征得孝宗同意后，即效法秦桧尽扫反对势力，转由己派士人进占权力中枢，故也可以算是某种政变计划。但是主和派原是由各势力联合组成，主战论即反对和议派欲拥皇帝排斥其他势力，情势遂为之不变。史载："公（张浚）既入辅，首奏当旁招仁贤，共济国事。上令公条具奏。公奏以虞允文、陈俊卿、汪应辰、王十朋、张阐可备位执政，刘珙、王大宝、杜莘老即宜召还，胡铨可备风宪，张孝祥可付事任，冯时行、任尽言、冯方皆可备近臣。朝士中，林栗、王秬、莫冲、张宋卿议论据正，可任台谏。皆一时选也。"（《宋宰辅编年录》卷一七，隆兴元年十二月张浚右仆射条）其特色为：其一，所举人物之居上位者殆与本章第二节所提人物重叠。也就是以最活跃的反秦桧士人编组权力中枢。其二，与他关系密切的四川、福建籍官员，在十八人中占了九人，江南出身的只有莫冲（湖州）一人。这与推动并支持和议者以两浙、江东联合势力为主的情况恰成对比。

对于已无陈康伯为奥援的汤思退而言，情况自是相当危急，他必须全力应付张浚的作为。史称："始议以四月进幸建康。浚又言，当诏还王之望等（赴金使节）。上从之。幸建康之议，汤思退初不与闻。乃与其党密谋为陷浚计。"（《宋史全文》卷二四，隆兴二年三月是月条）"思退等初不与闻，（中略）上曰：朕已决幸建康。思退等失色，遂阴与其党谋为倾陷之计。"（《宋宰辅编年录》卷一七，隆兴元年十二月张浚右仆射条）

汤思退对抗策略的第一点，是藉已退位的高宗的影响力来压制孝宗。"汤相计穷。请上以社稷大计奏禀上皇，而后从事。"（《朝野杂记》甲集卷二〇《癸未甲申和战本末》）第二点则是动员钱端礼、王之望、韩仲通等实务派官员，从财政等方面开陈对金战争的困难处。户部侍郎钱端礼即上奏称："兵为凶器，愿以符离之溃为戒，早决国是，为社稷之至计。"（《续鉴》卷一三八，隆兴二年三月丙戌朔条）又"（户部侍郎钱端礼与）户部尚书韩仲通同对，论经费。奏所入有限，兵食日增，更有调发，不易支吾。上云：须恢复中原，财赋自足。仲通奏恢复未可，必且经度目前。端礼奏仲通言是"（《南宋书》卷三一《钱端礼传》）。

经过激烈的政治斗争，隆兴二年（1164）三月，张浚奉命往江淮视察军事状况，"俄诏浚行视江淮"（《纲目》卷一四，隆兴二年三月张浚复如淮视师条）。张浚离京后，右正言尹穑首先对张浚心腹之人——江淮都督府参议冯方提出弹劾，谓"方不当筑城费财"（《宋宰辅编年录》卷一七，隆兴二年四月条），继又论"浚跋扈"，"乃议罢督府"（《纲目》卷一四，隆兴二年四月命钱端礼、王之望宣谕两淮，召张浚罢都督府条），遂以户部侍郎钱端礼、吏部侍郎王之望为淮东、西宣谕使，取代之；复"论浚费国用不赀"（同前），以张浚都督府财政散漫，于四月下旬罢浚右仆射之职。张浚派下最有力的陈俊卿也去知泉州，同年八月底，张浚病没。张浚的下台与病逝，意味着反和议势力失去了最高领导与象征人物，无法再与主和之联合势力相对抗，大势所趋，和议乃再次进行。

不过，史书上并未以隆兴二年三月张浚出京巡察江淮之事，作为两宰相并立之权力斗争——也是路线斗争的转折点。只有《齐东野语》提到，"和议将成，浚坚持以为不可。汤思退乃白上张蕴古求和事。由是浚议遂绌"（卷二，张魏公三战本末略，符离之师条）。周密（《齐东野语》作者）认为，张浚接获符离大败战报后惊慌失措，令太平州通判张蕴古赴金军求和，这笔旧账是决定性的关键。唯据笔者个人以为，就大局而论，张浚失败的最主要原因，还是因为汤思退系、周葵系、陈康伯与洪遵系的联合势力依然存在，未曾瓦解。

史言洪遵之兄洪适"自淮东总领召归，附思退意，言浚边备如儿戏"（《纲目》卷一四，隆兴二年四月张浚罢条）。隆兴二年二月周葵、洪遵又上奏称："今日之举（继续对金作战），当量度国力"（《宋史全文》卷二四，隆兴二年二月癸亥条），批判张浚的冒险主义路线。这些事情足以显示，在严酷的权力斗争中，三势力的联合关系一直维持着。此外，张浚本身计划的不确定性，尤其是其军事计划的暧昧性，恐怕也是令孝宗不敢贸然迁都的原因之一。

隆兴二年六月至七月，汤思退撤除唐、邓、海、泗四州驻军，金军重新进占其地，纠缠难解的国境问题暂告段落。汤思退则为此流放永州,并死于途中。参知政事周葵乃行相事(宰相职务),十一月时,陈康伯再就相职,王之望则自九月起任参知政事,与钱端礼共同致力缔结和议。隆兴二年八月,魏杞使金商讨和议条件,十一月时王抃将参知政事周葵、王之望的书简致送金将仆散忠义,隆兴和议遂成[1]。其最后内容为:

(1)两国以往之君臣关系改为叔侄关系,两国间往来之公文书亦由诏(金对宋)、表(宋对金)改为国书。

(2)岁币各减银、绢五万,即银二十万两,绢二十万匹。又改"岁贡"为"岁币"。

(3)疆界维持绍兴十一年和约状态,亦即宋放弃前述四州与商州、秦州。

(4)俘虏皆送归国。但叛亡者(政治性逃亡)不在此限。于是,乾道元年(金大定五年,1165)正月,宋朝使节携带着"侄宋皇帝昚谨再拜,致书于叔大金圣明仁孝皇帝阙下"的国书与誓书赴金,金则以"致书于侄宋皇帝"的国书予宋,双方确认了隆兴和议(《金史》卷六一《交聘表中》、卷八七《仆散忠义传》)。此后直到开禧二年(1206)五月,宋毁弃盟约、重启战争之前的四十年间,宋、金两国与东亚世界的基本关系概以此隆兴和约为准。

六、后秦桧政治过程的历史意义

以上是有关绍兴二十五年(1155)十月秦桧死后至隆兴二年(1164)十二月第三次宋金条约缔订的政治过程。这十年的政治过程,在南宋政治史上占有什么样的地位,又有何种意义可言呢?这十年既是绍兴十二年体制即秦桧专制体制崩解的过程,同时也是步向乾道、淳熙南宋全盛期之过渡时期,为乾淳政治体制之形成期。以下即先从这样的观点,就绍兴二十五年底迄隆兴二年底之政治过程作概略整理。

---

1. 隆兴二年十二月和议成立。《攻媿集》卷九二《观文殿学士钱公行状》(钱端礼行状)称:"(十二月)甲午(十四日)降诏,和议已定。"由于《宋史》本纪与《朝野杂记》甲集卷二〇《癸未甲申和战本末》等记载不甚清楚,致今日之历史年表皆称之为乾道和议,实未尽妥当。

终章　绍兴十二年体制之结束与乾道、淳熙体制之形成

所谓绍兴十二年体制，是由宋、金两国分中国而治之，在两国之间，无论是形式上或实质上，皆以宋从属于金为其基本内容。从宋方面看来，这既放弃了北宋政权原有的民族立场，反对的声浪当然极高。而南宋对金的从属关系，也意味着南宋政权间接受金支配，这与前述放弃民族整体立场同样成为抗拒绍兴十二年体制的根源。这种抗拒意味着统治集团的分裂，支持十二年体制的高宗、秦桧政权因此对反对势力或不合作者进行彻底的镇压，十二年体制遂与秦桧专制体制同义。但是，秦桧只求以暴力压制反对势力，只一味排斥其他政治势力，从不求与之联合的做法，造成其权力基础日趋狭隘、闭塞，政策也日渐窄化。

秦桧死后，高宗仍继承其对金从属的路线，但却不再循秦桧模式——只任用实务官僚、亲友、皇帝周边人士、特权商人。他改变了原有的权力编组方式，改以原秦桧政权成员中能代表江南在地有力人士，并能掌握实务官员的沈该、汤思退等人掌控国家权力，试图对秦桧政治有所修正。

而在另一方面，原来在政治上受到秦桧体制压抑而要求复权者，以及可因秦桧体制成员罢黜而得升进之年轻官员，又联合起来攻击秦桧修正政权，终于在绍兴二十九年（1159）、三十年（1160）间，令沈该、汤思退下台。值得注意的是，这项反秦桧路线运动，并未正面攻击十二年体制，而是藉暴露沈该等人的渎职——也就是从道义上加以非难。这或许是因为他们尚未储备足够的政治力量，足以在破坏十二年体制之后，构想并实现替代体制。可是这已使十二年体制大为动摇。

及至绍兴三十一年，金片面毁弃十一年和约，展开征宋战争，十二年体制即秦桧体制遂完全被破坏。战争使得以张浚为首的反秦桧势力一举掌握了政权，相对地，无论是实务官僚，还是皇帝周边人士的秦桧系势力几乎是一扫而空。结果高宗也失去了向所倚仗的政治势力与其历二十多年建构的政治体系，只好在绍兴三十二年（1162）夏宣布退位。

集结在新即位的孝宗与张浚之下的政治势力，向以解除对金从属关系，建立对等关系为当然，并因此而主张发动战争，恢复中原。可是，金把曾经弭平契丹反乱的最精锐部队配置在边境上，宋军大败（符

离之战，隆兴元年五月），宿愿难偿。结果，江南系持主和论的汤思退、钱端礼、王之望等实务官僚，江南系持自治论的周葵，江东系中间派的陈康伯、洪遵等人组的联合势力，遂与以张浚为首的四川、福建系主战论者，就国家基本政策问题展开激烈的政治斗争。

最后，张浚的建康移跸计划、政权中枢占据计划皆未得实行，金方面又在名分上让步以求重缔和约，主和派之联合势力乃取得胜利，于隆兴二年底建立宋金第三次和约，并自次年——乾道元年开始两国之"敌国关系"。

至于缘生于这十年政治过程中，与之后乾道、淳熙时期——所谓南宋全盛时期——政治体制有关之特质，亦可分为权力编组之形式、政策的基本方向两者来讨论。

首先，关于权力之编组形式。隆兴二年（1164）秋、冬间，张浚、汤思退相继去世。张浚与秦桧一直敌对，汤思退则是秦桧路线的继承人。二人相继去世，标示着政治领袖的世代交替，在南宋政权确立时期活跃的政治人物已告衰亡。权力中枢的编组方式在绍兴二十五年底至隆兴二年底的十年间发生巨大的变化。

秦桧一直拒绝与其他政治势力相联合，而以实务官僚、亲戚、心腹、皇帝周边人士行其专制政治。由于其亲旧及皇帝周边人士概属北宋末期开封权门，或与之有系谱的联结关系，故秦桧专制既是超越的，又极具片面性。

秦桧死后，政权中枢编组方式的最大改变是，原本在秦桧体制下已然空洞化、毫无存在意义的宰执制又再起生机。宰执们不但可以选择并决定政策，也调整了利害关系。

随着宰执制的活化，其最高领袖如沈该、汤思退等人的政治经营手法也值得注意。秦桧集团原系北宋末开封权门集团，相对地，沈该、汤思退则是南宋政权的基本地区江南——两浙地区的代言人，并以其地之有力人士为其社会后盾。如果只从政策上着眼，从秦桧到沈该、汤思退的这种变化，不过是形成次秦桧政权而已，但若从政权中枢的编组方式与运作面来看，则其变化就相当大了。

宰执制的活化与实质化，以及起用地方有力人士出任宰执等事，就政治势力的配置与编制看，乃是联合，若是从政策决定方面观察，则是妥协，这成为后秦桧政治过程的基本政治形态。绍兴二十九、三十年，沈该、汤思退政权的瓦解，虽是缘于新、旧两世代反秦桧势力的联合，但构成此势力中心部分的乃是四川、福建官僚，概属当时经济上非先进地区。而与张浚相对抗的，则是汤思退、周葵、陈康伯之联合势力，其中汤思退、周葵分别代表两浙先进地区，陈康伯、洪遵则出身江东。汤思退虽是秦桧直系，周葵则与反秦桧的李光相交，陈康伯也持非秦立场。推动隆兴和议的势力，其实是由不同地域、不同理想的势力联合组成。

联合势力既成多数派，遂在权力斗争中压倒了持主战论的张浚等少数派，又由于乾道五年（1169）至七年（1171）间张浚系士人中之有力分子（包括张浚之子张栻），也认为国家政策当以国内整备重于对外战争，故隆兴年间主和集团的结构形式，也就是诸势力联合并妥协的形态方式，遂成为乾道、淳熙年间——南宋黄金时期——的政治结构。

王德毅氏在其《宋孝宗及其时代》[1]一文中，曾就孝宗治下宰执人物加以分析，其结论为：（1）宰相共十六人，其中陈康伯、史浩等四人曾经再度为相。（2）十六人中出身两浙者六人，江西四人，福建、四川各三人。（3）在任期间自三个月至七年不等，平均二年。（4）副相之参知政事共三十人，其中十人后升任宰相，四人转知枢密院事。（5）参知政事一般任期也不长，平均为一年三个月。（6）参知政事的籍贯以两浙为最高，江西、福建次之[2]。从这项分析可以明显地看出，南宋政权诞生后四十年，政权中枢已多为新版图内出身者所占据。而若再翻开清万斯同所编之《宋大臣年表》，亦当会注意到孝宗乾道、淳熙年间之掌握政权者，一定是由两浙、江西（即宋代之江南东路西南部，如江州、饶州、信州等地以及江南西路）、福建、四川等地出身的宰执

---

1. 宋史座谈会编：《宋史研究集》第10辑，"国立"编译馆中华丛书编审委员会刊行，1978年，第264—283页。
2. 包括南宋在内的宋代宰相、执政出身地之分析，详见周藤吉之：《宋代官僚制と大土地所有制》第二章第一节《宋代の最高官僚と科举制との关系》，《社会构成史大系8》，日本评论社，1950年。

组成。这与秦桧专制期间由特定势力独占权力中枢的情况大为不同。

至于宰执在位期间的缩短，吕中已指出"相位之所以屡易，盖惩秦桧专权之弊也"（《中兴大事记》卷二，宰相屡易条），亦即这是孝宗为防止秦桧者流再次专制，特意采用的政治手法。

总而言之，在孝宗治下，是以联合、妥协的政治形态，组成最高统治集团，并由出身各地人士轮流短期出任。宋政权原有的特色在于：以科举制为媒介，将地方上有力人士一网打尽式地网罗到中央，政策则系由居于官僚群顶端的宰执们合议后与皇帝一同决定，并据此以调整统治区域内的利害关系，维持民族的整体性。南宋政权的规模远较北宋为小，政权成立后，经过四十年时间才又重新建立此统合形式。宰执制的活化、实质化，以及宰执成员地域代表性的再确认，意味着宋代官僚制原有的全体性再次恢复。孝宗时期成为南宋盛世的最大历史根据，或许正在于其确立了联合、妥协的政治形态，而这也就是秦桧死后十年政治过程中所形成的历史遗产。

其次所要触及的，是自秦桧死后至隆兴和议成立约十年之政治过程中，政策基本方向对乾道、淳熙时代所造成的影响。

秦桧专制的变质与崩溃，不但意味着其恐怖政治即暴力镇压政治的解除，从政策面来看，也是其维持对金绝对从属关系遗言的解咒。反秦桧路线者从道义的立场攻击次秦桧政权，并在罢免宰相的同时自我茁壮，但其政治力量却尚不足以直接攻击、否定秦桧所设下的宋金关系。然而金的片面毁约，加速了宋内部已在进行的变化，使宋得以一举摆脱从属的关系，取得对等地位。金之天下（南北）统一战争，随着金帝亮的被刺而告失败；宋的收复失土之战，也因符离之败而大受挫折。若就大局来看，显而易见的，双方在力的关系上，都无法有效压制对方。南宋虽然摆脱了对金的从属关系，要想整备国力，进而一统天下，却是不可能的事。

在这样的大情势下，张浚之主战论势力，与汤思退、周葵等主和论联合势力，虽为了争夺领导权而展开激烈的权力斗争，但这场争执绝不可以单纯地还原为以往的"主战论"对"主和论"。秦桧、张浚间的和战之争，乃是二者择一，故须彻底地镇压反对势力，并由己派占据政权。可是到了此一时期，主和论既是主张"今日之和，乃所以为他日之恢复"（隆兴元年十一月宰执之见解），自然不是非和即战的坚持，而是一种时间上的先后关系，这也是其最大的特色所在。这当然不能与以往的和战之争同等看待，同时，还表现出试图脱离对金从属关系、追求相当程度自主的立场。

主和派联合势力的见解特色，在于其一面指出今日军民皆要求休息，必须先恢复和平，一面以整备国政、充实内政为当前最重要的课题，从而要求转换国家基本政策。前文已就《中兴纲目》与《宋史全文》两书中所引主和派上奏文作过介绍，前者主要主张军民休息论，后者则以充实内政着眼。《宋史全文》称：今后当"信赏必罚，以作成人材；选将励兵，以激昂士气；务农重谷，均财节用，以爱惜公私之力。庶几今日之和乃所以成他日之恢复"（卷二四，隆兴元年十一月壬子条）。汤思退、陈康伯、周葵联合势力的胜利，当然意味着他们重视内政的政治路线得到确定。隆兴和议后数年，也就是乾道五年至七年间，原本激烈反对和议的张浚系士人领袖，也不得不同意此重视内政的路线，遂使此方向得以更加确固。《宋史全文》卷二十六淳熙三年四月是月条中，时代稍后于此的史家吕中表示了他的看法：

> 故当时端人正士，如张栻、黄中、刘珙、朱熹、吕祖谦，最为持大义者也。而乾道五年，张栻入对，则谓：欲复中原之地，必先收中原百姓之心，欲得中原百姓之心，必先固吾境内百姓之心。六年，黄中入对，则谓：言和者忘不共戴天之雠，固非久安之计。言战者复为无顾忌之大言，无必胜之术。内修政理，外观时变而已。张栻再入对，亦谓：虏中之事，臣虽不知，而境内之事，知之详矣。比年诸道，岁饥民贫，国家兵弱财匮，正使彼实可图，臣惧我之未足以图彼也。七年刘珙手疏则谓：吾之所以自治者，大抵阔略，而乃外招归正之人，内移禁卫之卒。手足先露，吾恐恢复之功，未易可图，而意外立至之忧，将有不可胜言者。吕祖谦轮对，则谓：恢复大事也，规模当定，方略当审，始终本末，当具举，缓急难易，当预议。而朱熹

> 戊申封事亦曰：此事之失，已在隆兴之初，不合遽然罢兵讲和，遂使晏安酖毒之害，日滋月长，坐薪尝胆之志，日远月忘。区区东南事，犹有不胜虑者，何恢复之可图乎。

此外，《宋史全文》卷二四隆兴二年十二月条引《（中兴）龟鉴》亦有类似论说：

> 当时，端人正士，如黄通老（中）、刘恭父（珙）、张南轩（栻）、朱文公（熹），最号持大义者。而黄通老入对，则谓：内修政事，而外观时变而已。刘恭父自枢府入奏，则谓：复雠大计，不可浅谋轻举，以幸其成。文公自福宫上封章，则谓：东南未治，不敢苟为大言，以迎上意。南轩自严陵召对，则谓：房中之事，所不敢知，境内之事，则知之详矣。是数公者，岂遽忘国耻者哉。实以乾淳之时，与绍兴之时不同。绍兴之时，仗义而行，可也。今再衰三竭之余，风气沉酣，人心习玩，必吾之事力，十倍于绍兴而后可。

黄中、张栻（浚之子）、刘珙、朱熹、吕祖谦等人，在后秦桧政治过程中皆在张浚左右，可以代表张浚的立场，然除虞允文等极少数的例外，他们在乾道五年（1169）以后已倾向所谓"今日之和所以成他日之恢复"的立场，也就是转向重视内政[1]。之后，孝宗个人虽不断主张重启对金战争，以宰执为中心的士人们，却多已改持对金慎重论，孝宗的意志也就无法实现。而孝宗之得以成就其乾道、淳熙之盛世，其政治之安定，国内体制之整备充实，其实是靠着隆兴和议之后各政治势力皆重视内政所致。这当然也是由后秦桧政治过程中所产生的国策路线变化而来的。

这种基本政治课题的转换及其实现，其实是自南宋政权建立以来，

---

[1] 这里所举的人物，到了乾道年间，何以会转而重视内政问题，必须就个别人物进行检讨。由于不是此处课题——这应该是南宋中期政治史的起点——当有待于他日。

即已根深蒂固的江南民力涵养论之国家政策化。所谓联合、妥协的政治，其政治主体是以在地地主为主要政治势力，经由官僚机构实现南宋政权的统合性与整体性。而其主导权则由两浙、江东系势力所掌握。前述汤思退、周葵、陈康伯之联合即其例证，"使军民少休息，因得为自治之计"（隆兴元年十一月札子），更明白显示其自治论的立场。从秦桧与李光之分合过程来看，江南自治论与江南民力涵养论在南宋初期政治史上，原是重要的理念，却在秦桧专制下不断被打压。汤思退、周葵、陈康伯期待成立和议，并欲将路线调整为整备国内、充实内政，正是要将江南在地地主多年主张的江南民力涵养论加以具体化。最后所要指出的是，如果说孝宗治下的乾道、淳熙年间，乃是南宋政权立足于江南地区，最能接纳江南地主舆论、最能为江南着想的时期，这也是始自这十年的后秦桧政治过程。

跋

本书集结了笔者近十年之研究成果，最早一篇与本书有关的论文发表于1976年。已刊之有关论文依发表顺序列举如下，备供参考：

（1）《秦檜後の政治過程に関する若干の考察》，《東洋史研究》35-3，1976年。

（2）《南宋成立期における民間武装組織と建炎年間の政治過程》，《史学研究》137号，1977年。

（3）《建炎・紹興年間の政治過程に関する若干の考察——呂頤浩政治の特質と范宗尹の藩鎮構想の政治的背景》，《広島大学文学部紀要》38-2，1978年。

（4）《南宋政権確立過程研究覚書——宋金和議・兵権回収・経界法の政治史的考察》，《広島大学文学部紀要》42-1，1982年。

（5）《呂頤浩より趙鼎へ——紹興四年——同八年の政治過程》，《広島大学文学部紀要》43，1983年。

此外可参考之相关论文尚有：

（1）《秦檜の南北構想試論》，《史学研究》150，1981年。

（2）《五代北宋政治史概説》，今堀誠二編：《中国へのアプローチ——その歴史的展開》，東京：勁草書房，1983年。

从架构上来看，第一篇系本书之终章，第二篇为第二章，第三篇为第三章，第四篇为第五、六、七、八、十四章，第五篇则为第三、四章。可是就分量上而言，上列已发表之论文仅占本书五分之二，同时由于对原来的内容也有许多不满意的地方，故本书几乎是完全重新起稿。

无论是全书或个别历史过程的考察方面，都还有不足之处，有待今后再加补正。不过，笔者原先所拟处理的问题，也就是尝试从一连续且一贯的观点，追索建炎元年（1127）至乾道元年（1165）之间——这段时间或许不可谓长，但却具有政治史的意义——的政治过程，应该已有部分完成了。认为藉秦桧、岳飞等人物即可道尽此期间政治过程者姑且不论，在目前政治史研究对象与分野极度片面化的状况下，将政治过程作为一过程记述的做法，或许会受到只是在说故事的批评，但我相信，在理解宋代史与宋代社会的基础作业上，这样做确实有其意义存在。

本书在处理政治过程与政治现象时，十分留意同时代人的观察。这当然是历史学的做法，目前无论是中国方面有关秦桧与岳飞的讨论、南宋初期的研究，还是追随中国脚步的日本研究，都是由固定观念进行记述与分析。这必须通读并精读《宋会要辑稿》200册、《建炎以来系年要录》200卷、《三朝北盟会编》250卷等同时代基本史料，才能确实掌握当时的政治焦点，但由于史书的卷数庞大，做起来绝非易事。关于这点，我在阅读基本史料时，曾在静嘉堂文库的陆心源藏书中找到阙名撰《中兴两朝编年纲目》（抄本）、吕中撰《皇朝中兴大事记》（抄本）等书，其中明白交代了当时政治过程的焦点所在，就如同指南一般，实在是非常幸运。据王重民撰《中国善本书提要》（1983），前者就连中国也只有北京图书馆珍藏着抄本（同上，第106页），而就笔者所知，日本与中国方面都还没有人利用该书作过研究。

现存宋代史关系史料、史书，大致可分为四类：(1) 王朝编集或类此之大部头史书，(2) 士大夫个人文集、笔记等，(3) 石刻碑文之类，(4) 现存宋元时期地方志。本书是以前述之《中兴两朝编年纲目》等书入门，所利用之史料则以（1）为主，据此进行组织撰写。因此，在全貌的追求上，还有利用（1）之外的史书追踪填补史实方面，都难免

跋

有不备之处。他日当对史料方面的问题再行检讨。

本书未尽完满，本不足以面世，勉强完成目标，实赖板野长八、今崛诚二两位教授之熏陶教诲。自写作大学毕业论文以来，无论是在中国史的掌握、史料解释的致密性、严密性，还有其他言之不尽的问题上，都承蒙板野先生悉心指导。今崛先生观察中国史的角度与板野先生不同，有关中国史一般文献史料的特质与处理方法，知识极为渊博。在研究所的五年间，先生毫不吝惜地倾囊相授，谨此致上最大的谢意。

对于不断支持鼓励我的学长与同学们，无法一一列名于此，只有由衷地感谢。

本书获得昭和六十二年（1987）度文部省科学研究费补助金、研究成果公开促进费，并蒙溪水社木村逸司先生协助刊行，亦在此表示感谢。

最后更要感谢在我写作期间，方便我利用史料、研究论文与书籍的广岛大学文学部东洋史学教室、中国哲学教室、中国文学教室、广岛大学中央图书馆、静嘉堂文库、国立公文书馆内阁文库、东洋文库、国立国会图书馆、京都大学人文科学研究所等各有关机关。

编者后记

日本学者在古代中国研究领域的深厚传统与显赫成绩大概已经是学界常识。不过与之相比,译介到中文学界的相关论著仍然是远远不够的。为此,我们编选了这套"日本学者古代中国研究丛刊",希望能够对促进中日学界的相互了解、深化相关研究起到积极作用。

丛刊目前的规模为专著十一种。在确定书目的过程中,主要考虑以下两个重点:其一,侧重于汉唐间的历史时段。这应该是在古代中国研究的各专门领域中日本学者的优势和特点最为明显的阶段,对于中国学界来说极具参考价值。其二,主要以二战后成长起来的学者为译介对象。经历了战后左翼思潮的风行,这一代学者大致于1970年代登上学术舞台,并引领了其后二十年的发展潮流。当然,丛刊也希望能够保持开放性,未来还将继续纳入更多优秀的作品。

对于日本学者书中提及的日文论著,丛刊采取了尽量保持文本原貌的处理原则。包括日文人名、书名、期刊名、论文名中的日文汉字,均未转为中文简体,以便利中国学者检索相关文献。由此给读者带来的不便,敬希谅解。

在中国当下的学界环境中,专门学术论著的翻译出版并非易事。丛刊最后能够落实出版,要归功于海内外诸多师友的大力支持和热忱帮助。诸位原著作者对我们的工作均给予了积极回应,并在著作权与版权方面提供了很多协助。日本汲古书院、青木书店和朋友书店,台湾稻禾出版社和台大出版中心,也慷慨赠予了中文简体版版权。对于各位译者来说,数十万字的翻译工作耗时费力,又几乎无法计入所谓"科研成果",非有对学术本身所抱持的热情不足以成其事。北京大学历史系的阎步克先生和罗新先生对丛刊的策划工作勉励有加。复旦大学历史系时任领导金光耀先生和章清先生为丛刊出版提供了至为关键的经费支持。复旦大学出版社的陈军先生和史立丽编辑欣然接受丛刊出版,史编辑在编务方面的认真负责尤其让人感佩。日本中央大学名誉教授池田雄一先生、御茶水女子大学名誉教授窪添慶文先生、京都府立大学名誉教授渡辺信一郎先生、福冈大学紙屋正和先生、中央大学阿部幸信先生、大东文化大学小尾孝夫先生、阪南大学永田拓治先生、鹿儿岛大学福永善隆先生,台湾大学甘怀真先生、成功大学刘静贞先生,复旦大学韩昇先生、李晓杰先生、姜鹏先生,武汉大学魏斌先生,首都师范大学孙正军先生等诸位师友,在丛刊的策划、版权、翻译、出版等方面给予了诸多帮助。在此一并深致谢意。

徐　冲
2016年元旦于东京阳境原

图书在版编目(CIP)数据

南宋初期政治史研究/[日]寺地遵著;刘静贞,李今芸译.—上海:
复旦大学出版社,2016.4(2025.5重印)
(日本学者古代中国研究丛刊)
ISBN 978-7-309-11510-9

Ⅰ.南… Ⅱ.①寺…②刘…③李… Ⅲ.政治制度史-研究-中国-南宋 Ⅳ.D691.2

中国版本图书馆 CIP 数据核字(2015)第 129332 号

原书名"南宋初期政治史研究",寺地遵著,日本:溪水社,1988 年;繁体字版,
台北:稻禾出版社,1995 年

南宋初期政治史研究
[日]寺地遵　著　刘静贞　李今芸　译
出　品　人/严　峰
责任编辑/史立丽

复旦大学出版社有限公司出版发行
上海市国权路 579 号　邮编:200433
网址:fupnet@fudanpress.com　　http://www.fudanpress.com
门市零售:86-21-65102580　　团体订购:86-21-65104505
出版部电话:86-21-65642845
常熟市华顺印刷有限公司

开本 787 毫米×960 毫米　1/16　印张 26.5　字数 350 千字
2016 年 4 月第 1 版
2025 年 5 月第 1 版第 5 次印刷

ISBN 978-7-309-11510-9/D・744
定价:68.00 元

如有印装质量问题,请向复旦大学出版社有限公司出版部调换。
版权所有　　侵权必究